KB266848

고립 경제학

고립 경제학

고립 경제학

고립주의는 세계를 어떻게 무너뜨리는가

벤 추 지음

고한석 옮김

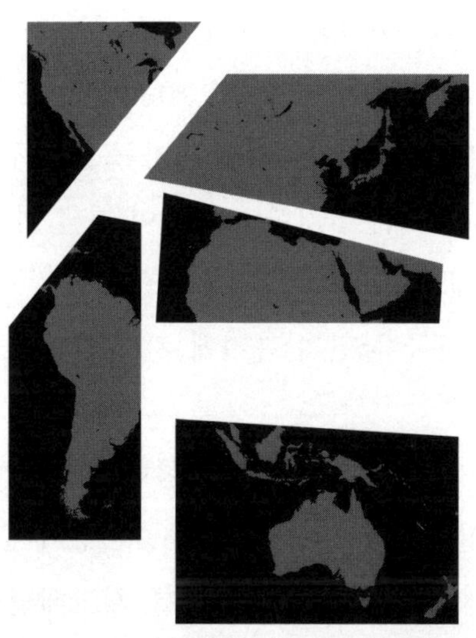

메디치

국가들이 자국 내부로 눈을 돌리고 있다. 국제무역의 장벽은 수년간 꾸준히 높아져왔으며, 거의 매일 새로운 장벽이 생겨나고 있다. 미국 대통령은 수입품에 대한 세금, 즉 관세를 부과하여 자국 노동자들을 '보호'하겠다고 약속했다. 그는 또한 이민자 단속을 강화하고 멕시코인과 '외국인 범죄자들'을 대규모로 '본국으로 송환'하려고 한다.[1] 그는 이러한 조치들이 결국 미국 내 '고용과 번영'으로 이어질 것이라고 자신 있게 예측하며,[2] '미국 역사상 관세를 통한 보호가 미국 국민의 복지에 지금처럼 중요한 시기는 없었다'고 선언했다.[3]

수십 개의 국가들이 미국 정부를 향해, 자국산 수입품에 대한 세금을 올리지 말아달라고 청원했다. 1,000명이 넘는 저명한 미국 경제학자들도 대통령에게 관세 부과를 재고해달라는 서한을 보냈다.[4] 하지만 미국 대통령은 전 세계의 의견을 무시하고 전문가들의 의견을 외면했다. 결국 그는 관세를 부과했다.

이제 두 번째 관세 파도가 이미 충격받은 세계경제의 해안을 덮치고 있다. 각국은 보호무역주의로 더 깊이 빠져들고 있다. 프랑스 정부는 필요하다면 워싱턴을 상대로 '경제 전쟁'을 벌일 준비가 되어 있다고 파리 주재 미국 대사에게 분명히 밝혔다.[5] 영국 총리는 백악관이 협조적 태도를 보이지 않은 것에 대해 '절망'하고 있다.[6] 하지만 백악관의 주인은 아무런 동요도 없이 유럽 지도자들을 되레 '형편없는 자들bunch of bastards'이라고 비하했다.[7]

새로운 관세가 거의 모든 나라에 부과되고 있다. 캐나다, 영국, 독일, 프랑스, 일본, 멕시코, 스위스, 이탈리아, 스페인, 인도, 중국, 호주, 아르헨티나, 브라질, 남아프리카, 뉴질랜드까지 전방위적으로 말이다. 세계의 주요 다자간 기구는 "기존 관세 위에 새로운 관세가 겹겹이 쌓이는, 실로 유례없는 공황이 전 세계를 휩쓸었다. 국제경제협력의 역사에서 이렇게 처참하고 전방위적인 퇴보를 목격한 적은 단 한 번도 없었다"고 탄식했다.[8]

과잉 생산된 제조품이 생산원가보다 낮은 가격으로 다른 국가에 '덤핑'(기업이 자국 시장보다 낮은 가격으로 상품을 수출하거나 원가 이하로 판매하는 행위–옮긴이)되는 등 불공정한 경쟁으로 현지 기업들을 고사시킬 것이라는 공포가 만연해 있다. 기업들은 더 강력한 보호 조치를 요구하며 로비를 벌이고 있다. 국가 간 투자 역시 눈에 띄게 위축되고 있다. 일부 국가들은 새로운 지정학적 블록 내에서 끼리끼리 교역을 늘리고 있지만, 이는 어떤 위대한 연대 정신에 기반한 것이라기보다는 향후 발생할지 모를 분쟁에 대비한 측면이 더 크다. 이에 대해 경제 전문가들로 구성된 대표단은 '국가의 자급자족이라는 이상이 전 세계적으로 확산되는 현

상'이 진행 중이며, 이는 반드시 모든 사람의 생활수준을 붕괴시킬 것이라고 경고했다.[9]

무역 전쟁을 종식시키기 위한 국제 정상회담들은 실패로 돌아갔다. 미국이 본연의 역할을 회피하면서 글로벌 리더십에 공백이 생겼다. 공포와 불안이 만연했으며, 마치 모든 국가가 각자도생하는 느낌이다. 혼란과 무기력감이 지배적이다. 영국의 한 저명한 지식인은 자신의 의견을 바꿔, 관세와 국가 경제의 고립이 사실 세계화보다 평화에 더 도움이 될 수 있다고 주장한다.[10] 유럽의 극우파는 다자주의가 무너지고 있는 가운데 권력을 잡을 기회를 포착하며, 국제 공조 시도가 실패하는 것을 기뻐하고 있다. 민주주의가 위협받고 있다는 인식이 확산되고 있으며, 아시아의 권위주의 정권들은 점차 힘을 키워가고 있다.

이 모든 일이 일어난 해는 언제일까? 바로 1933년이다. 우리는 이미 이전에 이런 상황을 겪어본 적이 있었던 것이다.

물론 1930년대와 지금 시대가 정확히 일치하지는 않는다. 우리는 전간기戰間期(1918~1939년)에 유럽과 미국의 국민들과 정부가 겪었던 대량 실업이나 통화 붕괴, 은행 파산과 같은 문제를 겪고 있지 않다. 우리는 물가가 폭락하는 대공황 한가운데 있지도 않다. 오히려 오늘날의 큰 불만은 물가와 전반적인 생활비가 너무 높다는 것이다. 동양에서 부상하는 권위주의 강국은 일본이 아니라 중국이다. 그리고 오늘날에는 가장 시급한 글로벌 과제 중 하나지만 1930년대에는 알려지지 않았던 것이 하나 있는데, 바로 지구 온난화의 위험이다. 그럼에도 과거와 현재 둘 사이의 유사성은 분명히 느껴진다.

1930년 6월 미국 의회가 제정한 광범위한 신규 보호관세 장벽은, 2024년 대선에서 도널드 트럼프가 미국으로 들어오는 모든 수입품에 20%의 관세를 부과하겠다고 공약했을 때와 마찬가지로, 미국의 거의 모든 경제 전문가의 반대에 직면했다. 그 법은 유타주 출신의 상원의원 리드 스무트Reed Smoot와 오레곤주 출신의 하원의원 윌리스 홀리Willis Hawley의 이름을 따서 '스무트-홀리 법안'이라 명명되었다. "우리는 보호관세 인상이 실수라고 확신한다. 그것은 전반적으로 국내 소비자들이 지불해야 할 가격을 인상시키는 결과를 낳을 것이다"라고 1930년 5월, 미국 경제학자 1,000명이 서명한 공개서한은 엄숙히 경고했다. 그로부터 88년 후, 또다시 1,000명의 경제학자들이 도널드 트럼프에게 비슷한 서한을 보냈다. 그 안에는 1930년의 논거가 거의 그대로 재인용되어 관세에 대한 경제적 반대 논리가 그 사이 전혀 변하지 않았음을 분명히 하고 있었다.[11]

유럽의 교역국들이 간청했음에도 불구하고 공화당 소속 대통령 허버트 후버Herbert Hoover는 스무트-홀리 관세법안에 서명했다. 그러자 대부분의 유럽 국가들이 그에 맞대응하여 보복적으로 자국의 관세를 인상했다. 이러한 조치를 한 것은 자국에 큰 이익이 될 것이라고 기대해서가 아니다. 다른 나라로부터 거부된 상품들이 자국 시장으로 쏟아져 들어와 자국 생산자들을 집어삼키는 것을 막고, 보호무역주의 세계에서 국제적 협상력을 조금이라도 유지하려면 선택의 여지가 없다고 생각했기 때문이다. 국제무역에서 이와 같은 역학 관계를 목격한 영국의 경제학자 조앤 로빈슨Joan Robinson은 '네 이웃을 거지로 만들라'는 의미의 '근린궁핍화beggar-thy-neighbour'라는 용어를 만들어냈다. 그는 이를 카드 게임에 비유했는데, 상대방에게 손실을 입혀야만 내가 승리할 수 있는 게임의 방식이 당시 무역 상황과 닮았다고 보았기 때문이다.

영국 재무부 장관 네빌 체임벌린Neville Chamberlain은 1933년 6월 영국 의회에서 행한 연설에서 이러한 제로섬 논리를 명확히 설명했다.

> 우리 대부분은 국가 간 발생한 경제 전쟁에 대해서 후회하고 있을 것입니다. 그럼에도 불구하고, 다른 국가들이 먼저 공격적인 조치를 취했으며 우리에게 가한 피해에 대해 어떤 보상이나 배상도 거부하고 있는 한, 우리는 그 전쟁을 지속해야 합니다. 우리는 다른 국가들이 장벽을 쌓는 동안 스스로를 외국 상품의 수입에 완전히 개방하는 실험을 해봤습니다. 그 결과는 우리를 거의 재앙에 빠뜨릴 뻔했습니다.[12]

이것은 2025년의 국가 지도자들이 처한 상황과 동일하다. 관세 전쟁에서 상대방의 공격을 얌전히 참고 견디는 것은 이론적으로는 현명한 경제적 선택일 수 있지만, 불만에 찬 국내 산업 로비 집단과 일자리를 잃을까 두려워하는 분노한 노동자들에 직면한 선출된 정치인들에게는 말처럼 쉬운 일이 아니다. 1933년 런던의 지질학 박물관에서 열린 '세계경제회의World Economic Conference'는 뒤늦게나마 통화를 안정시키고 고조되는 관세 갈등에서 휴전을 이끌어내기 위해 서로 협력하고 조정하려는 시도였다. 하지만 회의는 실패했다. 각국 정부가 서로를 너무 불신했고, 편협한 이기주의에 사로잡혀 있었기 때문이다. 하지만 무엇보다도 1933년 후버의 뒤를 이어 취임한 민주당 대통령 프랭클린 루스벨트Franklin Roosevelt가 국제적 리더십이라는 책임을 받아들이지 못했기 때문이다. 루스벨트는 미국 내 경제 침체 문제에 몰두하느라 국제경제 위기를 타개하는 데 필요한 미국의 지배적인 금융 및 지정학적 지위를 제대로 활용하지 못했다.

경제사학자 찰스 킨들버거Charles Kindleberger는 이를 다음과 같이 요약했다. "모든 나라가 자국의 이익을 보호하기 위해 등을 돌렸을 때, 전 세계의 공익은 수렁에 빠졌고, 그와 함께 모든 사람의 사적 이익도 사라졌다."[13] 당시는 오늘날과 마찬가지로 경제적 민족주의와 포퓰리즘이 득세하던 시기였다. 이 두 세력은 국제무역을 중단하고 각자도생하려는 흐름을 부추겼으며, 그로 인해 발생한 경제적 고통을 발판 삼아 자신들의 영향력을 더욱 확대했다. 이 시기가 바로 '고립 경제학Exile Economics'이 처음 등장한 시대였다.

고립 경제학은 국가 간의 현대적인 연결고리, 특히 무역을 중심으로 투자와 인적 교류(이민)에 이르기까지 많은 부분을 축소하거나 단절해야 한다고 주장하는 프로그램이다. 본질적으로 이 개념은 고립주의를 지향하며, 다자간 협력을 거부하고, 국가적 자급자족 체제를 구축하는 데 몰두한다. 이러한 프로그램의 지지자들은 새로운 질서, 즉 구질서의 해체가 경제적으로 이익이 될 것이라고 주장한다. 도널드 트럼프는 2017년 1월 대통령 취임사에서 "보호무역주의는 위대한 번영과 힘으로 이어질 것이다"라고 열변을 토했다.

다른 한편에서는 글로벌 통합에서 후퇴하는 것이 경제적으로 비용이 많이 든다는 점을 인정하면서도, 이는 불가피한 움직임이라고 주장한다. 그들은 이러한 움직임이 대중의 지지를 받고 있으며, 시대적 흐름인 만큼 여기에 저항하기보다는 관리해야 할 문제라고 생각한다. 무시무시한 급류에 빨려 들어가려는 뗏목에 탄 선장처럼, 이들의 최대 목표는 배가 바위에 부딪혀 산산조각 나는 것을 막고 안전하게 시련을 통과하는 것이다.

그러나 세계화에서 인위적으로 후퇴하는 이러한 전략에는 중대한 위험이 도사리고 있다. 현대적인 공급망과 가치사슬은 한 사람이 파악하기에는 너무 방대하고 복잡하다. 심각한 경제적 피해를 끼치지 않으면서 이를 해체하는 것이 얼마나 어려운 일인지 이해하기 위해서라도, 그 복잡성을 가늠해볼 필요가 있다. 이 책에서는 깊이 통합된 세계화 경제의 주요 공급망 중 일부를 심층적으로 살펴보고, 이를 해체할 경우 우리가 감수해야 할 리스크에 대하여 살펴볼 것이다.

먼저, 아시아에서 처음 재배되었다가 현재는 주로 아메리카 대륙에서 생산하는 콩의 중요성과, 어떻게 콩이 가장 세계화된 농산물이 되어 미국 농부들의 생계와 현대 중국인의 식단에 필수적인 역할을 하게 되었는지, 그리고 베이징의 식량 자급자족 열망에 어떤 혼란을 가져왔는지 살펴볼 것이다.

그리고 세계 각지에 불균등하게 분포된 중요 광물들이 어떻게 배터리, 태양광 패널, 풍력 터빈 같은 청정 기술로 변모하는지 그 과정을 추적할 것이다. 국가들은 이러한 광물을 산업화해 자체 공급망을 통제하려 하지만, 지리적 조건으로 인해 대부분의 국가에서 이는 실현 불가능한 목표다.

그다음에 우리는 반도체가 어떻게 만들어지는지를 살펴볼 것이다. 반도체 생산은 한 나라 안에서 끝나는 일이 아니라, 여러 대륙에 걸쳐 전 세계의 자원과 부품을 끌어모으고, 역사상 가장 앞선 산업 기업들의 대체할 수 없는 전문 기술에 의존하는 과정이다. 이런 구조 속에서 대부분의 국가에게 반도체 자급자족은 현실적으로 가능하지 않으며, 이를 무리하게 추구할 경우 막대한 비용을 치를 수 있다.

또한 인적 자본 및 재능의 교류, 즉 이민이 경제적 성공을 견인하는 핵심 동력임을 분석할 것이다. 나아가 통제되지 않은 자국 우선주의nativism와 외국인 혐오가 그러한 경제적 동력을 어떻게 망가뜨릴 수 있는지 살펴볼 것이다.

이어서 철광석이 철강으로 변모하는 과정을 추적할 것이다. 철강은 가장 널리 사용되는 산업 원료로, 오늘날 국가의 제조업 역량과 주권을 가늠하는 중요 지표로 여겨지고 있다. 많은 국가가 더 많은 철강을 생산하기 위해 경쟁하고 있지만, 세계적으로 철강 과잉 생산은 지정학적 긴장을 악화시키는 요인이 되고 있다.

마지막으로, 의약품과 의료 장비의 고도로 글로벌화된 공급망에 대해, 그리고 코로나19 팬데믹이라는 트라우마가 남긴 교훈에 대해 탐구할 것이다. 그리고 그러한 팬데믹에 직면했을 때 국가들이 차라리 단독으로 대응했다면 더 나았을 것이라는 신화를 깨부술 것이다.

고립 경제학 지지자들의 핵심 논거는 세계무역에서 경제적 이익과 국가안보 사이에는 필연적인 상충관계trade-off가 존재한다는 믿음이다. 즉, 하나를 얻으려면 반드시 다른 하나를 희생해야 한다는 논리다. 이들은 지난 세계화 시대에는 각국 정부가 경제적 이익에만 매몰된 나머지 안보를 소홀히 다루었다고 비판한다. 그러나 이윤과 안보가 서로 충돌한다는 이러한 전제는 상당 부분 사실과 다르다. 대다수의 인식과는 달리, 무역의 세계화가 팬데믹과 에너지 위기 같은 유례없는 충격 속에서도 오히려 세계의 회복력을 더 강하게 만들었다는 증거는 도처에 널려 있다. 우리는 21세기 경제에서 국내 생산에만 과도하게 의존하는 것이 안보를 강화하기는커녕 오히려 '더 큰' 불안정을 초래할 수 있음을 살펴볼 것이다. 2022년 우크라이나가 침공당했을 때 국내의 풍부한 곡물을 제때 수확하고 유통하지 못해 곤경에 처했던 사례가 이를 잘 보여준다. 이는 자국 내 자원 확보가 곧 안보라는 고립 경제학의 공식이 현대전과 복합 위기 앞에서는 얼마나 무기력한지를 여실히 보여준다.

세계화로 인한 국가안보 리스크에 정부가 대처할 수 있는 더 나은 방법은 다음과 같다. 첫째, 공급망 매핑mapping에 투자하여 잠재적인 병목 현상, 취약점 및 위험 요소에 대한 중요한 데이터를 수집하는 것이다. 둘째, 리쇼어링Reshoring(해외로 나간 생산시설을 다시 국내로 돌아오게 하는 것-옮긴이), 온쇼어링Onshoring(국내에 생산 체계를 구축하는 것으로 리쇼어링을 포함한다-옮긴이), 심지어 프렌드쇼어링Friendshoring(비용상의 이점보다 안보와 지정학적 안정성 등을 고려해 생산기지와 공급망을 우방국 중심으로 재편하는 것-옮긴이)에 매달리기보다는 중요한 핵심 자재 및 부품을 비축하는 데 투자하는 것이다. 셋째, 위기에 대비하여 공동으로 사용할 전략적 비축 물자를 모으고, 단독으로 대응하기보다 다양한 무역 파트너를 육성하기 위해 국가 간 협력과 조정을 강화하는 것이다. 따라서 이러한 측면에서 볼 때, 세계화는 축소되기보다 '더 확대'되어야 한다.

지금은 디지털 불확실성의 시대다. 거의 모든 사물에 마이크로칩이 내장되어 있어 사이버 공격, 해킹, 국가 간 스파이 활동의 위협이 그 어느 때보다 커지고 있다. 그러나 상품 무역의 연결고리를 무자비하게 끊는 것이 능사는 아니다. 그보다는 각국 정부가 중요한 인프라의 디지털 연결이나 국경을 넘는 무단 데이터 전송으로 인해 발생할 수 있는 특정 취약점을 해결하기 위해 수입품에 내장된 기술 하드웨어를 엄격하게 규제하고, 부지런히 모니터링하고, 방화벽을 설치하는 등 원천적인 대책을 마련하는 것이 더 나을 것이다. 감염의 위험을 차단하기 위해 팔다리를 잘라내는 것이 과연 합리적인 방법일까?

2024년 강력한 보호무역주의와 극심한 경제적 민족주의를 내세운 도널드 트럼프의 당선은 1945년 이후 세계경제 질서에 대한 가장 심각한 도전이다. 새로운 무역 장벽에 대한 미국의 요새화가 가져올 직접적인 경제적 영향은 미국과 전 세계에 심각한 타격을 줄 것이다. 그러나 간접적인 영향, 즉 유럽, 라틴아메리카, 아프리카의 다른 국가들이 관세 보복을 할 가능성이 있다는 점에서 피해는 더 크게 가중될 것이다. 그리고 제2차 세계대전 이후 수립된 무역 시스템의 핵심이 붕괴될 경우, 그 부정적 영향은 가늠하기조차 어렵다. 트럼프의 재선 직후인 지금 시점에서는 그의 두 번째 임기의 향방이 어디로 향할지, 얼마나 깊게 고립 경제학에 빠져들지 확실히 알 수 없다. 하지만 그가 첫 임기에서 중단했던 일을 다시 시작할 것이고, 2024년 선거 캠페인에서 약속한 것을 반드시 이행할 것이라고 생각된다. 그리고 1930년 허버트 후버 대통령에게 전문가들이 말했던 "관세 전쟁은 결코 세계 평화가 성장할 좋은 토양을 제공하지 않는다"는 예언적 경고는 2025년에도 여전히 유효한 울림을 준다.

제2차 세계대전 이후, 세인트루시아 출신의 위대한 경제학자 아서 루이스 경Sir Arthur Lewis은 1920년대와 1930년대의 혼란과 정책 실패를 되돌아보며 준엄한 결론을 내렸다. "국제적 협력이 없다면 우리는 길을 잃게 된다. … 국가들은 고립 속에서 번영할 수 없다." 그는 계속해서 말했다. "각 세대는 앞 세대의 실패를 경멸의 눈으로 바라본다. 우리 세대의 임무는 그들의 실수에서도 배울 수 있음을 보여주는 것이다."[14] 이는 우리 세대에게도 도전 과제다. 우리 모두가 던져야 할 근본적인 질문, 그리고 그 결과에 모두의 이해관계가 걸려 있는 질문은 다음과 같다. 장기적인 안전과 번영을 달성할 가능성이 가장 큰 방법은 무엇인가? 자급자족을 추구하는 것인가? 아니면 상호 의존성을 받아들이는 것인가?

들어가며 4

**1장
고립 경제학의
신조**

21

자급자족	25
짖지 않은 사냥개	28
한 시대의 종말	31
거대한 폭풍	40
사다리 걷어차기	46
말과 행동	49
화약고 해체	54

**2장
고립 경제학의
기원**

59

멍청이 황소	62
폐쇄된 국가	68
에덴의 작은 정원들	72
팔랑스테르	76
자립자유주의	79
전체주의적 자급자족주의	82
초기 산업국가들	86
새로운 쇄국정책	90

3장
식량

95

국민을 먹여 살리기 … 98
마법의 콩 … 104
메이드 인 차이나 … 107
세계로 진출하다 … 108
오래된 친구, 콩 … 111
중국으로의 콩 수출 … 113
대두 목조르기 … 118
영국 국산품 구매 운동 … 120
문제의 핵심, 육류 … 123
식량 안보 … 125

4장
에너지

133

독립의 날 … 138
이토록 좋은 태양광 … 143
바람에 흔들리다 … 147
전기 악몽 … 151
핵심 광물 … 156
좋은 것이 너무 많은 것도 문제일까? … 163
가까운 곳에 재건하기 … 174

5장
실리콘

179

용의 턱	182
나노기술	186
달 위의 골프 공	191
스프루스파인의 화려한 변신	193
새로운 석유	196
크리스마스 선물을 빼앗기다	200
적시 생산에서 만일의 사태 대비 생산으로	206

6장
사람

213

혈통을 더럽히는 독극물 같은 자들	217
무솔리니가 준 선물	220
모리스와 젠슨	223
산소와 같은 관계	228
마리엘 경제학	236
통계로 본 이민의 현실	241

7장
철강

249

특별한 금속	253
국력	255
포트 탤벗	258
철강 도시	260
얼마나 더 필요한가?	264

철강 과잉 공급　267

철강 자급자족　271

헤비 메탈　278

철강을 넘어서　283

**8장
의약품**

287

백신 민족주의　291

상어 간유　294

중국 위기　297

체면 손상　301

백신 차별　303

튀르키예 투하 물자　306

글로벌 공공재　312

**9장
미래**

317

거대한 환상　324

무역은 스스로 길을 찾아낸다　330

세계화의 미래　335

감사의 말　341

옮긴이의 말　343

본문의 주　350

1장
고립 경제학의 신조

안개가 서서히 내려와 언덕의 옥색 덤불을 어루만졌다. 가느다란 수평의 길들이 마치 신비로운 지도의 등고선처럼 녹색 언덕을 장식했다. 찻잎에는 이슬이 반짝였고 노란귀불불새Yellow Eared Bulbul가 지저귀었다. 스리랑카 차밭의 새벽, 하루의 수확이 시작되기 전의 고요한 순간에는 말로 표현할 수 없는 아름다움이 있었다. 나는 인도양의 눈물방울 모양 섬에서 가장 높은 마을인 누와라엘리야Nuwara Eliya에 머물고 있었다. 하지만 내가 여기 온 목적은 경치를 감상하기 위해서가 아니라 고통과 배고픔에 대한 증언을 듣기 위해서였다.

울로 짠 줄무늬 카디건을 입은 44세의 타밀족 여성 아무르타발리Amurthavalli는 가느다란 체구로 허리 높이의 차 덤불 사이를 비집고 다니며, 숙련된 손놀림으로 잘 익은 잎을 따서 어깨 너머에 있는 큰 비닐 자루에 담았다. 등에 메고 있는 자루는 그녀의 머리에 띠로 고정되어 있었다. 그녀는 한숨을 쉬며 말했다. "쌀, 설탕, 모든 것이 비싸요. 버스 요금도 비싸고 이제 모든 것이 문제예요.

식량이 충분하지 않으니 먹을 걸 제대로 먹고 있다고 말할 수도 없어요. 아이의 미래가 걱정돼요."

헤일리스Hayleys 농장에서 일하는 젊은 타밀족 수확꾼도 이쪽 라인에서 조금 떨어진 위치에서 일하며 같은 고충을 토로했다. 이마에 흰 가로줄의 신성한 재를 바른 사쿤탈라 데비Sakhuntala Devi는 눈을 크게 뜨며 말했다. "물가가 너무 비싸고 아이들 교육은 뒷전이 되고 있어요. 공책값도 비싸졌고, 전에는 10루피였던 연필이 이제는 60루피나 해요. 지우개 하나가 50루피고요. 생활이 너무 힘들어졌어요. 살림하기도 어렵고 아이들 공부시키기도 어려워요."

2023년 1월, 내가 현장에 방문했을 당시 유엔은 스리랑카 인구의 약 3분의 1에 해당하는 600만 명 이상이 식량 불안정 상태에 처한 것으로 추산했다. 그리고 아무르타발리와 사쿤탈라를 포함한 약 1만 9,000명의 차 재배농장 노동자들이 가장 심각한 곤경에 처한 것으로 파악했다.[1] 스리랑카는 전 세계적 차원의 생계비 위기의 중심에 있었다. 스리랑카 정부는 최근 국제 차관을 상환하지 못했고, 국가는 파산 상태였으며, 연료 수입 비용을 지불할 수 없어 스리랑카 경제가 마비되었다. 이동하는 동안 우리는 자동차, 스쿠터, 툭툭tuk-tuk이 수 킬로미터씩 줄지어 서 있는 모습을 지나쳤는데, 이는 주유소에 기름이 들어올지도 모른다는 실낱같은 희망으로 대기하는 행렬이었다. 나는 현지 상황이 어떠한지, 그리고 그러한 조건 아래서 살아가는 삶이 어떤 모습인지 보도하기 위해 BBC의 파견을 받고 그곳에 갔다.

스리랑카가 처한 곤경에는 여러 가지 요인이 있었다. 부패한 현지 정치인들, 러시아의 우크라이나 침공이 세계 에너지 가격에 미친 영향, 스리랑카에 대한 공식 차관의 구조조정을 거부한 중국 정부의 완고한 태도까지 복합적이다. 하지만 내가 누와라엘리야에서 만난 차 재배농장 노동자들의 고충에는 더 구체적인 원인이 있었다.[2] 2021년 4월, 고타바야 라자팍사Gotabaya Rajapaksa 정부가 스리랑카의 차 농장에서 사용되던 모든 화학비료의 수입을 금지했던 것이다. 스리랑카 농민, 특히 차산업은 큰 타격을 받았다. 농촌의 거센 항의 끝에 금지 조치는 곧 철회되었지만, 농사 일정상 중요한 시점에서 공급이 일시적이나마 끊긴 것은 치명적이었다.

비료가 없어진 탓에 이듬해 차 생산량은 약 6분의 1이나 급락했고, 차 농장의 수익이 급감하여 일부 농장은 파산 직전까지 내몰렸다.[3] 헤일리스 농장의 관리 이사인 로샨 라자두라이Roshan Rajadurai는 이렇게 말했다. "작년은 차 가격이 좋았던 해라서 더 비극적으로 느껴졌습니다. 작황이 좋았더라면 큰 수익을 낼 수 있었는데 그걸 놓쳐버린 겁니다."

하지만 가장 큰 손실을 입은 사람은 농장 소유주가 아니라 하루 일당으로 약 1,000루피(미화 3달러 미만)를 받는 아무르타발리와 사쿤탈라 같은 차 재배농장 노동자들이었다. 정치 지도자들이 초래한 스리랑카 농업의 혼란으로 인해 식탁에서 음식을 잃고 아이들의 교육 기회를 잃었을 뿐만 아니라 희망 자체를 잃은 듯했다.

자급자족

지난 10년간 미국, 중국, 인도, 러시아, 영국, 독일, 프랑스 등 전 세계 대부분의 국가에서 경제적 민족주의, 고립주의, 보호무역주의, 자국우선주의와 같은 강력한 정치적 세력이 급부상했다. 정치적 수사에는 '자아self'라는 단어가 전면에 등장하며, 국가적 '자급자족self-sufficiency'과 경제적·기술적 '자립self-reliance'을 요구하는 목소리가 높아졌다. 국가 간 경계와 국경에 대한 인식이 더 강해지면서, '온쇼어링', '리쇼어링', '니어쇼어링Nearshoring'(비용 절감과 공급망 안정화를 위해 기업이 생산 및 서비스 시설을 본국과 지리적·문화적으로 가까운 인근 국가로 이전하는 전략－옮긴이), '프렌드쇼어링'을 장려하기 위한 새로운 정부 보조금이 쏟아졌다. 또한 기업들이 해외에서 구매하는 대신 현지 생산자로부터 구매하도록 하는 국가적 압력과 재정적 인센티브도 생겨났다. 동시에, 각국 정부들은 지난 반세기 어느 때보다도 특정 물품, 예를 들어 팬데믹 시기의 수술용 마스크, 에너지 위기 때의 밀, 미국과 중국 간 신냉전 시기의 마이크로칩 같은 것을 일방적으로 수출 금지하는 데 더 적극적이었다.

제2차 세계대전 이후 수십 년 동안 정부 정책과 1950년대의 컨테이너선 같은 기술 혁신에 힘입어 국가 간 무역 장벽은 감소하는 추세였다. 이는 1970년대 후반 중국이 글로벌 무역 네트워크에 등장하면서 가속화되었고, 1991년 소련 붕괴 이후 동유럽과 중앙

아시아의 여러 신생국이 네트워크에 통합되면서 속도는 배가되었다. 그리고 인터넷과 거의 비용이 들지 않는 디지털 통신이 등장하면서 전 세계를 연결하는 능력이 또 한 번 비약적으로 향상되었다.

그러나 최근 몇 년 동안 우리는 과거의 거대한 글로벌 자유화와 통합의 흐름이 뒤집히는 시기를 겪고 있는 것 같다. 그 결과 세계무역의 성장은 극적으로 둔화되어 거의 정체 상태에 이르렀다. 2009년까지 10년 동안 매년 상품과 서비스 교역량의 평균 성장률은 5.1%였으나, 2019년까지 10년간 이 성장률은 4.5%로 둔화되었다. 2023년에는 0.1%로 폭락했고, 세계은행은 2024년에도 2.5% 수준의 부분적인 회복에 그칠 것으로 전망했다. 실제로 세계은행은 2024년까지 5년 동안이 1990년대 이후 가장 낮은 글로벌 무역 성장률을 기록할 것으로 전망한다.[4] 그리고 이 모든 것은 2024년 미국 대선에서 도널드 트럼프가 당선되기 이전의 지표들이다. 트럼프는 '관세'를 사전에서 가장 아름다운 단어라고 표현했으며, 2024년 대선에서 제2차 세계대전 이후 미국에서 볼 수 없었던 가장 보호주의적인 무역 조치를 시행하겠다는 공약을 내세웠다.[5]

이 모든 현상을 어떻게 정의할 수 있을까? 이를 설명하기 위해 흔히 '탈세계화Deglobalization'라는 용어를 사용하곤 한다. 하지만 이는 국가 간 상품, 서비스, 기술, 돈, 아이디어, 그리고 인적 교류를 자유화하려는 노력을 뒤집어 정의한 것에 불과하다. 오늘날 우리가 목격하는 움직임은 단순히 기존 체계를 해체하는 것이 아니다. 오히려 더 공정하고, 더 안전하며, 더 나은 체제를 구축하려는 시도에 가깝다. 대부분의 경우 무역의 완전한 중단이나 순수한 자급자족을 목표로 삼지도 않는다. 그럼에도 '탈세계화'는 무역, 상업, 투자, 인적 이동 등 국가 간의 연결을 줄이는 것이 바람직하다고 보는 정책적 지향점을 지닌다. 이런 내향적 전환이 실용적일 뿐만 아니라 도덕적으로도 옳다고 하는 주장이 힘을 얻으면서, '세계주의자들Globalists'과 '어디에도 속하지 않는 시민들citizens no-where'은 국민의 적으로 묘사된다. 이 책에서는 이러한 운동을 '고립 경제학'이라고 부르고자 한다.

2021년 4월 스리랑카 정부가 단행한 비료 수입 금지 조치는 그 파급 효과뿐만 아니라, 해당 조치가 정당화된 방식이라는 측면에서도 고립 경제학의 전형을 보여주었다. 금지 조치의 명분은 환경 보호와 전국적인 유기농업으로의 전환을 촉진하는 것이었다. 고타바야 라자팍사 대통령은 비료로 인한 수질 오염 문제를 지적하며, "높은 수확량보다 국민의 생명이 더 소중하다"는 논리로 정책을 강행했다.[6]

하지만 실상은 경제 실책으로 바닥난 외화를 보존하려는 고육책이었을 가능성이 높다. 놀라운 점은 특정 제품의 수입을 차단하는 것이 경제를 약화시키기기커녕 오히려 강화할 것이라는 근거 없는 확신, 그리고 그 과정의 혼란은 더 높은 전략적 목표를 위해 감수해야 한다는 믿음 아래 이 조치가 유지되었다는 사실이다. 그러나 내가 누와라엘리야에서 목격한 아무르타발리와 사쿤탈라의 얼굴은 정부의 확신과는 전혀 다른 비극적인 현실을 증언하고 있었다.

짖지 않은 사냥개

2008년 9월 월스트리트 투자은행 리먼 브라더스Lehman Brothers가 파산 신청을 하면서 전 세계 금융시장은 혼란에 빠졌고 전반적인 경제 붕괴가 뒤따랐다. 모든 것이 무너져 내릴 것만 같은 공포가 한동안 세상을 지배했다. 지난 30년간 굳건했던 자유시장주의에 대한 신념과 세계화된 금융 시스템은 명백한 실패를 드러냈다. 각국 정부는 다국적 은행과 그들의 고액 연봉자들을 구제하기 위해 개입할 수밖에 없었으며, 이 과정에서 전 세계 납세자들은 막대한 재정적 부담을 떠안았다. 그 사이 전 세계 무역량은 급감했고, 경제 활동은 빠르게 침체되었으며, 평범한 기업들은 도산했고, 실업률은 치솟았다.

중앙은행이 대규모로 화폐를 발행하는 등 비정상적인 정책 수단이 동원되는 격앙된 분위기 속에서, 일각에서는 새로운 제안이 나오기 시작했다. 자국 기업을 보호하기 위해 수입 제한 조치를 취하거나 경제 부양책에 '국산품 구매' 조항을 삽입해야 한다는 주장이었다.

당시 나는 영국 일간지 《인디펜던트Independent》에서 근무하고 있었는데, 런던 도클랜즈Docklands의 꽤 황량한 외곽에 있는 우리

[그림 1-1] 전간기에 붕괴된 세계무역

세계 GDP 대비 전 세계 수출입 비중

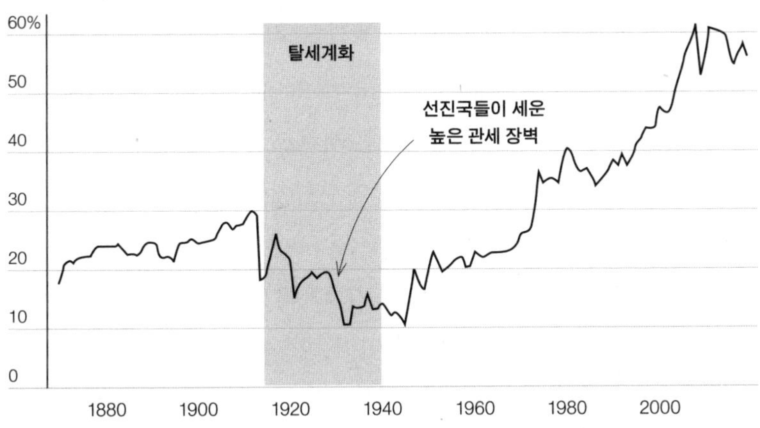

1800~1949년 Klasing 및 Millionis 시리즈, 1950~2019년 Penn World Table 자료 활용
도표: Datawrapper로 작성, 데이터 출처: Our World in Data

사무실에서 이 주제를 놓고 아침 회의를 하던 날을 생생하게 기억한다. 대학에서 1930년대 경제사를 전공한 사람으로서, 나는 이러한 보호무역주의적 움직임에 강하게 반대해야 할 의무감을 느꼈다. 1929년 월스트리트 대폭락 이후 이러한 보호무역 조치가 광범위하게 시행된 적이 있었는데 그 결과는 인류에게 끔찍했다고 지적했다. 그것은 세계경제를 분열시키며 대공황을 장기화했고, 국가 간 적대감을 부채질해 결국 제2차 세계대전으로 이어지게 했다.[7] 이러한 시점에서 보호무역주의로 돌아서는 것은 역사의 실수를 반복하는 것이었다.

《인디펜던트》는 결과적으로 무역 제한을 옹호하지 않았다. 설령 그날 내가 회의실에 없었더라도 결과는 마찬가지였을 것이라 확신한다. 동료들 사이에서 무역 제한을 지지하는 기류는 전혀 없었기 때문이다. 당시 해당 언론사뿐만 아니라 어디에서든 보호무역주의는 지적으로 도저히 용납될 수 없는 범주에 머물러 있었다. 내가 편집 방향을 제시하고 있을 때, 런던 동부 항구 지역을 재개발한 대규모 컨퍼런스센터인 엑셀ExCeL에서는 영국 정부가 주최하는 당시 갓 출범한 G20 정상회의(세계에서 가장 인구가 많고 강력한 국가들의 모임) 준비가 한창이었다. 영국 총리 고든 브라운Gordon Brown은 G20의 의제를 설정하는 과정에서 경제적 민족주의의 징후를 완전히 뿌리 뽑겠노라 다짐했고, 그 의지는 관철되었다.

2009년 4월 2일 발표된 정상회의 성명서에는 다음과 같이 명시되어 있다. "우리는 과거 시대의 보호무역주의라는 역사적 실수를 반복하지 않을 것이며 … 투자나 상품 및 서비스 무역에 대한 새로운 장벽을 세우지 않을 것이다." 당시 보호무역주의는 어떤 의미에서 글로벌 금융위기 속에서도 끝내 '짖지 않은 사냥개'와 같았다. 하지만 이는 완전한 집행정지가 아닌, 단지 짧은 집행유예였음이 훗날 드러났다.

시계를 앞으로 돌려 9년 후인 2018년 12월의 부에노스아이레스로 가보자. G20 정상회의의 의장은 아르헨티나 대통령 마우리시오 마크리Mauricio Macri였고, 미국 대통령은 도널드 트럼프였다. 트럼프는 그해 초, 중국뿐만 아니라 이해할 수 없게도 유럽, 캐나다,

멕시코, 튀르키예, 한국 등 미국의 동맹국들에게까지 '국가안보'를 명분 삼아 관세폭탄을 투하하며 세계를 무역 전쟁의 소용돌이로 몰아넣었다. 또한 그는 미국의 국가 권력을 이용해 세계무역 분쟁의 심판자이자 제2차 세계대전 이후 국제 질서의 수호자 중 하나인 WTO(세계무역기구)를 사실상 무력화시켰다.

G20 정상회담에서 제안된 공동성명서의 무역 관련 문구가 마지막 순간에 대폭 완화되지 않았더라면 트럼프는 서명하지 않았을 것이다. "국제무역과 투자는 성장의 중요한 원동력이다. … 우리는 다자간 무역 체제가 그 목적에 기여해왔음을 인정한다"라는 문구를 마지못해 수용한 후, 다음과 같이 덧붙였다. "이 체제는 현재 그 목표에 미치지 못하고 있으며 개선의 여지가 있다."[8] 런던과 부에노스아이레스 사이의 시간은 단 9년에 불과했지만, 체감되는 변화는 마치 수십 년의 세월을 건너뛴 듯했다. 모든 것이 변해 있었다.

한 시대의 종말

2009년 런던 G20 정상회의 공동성명서에 담긴 무역에 대한 통합의 정신이 2018년에 이르러 왜 자취를 감추었는지에 대해서는 여전히 열띤 논쟁이 이어지고 있다. 특히 도널드 트럼프의 재선 이후 그 정신은 이제 완전히 다른 시대의 유물처럼 보이기까지 한다. 좌우를 막론하고 경제적 민족주의자들과 포퓰리스트들은 그 원인이 세계화가 그 옹호자들의 주장만큼의 성과를 내지 못했기 때문이라고 비판한다. 그들은 국경을 초월한 자유무역 체제가 다국적 기업과 부유층에게만 이익을 가져다주고, 서구의 대다수 평범한 사람들을 소외시켰다고 주장한다.

2008년 금융위기 이후 많은 선진국에서 생활수준 성장이 정체되면서 세계화가 대중의 동의를 얻지 못한 채 실패했다는 시각은 더욱 설득력을 얻었다. 이런 관점에서 2009년 G20 정상회의는 이미 경제적으로나 정치적으로 쇠퇴한 체제가 누린 마지막 전성기에 불과했다. 이러한 견해는 일부 좌파가 오랫동안 주장해온 바와 일치하는데, 그들은 세계화가 소수의 사회·경제적 엘리트의 이익을 위해 악용되며 불평등을 심화시켰다고 주장했다.[9]

이에 더해 세계화가 서구의 탈산업화를 촉진했다는 대중적 인식도 커지고 있다. 미국과 유럽의 공장들이 문을 닫는 사이, 생산기지는 임금이 낮고 규제가 느슨한 아시아와 라틴아메리카로 이전되었다. 2004년 중국의 세계 제조업 점유율은 10%도 안 되었지만, 2021년에는 33%까지 상승했다. 반면, 미국과 유럽의 위상은 급격히 위축되었다. 이것이 바로 세계화의 쓰라린 결실이 아니었던가?

2014년의 권위 있는 경제 실증 분석에 따르면, 중국이 2001년 WTO에 가입한 이후 10년 동안 미국 산업 중심지에서는 이른바 '차이나 쇼크China shock'가 발생해 최대 240만 개의 일자리가 사라진 것으로 나타났다.[10] 경제적 민족주의자에게 이는 단순히 철강 생산과 같은 산업에 종사하던 공동체의 재앙일 뿐만 아니라, 국력 약화의 상징이었다.

2017년 1월 20일, 워싱턴 국회의사당 서쪽 계단에서 열린 도널드 트럼프의 첫 취임 연설은 이러한 정서를 잘 담아냈다. "우리는 다른 나라들을 부유하게 만든 반면, 우리의 부와 힘, 그리고 자신감은 지평선 너머로 사라져버렸다." 또한 "수백만에 달하는 미국 노동자들에게 남겨질 것은 전혀 생각하지도 않은 채 공장들은 하나둘씩 문을 닫고 우리 해안을 떠났으며, 뒤처진 수백만 명의 미국 노동자들에 대해서는 눈길조차 주지 않았다. 우리 중산층의 부는 강제로 빼앗겨 전 세계로 재분배되었다"[11]라고 선언하며 이러한 분노를 정치적 동력으로 삼았다.

소외되고 잊힌 것에 대한 분노와 배신감은 잉글랜드 북부에서 프랑스 노르파드칼레Nord-Pas-de-Calais, 독일 루르Ruhr 계곡에 이르기까지 유럽의 쇠락한 산업지대 곳곳에서 들려오는 공통된 목소리다. 놀랍게도, 2009년 영국 총리이자 G20 의장으로서 보호무역주의 반대를 주도했던 고든 브라운조차 2016년에 이르러서는 "아시아와의 경쟁으로 인해 제조업이 붕괴되면서 우리 산업도시들이 텅 빈 상태로 공동화되고 있다"라며 탄식했다.[12]

2020년 팬데믹과 2022년 러시아의 우크라이나 침공으로 인한 전 세계적 경제 충격은 세계화가 자신이 약속했던 것을 이행하지 못할 뿐만 아니라 오히려 해악과 취약성의 원천으로 변모했다는 인식, 즉 단순히 시스템이 실패한 것이 아니라 해체되어야 한다는 인식을 더욱 심화시켰다. 2024년 여름, 미국의 한 여론조사에서 59%의 미국인들은 미국이 다른 국가들과의 무역에서 얻은 것보다 잃은 것이 더 많다고 대답했다.[13] 중국에서 실시된 여론조사 또한 2019년부터 2021년 사이에 국제무역에 대한 대중의 지지가 현저히 감소했음을 보여주었다.[14]

이러한 수치는 의심할 여지없이 미국 내 정치적 양극화 정도와 많은 관련이 있다. 실제로 공화당원은 민주당원보다 무역에 대한 반감이 훨씬 더 강했다. 하지만 2021년에 실시된 또 다른 여론조사에 따르면 무역에 대한 여론의 악화는 전 세계적인 현상이었으며, 전후 패권국인 미국과 신흥 강국인 중국에만 국한된 것이 아니었다.[15] 25개국에 걸쳐 '전반적으로 세계화는 내 나라에 좋은 것이다'라는 진술에 동의한 사람들의 평균 비율은 2019년의 58%에서 48%로 하락했다. 멕시코부터 한국, 호주, 영국, 독일에 이르기까지 다양한 국가에서도 동의하는 비율이 크게 감소했다.

또한 같은 국가 그룹에서, 2021년에 '외국 상품과 서비스의 수입을 제한하기 위해 더 많은 무역 장벽이 있어야 한다'는 제안에 동의한 사람들의 비율은 37%로, 동의하지 않은 27%보다 훨씬 더 높았다. 무역 축소를 원하는 사람들의 비율은 튀르키예부터 말레이시아, 미국, 벨기에, 브라질에 이르기까지 다양한 국가에서 높게 나타났다. 하지만 미국과 떠오르는 중국 간의 강대국 경쟁을 빼놓은 채 세계화의 쇠퇴에 관한 이야기를 한다는 것은 의미가 없다. 도널드 트럼프는 줄곧 세계화에 적대적이었을지 모르지만,

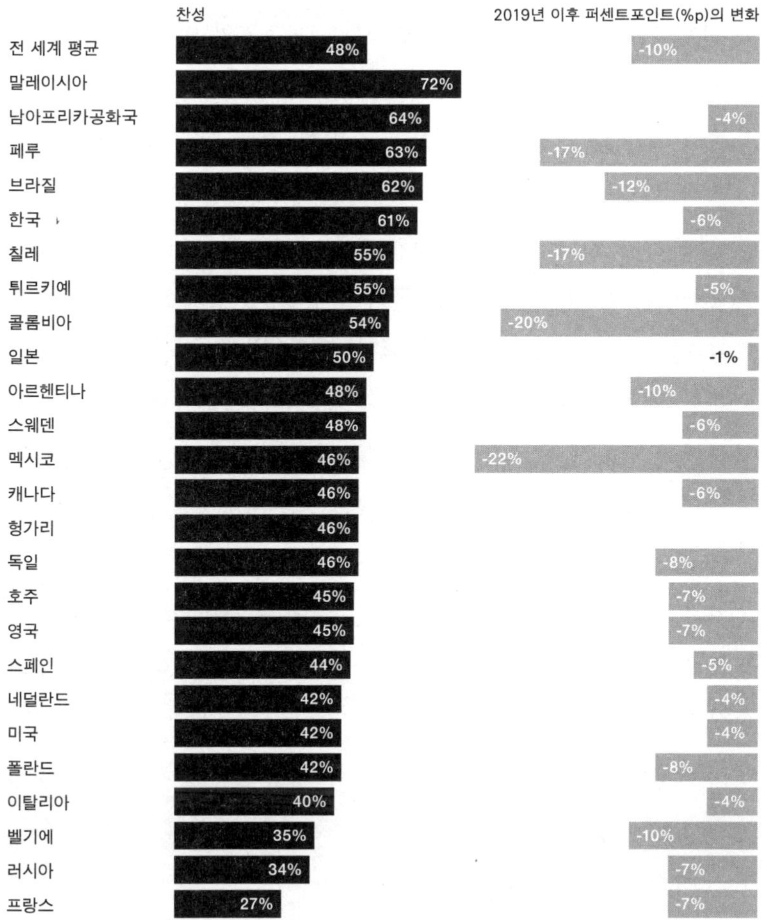

전 세계 평균은 조사가 진행된 모든 나라의 평균을 반영했으며 인구 규모에 따른 가중치는 조정되지 않았다.
도표: Datawrapper로 작성, 데이터 출처: Ipsos

공화당 상원의원과 하원의원 대다수는 2000년에 조지 부시 대통령George W. Bush이 '중국과의 무역은 우리 국가이익에 부합한다'라고 말한 것에 동의했다.[16] 마찬가지로 대부분의 민주당원들도 같은 해에 빌 클린턴이 중국의 WTO 가입을 허용하는 것이 '우리의 경제적 이익을 증진시킬 것'이라고 말한 것에 동의했다.[17] 20년이 지난 후 많은 미국 정치인이 세계화를 받아들일 수 없게 된 이유는 세계화가 일반 노동자들에게 미친 영향 때문이 아니라, 중국이 경제, 군사, 기술 면에서 미국과 경쟁할 수 있게 되었다고 생각했기 때문이다. 2010년대에 들어 중국은 더 이상 글로벌 규칙의 공통된 틀 안에서 운영되는 경쟁 국가가 아니라 신냉전의 적으로 인식되기 시작했다.

그리고 2013년부터 시진핑 체제하의 중국이 권위주의, 억압, 강력한 개인 지배 체제로 꾸준히 전락하면서, 기존의 자유무역 질서 유지를 옹호하던 사람들은 할 수 있는 일이 거의 없게 되었다. 이 세계에서는 중국의 이익이 미국의 손실로, 미국의 이익이 중국의 손실로 인식되었다. 이러한 제로섬 전략이 자리 잡자, 빌 클린턴에서 버락 오바마에 이르기까지 미국 대통령들이 지지해온 세계화의 논리, 즉 미국과 중국이 모두 성장하고 번영할 수 있는 시스템은 사라지는 것처럼 보였다.

도널드 트럼프가 중국과의 경제적 '디커플링decoupling'을 명시적으로 표명한 것을 이해하려면 이러한 틀에서 이해해야 한다.[18] 이후 조 바이든 행정부는 이를 '디리스킹de-risking(위험 감소)'으로

[그림 1-3] 많은 나라의 사람들은 대부분 무역을 선호하지 않는다

외국산 재화 및 서비스의 수입을 제한하는 무역 장벽을 더 높여야 한다(2021년 조사)

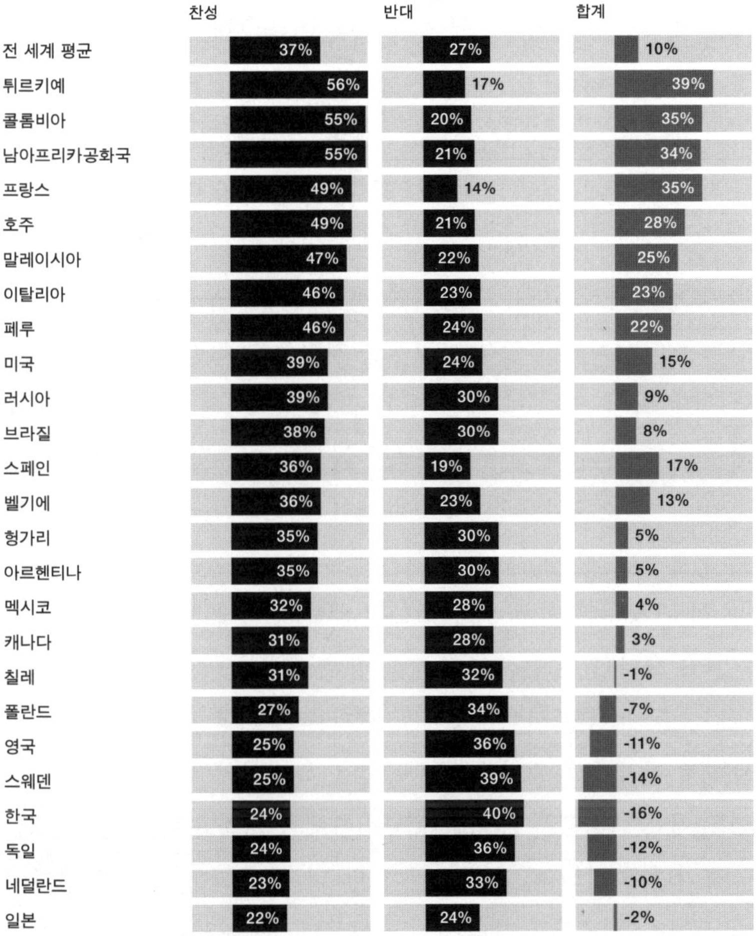

	찬성	반대	합계
전 세계 평균	37%	27%	10%
튀르키예	56%	17%	39%
콜롬비아	55%	20%	35%
남아프리카공화국	55%	21%	34%
프랑스	49%	14%	35%
호주	49%	21%	28%
말레이시아	47%	22%	25%
이탈리아	46%	23%	23%
페루	46%	24%	22%
미국	39%	24%	15%
러시아	39%	30%	9%
브라질	38%	30%	8%
스페인	36%	19%	17%
벨기에	36%	23%	13%
헝가리	35%	30%	5%
아르헨티나	35%	30%	5%
멕시코	32%	28%	4%
캐나다	31%	28%	3%
칠레	31%	32%	-1%
폴란드	27%	34%	-7%
영국	25%	36%	-11%
스웨덴	25%	39%	-14%
한국	24%	40%	-16%
독일	24%	36%	-12%
네덜란드	23%	33%	-10%
일본	22%	24%	-2%

전 세계 평균은 조사가 진행된 모든 나라의 평균을 반영했으며 인구 규모에 따른 조정은 하지 않았다.

도표: Datawrapper로 작성, 데이터 출처: Ipsos

재구성했지만, 실제 정책은 서로 구분하기는 어려웠다.[19] 실제로 바이든은 일부 측면에서 상당히 더 나아갔는데, 특히 2022년 대만에서 생산된 첨단 마이크로칩에 대해서 중국의 접근을 차단한 것은 주목할 만하다.

바이든 행정부는 처음에 중국과의 경제적 관계를 재구성하려는 노력의 일환으로 '작은 마당'과 '높은 울타리'를 약속했는데, 이는 국가안보에 중요하다고 정의된 영역에 한해 매우 엄격한 제한적 통제를 가하겠다는 구상이었으며, 이러한 공식화는 다국적 기업들을 안심시키고 일부 안정성을 제공하기 위한 것이었다. 하지만 첨단 마이크로칩에 대한 제한 조치가 도입된 이후, 미국의 '통제 마당'은 꾸준히 넓어져 축구장 규모에 이르렀다. 이제 전기차 수입, 중국 소유의 소셜 미디어 사이트 '틱톡Tik-Tok', 그리고 중국에서 설립된 패스트 패션 소매업체 '쉬인Shein'까지 포함하게 되었다. 미국 정치는 이제 누가 중국에 대해서 가장 강력한 경제적 거부권을 행사할 수 있는지에 대한 입찰 경쟁과 비슷해졌다. 도널드 트럼프는 2024년 선거운동에서 해외 국가들의 상품에 10~20%의 보편적 관세를 부과하겠다는 공약을 내세웠지만, 중국에서 오는 모든 것에 대해서는 특별히 60%의 관세율을 적용하겠다고 했다.

하지만 분명히 짚고 넘어가야 할 점은, 이러한 분열의 원인이 미국에만 있는 것은 아니라는 사실이다. '박수는 한 손으로 칠 수 없다'는 중국 속담처럼 냉전이 성립하려면 양측이 필요하다. 지난 10년간 중국 정부가 남중국해의 필리핀과 말레이시아 등 주변국,

그리고 특히 동쪽에 있는 대만을 향해 보여준 호전적인 태도는 공급망에 대한 불안감을 더욱 부추겼다. 그리고 시진핑이 '역사적으로 불가피한 일'이라고 말한 중국의 대만 강제 '통일' 계획이 고립 경제학에 큰 추진력과 에너지를 제공하고 있다.

130km 너비의 대만 해협은 세계에서 가장 분주한 해상 운송로 중 하나다. 중국이 대만을 침공하거나 봉쇄하기 위한 군사행동을 취한다면, 의약품, 제약 원료, 석유, 콩, 반도체, 중요 광물 등 국제무역에 필수적인 글로벌 해상 운송의 요충지가 차단될 가능성이 높다. 만약 대만 침공에 대한 서방의 대중국 제재가 2022년 우크라이나 침공 이후 러시아에 가해진 제재와 비슷한 수준이라면, 글로벌 공급망에 치명적인 영향을 미칠 것이다.

만약 이러한 가능성이 이전보다 상당히 더 높다고 인식될 경우, 비록 전반적인 위험이 여전히 낮다고 여겨지더라도, 책임감 있는 서구 정치인이나 기업 지도자는 공급망의 거리를 줄이고 국제무역의 범위를 전반적으로 좁히려고 노력하지 않을까? 중국, 인도, 브라질, 그리고 일본의 정치인이나 기업 지도자들도 같은 조치를 취하지 않을까? 따라서 위험에 대한 인식이 높아지면 선제적인 정책 대응이 이루어지게 되고, 이는 기존 질서가 무너지는 것처럼 보이기 때문에 위험에 대한 인식 또한 더욱 높아진다. 그리고 톱니바퀴는 한쪽으로 점점 조여진다. 이것이 고립 경제학의 논리다.

거대한 폭풍

이 악순환의 고리를 끊을 수 있는 방법을 찾기는 어렵다. 오늘날 워싱턴에서 초당적 지지를 얻을 수 있는 매우 드문 주제 중 하나는 중국을 경제적·군사적으로 고립시키고 약화시켜야 한다는 것이다. 중국 또한 미국의 더 큰 적대감을 불러일으킬 수밖에 없는 행보를 이어가고 있다. 만성적인 과잉 투자와 낮은 소비율로 인해 발생한 막대한 산업 재고를 해외로 수출해 해결하려 하기 때문이다. 이는 이미 시장에서 '제2의 차이나 쇼크'로 명명되며 국제적 긴장을 고조시키고 있다. 시진핑 치하의 베이징 당국은 중국 경제의 불균형을 해소하고 긴장을 완화하는 데 필요한 개혁을 시행할 의지도, 정치적 능력도 없는 듯 보인다. 일부 식견 있는 중국 내부 고문들이 10년 넘게 권고해왔듯이 이러한 개혁이 중국 경제에 매우 유익한 일인데도 말이다.[20]

실제로 중국 경제가 국내 부동산 경기 침체로 인한 민간 부문의 과도한 부채로 어려움을 겪고 있는 가운데, 공산당 지도부는 수출 주도형 성장을 통해 경제가 다시 일어서기를 희망하는 것으로 보인다. 이로 인해 중국이 산업용 제품의 '덤핑'을 통해 수출 확대에 나서고, 미국이 이에 대응해 보호무역 조치를 강화하여 빗장을 더욱 강력히 걸어 잠그게 된다면 그 끝은 완벽한 위기가 올 수 있다.

많은 유럽 국가가 미국이 주도하는 반중 정책에 따라 군사 안보적 이해관계를 추구할지, 아니면 개방된 무역을 옹호하며 경제적 이해관계를 추구할지 선택에 어려움을 겪고 있다. 도널드 트럼프의 재선 이전에 널리 예상되었던 결과는 세계무역 체제가 두 개의 주요 블록으로 분열될 거라는 것이었다. 한 블록은 미국과 유럽, 동아시아, 오세아니아의 군사 동맹국들을 중심으로 형성되고, 다른 블록은 중국을 중심으로 러시아, 이란, 베네수엘라 등의 국가들이 참여하는 형태다. 브라질, 인도, 인도네시아, 튀르키예와 같은 주요 지역 강대국들이 어떻게 협력할지는 알 수 없다. 그리고 소규모 국가들이 어떻게 될지 아무도 예측할 수 없다. 그러나 WTO에 의해 구현된 세계 자유무역 제도와 통용되는 규칙을 지지하고 방어할 의지가 있는 미국과 같은 패권 국가가 없는 상황에서, 많은 국가가 이러한 제도와 규칙을 무시하고 각자도생의 길을 가려고 할 것이다.

또한 트럼프가 백악관에 복귀한 상황에서는 더욱 그렇다. 트럼프는 러시아와 같은 적대국보다 대만과 유럽과 같은 동맹국을 언어적으로 더 쉽게 공격하며, 이 동맹국들이 미국으로부터 경제적 이득을 가로챘다는 주장으로 공격을 정당화한다. 따라서 미국 중심의 통일된 무역 블록조차 더는 당연한 것으로 받아들일 수 없게 되었다.[21]

다시 말하지만 세계무역의 흐름과 관련하여 시급히 해결해야 할 문제가 있다는 것은 틀림없는 사실이다. 중국이 과잉 생산을 하고 그로 인해 남는 물건을 생산원가보다 낮은 가격으로 해외에

덤핑으로 팔아 현지 기업을 부당하게 약화시키고 있다는 불만은 정당한 것이다. 그러나 명확한 전략 없는 무차별적 보호무역주의가 상황을 개선하기보다 악화시킬 것이라는 강한 의구심이 있다.

경제학자들은 2024년 선거에서 도널드 트럼프가 내놓은 무역 공약이 미국의 관세 보호율을 1930년대 이후 가장 높은 수준으로 되돌릴 것으로 예상한다.[22] 그러나 미국 주위에 거대한 관세 장벽을 세우는 것은 트럼프가 약속한 미국 중서부 지역의 재산업화를 실현하는 데 거의 도움이 되지 않을 것이다. 단기적으로는 트럼프의 첫 임기 때 관세 인상이 그랬듯이, 다른 통화가 달러 대비 약세로 전환되면서, 수입품의 실질 가격이 하락함에 따라 관세에 의해 보호받는 미국 국내 기업들이 얻는 이익은 크게 상쇄될 것이다. 2018년 트럼프가 중국 수입품의 거의 절반에 25%의 관세를 부과했을 때, 중국 통화인 위안화의 가치는 달러 대비 약 10% 하락했으며, 이러한 통화 가치 하락은 미국의 대중국 교역 조건에 미치는 관세의 영향력을 상당 부분 무력화했다.[23]

많은 사람이 무역에 대해 떠올리는 이미지는 신발, 태양광 패널, 가구 등과 같은 완제품의 교환이다. 그러나 현실은 금액 기준으로 볼 때 국제무역의 약 절반이 이른바 '중간재'로 추정된다. 중간재는 다른 제품을 생산하는 데 사용되는 부품 또는 재료로, 오늘날에는 이 중간재가 국경을 넘어 여러 번 거래될 수 있다.[24] 2022년 미국의 수입품은 금액 기준으로 약 48%가 중간재였다.[25] 모든 수입품에 대한 일괄 관세는 이러한 수입 부품에 의존하는 미국 기업들, 특히 대부분의 제조업체에 피해를 줄 것이다. 또한 수출을 하는 미국 제조업체들은 경쟁력에서 불리해질 것이다. 오늘날 성공적인 수출국이 되려면 수입에 개방적이어야 한다.

그리고 미국 기업을 위해 관세 장벽을 세우면 장기적으로 미국 산업 전반의 생산성 저하를 초래할 가능성이 높다. 세계적 경쟁에 노출되는 기회도 줄어들기 때문에 혁신은 정체되고, 이는 결국 미국 노동자의 임금 하락으로 이어진다. 개발도상국이나 부유한 국가냐에 상관없이 수출 기업이 높은 생산성을 유지하는 경향이 있다는 사실은 이미 입증된 정설이다.[26]

관세가 전면적으로 부과되면 미국의 공공 영역에서 부패를 심화시킬 우려가 있다. 미국에서 민간기업의 운명에 영향을 미치는 정치자금 기부와 로비 활동의 영향력은 이미 공공연한 사실이나, 보호무역주의의 급증은 그 영향력을 더욱 강화할 가능성이 높다. 트럼프의 첫 번째 임기를 예로 들면, 그의 선거운동 자금을 기부한 사람들이 이끄는 기업들은 재량에 의해 관세 면제 혜택을 받은 반면, 그의 정치적 경쟁자 힐러리 클린턴을 지지한 사람들과 이와 연관된 기업들은 무역정책 수립 과정에서 의도적으로 불이익을 받았다고 한다.[27]

트럼프는 2024년 선거 유세에서 자신이 제안한 관세 인상 조치가 미국인이 아닌 '다른 국가의 부담이 될 것'이라고 강조했다.[28] 그러나 그의 첫 번째 임기 중 관세 조치의 영향을 분석한 수많은 상세한 연구들은 그 비용의 대부분이 물가 상승의 형태로 미국 소비자에게 전가되었다고 지적했다.[29] 따라서 이번에 예고된 훨씬 더 큰 규모의 관세 인상 조치가 동일한 사람들에게 타격을 주지 않을 것이라는 근거는 없다. 워싱턴의 피터슨국제경제연구소Peterson Institute for International Economics, PIIE 연구진은 트럼프의 새로운 관세 안이 미국인의 소득을 감소시킬 것이며, 그 영향은 소득 수준에 따라 다른데, 최하위 20% 계층은 약 4%, 최상위 20% 계층은 약 2%의 소득이 감소할 것으로 전망했다. 특히 전형적인 미국 중산층 가구의 경우, 이 정책으로 인해 매년 약 1,700달러의 손실을 볼 것이라고 추정했다.[30]

세계화가 모든 국가에 상대적인 승자와 패자를 만들어내는 것은 사실이지만, 세계화가 미국이나 유럽, 또는 그 밖의 선진국 국민의 평균 생활수준을 떨어뜨렸다는 주장은 심하게 과장된 것이다. 차이나 쇼크가 미국 제조업 고용 인원에 실제로 영향을 미쳤지만, 공장 자동화 역시 영향을 미친 것으로 평가되며 각각의 요소가 고용 감소에 기여한 정도를 구분하기는 어렵다.[31] 일부 연구자들은 전반적인 고용 감소에 차이나 쇼크가 미친 영향은 상대적으로 미미하다고 추정했다.[32]

그리고 중국 수입 경쟁으로 인해 발생한 것으로 추정되는 최대 240만 개의 미국 내 일자리 손실은 세 가지 핵심 사실을 고려해야 한다. 첫째, 2011년 미국의 노동시장은 1억 3,300만 명의 근로자로 구성되어 있었다. 둘째, 이 시장은 항상 엄청난 변동성을 겪고 있었다. 2013년부터 2023년까지(팬데믹이 발생한 2020년을 제외하고)

매달 평균 500만 명의 근로자가 일자리를 잃고 500만 명의 근로자가 새로운 일자리를 채웠다.[33] 셋째, 중국과의 무역을 포함한 세계화가 미국 서비스 부문의 일자리 창출에 긍정적인 영향을 미쳤으며, 이는 제조업에 대한 차이나 쇼크를 완전히 상쇄했을 가능성이 높다.[34]

또한 세계화로 인한 경제적 이득의 상당 부분이 부유한 국가의 고숙련 노동자들에게 돌아갔을 수도 있지만, 세계화는 소비자 물가를 낮추는 효과도 가져왔다. 실제로 소비자 물가 하락은 부유한 국가의 저소득 가정에 더 큰 혜택을 주었을 가능성이 높다. 이는 저소득 가정의 소비 지출 중 수입품이 차지하는 비중이 부유층보다 높기 때문이다.[35] 탈세계화가 생활비에 미치는 영향은 트럼프가 이야기한 바의 정반대일 것이다.

세계화의 가장 큰 상대적 수혜자는 가난한 나라의 국민이다. 그러나 서구 국가들이 무역을 개방하지 않았다면 더 번영했을 것이라는 주장은 믿기 어렵다. 실제로 한 연구에 따르면, 2022년 미국 경제는 1950년 이후 세계무역에 참여함으로써 약 10% 더 성장했으며, 이는 가구당 약 2만 달러의 혜택에 해당하는 수치다.[36] 또한 기술 발전이나 정부의 세금 및 지출 결정과 같은 요인에 비해 세계화가 부유한 국가 내 불평등을 심화시키는 주요 원인이라는 점을 입증해주는 설득력 있는 증거도 없다.[37]

사다리 걷어차기

스리랑카의 사례에서 보았듯이 고립 경제학의 위험은 개방된 글로벌 무역 시스템과 광범위한 수출 시장에서 얻을 이득이 가장 큰 소규모 국가들에 특히 치명적이다. 대다수 경제학자는 1980년 이후 가속화된 세계화가 가난한 국가들이 국제무역 시스템에 참여하고 해외 기술과 투자를 이용할 수 있게 함으로써 수억 명의 사람들을 빈곤에서 구제하는 데 중요한 역할을 했다고 평가한다.

대만, 한국, 중국, 말레이시아, 모리셔스, 베트남과 같은 국가들이 국민소득을 증대시킬 수 있었던 동력은 국내 제조업 육성에 있었다. 대개 수출용 섬유산업에서 시작해, 이를 발판 삼아 전자제품 조립과 같은 고부가가치 제조업으로 진출할 수 있었다. 이들은 '실행을 통해 배운learning by doing' 국가들이다. 산업화 사다리를 한 단계씩 올라갈 때마다 소득이 증가했다.[38] 서아프리카의 베냉Benin과 같은 나라가 오늘날 자국산 면화로 티셔츠를 만드는 섬유산업에 매진하는 것 역시, 바로 이 산업화 사다리의 첫 단추를 끼우기 위함이다.[39]

일부 전문가들은 제조업의 자동화와 서비스 무역의 비중 확대 등으로 인해 가난한 국가들이 과거와 같은 발전 경로를 따르기 어려워졌다는 주장도 있다.[40] 그럼에도 불구하고 무역은 그러한 국가들이 성장할 수 있도록 하는 데 여전히 매우 중요한 역할을 할 것이다. 세계화를 무너뜨리는 것은 다른 국가들이 더 나은 삶으로 올라가기 위해 사용하거나 사용할 수 있어야 하는 사다리를 걷어차는 것과 같다.

세계 빈곤율(하루 2.15달러 미만으로 생활하는 사람들의 비율)은 수십 년간 감소세를 보이다가 2020년 이후 정체됐다.[41] 이는 주로 코로나19 팬데믹과 글로벌 에너지 위기에서 비롯된 세계경제의 충격 때문이지만, 세계무역 성장세의 둔화도 반영된 것으로 보인다. 세계은행의 한 연구에 따르면, 전 세계적으로 산업 생산시설의 본국 리쇼어링이 급속히 진행될 경우, 2030년까지 추가적으로 5,200만 명(대부분 사하라 이남 아프리카 지역 사람들)이 국제적 빈곤선 아래로 주저앉을 것이라고 예상한다.[42] 많은 국가에서 소득 감소는 기아 문제로 이어진다. 실제로 2020년 이후 지구상에서 영양실조에 시달리는 인구는 아무르타발리와 사쿤탈라를 포함하여 수천만 명이나 증가했으며, 무역 둔화가 이러한 상황에 영향을 미쳤을 것이다.[43]

하지만 이러한 위험은 극심한 빈곤에 처한 사람들뿐만 아니라 우리 모두에게 해당한다. 극단적인 고립 경제는 전 세계적으로 생활수준 향상을 심각하게 둔화시킬 것이다. 상품과 서비스 교역의 감소는 기업 생산성을 저화시키고, 혁신과 투자를 위축시키며, 이는 임금과 소득의 증가 둔화로 이어질 가능성이 크다.

IMF(국제통화기금) 연구진에 따르면, 전 세계 무역이 미국·유럽 중심의 서방 블록과 중국 중심의 동방 블록으로 쪼개지는 '지정학적 파편화'가 발생할 경우, 세계경제 규모가 기존보다 최대 7%까지 축소될 수 있다고 경고한다. 이는 오늘날 약 7조 달러에 해당하는 규모로 영국, 프랑스, 스페인의 국민소득을 모두 합친 것과 맞먹는 경제 활동의 손실을 의미한다.[44]

주요 선진국들로 구성된 OECD(경제협력개발기구)의 경제학자들은 경제적 영향을 모델링하기 위해 다른 시나리오를 사용했다. 그들은 국가 간 거래되는 모든 상품에 대한 관세가 25%까지 상승한다고 가정했다(이는 사실상 선진국들의 70년에 걸친 무역 자유화를 무효화하는 것이다). 또한 각국이 GDP의 1%를 현지 생산 보조금으로 추가 지출한다고 가정했다. 이 극단적인 현지화 모델에 따르면 전 세계 GDP가 약 5.5% 감소할 것이며, 미국, 한국, 호주는 그보다 큰 손실을 입을 수 있다. 다른 국가보다 산업 생산에 필요한 원자재를 훨씬 더 많이 수입에 의존하는 영국과 캐나다는 GDP의 10% 이상 손실을 겪을 수 있다.[45]

물론, 이러한 영향이 얼마나 클 것인지에 대해서는 본질적인 불확실성이 존재하며, 피해는 분열의 패턴과 정도에 따라 달라질 것이다. 하지만 경제적 영향이 긍정적일 것이라고 믿을 만한 시나리오는 없다. 또한 고립 경제는 팬데믹과 같은 미래의 충격에 대한 우리의 회복력을 약화시키고, 기후변화와 같은 지구적 위협에 대처하는 우리의 집단적 능력을 저하시키며, 결국 지정학적·군사적 긴장을 더욱 고조시킬 가능성이 매우 높다. 다시 말해, 우리가 치러야 할 총비용은 결국 더 커질 수 있다.

말과 행동

이러한 경고에 대해 두 가지 반박이 있을 수 있다. 첫 번째 반론은, 이 경고는 세계가 향하고 있는 방향에 대한 경계심을 지나치게 강조하는 전망이며, 세계화가 붕괴될 가능성은 낮고, 정치 지도자들이 말하는 '자급자족'이라는 발언은 정치적 수사로 받아들여야 한다는 것이다. 조 바이든이 미래는 '메이드 인 아메리카'가 될 것이라고 말한 것은 미국의 자급자족을 주장한 것이 아니라, 핵심 분야의 제조업을 본국으로 일부 되돌리려는 시도에 불과하다.[46] 마찬가지로, 유럽연합 집행위원회 위원장인 우르줄라 폰 데어 라이엔Ursula Von der Leyen이 유럽의 번영이 '메이드 인 유럽'이어야 한다고 주장하거나, 나렌드라 모디Narendra Modi 총리가 '메이크 인 인디아Make In India' 이니셔티브에 착수한 것도 실질적인 경제정책이라기보다 정치적 상징성이 강하다고 해석할 수 있지 않을까?[47]

일부 사람들은 도널드 트럼프 역시 다른 국가들로부터 무역 양보를 얻어내고 미국 기업과 생산자들이 해외 시장에 더 쉽게 접근할 수 있도록 막대한 관세 부과를 협상 카드로 사용하고 있다고 주장한다. 트럼프의 경제 자문관 스티븐 무어Stephen Moore는 트럼프가 1987년에 출간한 저서 《거래의 기술》을 언급하면서 "이 중 일부는 '거래의 기술'이다"라고 말했다.[48] 트럼프의 또 다른 자문관 스콧 베선트Scott Bessent는 "나의 일반적인 견해는 결국 트럼프는 자유무역주의자라는 것이다"라고 말했다. "긴장 고조는 긴장 완화를 위한 전략이다."[49] 다시 말해 말은 행동보다 강하다.

영국 재무부 장관 레이철 리브스Rachel Reeves는 언뜻 보면 고립 경제학처럼 들리는 '안보 경제학Securonomics'에 대해 이야기한다. 그녀는 "우리와 이해관계가 충돌하는 국가에 의존해서는 안 되는, 일종의 레드라인이 있어야 한다"고 주장했다. 그러나 리브스는 영국이 수출과 수입을 늘려야 하며 '요새화된 영국'으로 후퇴해서는 안 된다고 말했다.[50] 프랑스 대통령 에마뉘엘 마크롱Emmanuel Macron은 유럽이 "반도체에서 중요 원자재에 이르기까지 주요 부문의 전략적 의존을 끝내야 한다"고 말했다. 그러나 그는 '우리는 계속 수입과 수출을 해야 한다'는 점도 인정했다.[51]

그리고 세계가 '극단적 세계화'에서 한 걸음 물러나서 개방성을 지속적으로 유지하는 좁은 길을 가는 것도 가능하다. 이는 전략적으로 중요한 국내 산업에 대해서 생산성을 높이는 투자를 늘리는 동시에 동맹국과의 협력 및 경제적 상호 연결을 강화하는 접근 방식이다. 그러한 세계가 어떤 모습일지 우리는 적절한 시기에 다시 논의하겠지만, 현시점에서 더 주목해야 할 사실은 기존의 질서가 위태롭게 붕괴하고 있다는 명백한 신호들이다. 도널드 트럼프는 2017년 1월 취임 연설에서 무역 전쟁을 공언했고, 실제로 무역 전쟁을 일으켰다. 바이든 행정부도 수사는 비록 완화되었지만, 이를 되돌리기 위한 행동을 거의 하지 않았다. 행동이 말보다 더 큰 힘을 발휘하는 법이다.

세계경제에서 세계무역이 차지하는 비중이 추락한 것은 아니지만 정체되어 있는 것은 사실이며, 이로 인해 일부에서는 마크 트웨인의 사망 오보처럼 탈세계화에 대한 논의가 과장된 것이라고 주장한다. 국경을 넘는 영구 이주 규모가 기록적인 수준으로 증가하고 있다. 그러나 상품의 이동에 대한 객관적인 평가 결과는 그리 희망적이지 않다. 2015년에 각국은 보조금, 관세 및 기타 조치를 혼합한 약 700개의 새로운 무역 제한 조치를 시행했다. 2023년에는 새로운 무역 제한 조치의 수가 3,500건으로 급증했으며, 그중 약 2,500건이 상품 무역과 관련이 있었다. 2020년부터 전 세계 각국 정부는 의약품, 식량, 연료, 원자재 등 필수품의 글로벌 무역을 방해하는 7,000건 이상의 정책 개입을 시행한 것으로 추정된다. 이러한 개입 조치의 절반 이상이 여전히 유지되고 있다.[52]

이는 단순히 2022년 서방 국가들이 러시아에 부과한 제재만을 반영한 것이 아니다. 2011년 G20 국가들의 수입 중 무역 제한 조치의 영향을 받은 비율은 약 2%였다. 푸틴이 우크라이나를 침공하기 전인 2021년에는 이 비율이 이미 12%에 달했다. 우리는 광범위한 지정학적 환경의 취약성과 고립 경제학이 얼마나 널리 퍼지고 있는지 인식해야만 한다. 푸틴의 군사적 모험주의로 러시아는 서방과의 거의 모든 상업적 관계를 단절했다. 중국과 인도도 미국이나 유럽 국가 못지않게 자급자족 정책에 빠져 있다. 인도 총리 나렌드라 모디는 '아트마니르바르 바라트Atmanirbhar Bharat(자립적인 인도)'라는 슬로건을 채택했는데, 이는 모든 인도인에게 '경제적 강인함과 번영'을 가져다줄 것이라고 강조한다. 시진핑은 수

년 동안 '자립'을 의미하는 '자력갱생自力更生'을 주장해왔으며, 식량에서 마이크로칩에 이르기까지 모든 제품의 국내 생산을 대폭 확대하는 것을 국가적 사명으로 삼고 있다. 우리는 이미 정치적 노선에 따라 세계경제가 재편되고 있는 것을 볼 수 있다. 각국은 유엔 투표 기록으로 식별되는 지정학적 라이벌 국가들과의 교역 비중을 점차 줄여나가고 있다.[53]

두 번째 반론은, 이것이 결국 현상 유지Status quo를 옹호하는 주장에 불과하고, 이미 실패한 '자유무역 지상주의'를 되풀이하는 것이며, 최근 몇 년간 국가안보 지형이 얼마나 급변했는지를 전혀 읽어내지 못한 결과라는 것이다. 즉, 현재의 흐름이 단순한 보호무역주의가 아니라, 변화한 안보 환경에 대한 정당한 대응이라는 주장이다. 최근 몇 년 동안 러시아는 가스와 식량을 경제적 무기로 활용하고 있으며, 무엇보다 중국은 배터리처럼 군사적 활용도가 높은 물건을 둘러싼 21세기 핵심 공급망을 장악하고 이를 적대적인 방식으로 활용할 수 있는 능력과 의지를 노골화하고 있기 때문이다. 2024년 10월 중국은 미국 최대 드론 제조사인 스카이디오Skydio에 제재를 가했고, 이로 인해 스카이디오는 중국에서 배터리를 조달할 수 없게 되었다. 스카이디오 CEO는 "이번 조치는 중국 정부가 자국의 이익을 위해 공급망을 무기로 사용할 것이라는 점을 분명히 보여준다"고 말했다.[54]

이러한 공급망의 취약성은 사고와 자연재해로 인해 더욱 부각되었다. 2021년 3월, 거대한 컨테이너선 에버기븐Ever Given호가

22만 톤의 화물을 실은 채 수에즈운하의 모래 기슭에 좌초되었다. 세계무역의 12%를 차지하는 이 수로에서 6일 동안 컨테이너 선박의 통행이 중단되자, 세계는 글로벌 공급망의 운송 급소에 대한 경각심을 갖게 되었다. 2024년에 발생한 심각한 가뭄으로 인해 전 세계 무역의 6%를 처리하는 파나마운하를 통과하는 컨테이너의 통행이 막힌 사건도 또 다른 경고 메시지다. 우리가 의존하고 있는 글로벌 무역이 위험할 정도로 취약하다는 사실에 대한 경고가 얼마나 더 필요할까?

정부는 국가나 자연에서 일어나는 이러한 위험에 대처해야 한다. 하지만 대안이 반드시 폐쇄적인 '자급자족'일 필요는 없다. 정치 지도자들은 21세기 세계경제에서 국가안보의 의미가 좁은 의미의 자급자족 경제와 어떻게 다른지 명확한 사고를 해야 한다. 나는 정책 입안자들이 국내 산업정책 및 일자리 창출과 같은 중요한 고려 사항과 안보 목표를 분리할 것을 제안하며, 각국 정부가 가능한 한 많은 산업 생산시설을 자국으로 가져오기 위해 노력하기보다 공급망의 회복력을 높이고 수입처를 다변화하는 투자에 집중할 것을 촉구한다.

정치적 통설의 주장에 대해서 말하자면, 실제로 대부분의 국가에서 세계화로 인해 불평등이 발생하고 있으며, 이는 최근 수십 년 동안 너무 자주 간과됐다. 그러나 이러한 불평등은 무역 단절이 아닌 사회 안전망과 국가 투자 정책으로 해결할 수 있고 또 해결해야 한다. 해결책은 피해를 입은 개인과 지역사회에 보상을 제공하고 새로운 기회에 대한 교육을 제공하는 것이다. 이는 급진적인 제안이 아닌 OECD부터 IMF, WTO 등 국제 기구들이 제시한 권고사항과 일치한다. 그럼에도 이 제안들의 대부분은 최근 몇 넌간 무시되어 왔다.

화약고 해체

과잉 생산 문제는 단연코 가장 어려운 과제다. 이 문제는 중국은 물론, 독일, 일본, 한국 등 여러 국가가 자국 경제를 불균형하게 운영한 데서 기인한다. 이들 정부는 국내 제조업 및 수출 부문을 확대하기 위해 가계 소비력을 사실상 억제하는 정책을 펴왔다.[55] 이러한 정책으로 인해 덤핑이 발생하고 다른 국가의 제조업 부문에 피해가 발생하고 있다.

이러한 피해는 실재한다. 개방적인 세계경제를 유지하고자 하는 사람들은 이러한 문제를 무시하기보다 해결하기 위해 노력해야 한다. 이러한 불균형은 다자 간 또는 양자 간 협력을 통해 해결할 수 있다. 1980년 초, 미국 자동차산업의 미래에 대한 불안감이 팽배했던 상황에서 로널드 레이건 행정부는 일본과 소위 '자율 수출 규제(VER)' 협상을 끌어낸 바 있다.[56] 물론 중국은 일본과 같은 미국의 동맹국이 아니기 때문에, 유일한 해결책은 중국의 국내 재조정이다. 그 목적을 위해 협상을 시도한 다음, 협상이 실패할 경우 자본 통제를 가하는 것이 더 좋은 방법이다.

만약 미국, 프랑스, 영국처럼 개방된 금융 시스템을 가진 국가들이 외부적 금융 통제나 징벌적 자본세를 통해 중국이 무역으로 벌어들인 막대한 흑자를 타국 국채나 통화에 투자하지 못하게 막는다면, 중국은 그 자금을 내부에서 흡수할 수밖에 없게 된다. 이는 국가적 경제 재균형rebalancing을 불가피하게 만들 것이다.[57] 금융 통제를 통해 재균형을 달성하는 데 따르는 어려움을 과소평가해서는 안 된다. 또한 글로벌 무역 대금을 지불하는 청구서에서 미국 달러의 역할과 글로벌 금융 시스템에 대한 잠재적이고 예측 불가능한 부작용도 과소평가해서는 안 된다.[58] 경제사학자 애덤 투즈Adam Tooze의 말처럼, 이는 '거시경제적 믿음의 대담한 도약'이 될 것이다.[59]

하지만 2008년 글로벌 금융위기가 서구 은행들의 국경을 넘나드는 위험한 투자로 인해 발생하고 심화되었음을 상기할 필요가 있다. 국제적 금융 통합이 반드시 긍정적인 결과만을 낳은 것은 아니다. 세계화의 여러 측면 중 되돌리는 것이 비교적 안전한 분야가 있다면, 그것은 바로 '금융의 세계화'일 것이다. 이는 자본 이동은 통제하되 상품 교역은 점진적으로 확대한 제2차 세계대전 직후의 모델과 유사하다. 미국과 서방 국가들이 중국의 과잉 생산 문제를 해결하는 방법으로 금융 통제를 선택하는 것은 상품 관세를 남발하거나 수입을 전면 금지하는 것보다 훨씬 경제적 왜곡과 피해가 적은 길일 수 있다.

그리고 중국의 시진핑이 기존의 글로벌 무역 체제를 유지하고 서구(그리고 중국의 과잉 생산에 점점 우려를 표명하는 브라질, 인도, 멕시코, 남아프리카 공화국 등 개발도상국들)의 관세 또는 자본 통제에 대한 반발을 피하고 싶다면 중국 내부의 경제 불균형을 줄일 수 있는 방법을 찾아야 한다. 고립 경제라는 화약통에서 뇌관을 제거하는 데 있어 중국의 시진핑 역시 트럼프 대통령 못지않은 결정권을 쥐고 있는 셈이다.

도널드 트럼프는 한때 무역 전쟁은 '이기기 쉬운 싸움'이라고 주장했다.[60] 그러나 무역 전쟁은 쉽게 통제 불능 상태에 빠질 수 있다. 특히 경제 성장이 둔화되어 국내 불만이 고조되고 정부에 실질적인 대응을 요구하는 압박이 커질 때, 각국은 타국의 보호무역주의에 반응하거나 이를 예단하여 행동하게 된다. 이 과정은 정부가 예상했던 것보다 훨씬 더 빠른 속도로 국제무역 체제의 해체를 초래할 수 있다. 각 나라들이 관세를 부과하면 스스로 해가 된다는 점을 알고 있더라도, 새로운 관세는 또 다른 관세를 낳게 된다는 것이 역사의 교훈이다. 만약 어떠한 대응도 하지 않는다면 자국의 생산자들을 상대적으로 불리하게 만들어 국내 근로자들과 고용주들의 분노를 감수해야 하는 상황에 처하게 되기 때문이다.

이는 1930년대뿐만 아니라, 2018년 도널드 트럼프가 미국의 무역 파트너로부터 수입하는 철강과 알루미늄에 관세를 부과했을 때도 재현됐던 일이다. 중국뿐만 아니라 캐나다, 멕시코, 유럽연합도 미국에 대한 보복 관세로 대응했다. 트럼프가 위협한 규모를 고려해볼 때, 1930년대에 볼 수 있었던 것과 같은 글로벌 무역의 잠재적인 완전 붕괴 가능성을 배제할 수 없다. 당시에는 각국이 상대방을 희생시켜 자국 산업을 보호하기 위해 외부 세계에 대한 높은 관세 장벽을 세우는 '이웃 나라를 거지로 만들기' 정책 속에서 차례로 관세를 높였다. IMF 총재는 이를 '악순환의 하향 나선'이라고 묘사했고,[61] WTO 사무총장은 '무역의 안정성과 예측 가능성이 무너질 것'이라고 말했다.[62] 트럼프가 백악관으로 돌아온 것은 의심할 여지없이 이러한 위험을 줄이기보다는 더 크게 만들 것이다.

세계화된 경제에서 통제되지 않은 분열이 가져올 혼란을 이해하기 위해 깊이 들어가기 전에, 그리고 이러한 위험한 순간을 어떻게 안전하게 헤쳐 나갈 수 있을지 탐색하기 전에, 우선 한 걸음 물러서서 생각해보는 것이 중요하다. 우리는 이미 한 번이 아니라 여러 번 이런 상황을 겪은 적이 있다. 먼저 고립 경제학이라는 신조가 가진 역사적 흡인력을 이해해보자.

2장
고립 경제학의 기원

고대 철학자들에게 상아탑은 없었다. 기원전 4세기 그리스 철학자 디오게네스Diogenes는 사회적 관습과 문명의 인위성에 대한 경멸을 보여주기 위해 통 속에 살면서 시장 한복판에서 사람들을 향해 개처럼 짖어댔다. 세계의 정복자인 알렉산더 대왕은 코린토스에서 디오게네스를 방문하여 당시 낮잠을 즐기고 있던 누더기 고행자에게 원하는 것이 무엇이냐고 물었다. 그 질문에는 무엇이든 원하는 것을 제공해주겠다는 의미가 담겨 있었다. 그러자 디오게네스는 뭐라고 대답했을까? 재산, 돈, 권력, 지위, 섹스? 그는 "나의 햇볕을 가리지 말아 달라"고 말했다. 다소 무례하다고 여겨질 수도 있는 고행자의 이 겸손한 요청에 알렉산더는 깊은 인상을 받았다. 그리스 역사가 플루타르코스Plutarch에 따르면 이 통치자는 부하들에게 '내가 알렉산더가 아니었다면 디오게네스가 되었을 것'이라고 말했다고 한다.[1]

견유철학Cynicism(그리스어 '키니코스Kynikos' 또는 '개 같은'에서 유래)의 시조인 이 철학자와 왕의 만남이 실제로 일어났는지는 의문이다. 하지만 이 이야기가 가진 영향력과 그 안에 담긴 사상은 의심의 여지가 없다. 고대 세계에서 가장 강력한 통치자에 대한 디오게네스의 극도의 무관심은 도덕적·지적 자족Self-sufficiency의 미덕을 보여주는 최고의 예로서 거의 2,000년 동안 회자됐다.

고대 그리스 철학자들에게 자급자족, 즉 '오토auto(자신)'와 '아르케오arkeo(힘)'의 합성어인 아우타르키autarky(자급자족 경제)란 무엇보다도 개인의 도덕적 덕목이었다. 타인에게 의존한다는 것은 지혜를 추구하는 능력을 스스로 포기하는 것이었다. 자급자족이 통속에 숨어 개처럼 짖어대며 강력한 왕의 심기를 건드리는 위험을 감수하는 것을 의미한다면 그냥 그렇게 하면 된다. 하지만 자급자족의 도덕적 미덕은 개인적인 목표일 뿐만 아니라 정치적 목표가 되었다. 디오게네스와 동시대인인 아리스토텔레스Aristotle에 따르면, 고대의 이상적인 도시국가는 자급자족 국가였으며, 이는 정치적 공동체 내부의 사람들이 정치적 공동체 외부의 사람들과 달리 좋은 철학적 삶을 추구하는 데 필요한 모든 것을 갖추는 것을 의미했다.[2]

아우타르키에는 지정학적 측면도 있었다. 고전학자 메리 비어드Mary Beard는 펠로폰네소스전쟁 당시 시민들은 흑해를 통한 곡물 수입에 의존하고 있었는데, 이것이 적들에 의해 끊기자 자급자족에 대한 아테네의 이상화는 더욱 강화되었다고 주장한다.[3] 고전주의자 피터 존스Peter Jones는 "아우타르케이아autarkeia(자족)의 목표는 생존이었다"라고 말한다. "기아, 질병, 재난의 위협이 항상 존재하고 어디서나 죽음이 도사리고 있던 고대 세계에서는 이러한 사고방식이 필수적이었다."[4] 수 세기가 지나면서 이러한 자급자족의 미덕은 기독교 사상에 의해 발전되고 수정되었다.

멍청이 황소

1225년 시칠리아섬에서 태어난 뚱뚱한 학자 토마스 아퀴나스Thomas Aquinas는 나폴리대학교 동급생들 사이에서 '멍청이 황소'라는 별명으로 불렸다. 하지만 이 '멍청이 황소'는 가톨릭 신앙의 철학적 토대를 구축하는 데 그 누구보다 많은 공헌을 했다. 아리스토텔레스의 영향을 받은 아퀴나스는 모든 존재는 궁극적으로 창조주로부터 유래하며 신은 자신 외에는 어떤 것에도 의존하지 않는다는 맥락에서 신의 '자족성'에 대해 이야기했다.

이는 당대의 중요한 '학문적' 주장이었지만, 흥미롭게도 아퀴나스는 그의 세속적인 저서 중 하나에서 경제적 자급자족을 옹호하는 쪽에 섰다. 그는 1265년에 도시가 스스로 식량을 조달하는 방법에는 주변 경작지에서 식량을 재배하는 것과 무역을 통한 방법, 이렇게 두 가지가 있다고 말했다. 아퀴나스는 '첫 번째 방법이 더 낫다'고 결론지었다. "무엇이든 존엄한 것일수록 자급자족적이다. 다른 사람의 도움이 필요하다는 것은 부족한 부분이 있다는 것을 의미한다."[5] 그리고 그는 그리스 사상을 끌어와 자급자족이 더 안전하다고 말했다. "전쟁이나 해상의 위험으로 물자 수입과 상인의 접근이 어렵게 되면 도시는 식량 부족으로 무너질 수 있다.” 그리고 아퀴나스는 ‘무역을 추구하는 것은 시민들의 마음에 탐욕을 불러일으킨다’는 고전적인 도덕적 주장도 덧붙였다.

자급자족적 사고에는 종교적인 측면뿐만 아니라 낭만적인 면도 있었다. 대니얼 디포Daniel Defoe의 《로빈슨 크루소》(1719)에서 주인공은 타고 있던 배가 난파되어 무인도에 완전히 고립된 채 스스로 옷을 만들고 식량을 재배하며 생존하는 법을 배워야 했다. 디포는 페루 해안의 한 섬에 표류했다가 수년간 고립된 끝에 결국 구조된 스코틀랜드 선원 알렉산더 셀커크Alexander Selkirk의 이야기에서 영감받아 이 소설을 썼다고 한다. 하지만 태양으로부터 자신을 보호하기 위해 염소 가죽으로 양산을 만들어 쓴 크루소를 묘사한 부분을 보면 그 디테일에서 디포의 소설이 정말 놀라운 상상력의 작품이라는 것을 깨닫게 된다.

처음에 크루소는 자신의 처지를 한탄하는 것으로 시작한다. 그러나 그는 곧 긍정적인 면을 보기 시작한다.

> 이제 내 생활 방식은 비참하지만 마음은 훨씬 편해졌고, 끊임없이 성경을 읽고 하나님께 기도함으로써 내 생각은 더 높은 차원의 일들에 집중하게 되었으며, 내면에서 큰 위안을 얻을 수 있었다.[6]

더 자족적일수록 신과 더 가까워진다는 이 논리는 아퀴나스도 기꺼이 동의했을 것이다. 독자들은 또 크루소의 창의성과 자급자족하는 그의 소박한 삶에 감탄한다. 특히 섬 내부 밀림 깊숙한 곳에 건포도 저장고가 있는 목가적이고 한적한 '시골집'을 오히려 부러워하게 된다. 자립에 대한 낭만적 이상화 덕분에 이 이야기의 인기는 수 세기 넘게 계속되어 〈생존자Survivor〉와 같은 리얼리티 TV 프로그램으로 이어지고 있다.

낭만주의 운동의 철학적 아버지인 장 자크 루소Jean-Jacques Rousseau는 인류학적 관점에서 자급자족을 받아들였다. 1755년 그를 유명하게 만든 《인간 불평등의 기원과 토대에 관한 논고》에서 루소는 원시인은 원래 '고독한' 존재였으며 번식 목적 외에는 타인과 어울리지 않았고, 그 고립 경향으로 인해 훨씬 행복했다고 추측했다. 이는 토머스 홉스Thomas Hobbes가 잉글랜드 내전 종료 직후 출간한 《리바이어던》(1651)에서 현대 문명 이전의 인간 존재를 '가난하고, 추악하고, 야만적이고, 단명하는' 것으로 묘사한 관점에 대한 급진적인 도전이었다. 홉스는 잉글랜드 내전 종료 직후 이 논문을 출판했다. 반면 루소의 상상 속 초기 인간은 다음과 같았다.

산업도 없고, 말도 없고, 집도 없이 숲을 오르내리며, 전쟁과 모든 유대 관계에 똑같이 낯설고, 동료 생물체를 필요로 하지도 해치고 싶은 마음도 없으며, 어쩌면 서로를 구별조차 하지 않는 존재였다.[7]

아퀴나스와 마찬가지로 루소도 자급자족의 일반적인 미덕을 찬양하는 데서 나아가 코르시카와 폴란드의 무역정책으로 자급자족을 권장했다. 루소는 폴란드인들에게 '외국에 거의 관심을 기울이지 말고, 상업에는 거의 신경 쓰지 말며, 가능한 한 국내에서 식료품의 생산과 소비를 늘려야 한다'고 조언했다.[8] 한편 루소가 보기에 코르시카는 '자급자족이 가능'하기 때문에 외국과의 무역을 차단해야 한다고 주장했다.[9]

약 40년 후, 한 통치자는 루소의 이러한 조언을 받아들인 듯했다. 1811년 남미 식민지였던 파라과이가 스페인과 아르헨티나로부터 독립한 후 초대 통치자였던 가스파르 로드리게스 데 프란시아Dr. Gaspar Rodrigues de Francia 박사는 자신이 루소의 영향을 받았다고 주장했다. '최고 지도자EL Supremo'의 권위적인 통치 아래, 이 나라는 가톨릭교회와 결별했고, 외국과의 교역은 철저히 억제했다.

스코틀랜드의 수필가 토머스 칼라일Thomas Caryle은 '황갈색 얼굴에 마르고 냉혹한 프란시아 박사'를 존경했으며, 1840년에 서정적인 표현으로 다음과 같이 묘사했다. "20년 또는 30년 가까이 [그는] 그의 지팡이를 뻗어 파라과이의 해외 무역을 '중단하라!'고 말했다. 배들은 파라나Parana강의 모래톱에 고립되어 썩어가는 틈새를 드러내며 누워 있었다."[10] 일부 역사학자들은 의심할 것 없이 잔인하고 변덕스러웠던 '파라과이의 영원한 독재자'가 진정으로 자급자족을 추구했는지 또는 달성했는지에 대해 의문을 제기한다.[11] 그러나 프란시아의 통치는 다른 것이 어찌 됐든 간에 경제적 성공은 거두지 못했다. 아마도 칼라일의 시적 상상력과는 달리, 그는 내륙 국가에서 해군을 건설하는 데 상당한 자원을 쏟아붓는 기행을 일삼았기 때문이다.[12]

비슷한 시기, 프랑스에서는 1830년 이후 프랑스 왕정(입헌군주제)하에서 정치인이자 면방직 공장주인 오귀스트 미므렐이 영국의 저가 직물 수입을 금지해야 노동자의 임금 하락을 방어할 수 있다며 이와 유사한 정책을 권고했다. 물론 영국의 직물 수입을 막는 것은 노동자 권익이라는 명분을 내세워, 사실상 자신을 포함한 국내 자본가들의 기득권을 지키려는 정략적인 주장이기도 했다. 이 사례는 경제적 자급자족이 노동자 계급의 경제적 이익을 보호하는 것이라는 주장이 처음으로 세상에 등장한 것이었으며, 오늘날 도널드 트럼프의 입을 통해 다시금 울려 퍼지고 있다.

이 시대에 경제적 자급자족에 대한 지지는 덜 세속적인 곳에서도 흘러나왔다. 독일 관념론 철학의 거두 요한 피히테Johann Fichte는 1800년에 《폐쇄 상업 국가론The Closed Commercial State》을 발표했다. 피히테는 이 논문이 루소와 그의 지적 영웅인 '쾨니히스베르크Königsberg의 현자' 임마누엘 칸트의 연구를 계승한 것이라고 생각했다. 칸트는 국가 간의 '영구적 평화'를 위한 모델을 고안했었다.

당시는 무역이 국가 간에 좋은 관계를 낳는다는 것이 정설이었다. 반세기 전인 1748년 프랑스 귀족 몽테스키외는 "평화는 무역의 자연스러운 결과다"라고 말했고, "서로 교역하는 두 나라는 상호 의존하게 되는데, 한쪽이 구매에 관심이 있으면 다른 한쪽도 판매에 관심이 있기 때문에 두 나라의 결합은 상호 필요성에 기초한다"고 보았다.[13] 칸트 역시 국가들을 협동으로 이끄는 '상업 정신'의 힘에 대해 저술한 바 있다.[14] 그러나 피히테는 정반대로, 경쟁 관계에 있는 유럽 국가 간의 상업은 관계를 도리어 악화시켰고, 평화를 위해서는 경제생활이 분리되어야 한다고 생각했다.

피히테는 자신의 엄격한 아우타르키(자급자족) 선언문에서 자급자족이 가져올 도덕적 이점을 강조하는 주장을 펼쳤다. "국가가 자급자족하며 구성원들끼리만 모여 살고 외부와 단절될 때 비로소 뚜렷한 국민성과 국가적 자부심이 생긴다."[15] 그는 민족주의적인 어조로 덧붙였다. "우리가 세계를 떠돌며 어디서든 적응하려 애쓰느라 정작 자신의 정체성을 잃어버려 아무것도 아닌 존재가 되었고 그 어디에서도 안식처를 찾지 못하게 되었다."[16] 이와 정확히 일치하는 생각이 2016년 영국의 테레사 메이 총리에 의해 발화되었다. 그녀는 브렉시트 투표 직후 "당신이 세계 시민이라고 믿는다면, 당신은 그 어디의 시민도 아니다Citizen of nowhere"라는 말로 브렉시트를 옹호하며 세계주의를 지향하던 사람들을 충격에 빠뜨렸다.[17] 결국, 두 사람 모두 국가라는 경계를 허무는 세계화가 인간을 정체성 없는 존재로 전락시킨다고 경고한 것이다.

피히테의 논문은 여러 면에서 친숙하다. 그는 자유무역이 본질적으로 부유한 국가에는 이익을 주고 가난한 국가에는 해를 끼친다고 주장했는데, 이는 현대 반세계화 운동의 핵심 주장을 예고하는 것이기도 했다. 하지만 피히테는 보수적인 반동주의자와는 거리가 멀었다. 그는 상품은 아니더라도 사상과 문화가 계속해서 국경을 넘나들어야 한다고 생각했다. 그는 외부와 벽을 쌓는 것에 그치는 것이 아니라, 국가가 직접 시장에 개입하여 국민 개개인이 일할 권리를 가질 수 있도록 보장하며, 나라 경제 전반을 정부가 강력하게 관리하고 모든 경제 활동을 통제함으로써 국민의 생존권을 책임져야 한다는 파격적인 논리를 펼쳤다. 그의 참신한 주장으로 인해 일부 학자들은 그를 사회주의의 지적 선구자로 간주하기도 했다.[18]

폐쇄된 국가

자급자족의 꿈에 매료된 것은 유럽인과 라틴아메리카의 식민지 후손만이 아니었다. 15세기 초, 명나라의 제독 정화鄭和는 거대한 함대를 이끌고 아프리카 동해안까지 진출하며 압도적인 해상 통제력을 과시했다. 하지만 그의 대원정이 중단된 이후, 중국은 스스로 바다를 걸어 잠그는 해금海禁 정책을 채택하며 폐쇄적인 국가 체제로 회귀했다.

사실 정화는 중국에 대한 우리의 역사적 고정관념과는 달리 무슬림 환관이었다. 그의 위대한 해상 원정은 거대한 외교적 '보물선'이 항해한 거리뿐만 아니라 항해가 갑작스럽게 중단되었다는 점에서도 놀라웠다.

정화의 탐험은 중국의 해상 조선술과 항해술이 현대 유럽인이 동원할 수 있는 그 어떤 것보다 우수하다는 것을 보여주었다. 1588년 위대한 스페인 함대는 132척의 함정으로 구성되어 있었다. 정화는 2만 8,000명을 수송할 수 있는 300척이 넘는 배를 보유하고 있었으며, 가장 큰 배는 길이 120m, 너비 50m로 말 그대로 현대 유럽 함선을 압도할 만큼 거대했다.[19] 정화의 함대는 오늘날 케냐 지역인 동아프리카 말린디Malindi에 도착해 중국 황제를 위해 기린 한 마리를 가져왔다. 이것은 포르투갈의 바스코 다 가마Vasco da Gama가 희망봉을 돌아 인도 향신료 항로를 개척하기 무려 70년 전 일이었다.

이 시기는 중국이 세계 상업과 군사력의 패권을 틀어쥘 수 있었던 결정적인 도약의 순간이었다. 하지만 명나라 조정의 실권이 교체되면서 역사의 물줄기는 급격히 뒤바뀌었다. 새로운 집권 세력은 정화의 대원정을 중단시켰을 뿐만 아니라, 원양 항해와 거대 선박의 건조 자체를 법으로 엄격히 금지하는 해금 정책을 단행했다.

그 결과, 세계의 지도를 처음으로 그려내고 지배력을 확장할 기회는 포르투갈, 스페인, 네덜란드, 영국 등 유럽의 탐험가들에게 돌아갔다. 중국이 스스로 대양을 등지고 고립 경제의 길을 선택한 사이, 유럽 열강들이 그 빈자리를 꿰차며 세계사의 주역으로 부상하게 된 것이다.

중요한 세계사적 시점에 중국이 내부로 눈을 돌린 이유에 대해서는 역사학자들 사이에 논란이 많다. 보물선 건조 비용이 만만치 않았고 황실 재정에 다른 지출도 많았기 때문에 경제적인 이유가 있었을 수도 있다. 그러나 유교 교육을 받은 일부 관리들이 원칙적으로 외국인과 교역하고 접촉하는 것에 대해서 적대감을 가지고 있었다는 점도 영향을 미친 것으로 보인다.[20] 아퀴나스와 마찬가지로 이 철학자 관료들도 그러한 접촉이 가져올 도덕적 결과를 두려워했다. 아퀴나스와는 달리 그들은 국가의 무역정책을 직접 결정할 수 있는 위치에 있었다.

일본도 마찬가지였다. 봉건적 군사독재의 한 형태인 도쿠가와德川 막부는 1635년부터 '사코쿠鎖國(쇄국)' 정책을 시행했다.[21] 마틴 스코세이지Martin Scorsese 감독의 2016년 영화 〈사일런스〉에서 생생하게 묘사된 것처럼 서양 기독교 선교사들의 입국이 금지되었고 이미 일본에 있던 선교사들은 박해를 받았다. 이민은 금지되었다. 일본의 막부는 외국의 모든 영향력을 근절하기 위해 해외로 이주한 일본인조차 귀국하지 못하도록 했다. 나가사키 앞바다의 인공 섬에서 조업이 허용된 네덜란드를 제외하고는 대외 무역은 거의 중단되었다. 일본인들은 네덜란드 문물을 통해 의학과 대포 제조 등 일부 서양 기술을 연구하기는 했지만, 유럽의 영향으로부터 스스로를 격리하려는 막부의 정책은 2세기 동안 매우 효과적이었다.[22] (물론 중국의 문화적 영향으로부터는 격리하려 하지 않았다.) 1853년 미국 해군 사령관 매슈 페리Matthew Perry가 일본의 문호를 개방하도록 협박하라는 명령을 받고 군용 증기선 4척을 도쿄 항구에 입항시킨 후에야 쇄국 정책은 무너졌다.

동아시아에서 페리는 채찍을 사용했지만, 당근을 사용한 사람들도 있었다. 1793년 대영제국을 '해가 지지 않는 제국'으로 묘사한 것으로 유명한 매카트니 경Lord Macartney이 이끄는 영국 왕실 외교사절단이 중국에 대한 새로운 무역 특혜를 통해 두 제국 간의 무역 증대를 제안하고자 베이징에 도착했다. 매카트니 사절단은 태엽 시계와 영국 초기 산업혁명의 산물인 증기기관 모형을 중국 황실에 선물로 가져갔다. 이는 자유무역을 통해 중국이 얻게 될 물품의 예시를 보여주기 위한 것이었다.

하지만 중국은 거절했다. 청나라 황제는 조지 3세에게 직접 편지를 보냈다. "우리는 모든 것을 가지고 있다. 짐은 기이하거나 기발한 물건에는 가치를 두지 않으며, 귀하의 나라에서 만든 제품은 쓸모가 없다"라고 말했다.[23] 중국 황실의 엘리트들은 자급자족을 바람직한 것으로 여겼을 뿐만 아니라 이를 이미 달성했다고 믿었던 것 같다.

과연 그랬을까? 편지의 수사적 표현에도 불구하고 중국은 대포 제조부터 지도 제작, 초상화 및 건축에 이르기까지 서양 기술과 예술에 대해 큰 관심이 있었다는 것은 분명하다. 일본과는 달리 선교사들을 환영했고, 예수회 사제들을 힘센 궁정 요직에 임명했는데, 이는 부분적으로는 그들의 천문학 기술 때문이었다.

그리고 중국인들은 야만인과의 더러운 무역을 선물과 조공의 기치 아래 위장하는 경향이 있었다. '우리 황제는 당신에게 관대함과 웅장함의 표시로 이 비단과 도자기를 선물할 것이고 당신은 향신료 등의 형태로 조공을 바칠 것이지만 우리는 이를 교환이라고 부르지 않겠다.' 따라서 일부 역사가들은 건륭제가 매카트니 사절단의 제안을 공식적으로 거절한 것은 표면상으로 보이는 어리석은 자급자족적 주장이라기보다 제국주의 경쟁국에 물러서라는 경고로 해석하기도 한다.[24] 진실이 무엇이든, 자급자족의 꿈은 종종 대제국의 외부 압력에 대한 반응으로 나타났다.

에덴의 작은 정원들

영국 통치로부터 독립한 인도에 대한 마하트마 간디Mahatma Gandhi의 비전은 경제적으로 자급자족하는 마을 네트워크인 '에덴의 작은 정원들tiny gardens of Eden'[25]이었다. 스스로 농작물을 재배하고, 가축의 사료를 만들고, 옷감을 만들기 위해 면화를 직접 짜는 곳이었다. 그는 "모든 마을은 자급자족할 수 있어야 하며, 전 세계를 상대로 스스로를 방어할 수 있을 정도로 자기 일을 관리할 수 있어야 한다"라고 썼다.[26] 이것이 바로 인도의 국기인 삼색기 중심에 물레 이미지가 자리 잡은 이유다.

중요한 것은 자급자족이 무역을 하지 않는다는 뜻이 아니라 마을에서 현실적으로 자체 생산할 수 없는 것들만 무역한다는 뜻이었다. 간디는 "자급자족이란 완전히 고립된 편협한 상태를 의미하지 않는다"라고 강조했다.[27] 그러나 다른 경우에 그는 훨씬 더 배타적이고 심지어 외국인 혐오적인 어조로 "우리나라에서 만들

수 있다면 외국에서 수입하는 모든 필요 없는 것뿐 아니라, 심지어 필요한 것까지도 버리는 게 우리의 권리이자 의무"라고 주장하기도 했다.[28] 그렇다면 이러한 상반된 주장을 어떻게 조화시킬 수 있을까? 간디의 자급자족 운동(힌디어로 '스와데시Swadeshi'라고 한다)은 제국주의 지배자인 영국과의 관계에서 표현된 인도의 국산품 애용 운동으로 이해해야 한다.[29] 이 운동은 1905년 벵골에서 영국 제품 불매 운동과 함께 발표되었다.

스와데시는 영국의 약탈적인 제국주의에 대항하는 간디의 해독제였다. 인도 독립운동가들이 보기에 영국은 18세기와 19세기에 거대한 인도 시장에 자국의 섬유 수출을 사실상 강요했다.[30] 18세기 초 인도는 '캘리코calico'로 알려진 면직물을 영국에 수출하는 주요 국가였다. 그러나 제국주의 영국은 이러한 수입품에 관세를 부과하는 한편, 영국 랭커셔Lancashire에서 새로운 기계화된 직조기에서 생산된 제품을 인도가 수입하는 것에 대해서는 관세를 폐지했다. 이는 인도의 기존 가내수공업을 처참히 파괴했고 인도의 광범위한 국가 경제 발전을 저해했다.

제국주의 무역정책의 직접적인 결과든, 영국 제조업의 생산성이 훨씬 높았기 때문에 일어났던 일이든, 통계 기록에 따르면 인도는 실제로 영국 식민 치하에서 심각한 탈산업화를 겪은 것으로 나타났다. 1750년 인도는 전 세계 제조업 생산량의 약 25%를 생산하고 있었다. 하지만 1900년에는 2%로 감소했다.[31] 공정하든 아니든 영국은 비난받았고, 이러한 역사적 상처 때문에 1947년 독립

이후 인도는 외부 세계와 벽을 쌓는 자급자족을 그에 대한 해답으로 여겼다.[32] 1947년 인도 독립 이후 몇 년 동안 인도의 GDP 대비 수출 비중은 3%까지 떨어졌는데, 이는 영국 식민지 시대 수십 년 동안의 평균 수준의 절반에도 미치지 못하는 수치였다.

독립 후의 탄자니아에서도 비슷한 일이 일어났다. 1960년대와 1970년대 줄리어스 니에레레Julius Nyerere 대통령이 주도한 우자마Ujamaa(스와힐리어로 '가족'을 의미) 운동은 유럽의 식민주의와 도시화가 아프리카 경제생활을 타락시켰기에, 트랙터 대신 '소 쟁기'를 사용하는 자급자족적인 농촌 생활로 돌아가는 것이 해결책이라고 믿었다. 어떤 면에서 경제적 자급자족에 대한 주장은 1960년대와 1970년대 작가와 활동가들이 제기한 '종속 이론'의 자연스러운 산물이었다. 이 이론은 식민지들이 금융, 법률, 교육, 행정 등 자신들에게 강요된 외세의 수탈적 자본주의 제도에 의해 발전을 저해당해 왔다고 주장했다.[33] 이에 따라 탄자니아와 같은 과거 식민지 국가들이 착취적인 서구 경제 체제로부터 '관계 단절de-link'을 해야 한다고 권고했다.[34] 니에레레는 "독립은 곧 자립을 의미한다"라고 1967년 아루샤Arusha 선언에서 말했다.[35] 그의 선언은 기술에 대한 극도의 비관주의를 반영했다.

우리는 대규모 현대식 산업을 육성하여 탄자니아를 발전시키겠다는 꿈을 접어야 한다. 우리는 그런 것들을 효율적이고 경제적으로 만드는 데 필요한 돈도, 숙련된 인력도 없다. 트랙터와 콤바인

수확기를 사용하는 기계화된 농장으로 탄자니아를 덮겠다는 생
각은 실수일 수도 있다.[36]

니에레레는 나중에 간디와 유사한 중요한 단서를 추가했다. "자
립이라는 원칙이 고립주의를 의미하는 것은 아니다. 우리에게 자
립은 우리의 발전을 위해 우리의 자원에 의존해야 한다는 긍정적
인 확신이다."[37]

존 메이너드 케인스John Maynard Keynes의 가장 유명한 일화 중 하
나는 자신의 일관성 없음을 지적하는 비판에 대한 반박이었다. "사
실이 바뀌면 내 생각도 바뀝니다. 귀하는 어떠신가요?" 케인스가
실제로 이 말을 글자 그대로 했을 것 같지는 않지만 현대 거시경
제학의 아버지가 자급자족에 대한 생각을 바꾼 것만은 확실하다.

대공황의 충격으로 전 세계가 관세 장벽을 세우고 보호무역주
의로 후퇴하던 1933년에 발표한 에세이에서 그는 자유무역에 대
한 과거의 신념을 철회하고 다음과 같은 유명한 구절을 남겼다.
"그것이 합리적이고 편리하게 가능하다면, 제품을 가내수공업으
로 만들게 하라."[38] 그리고 이 글에서 케인스는 고대부터 이어져
온 자급자족에 대한 도덕적 주장을 되풀이했다. 그는 "국제적이지
만 개인주의적인 타락한 자본주의는 지성적이지도 아름답지도
않으며, 정의롭지도 도덕적이지도 않다"고 비판했다. 게다가 유럽
의 군국주의가 팽창하는 가운데 케인스는 다음과 같이 제안했다.
"국가들이 경제적으로 긴밀히 얽히는 것보다, 오히려 1914년 이전

보다 더 높은 수준의 자급자족과 경제적 고립을 택하는 것이 평화 유지에 더 유리할 수 있다.”

그러나 간디와 니에레레처럼 열렬한 예술 애호가이자 런던의 지식인 모임인 '블룸즈버리 그룹Bloomsbury Group'의 핵심이었던 케인스는 무형의 문화 자산 교류만큼은 예외로 두었다. 그는 "아이디어, 지식, 과학, 호텔, 여행 등은 본질적으로 국제적이어야 한다"고 강조했다. 즉, 경제적 자급자족을 지향한다고 해서 세상에 대한 개방성까지 거부하는 것은 아니라는 논리다. 이는 오늘날 자급자족을 옹호하는 이들이 내세우는 핵심 논거이기도 하다.

비록 케인스가 상대적으로 더 자유주의적인 성향을 띠긴 했지만 그와 니에레레, 간디 모두 좌파적 사유의 범주에 속해 있다. 이처럼 좌파 사상의 흐름 안에는 자급자족을 중시하는 강력한 전통이 분명히 존재한다.

팔랑스테르

샤를 푸리에Charles Fourier는 프랑스와 스위스 접경지대인 브장송 Besançon에서 직물 상인의 아들로 태어났다. 그의 초상화는 입꼬리가 날카롭게 처진 엄격해 보이는 인물로 그려져 있다. 푸리에는 19세기 초 유토피아 사회주의자 중에서도 특히 독특했던 인물로, 언젠가 전 세계 바다가 레모네이드로 변하고 인간에게는 꼬리가 자라날 것이라는 기괴한 추측을 내놓기도 했다.[39]

하지만 그의 가장 큰 공헌은 인간이 어떻게 살 수 있고, 어떻게 살아야 하는지에 대한 비전을 보여준 점이다. 그는 자급자족하는 농촌 공동체를 구상했는데, 이 공동체를 군대를 뜻하는 팔랑크스phalanx와 수도원을 뜻하는 모나스테르Monastère를 합쳐 파생된 단어인 '팔랑스테르Phalanstère'라고 불렀다. 1,620명으로 구성된 이 집단은 그가 분류한 다양한 성격 유형과 세 가지 사회 계층을 모두 수용할 수 있을 만큼 충분히 크며, 특수하게 설계된 부지에서 함께 생활하는 모델이다. 이 공간은 '수많은 기둥과 돔'으로 이루어져 있으며, 내부에 음악실, 작업실, 식당, 오페라 하우스, 그리고 주거용 아파트까지 갖춘 형태였다.

구성원들은 스스로 식량을 재배하고, 푸리에가 '사랑의 궁전'이라고 부른 기관을 통해 성적 파트너를 공유한다. 효율적으로 조직된, 모두가 참여할 수 있는 집단 성행위 기관이지만 강제성은 없다.[40] 푸리에의 계획서에는 기괴한 내용도 있었는데, 예를 들어 팔랑스테르 아이들이 그릇을 깨지 않고 충분한 양의 설거지를 할 수 있는지에 따라 '장난꾸러기urchins' 단계에서 '아기 천사cherubs' 단계로 승격되는 시기를 결정하는 것과 같은 내용이 있었다.[41] 팔랑스테르 화장실을 청소하는 지저분한 일은 선천적으로 다루기 힘들고 오물에 자연스럽게 끌리는 사춘기 전의 아이들에게 맡겨졌다. 푸리에에 따르면 그들은 "경건한 일, 팔랑스테르를 향한 자선 행위, 신과 통일에 대한 봉사로서 열정적으로 그 노동에 임"한다.[42]

푸리에의 비전 중 일부는 놀랍도록 현대적인 것이었다. 그는 가족의 부와 상관없이 팔랑스테르 내 모든 아이들에게 '통합 교육'을 제공하고, 사실상 최저 연간 소득을 보장하는 '사회적 최저선'을 제시했다. 그리고 아이들의 성별은 정해진 것이 아니라 아이들 스스로가 선택하는 것이라는 매우 현대적인 제안을 했다. 푸리에가 자신의 비전에 매료된 것은 분명했다.

> 봄날 아침 해가 뜨면 서른 개의 집단이 각자의 특색 있는 깃발과 상징물을 들고 궁전의 문을 통해 나가는 모습을 볼 수 있다. 이 다양한 부대들은 찬가를 부르며 행진하면서 들판과 정원에 자리를 잡는다.[43]

일부 이상주의적인 푸리에주의자들은 오하이오와 텍사스에서 그의 비전을 실현하기 위해 노력했지만, 지역사회에서 필요한 농사 기술이 부족해 몇 달 만에 실패했다.[44] 자급자족은 이론상으로는 쉽지만 실제로는 쉽지 않다.

그러나 팔랑스테르 공동체가 1960년대 히피 공동체 생활과 '자유연애'에 미친 영향은 분명하다. 이스라엘의 키부츠도 푸리에의 사상에 큰 영향을 받았다. 이 공동체는 1910년부터 영국 지배하의 팔레스타인으로 이주한 유대인들에 의해 설립되었는데, 식사를 공동으로 하고, 사유 재산이 없는 농업 공동체였다. 어떤 이들은 영국의 협동조합 운동(고객이 상점을 공동 소유하는 방식)을 푸리에의 유토피아적 환상을 보다 현실적으로 구현한 것으로 보고 있다. 현대의 '탈성장' 및 환경주의 운동은 자급자족적 사고의 강한 요소를 가지고 있다. 디오게네스가 높이 평가했을 법한 방식으로, 우리의 낭비적이고 파괴적인 '욕구'를 줄이자는 도덕적 요구를 포함하고 있다. 2001년 생태학자인 에드워드 골드스미스Edward Gold-smith와 제리 맨더Jerry Mander는 "경제적 세계화보다 더 나은 해답은 활성화되고 지역적이며 다양하고 적어도 부분적으로 자급자족하는 소규모 경제로의 전환"이라고 주장했다.[45] 그리고 환경적 지속 가능성은 더 넓게 보면 자급자족의 틀에서 이해될 수 있으며, '지구의 수용 능력 내에서 살아가자'는 권고를 담고 있다. 하지만 자급자족은 결코 좌파만의 전유물이 아니다.

자립자유주의

푸리에와 마찬가지로 로버트 르페브르Robert Lefevre도 특이한 인물이다. 1911년 아이다호에서 태어난 그는 방문 판매원으로 경력을 시작했는데 자신을 '뜨내기fly-by-night' 방문 판매원이었다고 말했다. 1930년대 라디오 방송인으로서 '아이 엠I Am'이라 불리는 뉴에이지 종교를 홍보하며 이름을 알렸다.[46] 그러나 르페브르가 진정으로 자신의 천직을 찾은 것은 1960년대에 자유지상주의Libertari-anism 경제 사상의 대중 전도사로 활동하면서부터였다. 종교 단체에서 다져진 라디오 훈련 덕분에 그는 극우적 사상조차 구수한 상식처럼 들리게 만드는 특출난 재주가 있었다.

콜로라도 스프링스에 세운 그의 '자유학교Freedom School'에서 르페브르는 자신이 직접 개발한 '자립자유주의Autarchism' 이론을 통해 자신의 철학을 명확히 하고 급진적인 반정부 신념을 '무정부주의'와 구분하려고 시도했다. 그는 다음과 같이 말했다.

> 자립자유주의는 완전한 개인 자치를 의미한다. 그것은 각 개인이 자신에 대해 전적인 책임을 지고, 자신을 통제하고, 자신에 대한 권한을 행사하며, 어떤 방식으로든 다른 사람에게 강제로 자기 의지를 강요하지 않는 시스템 또는 사회 체제를 전제로 한다.[47]

이는 본질적으로 근대 경제 개념이라기보다는 그리스 철학의 자급자족적 전통으로 거슬러 올라가는 자유주의의 한 흐름이었다. 르페브르는 결코 무역에 반대하지 않았으며 자유 시장의 전도사였다. 그의 학파는 어떤 종류의 정부 개입이나 경제적 재분배에 대해서도 단호하게 반대했다. 1930년대 프랭클린 루스벨트의 뉴딜 정책은 절대 용납할 수 없는 혐오스러운 '집단주의'로 여겼으며, 좋게 봐도 미국을 위한 잘못된 방향 전환이거나 최악의 경우 잠재적 공산주의의 한 형태로 간주했다.

향후 화학 및 석유 산업의 거물이 된 억만장자 찰스 코크Charles Koch는 1960년대에 르페브르의 자유학교에서 공부하며 깊은 영향을 받았다. 코크는 "내가 현실과 인간의 본성에 가장 부합하는 사회 조직 형태로서 자유에 대한 열정을 키우기 시작한 곳이 바로

밥 레페브르의 자유학교였다"고 회상했다.[48]

코크는 자유지상주의 싱크탱크에 막대한 자금을 쏟아부으며 대규모 감세, 정부 복지 지출의 대폭 삭감, 급진적인 규제 완화를 주장하고, 기후변화를 부정하는 다양한 단체를 후원하기도 했다. 그러나 현대 미국 자유지상주의 운동의 일부 요소는 집단주의를 혐오하면서도 역설적으로 공동체주의적 비전은 수용하는 것처럼 보이기도 한다. 2001년에 설립된 뉴햄프셔 자유국가프로젝트Free State Project는 같은 생각을 가진 사람들이 뉴햄프셔주로 집단 이주하도록 장려함으로써 미국에 자유지상주의 공동체를 만들려고 노력하고 있다. 이들은 "기존의 친자유주의 문화를 가진 작은 주에 우리의 노력을 집중함으로써 우리는 큰 정부에 대항하여 흐름을 바꾸고 있으며, 개인적·경제적 자유가 확대되는 혜택을 경험하고 있다"라고 웹사이트에서 밝혔다.[49]

이 단체의 회원인 남아프리카 출신의 명랑한 기업 변호사인 칼라 게리케Carla Gericke는 BBC 라디오 다큐멘터리에 출연해 해당 커뮤니티의 생활을 다음과 같이 설명했다.

내 친구들은 외부의 자원에 의지하지 않고 독립적으로 농장을 운영하며 돼지와 소, 양을 키우는데, 나는 거의 모든 고기를 그들로부터 공급받고 있다. 우리는 실제로 자유무역과 그 모든 것을 믿지만, 커뮤니티를 구축하고 있기 때문에 커뮤니티 내에서 교류하려고 노력하는 경향이 있다.[50]

자유로운 선택이 가능한 공동체 기반의 자급자족 생활은 본질적으로 좌파적 또는 집단주의적이지 않은 것처럼 보인다. 그러나 자유국가프로젝트의 회원 수는 초기 목표였던 2만 명을 훨씬 밑도는 7,000명 정도에 불과했다. 현재 약 12만 5,000명의 이스라엘인들이 270개의 키부츠에 살고 있으며, 이 중 25%만이 여전히 공동체에 속해 있다. 그리고 주로 농업에 종사하는 공동체는 대부분 태국인 이주 노동자들에게 의존하고 있다.[51] 전 세계적으로 수도원이나 사원 같은 종교 공동체를 포함하여 1만 개에서 3만 개의 '자발적 공동체'가 있는 것으로 추정된다.[52] 여전히 소수의 세계인들에게만 매력적인 대안적 생활 방식으로 남아 있는 것이다. 사실 현대의 대규모 경제 자급자족 운동은 아래에서 위로가 아닌 국가 주도로 이루어졌다. 그리고 가장 큰 동인은 전쟁 또는 전쟁의 위협이었다.

전체주의적 자급자족주의

1925년 바이에른 지역의 감옥에 수감된 아돌프 히틀러Adolf Hitler는 바이마르공화국에 대한 쿠데타 시도 실패 후 쓴 《나의 투쟁 Mein Kampf》에 다음과 같은 결론을 적었다. "이 지구가 모두를 위한 충분한 공간을 가지고 있다면, 우리는 우리의 생존에 절대적으로 필요한 몫의 토지를 가져야 한다. 물론 사람들이 자발적으로 이에 적응하지는 않을 것이다. 이 시점에서 자기 보존의 권리가 효력을 발휘한다."[53] 히틀러의 자급자족주의는 제1차 세계대전 당시 영국 해군의 봉쇄로 독일 국민이 굶주림에 시달렸던 경험에 대한 반응이었다.

이후 미출간된 두 번째 책에서 히틀러는 농업 생산성 향상을 통해 독일이 자급자족할 수 있다는 생각을 일축하고 "오늘날 독일 국민은 평화 시절보다 자국 땅과 영토에서 자급자족할 수 있는 위치에 있지 못하다"고 한탄했다.[54] 상등병에서 준군사조직을 거느린 선동가로 변신한 그에게 국가의 자주적 생존은 자급자족을 통해 이루어져야 했다. 그리고 독일의 구원은 동쪽의 풍요로운 땅을 정복하고 착취하는 데 있었다.

총리직에 취임하고 모든 내부 반대 세력을 진압한 히틀러는 1936년 연설에서 자신의 영토 야심을 분명히 밝혔다. "만약 내가 셀 수 없이 많은 매장량을 지닌 우랄산맥과, 광활한 산림이 있는 시베리아, 엄청난 밀밭이 있는 우크라이나를 갖게 된다면, 독일과 국가사회주의당 지도부는 풍요로움 속에서 헤엄칠 것이다."[55]

아이러니하게도 히틀러의 숙적이었던 스탈린Stalin은 그 비옥한 땅을 직접 지배하고 있었음에도 같은 해 국가적 불안감에 시달리고 있었다. 대공황의 충격과 경제적 혼란에 휩싸인 서방 국가에서는 소련산 곡물이 '덤핑'되어 자국 농민들의 생계를 위협한다는 대중적 분노가 일었다. 스탈린은 프랑스가 주도하고 다른 유럽 강대국들이 동참할 가능성이 있는 소련에 대한 경제 봉쇄가 미칠 영향에 대해서 우려하고 있었다. 스탈린은 소련을 위한 자급자족

정책을 추구하고 의도적으로 수출을 억제하며 '자본주의 세계'로부터 소련의 경제적 독립을 추구함으로써 먼저 보복에 나서기로 결정했다.[56] 이 영향은 공식 통계에서 명확히 나타나는데, 1930년대 소련의 수출과 수입 금액은 거의 절반으로 줄어들었다. 그리고 소련 경제에서 수출이 차지하는 비중은 사실상 제로에 가까워졌다. 독일에서는 히틀러가 집권한 1933년에 독일 GDP의 17%였던 수출이 1939년에는 6%로 급감했다.[57]

비슷한 자립적 국가안보 논리가 1950년대 마오쩌둥毛澤東의 대약진운동 당시, 공산주의 중국에서도 사용되었다. '자력갱생', 즉 자신의 노력으로 부흥한다는 슬로건이었다. 이른바 대약진운동에서 마오쩌둥은 대외 무역과 외국의 기술 노하우 없이도 농업 중심의 중국이 15년 안에 철강 생산량에서 영국을 추월하고 50년 안에 미국을 따라잡을 수 있다고 주장했다. 농민들에게 밭을 방치한 채 냄비와 프라이팬을 녹여 뒤뜰 용광로에서 강철을 만들라고 한 마오쩌둥의 명령은 수천만 명이 기근으로 사망하는 끔찍한 결과를 가져왔다.

혼자서도 할 수 있다는 이 독자 노선 사상은 중국 공산주의 운동의 형성기로 거슬러 올라간다. 1945년 마오쩌둥의 공산당과 민족주의 국민당 간의 내전이 격화되던 시기에 북부 닝샤寧夏의 국경 지역에서 마오쩌둥은 당 간부들에게 "우리는 자립을 지지한다", "우리는 스스로의 노력과 전 군대와 전 국민의 창조적 힘에 의존한다"고 말했다.[58]

그는 국민당이 미국의 재정 및 군사 원조에 의존하는 점을 지적하며, 일부 군부대가 중앙으로부터 곡물, 의류, 침구류를 전혀 공급받지 않고 완전히 독립적으로 작전할 수 있는 초인적인 능력에 대해 (익숙한 선전 기법으로) 칭찬했다. 그리고 이제 마오쩌둥과 같은 개인숭배를 구축하기 위해 시진핑의 입에서 다시 '자력갱생'이라는 슬로건이 나오고 있다.

아마도 가장 열성적인 현대의 자급자족주의자는 중국 동쪽에 있는 은둔 왕국에 있을 것이다. 1950년대 북한 공산주의 지도자이자 항일 게릴라 투사였던 김일성은 국가의 자급자족을 중요한 목표로 삼았을 뿐만 아니라 새로운 정권의 기조로 삼았다. 그리고 그는 이를 '주체'라고 불렀다. "우리에게 주체는 조선 혁명이다. … 조선 혁명은 외국인이 우리를 위해 대신해줄 수 없으며 우리 조선인이 스스로 책임지고 해내야 한다." 1956년 미국뿐만 아니라 중국까지 끌어들인 한국전쟁 이후 정권의 힘을 키우려던 김일성이 관리들에게 지시한 내용이다.[59] 역사학자들은 김일성의 주체 사상이 주로 모스크바의 지배권에 맞서려는 의도에서 비롯되었다고 지적한다. 모스크바는 북한이 소련의 경제 전략을 따르도록 압력을 가했기 때문이다. 따라서 주체사상은 서방의 압력 못지않게 소련 제국주의에 대한 방어 수단으로 여겨졌다.

동기가 무엇이든 북한 정권은 실제로 그러한 자립을 거의 달성하지 못했다. 오늘날 북한은 중국의 식량과 에너지 수입에 크게 의존하고 있다. 이는 핵무기 압박을 통해 강탈한 것이다. 하지만 자급자족에 대한 수사는 김일성의 손자 김정은의 입에서 여전히 살아 있다. 실제로 일부 사람들은 주체사상이 북한 정권의 헌법에 중심적인 위치를 차지하고 있으며, 김씨 일가에 대한 개인숭배와 밀접하게 연결되어 북한을 은둔 상태에 효과적으로 가두고 있다고 본다. 따라서 지금 북한 주민에게 외부 접촉을 허용하게 되면 정권의 이념적 토대가 해체될 위험이 있다.[60]

김일성, 마오쩌둥, 스탈린과 같은 공산주의 독재자들은 대외 무역을 통한 외부의 영향으로부터 국민을 차단하고, 통제에 대한 본능을 자극하며, 군사화를 추진하는 등 자립적인 정책으로 안정을 누렸다고 주장할 수도 있다. 그러나 자립 경제정책이 식민 통치나 전체주의 독재에서 벗어난 가난한 국가에만 국한된다고 생각한다면 잘못된 것이다.

초기 산업국가들

1790년 1월, 미국 초대 대통령인 조지 워싱턴George Washington은 미국 의회에서 첫 연설을 했다. 그는 "자유로운 국민은 무장해야 할 뿐만 아니라 규율을 준수해야 한다. 그리고 자신의 안전과 이익을 위해 필수적인 물자, 특히 군용 물자를 다른 나라에 의존하지 않고 스스로 생산할 수 있도록 장려해야 한다"라고 선언했다.[61]

이러한 선언의 배경에는 비록 독립 전쟁을 통해 물리쳤으나 여전히 신생 공화국에 심각한 군사적 위협으로 남아 있던 영국이 있었다. 그리고 영국은 자유무역과 산업화를 이룬 초강대국이었다. 워싱턴과 그의 재무부 장관 알렉산더 해밀턴Alexander Hamilton은 미국의 산업 기반을 시급히 구축해야 공화국이 스스로를 방어할 수 있다고 믿었다.[62] 이는 생산성이 높은 영국의 값싼 수입품으로 인해 미국의 '유아infant' 단계에 있는 산업이 질식당하는 것을 막고자 높은 관세 장벽을 세우는 것을 의미했다. 린 마누엘 미란다Lin Manuel Miranda의 힙합 뮤지컬에서는 언급되지 않았지만, 해밀턴의 산업 관세는 미국 각 주의 부채를 통합하는 것과 함께 그의 가장 영향력 있고 실제로 세계를 변화시킨 경제정책 중 하나였다.

'미국 시스템'으로 알려진 이 방식은 펜실베이니아로 이주한 독일인 프리드리히 리스트Friedrich List에게 영감을 주었다. 공무원 개혁을 주장하다가 투옥된 후 뷔르템베르크Württemberg 왕국을 탈출한 리스트는 1841년에 '민족 국가적 정치경제 시스템'을 제안하는 영향력 있는 저서를 통해 애덤 스미스나 데이비드 리카도 같은 이들이 주장한 자유무역 정책을 추구하는 국가의 합리성에 대한 고전적 주장을 부정했다. 리스트는 생산성 선두 주자(영국)를 따라잡으려는, 아직 실현되지 않은 산업 잠재력이 큰 국가는 자국의 미성숙한 공장들이 선두 주자와 경쟁할 수 있을 만큼 강해질 때까지 강력한 수입 규제를 통해 보호해야 한다고 말했다.[63]

일부 영국인들은 19세기를 세계 자유무역의 정점, 리처드 코브던Richard Cobden, 존 브라이트John Bright와 같은 정치인의 시대, 그리고 그들이 주도한 반옥수수법 연맹의 시대라고 생각하는 경향이 있다. 제조업에서 압도적인 우위를 점하고 해군 패권을 장악했던 영국에게는 그럴 수 있다.[64] 하지만 이 시기는 미국을 위한 시기가 아니었다. 미국은 19세기의 대부분을 높은 관세를 유지하며 자국의 신생 공장을 거대 기업으로 키웠다.[65] 그리고 분명하게 명시된 목표는 자급자족이었다.

이 시기 영국이 자유방임주의 자유무역의 대의에 확고하게 헌신했다는 생각에는 명백한 모순이 있다. 산업도시 버밍엄 출신의 단안경(렌즈가 하나뿐인 안경)을 쓴 사업가이자 지방정부의 선구자였던 조지프 체임벌린Joseph Chamberlain은 20세기 초에 '제국 내 생산품 선호'를 위한 전국적인 캠페인을 주도했다. 이는 영국이 제국 밖에서 수입되는 식품에는 관세를 부과하지만 캐나다, 호주, 뉴질랜드 등 식민지의 공급품에는 관세를 부과하지 않는 것을 의미했다. 이는 일종의 '제국적 자급자족'으로 묘사되었다.[66]

체임벌린은 '관세 개혁'이 영국의 강력한 산업 경쟁국인 미국과 독일의 보호무역주의에 대한 합리적인 경제적 대응이며, 새로운 형태의 사회적 지출을 위한 자금을 조달함으로써 영국 노동자들에게도 도움이 될 것이라는 근거로 이를 추진했다. 하지만 노동자들의 생각은 달랐다. 영국 유권자들은 1906년 총선에서 보수당이 채택한 체임벌린의 보호무역주의 선언을 압도적으로 거부했고, 자유당은 빵 가격이 인상될 것이라고 유권자들을 설득하는 데 성공했다. 사실 영국의 자유무역이 한창이던 시기에도 특히

보수당의 풀뿌리 당원들 사이에서는 의심과 반대의 시각이 존재했다.[67]

무역에 대한 이러한 대안적 관점은 비록 패배하더라도 완전히 죽지 않고 끝없이 부활하는 능력을 가진 것처럼 보인다. 조지 워싱턴의 첫 의회 연설과 2023년 4월 조 바이든의 국가안보보좌관인 제이크 설리번Jake Sullivan의 연설을 비교해보면, 설리번이 지난 40년 동안 민주당 행정부를 움직였던 신자유주의적 자유무역 비전의 장례식 추도사를 읽는 것 같은 느낌이 든다. 그는 미국의 유서 깊은 자유주의 싱크탱크인 브루킹스연구소에서 다음과 같이 천명했다. "이제 미국의 경제 전략은 단순한 시장 논리가 아니라 '생존'과 '안보'의 논리로 움직인다. 미국은 경제 성장의 뿌리이자 국가안보의 핵심 보루가 될 전략 자산을 직접 선별하는 것부터 시작할 것이다. (첨단 반도체, 청정에너지, 핵심 광물처럼) 국가의 운명을 좌우할 분야를 국가가 특정하고, 이를 보호하기 위해 정부의 모든 화력을 집중하겠다는 뜻이다. 오늘날의 세계에서 무역정책은 단순히 관세를 낮추는 수준을 넘어서야 하며, 국내외 경제 전략에 완전히 통합되어야 한다."[68] 경제 및 무역 정책을 국가의 자립 및 국방 능력과 명시적으로 연결함으로써 그는 단순히 정설을 무너뜨린 것이 아니라 좋든 나쁘든 미국 공화국만큼이나 오래된 아이디어를 부활시킨 것이다.

새로운 쇄국정책

다른 사람들은 더 먼 곳에서 오래된 아이디어를 발굴하고 있다. 멘시우스 몰드버그Mencius Moldbug는 미국의 컴퓨터 프로그래머 커티스 야빈Curtis Yarvin의 필명으로, 일종의 기술 권위주의 이론가로서 도널드 트럼프와 뜻을 같이하는 일부 정치인과 자산가들에게 상당한 영향력을 행사하고 있다.[69] 2020년 코로나19 팬데믹이 시작되면서 해외여행이 위축되자 야빈은 단순히 고립주의를 용인하는 수준을 넘어 '고립주의를 장려할' 기회로 보았다.

그는 이렇게 썼다. "절대적 고립 상태가 일반적으로 이상적이지는 않다. 하지만 무조건적인 독립과 무조건적인 평화가 결합된 단 하나의 관계가 필요하다면, 절대적 고립은 언제나 선택 가능한 대안이다. 어떤 국가든, 언제든 세계로부터 스스로를 완전히 격리할 수 있어야 하며 그럴 자유가 있어야 한다." 야빈은 이것이 국가 간의 평화 가능성을 높일 것이라고 주장했다. 그는 고립된 국가들의 세계는 다음과 같을 것이라고 말했다.

외국에 대한 적대감도, 선망도 더 이상 아무런 의미가 없을 것이다. 국가와 시민 모두 오래된 국제적 애증 관계에서 너무나 멀어져 마치 고등학교 시절을 회상하는 대학교 졸업생처럼 막연한 후회 외에는 아무런 감정도 느끼지 않게 될 것이다.[70]

그리고 야빈은 자신의 생각을 정당화하기 위해 아시아의 몇몇 자급자족적 정권을 예로 들었다.

> 서구 열강이 청나라와 도쿠가와 막부의 의지를 존중하고 이들의 정책을 따랐을 뿐만 아니라 이 나라 국민에 대한 고립정책을 시행하는 데 협력했다면, 이 과거 문명의 인적·물적 유산은 아직도 남아 있을 것이다. 이러한 사회를 파괴한 것을 옳다고 말할 수 있는 국제주의자가 과연 어디에 있을까?

21세기 미국을 위한 그의 정책 제언은 무엇일까? 바로 '새로운 쇄국정책Neo-sakoku'이다. 자급자족을 향한 열망은 때때로 기묘한 사상적 동반자들을 만들어낸다.

그렇다면 이러한 흐름은 세계 역사의 흐름에 역행하는 것일까, 아니면 함께하는 것일까? 인류학자들 사이에서는 인류 집단 간에 경제 거래가 시작된 것은 수십만 년 전으로 거슬러 올라간다는 견해가 있다. 케냐의 올로르게사일리에Olorgesailie 분지에서는 자연적으로 발생하는 화산 유리석인 흑요석으로 만든 수공예 도끼가 발견되었다. 이 흑요석은 이 지역에서 생산된 것이 아니며, 약 32만 년 전에 살았던 석기시대 인류가 다른 집단과 교역했음을 시사한다.[71] 다른 유인원들과 구별되는 호모 사피엔스의 특징 중 하나는 협동적이고 사회적인 본성, 특히 '문화적 학습' 능력인 것으로 보인다.[72] 그런 의미에서 원시인은 자급자족하는 외톨이였다고 믿었던 루소의 생각은 잘못이었다.

독일의 사회학자 안드레 군더 프랑크Andre Gunder Frank는 무역의 '세계 시스템'이 기원전 3,000년 전부터 이미 시작되었다고 주장했다. 이 시기에 메소포타미아 남부의 수메르 문명과 인도 북서부의 인더스 문명 사이의 시장 통합 증거가 발견되었기 때문이다.[73] 그러나 자급자족에 대한 충동, 즉 경제적 비사회성 역시 우리 역사 속에 매우 깊이 뿌리내려 있다.

고립 경제학의 가장 놀라운 점은 프로그램으로서의 적응력이다. 고립 경제학은 앞서 살펴본 바와 같이 다양한 정치적·사회적·이념적 경계를 넘어 인상적인 호소력을 발휘하는 사상적 흐름이다. 이는 좌파와 우파, 자유주의자와 집단주의자, 보수주의자와 급진주의자, 신앙인과 무신론자, 민족주의자와 국제주의자, 파시스트와 공산주의자, 부국과 빈국, 제국주의 열강과 식민지, 환경주의자와 산업주의자 등처럼 다양한 정치 운동에 의해 채택되어 왔다.

그것은 평화나 전쟁이라는 목적에 의해 정당화될 수 있다. 개인, 가정, 마을, 도시, 국가, 심지어 제국에 이르기까지 모든 단위는 분명히 자급자족을 열망할 수 있다. 현상 유지를 원하거나 시계를 과거로 되돌리려는 향수에서 비롯된 것일 수도 있고, 미래를 건설하는 데 필요한 진보적인 프로그램이라는 믿음에서 비롯된 것일 수도 있다. 엘니뇨 기상 패턴의 역사처럼, 자급자족에 대한 열망은 예측할 수 없지만 필연적으로 되풀이된다. 2025년 이후에도 그 흐름은 계속될 것으로 보인다. 하지만 고립 경제학이 과연 그 지지자들이 주장하는 혜택을 제공할 수 있을까? 이제 이를 구체적으로 살펴볼 때다. 지금부터 인류의 필수품인 식량부터 살펴보자.

3장
식량

20세기 두 차례의 세계대전 사이에서 비옥한 흑토와 끝없이 펼쳐진 경작지를 가진 우크라이나는 '유럽의 곡창지대'라는 별칭을 얻었다. 지금도 여전히 세계 최고의 밀 수출국 중 하나다. 하지만 2022년 2월, 러시아가 우크라이나를 침공하면서 흑해 항구가 러시아 전함에 의해 봉쇄되자 밀 수출은 물론 옥수수와 석유 수송까지 순식간에 막혀버렸다.

푸틴 대통령이 식량 수출을 무기로 삼은 것은 서방의 전례 없는 금융·경제 제재에 대한 보복으로 읽혔다. 그러나 그 여파는 멀리 아프리카와 중동 주민들에게 가장 먼저 닥쳤다. 이집트, 예멘, 시리아, 리비아, 레바논, 수단, 탄자니아, 우간다 등은 우크라니아산 밀에 크게 의존해왔기에 공급이 끊기자 곧바로 식량 위기를 맞았다.

러시아의 곡물 봉쇄에 대한 일부 국가의 대응은 위기를 더욱 악화시켰다. 세계 곳곳에서 식량 부족에 대한 불안이 커지자 아르헨티나, 인도, 헝가리, 세르비아를 포함한 23개국이 식량과 비료의 수출을 제한하는 조치를 취했다. 국내 공급을 지키기 위한 자구책이었지만 그로 인해서 밀, 옥수수, 팜유, 식물성 기름, 가금류 등이 영향을 받았다. 결과적으로 세계에서 거래되는 식량 칼로리 가운데 수출 제한의 영향을 받는 비중이 5%에서 16%로 치솟았다.[1] 밀의 국제 가격은 사상 최고치인 톤당 450달러까지 올랐다. 유엔 WFP(세계식량계획)에서 1억 명이 넘는 이들에게 제공하던 긴급 식량 지원도 위기에 처했다. WFP가 밀의 절반을 우크라이나에서 조달하고 있었기 때문이다. WFP의 데이비드 비즐리Da-vid Beasley 사무총장은 전쟁과 국제사회의 대응이 수백만 명을 "굶주림으로 내몰고 있다"고 경고했다.[2]

결국 2022년 7월에 튀르키예와 유엔이 중재에 나서 우크라이나 항구에서의 안전한 선적을 허용하는 협정이 체결되면서 글로벌 밀 가격은 다시 안정을 되찾았다. 하지만 이 사건은 식량을 무기로 삼을 수 있다는 사실을 보여주었고, 세계 식량 시스템이 얼마나 취약한지를 드러냈다는 우려가 커졌다. 많은 이들이 이러한 시스템을 개선하기 위한 조치가 필요하다고 목소리를 높였다. 2002년부터 2007년까지 영국 국내 정보기관 MI5의 수장을 지낸 일라이자 매닝엄불러Eliza Manningham-Buller는 은퇴 후 상원의원이 되어 웨일스에서 작은 양 목장을 운영하고 있었다. 그런데 2022년, 그녀는 목장 일을 잠시 뒤로 하고 공개 무대에 서서 영국이 국내 식량 생산을 늘려야 하는 이유를 국가안보 차원에서 설명하는 강연을 진행했다. 기후 변화와 러시아의 우크라이나 침공을 언급하면서 "우리가 더 자급자족할수록 글로벌 충격에 더 강한 회복력을 가질 수 있다"고 강조했다.[3] 프랑스의 에마뉘엘 마크롱 대통령은 더 직설적이었다. 2024년 4월 파리 소르본대학교에서 행한 연설에서 그는 "식량을 외주화할 만큼 어리석은 사람이 어디 있겠는가? 우리는 식량 의존을 허용할 권리가 없다"고 목소리를 높였다.[4] 이제 식량 안보는 고립 경제학의 핵심 정책 중 하나가 되었다. 그러나 과연 이 길이 옳은 선택일까?

국민을 먹여 살리기

한 나라의 식량 자급도를 측정하는 가장 직관적인 방법은 농업 생산량과 소비량을 비교하는 것이다. 예컨대 한 국가가 연간 100톤의 식량을 생산하고, 국민들이 100톤을 소비한다면 자급률은 100%라고 할 수 있다. 하지만 수입과 수출은 어떻게 반영해야 할까? 만약 국내에서 100톤을 생산하고, 부족한 10톤을 수입해서 차이를 메운다면 자급률은 90%일까? 반대로 국내에서 110톤을 생산해서 100톤을 소비하고 10톤을 수출한다면 자급률은 110%라고 할 수 있을까? 단순히 양이 아니라 금액이나 칼로리로 계산하면 결과는 조금 달라질 수 있지만 큰 틀은 비슷하다. 겉보기에는 간단해 보이지만 자세히 살펴보면 상황은 훨씬 복잡하다.

일부 국가는 많은 양의 식량을 수출하면서 동시에 비슷한 규모의 식량을 수입하기도 한다. 그렇다면 이런 경우 식량 자급국이라고 할 수 있을까? 이 문제를 풀기 위해서는 자급률을 주요 식량 품목별로 나눠보는 것이 필요하다. 유엔 FAO(식량농업기구)는 곡물(밀, 쌀, 옥수수)을 기준으로 각국의 식량 자급률과 곡물 수입의 존도를 계산한다. 곡물 수입의존도는 곡물 수입 금액을 국내의 곡물 생산 및 수출 금액과 비교해서 산출한다.[5] 이 지표에 따르면 미국과 우크라이나처럼 밀과 옥수수를 대량으로 수출하는 나라는 의존도가 음수(-)로 나타나고, 반대로 몰타처럼 밀을 전혀 생산하지 않고 전량 수입하는 나라는 100% 의존국으로 분류된다. 곡물은 전 세계 대부분의 지역에서 식단의 가장 큰 비중을 차지하며, 인류가 섭취하는 칼로리의 대부분을 제공한다는 점을 고려할 때, 이 지표는 국가의 식량 자급률에 대한 핵심 정보를 제공한다고 볼 수 있다.

국제식량정책연구소International Food Policy Research Institute, IFPRI는 곡물에 더해 감자, 설탕 등 다양한 주요 작물을 포함해 국가별로 국내 영토에서의 생산이 자국민 소비를 얼마나 충당할 수 있는가를 기준으로 글로벌 순위를 매긴다.[6] 이 지표에 따르면 오만, 바레인, 예맨과 같은 중동 국가들과 몰디브, 세이셸 같은 섬나라들이 식량 수입의존도가 가장 높고, 아르헨티나, 러시아, 우크라이나 등 대규모 곡물 생산국들이 가장 낮다. 그러나 곡물이나 특정 작물의 자급률만으로 전체 식량 안보를 판단할 경우 오해의 소지가 있다. 총칼로리 소비에서 주요 작물이 차지하는 칼로리 비중은 소득 수준이 높아지고 식습관이 다양해질수록 줄어드는 경향이 있기 때문이다. 실제로 콩고민주공화국에서는 15가지 주요 작물이 식단의 94%를 차지하지만, 영국과 미국은 약 52%, 독일은 47%에 그친다.

일본의 경우를 살펴보자. 일본은 제2차 세계대전 이후 높은 수입 관세와 농업 보조금으로 주요 식량인 쌀의 국내 생산을 우선시해왔으며, 쌀에 관해서는 거의 완벽하게 자급자족 상태를 유지해왔다. 그럼에도 불구하고 현재 일본인의 평균 식단에는 과거보다 훨씬 많은 육류와 밀이 포함되어 있다. 국내 생산 대비 소비 비율을 금액 기준으로 보면 일본의 자급률은 1965년 86%에서 현재 63%로 줄었다. 또한 국내에서 생산되고 소비된 총칼로리 기준으로 계산해보면 일본의 식량 자급률은 1965년의 70% 이상에서 크게 감소한 40%로 세계에서 가장 낮은 수준에 속한다.[7]

왜 이렇게 낮아졌을까? 역대 일본 정부가 동아시아의 좁은 섬에서 모든 식량을 자급하기보다 세계 시장에서 더 저렴한 식량(쌀 제외)을 들여와 늘어나는 수요를 충족하기로 결정했기 때문이다. 식량 비용이 저렴해진 덕분에 국민의 생활 수준은 향상되었다. 일본이 제조업 강국으로 성장한 전후 경제 기적은 저렴한 수입 식량 덕분에 가능했다.

무책임해 보일 수도 있지만, 이는 정확히 한 세기 전에 또 다른 섬나라 영국이 선택했던 길과 같다. 1846년, 로버트 필Robert Peel 내각은 산업화로 인구가 급증하는 가운데 국민의 식비 부담을 낮춰주기 위해 식량 가격의 인하를 명분으로 밀과 다른 곡물 수입

[그림 3-1] 식량 수출국과 식량 수입국

곡물 수입의존도(IDR), 2023년 기준

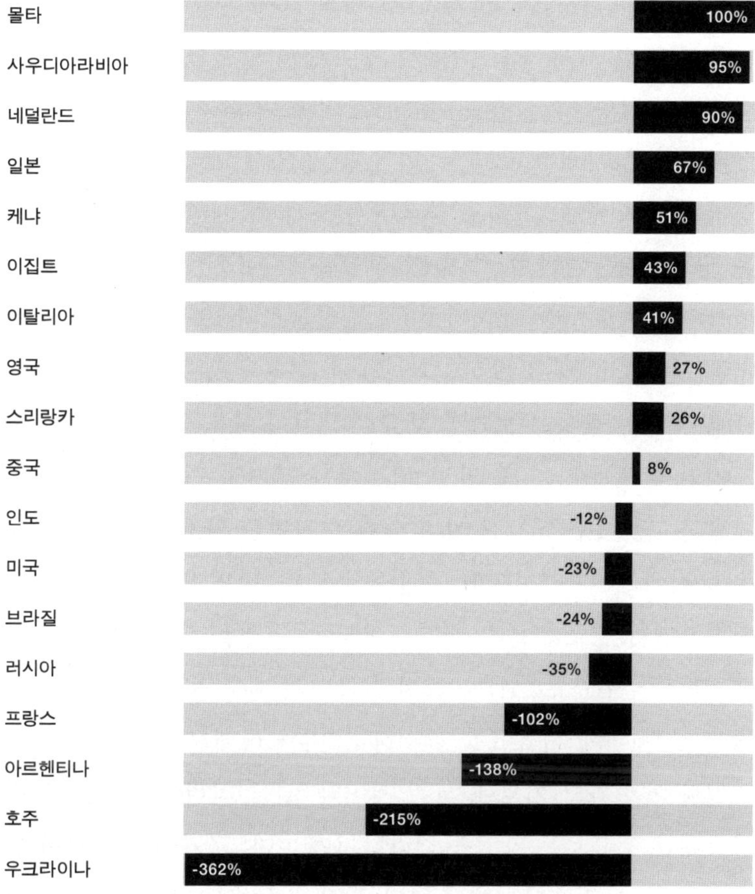

수입의존도(IDR) = 수입 X 100 / (생산+수입−수출)

도표: Datawrapper로 작성, 데이터 출처: 유엔 식량농업기구(FAO)

에 높은 관세를 매기던 '곡물법Corn Laws'을 폐지했다. 그 결정의 유산은 오늘날까지 이어져, 2022년 기준 영국의 가치 기준 식량 자급률은 2022년에 약 60%를 유지하고 있다.[8]

오늘날 전 세계 주요 작물의 생산과 수출은 지리적으로 매우 집중되어 있다. 중국, 인도, 러시아, 미국 네 나라가 세계 밀 생산량의 절반을 차지하고, 중국, 미국, 브라질 세 나라가 옥수수 생산량의 절반 이상을, 그리고 중국과 인도가 쌀 생산량의 절반 이상을 생산한다.[9] 경작지, 수자원, 적합한 기후 조건이 이들을 식량 생산 강국으로 만든 것이다. 미국이 일본보다 1인당 경작 가능 토지를 16배(0.48헥타르 대 0.03헥타르) 더 보유하고, 호주가 몰타보다 61배 더 많은 농업용 토지를 보유한 사실이 이를 잘 보여준다.

지리적 조건은 식량 안보 해결에서 결정적 변수다. 미국처럼 광활하고 비옥한 영토를 가진 나라는 저렴한 식량과 높은 자급률을 동시에 누리는 '지리적 특권'을 누린다. 반면 영국처럼 지형이 척박하거나 영토가 좁은 국가는 비극적 선택을 강요받는다. 해외의 '저렴한 빵(자유무역)'을 들여와 국민의 배를 불릴 것인가, 아니면 안보를 위해 비효율을 감수하고 '비싼 국내산 밀(보호무역)'을 고집할 것인가의 기로에 서는 것이다. 결국 지리적 조건은 어떤 국가에는 풍요로운 자립을 허락하지만, 어떤 국가에는 경제적 이득과 국가 자율성 사이에서 하나를 선택해야만 한다는 현실을 의미한다.

이러한 지리적 제약은 피할 수 없는 것이다. 2020년 한 연구는 전 세계 인구의 몇 %가 현재 거주지 반경 100km 이내에서 재배된 곡물, 쌀, 콩류로 식량을 자급할 수 있을지 조사했다. 연구진은 이 비율이 약 25%에 불과하다는 결론을 내렸다. 지구상의 나머지 사람들은 평균 최소 2,200km를 이동한 식량에 의존한다는 뜻이다. 이는 대규모 국경 간 식량 무역이 불가피하다는 사실을 보여준다.[10]

그리고 이것이 우리가 마주하는 현실이다. 일부 국가들은 주요 식량 수출국이다. 미국과 아르헨티나는 옥수수 수출의 3분의 2를 차지한다. 미국, 프랑스, 러시아는 밀 수출의 절반을 차지한다. 태국과 베트남은 쌀 수출의 거의 절반을 담당한다.[11] 한편 다른 국가들은 대규모 식량 수입국이다. 북아프리카와 아랍 국가들, 작은 섬 국가들, 베네수엘라, 칠레, 수리남 등 남미의 일부 국가들은 식량의 수입의존도가 매우 높다. 어쨌든 현실은 식량 무역이 지구 전체의 식량 공급에서 점점 더 큰 비중을 차지하고 있다는 것이다. 현재 인간이 소비하기 위해 생산된 식량의 약 25%가 국경을 넘어 거래되며,[12] 전 세계 인구의 약 6분의 1은 기본 생존을 위해 수입 식량에 의존한다.[13] 최근 몇 년 동안 식량 수입국의 인구 증가 속도가 식량 수출국보다 빠르기 때문에 무역이 사람들을 먹여 살리는 역할은 더욱 커지고 있으며, 이 추세는 앞으로 10년간 계속될 것으로 예상된다.[14] 만약 식량 무역이 없다면 식량 수입국의 식량 가격은 크게 상승해 생활수준 저하를 넘어 기아로 이어질 수 있다. 그러나 지구적 차원의 식량 수입의존도는 여기서 끝이 아니다. 놀라우면서도 과소평가된 콩의 이야기가 이를 잘 보여준다.

마법의 콩

일본 식당에서 짭짤한 풋콩edamame 꼬투리를 입에 대면 기적 같은 맛이 느껴진다. 입안에서 톡 하고 터지는 대두soybean의 맛이다. 대두는 완두콩 및 렌틸콩 같은 콩과 식물로, 허리 높이까지 자라는 줄기에 털이 난 꼬투리가 달려 있다. 꼬투리 속에는 손톱 두께만 한 둥근 씨앗이 두세 개 들어 있으며, 색깔은 노란색, 검은색, 녹색, 갈색 등 다양하다. 씨앗이 꼬투리와 연결된 부분은 '배꼽hilum' 혹은 '눈'이라 불린다. 영어인 'edamame'는 일본어로 '줄기콩枝豆, えだまめ'(edamame는 일본어에서 온 영어로, 일본어로 '에다枝'는 줄기, '마메豆'는 콩을 의미한다—옮긴이)을 뜻하는데, 풋콩이란 이름 그대로 아직 완숙되기 전에 수확한 콩을 가리킨다.

콩이 완전히 자라면 소화하기가 쉽지 않다. 하지만 뿌리가 길게 뻗을 때까지만 물을 주면 먹기 쉬운 콩나물이 되고, 볶음 요리나 샐러드에 곁들일 수 있다. 또 콩을 하룻밤 불린 뒤 삶은 다음 갈아서 물과 섞으면 '두유'가 된다. 이것이 끝이 아니다. 두유에 식용 황산칼슘을 넣어 네모난 덩어리로 응고시키면 두부가 완성된다. 부드러운 두부는 스스로의 맛은 밋밋하지만 다른 맛을 흡수하는 데 탁월하다.

콩을 찌고 밀을 볶은 다음 많은 소금을 넣고 특정 곰팡이와 함께 발효시킨 뒤 여과하면 간장이 된다. 콩을 왜 영어로 '소이soy'라고 하는지 궁금해할 수도 있다. 콩의 영어 이름은 광둥어에서 간장이라는 단어인 'see yow'('豉油'의 광둥어 발음인 '시 야우'에서 온 것. 한자 '豉시'는 '메주 시'로 읽으며 메주를 의미한다 — 옮긴이)라는 발음이 영어로 옮겨진 것이다. 인도네시아에서는 콩을 말려서 갈은 다음에 발효를 위해 곰팡이를 추가해 템페tempeh라고 불리는 다용도의 단단한 흰색 단백질 덩어리를 만든다. 아시아 요리의 상당 부분이 이 소박한 콩에서 비롯된다. 그러나 콩의 영향은 이미 아시아를 넘어 전 세계 식단을 바꿔 놓았다. 콩은 절반이 단백질이고 5분의 1이 기름이다. 콩을 짜낸 기름은 마가린, 샐러드드레싱, 마요네즈 같은 서양 음식에 쓰인다. 사실 콩은 세계에서 두 번째로 큰 식물성 기름 원료다.

콩의 용도는 이것 말고도 더 있다. 콩에서 풍부하게 추출되는 레시틴Lecithin은 지질 계열에 속하는 왁스 같은 물질이다. 레시틴 분자의 절반은 물과 결합하고 다른 절반은 기름과 결합해, 원래 섞이지 않는 물과 기름 성분을 매끄러운 유화액으로 결합시키는 이상적인 결합제이다. 콩 레시틴은 대부분의 제과류, 초콜릿 및 기타 과자류에 사용된다. 하지만 콩의 마법은 식량에만 국한되지 않는다. 콩에서 추출된 기름은 잉크, 페인트, 바니시, 비누, 촛불, 화장품, 인공 고무, 심지어 자동차 연료로 사용할 수 있는 바이오디젤 등 수많은 산업용 제품에 사용된다.

이 모든 것조차도 콩의 용도 중 일부만을 언급하는 것에 불과

하다. 콩에서 기름을 짜내고 남은 찌꺼기를 갈아서 만든 '콩비지'
는 돼지·닭·물고기의 사료가 된다. 콩은 전 세계 가축과 가금류의
가장 큰 단백질 공급원이다. 현대 육류산업은 사실상 콩 없이는
불가능하다. 우리도 콩을 먹지만 우리가 먹는 동물들도 콩을 먹
는다. 콩은 단백질 공급의 기적이다.

　기적의 또 다른 차원은 콩이 얼마나 잘 자라는가이다. 콩은 다
른 주요 작물보다 훨씬 다양한 토양과 기후 조건에서 잘 자라며
심지어 척박한 토양에서도 잘 자란다. 이런 특성을 두고 흔히 '잡
초 같다'고 표현하기도 하지만, 이는 자가 소비용이 아닌 시장 판
매를 목적으로 재배하는 환금작물cash crop로서는 더할 나위 없는
장점이다. 또한 콩의 뿌리는 특수한 종류의 박테리아를 품고 있
으며, 편리하게도 성장 과정에서 질소라는 필수 영양소를 토양에
공급한다. 가공 후 남은 줄기와 껍질도 질소가 풍부한 콩 깻묵으
로 변환되어 우수한 비료로 사용될 수 있다. 콩은 농업 생산성의
기적이라 할 수 있다.

　1960년 이후 전 세계에서 곡물 재배에 사용되는 토지 면적은
약 7억 헥타르(약 700만km²)로 거의 변하지 않았지만, 같은 기간에
콩 재배 면적은 다섯 배 늘어 1억 3,000만 헥타르에 이르렀다. 이
는 남아프리카공화국 전체 면적과 맞먹는다. 연간 생산량은 13배
이상 증가해 3억 7,000만 톤에 달한다. 이런 폭발적 성장으로 콩은
'세기의 작물'이라는 명칭을 얻게 되었다.[15]

메이드 인 차이나

정확한 시점은 논란이 있지만, 식물학자들은 콩이 '메이드 인 차이나'라는 데 의견을 같이한다. 콩의 야생종은 아프가니스탄에서 일본, 시베리아 남부에서 중국 남부에 이르기까지 아시아 전역에서 발견된다. 그러나 인간이 처음 재배한 것은 약 9,000년 전 중국 북부에서였다. 고대 중국에서 콩은 쌀·밀·두 종류의 조와 함께 '오곡'으로 지정되었지만, 특별히 각광받는 작물은 아니었고 평상시에는 잡초처럼 취급되다가 정 급할 때나 먹는 구황작물 정도로 여겨졌다.

세월이 흐르면서 콩은 점차 인기를 얻었다. 17세기 푸젠福建성 지역에 파견된 한 스페인 선교사는 현지 식단에서 콩이 차지하는 비중이 매우 높다고 기록했다. 그는 "두부, 채소, 쌀만 있으면 중국인은 일하는 데 아무런 부족함이 없다"고 썼고, "25센트만 있으면 한 근 이상 콩을 살 수 있어 구하지 못하는 사람은 없을 것"이라고 덧붙였다.[16]

1910년 무렵 중국과 그 북부 지역인 만주에서는 세계 생산량의 약 90%에 해당하는 연간 1,200만 톤의 콩이 생산됐다. 그러나 청 왕조가 몰락한 후 내전이 발발하여 군벌들이 권력을 놓고 싸웠고, 그 후 장제스의 국민당 정부가 마오쩌둥의 공산당을 소탕하려 하면서 중국의 콩 생산은 막대한 차질을 빚었다. 결국 1949년 내전에서 마오쩌둥의 공산당이 승리했고, 장제스의 국민당은 대만으로 도망쳤다. 그들의 후손들은 그곳에 지금까지 남아 있으며 마오쩌둥의 후계자들은 이를 아직 해결되지 않은 문제로 간주하고 있다. 그동안 마오쩌둥은 1950년대에 중국 농장에 집단화를 강요했고, 1960년대에는 잔인한 문화대혁명이 이어졌다. 이 모든 격변은 중국의 콩 생산력을 더욱 위축시켰다. 1957년 무렵 세계 콩 생산량의 40%를 차지하던 중국의 비중은 1980년에는 10% 미만으로 급락했다.

그러다 대대적인 개방이 시작되면서 상황이 달라졌다. 중국이 WTO에 가입한 2001년경, 중국 정부는 콩에 대한 수입 제한과 관세를 철폐했다. 콩이 처음 생산되었던 중국에서 2022년에는 2,000만 톤이 생산되어 사상 최고치를 기록했다. 그러나 오늘날 중국은 또한 이 작은 콩을 대량으로 수입하는 국가이기도 하다. 그렇다면 이 콩은 어디로부터 오는 것일까?

세계로 진출하다

20세기 초, 중국 북동부의 추운 도시 하얼빈은 새로운 기회를 찾아 몰려든 이주민과 개척자들로 활기가 넘쳤다. 우크라이나인, 러시아인, 폴란드인, 조지아인, 타타르인 등이 상업적 기회를 좇아 모여들었고, 한족조차 하얼빈에서는 낯선 사람들이었다. 이 문화와 상업의 용광로에는 러시아 유대인들도 있었는데, 그중에는 로만 카발킨Roman Kabalkin이라는 상인도 있었다.

아직 개척되지 않았던 만주 중앙 평원은 곧 중국 콩 생산의 중심지로 떠올랐다. 카발킨은 시장을 둘러보다가 일본으로 수출되는 콩깻묵이 늘어나는 것을 보고, 콩을 '만주의 황금'으로 보는 안목을 갖게 되었다. 이에 따라 그는 1908년 블라디보스토크를 거쳐 영국 헐Hull 항구로 5톤의 콩을 시험삼아 선적했는데, 이는 서구 시장을 테스트하기 위한 것이었다.[17]

감자는 아메리카와 유럽의 만남 이후 소위 '콜럼버스의 교환'을 통해 전 세계로 퍼져 나갔다. 여기에는 말, 담배, 전염병도 포함되었다. 그러나 콩은 수 세기 동안 유럽과 중국 사이에 교역로가 존재했음에도 불구하고 아시아의 식재료에 머물러 있었다. 하지만 20세기 초, 콩은 마침내 서양에서 글로벌 돌파구를 마련했다. 시장은 하얼빈에서 카발킨이 보낸 '기적의 콩'에 호의적이었고 주문이 쏟아졌다.

당시 유럽, 그중에서도 특히 상대적으로 산업화가 늦었던 후발 주자로서 거대 강국으로 부상하던 독일은 새로운 단백질과 기름 공급원에 뜨겁게 반응했다. 그들은 콩을 새로운 소비 시장에 공급하였고 산업의 윤활유로 사용하였으며, 새로운 소비재를 제조하였다. 당시 유럽에서는 버터 같은 유제품이나 소의 쇠기름tallow, 돼지의 라드lard 생산량만으로는 늘어나는 식용 지방 수요를 충족시키지 못했다. 산업용 윤활유의 경우 영국, 독일, 프랑스는 그때까지 아마씨, 팜너트, 코코넛, 면실, 땅콩 등을 수입해 기름을 짜서 사용했으나, 급증하는 비누와 페인트 수요를 맞추기에는 턱없

이 모자랐다. 이때 대두가 가격 경쟁력을 앞세워 구세주로 등장
했다. 제1차 세계대전 이후, 높아진 식생활 수준과 새로운 소비재
에 대한 기대감이 경제적 불황이라는 암초에 부딪혔을 때 콩은
그 틈을 메울 수 있는 자원으로 주목받았다. 콩 자체는 동양에서
수입되어 왔지만, 산업 화학이라는 과학의 힘을 빌려 콩의 잠재
력을 끝까지 끌어올린 것은 서구였다.

1922년, 함부르크의 기름 제조업자 헤르만 볼만Hermann Bollmann
은 자신이 고용한 화학자들에게 콩을 연구해 기존 수압식(유체 사
용)이나 나사식 압착법보다 더 많은 기름을 추출할 방법을 찾도
록 지시했다. 실험은 성공했고, 볼만은 곧 대두 가공업의 왕으로
등극했다.[18] 그의 공장에서는 1톤의 콩에서 기름 160kg과 동물 사
료용 콩비지 820kg을 뽑아낼 수 있었다.

그러나 가장 중요한 발견은 실험 중 우연히 찾아왔다. 볼만의
화학자들은 콩 가공 과정에 벤젠과 알코올을 첨가했을 때 약간
탁한 기름이 생성되는 것을 발견하였다. 이 액체를 분리해 연구
한 결과 '레시틴'이라는 물질임이 밝혀졌다. 당시 레시틴은 계란
에서만 소량 추출되던 인기 있는 유화제로, 고대 그리스어로 '계
란 노른자'를 뜻하는 단어에서 그 이름이 유래했다. 하지만 가격
이 비쌌기 때문에 널리 쓰이지 못했다. 그런데 계란 레시틴의
20분의 1 가격에 불과한 콩 레시틴이 나오자 시장의 판도가 완전
히 바뀌었다. 레시틴을 넣은 마가린은 훨씬 부드럽게 발라졌고,
가격도 내려갔다. 이 발견은 초콜릿 같은 새로운 제품에 레시틴

을 사용하는 길을 열었다. 오늘날 초콜릿 바의 성분표에서 '콩 레시틴'이라는 단어를 쉽게 찾을 수 있을 것이다.

레시틴의 쓰임새는 파스타, 제과류, 새로운 화장품 크림과 보습제로까지 확대되었다. 볼만은 유럽과 미국 전역에 특허를 출원했고, 불과 2년 만에 함부르크 공장에서 연간 50톤의 콩 레시틴을 생산했다. 이러한 생산 수준은 독일 기업 연구소의 기술적 진보가 낳은 기적이었다. 늘어나는 수요는 주로 중국산 콩 수입으로 충족되었다. 1927년 독일은 일본을 제치고 중국산 콩을 가장 많이 수입하는 나라가 되었고, 1929년에는 독일 항구를 통해 들어온 대두가 100만 톤에 달했다. 그러나 곧 세계를 변화시킬 만큼 압도적인 규모로 콩을 재배하고 생산하게 된 나라는 미국이었다.

오래된 친구, 콩

콩이 미국에 처음 들어온 것은 19세기 초의 일이지만, 정확한 시기는 불분명하다. 한 기록에 따르면, 1850년대 검은 연기를 내뿜는 '흑선black ships'를 이끌고 일본의 개항을 강요했던 매슈 페리Matthew Perry 제독에 의해 도입되었다고 한다. 콩을 심은 최초의 미국 농민들은 콩을 수확하지 않고 가축이 직접 뜯어 먹게 두었다. 수확이 시작된 것은 제1차 세계대전 이후의 일이다. 중서부 지역에서 옥수수·면화·밀을 재배하던 농민들은 전쟁으로 인한 토양 관리의 부실과 다양한 해충의 피해로 어려움을 겪고 있었다. 생산량을 늘리기 위해 애쓰던 이들은 콩이 토양을 회복시키는 놀라운 능력이 있다는 사실을 알게 되었다. 또한 농부들은 이 '보잘것없는 콩'을 돼지와 가금류의 저렴한 사료로 사용할 수 있다는 것을 깨닫고 콩의 재배를 서서히 늘려나갔다.

자동차산업의 선구자 헨리 포드는 이 흐름의 적극적 지지자였다. 그는 1941년 미시간주 박람회에서 콩 섬유에서 부분적으로 추출한 플라스틱으로 만든 차체를 장착한 실험용 자동차를 선보였다.[19] 흥미롭게도 이 차는 검은색이 아니라 흰색이었다. 포드는 당시 미국에서 한창이던 '케머지chemurgy' 운동의 열렬한 후원자였다. '화학chemistry'과 고대 그리스어로 '일'을 뜻하는 '에르곤ergon'을 합쳐 만든 이 용어는 원자재 수입을 줄이고 미국을 더 자급자족적인 나라로 만들자는 목표를 담고 있었다. 현대 과학의 창의성, 산업가의 기업가 정신, 미국의 방대한 농업자원이 결합하면 미국은 신뢰할 수 없는 외국에 의존하지 않고도 필요한 모든 것을 국내에서 생산할 수 있다는 믿음이었다.

1935년에 농업인, 과학자, 산업계 지도자들로 구성된 케머지 운동 창시자들은 미시간주 디어번Dearborn에서 '토양에 대한 의존과 자력 유지Self-Maintenance를 위한 권리 선언'을 발표했다. 그 내용은 다음과 같았다. "국가의 생애과정에서 국민이 자연의 법칙을 소홀히 하게 될 때에 … 국민들은 필연적으로 토지로 돌아가 자력 유지의 권리를 회복해야 한다." 포드는 "토양에서 자동차를 키워내겠다"는 포부를 밝히기도 했다.[20]

미국에서 콩 재배가 늘어난 것은 필연적이었다. 콩 재배는 1930년대 대공황 기간 동안 급증했는데, 미국 연방정부도 미국 농업의 쇠퇴를 되돌리기 위한 수단으로 이를 장려하기 시작했다. 1934년과 1936년의 가뭄은 면화 생산을 심각하게 위축시켰고, 상대적으로 가뭄에 강한 콩의 재배가 가속화되었다. 제2차 세계대전 중 아시아에서 식물성 기름의 수입이 끊기자 미국 정부는 미국 내 콩 재배를 또 한 번 촉진하였는데, 케머지주의자들의 주장처럼 산업에 쓰이기보다는 주로 식량으로 쓰였다. 콩이 없었다면 미국인들도 유럽인들처럼 식량 배급제에 직면했을 것이다. 제2차 세계대전 기간에 미국은 세계 최대의 콩 생산국으로 부상했고, 전후 미국산 대두는 기아에 허덕이던 유럽과 아시아의 핵심 구호식량이 되었다.

오늘날 미국 농업이라고 하면 끝없이 이어진 녹색과 노란색의 옥수수밭을 떠올리지만, 사실 콩은 이미 옥수수를 제치고 미국에서 가장 널리 재배되는 작물이 되었다. 2022년 콩 재배 면적은 3,500만 헥타르를 넘어 독일의 국토 면적과 맞먹었고, 현재 미국에는 옥수수 벨트만큼이나 거대한 콩 벨트 지역이 존재한다.

중국으로의 콩 수출

중국은 2024년에 약 1억 1,000만 톤의 콩 관련 제품을 소비할 것으로 전망되었다. 이는 세계 생산량의 3분의 1에 해당하며 다른 어떤 나라보다도 압도적으로 많은 양이다. 지난 10년 동안 중국의 콩 수입량은 세 배로 늘어 약 1억 톤에 달했다. 이는 매일 다섯 척의 화물선이 콩을 가득 싣고 중국 항구에 들어오는 셈이다. 현재 중국에서 소비되는 콩의 4분의 1에서 3분의 1은 미국에서 수입된다.

그렇다면 이 콩은 어디에 쓰일까? 미국에서 재배되는 콩의 대부분은 유전자 변형 품종이다. 중국은 유전자 변형 콩을 사람의 식용으로 사용하는 것을 금지하고 있다. 따라서 미국산 콩으로 만든 마파두부 같은 요리는 존재하지 않는다. 하지만 가축 사료용 콩에는 수입 제한이 없다. 최근 수십 년간 중국의 콩 수입이 급증한 것도 주로 가축 사료 때문이었다.

중국인의 육류 소비는 지난 50년간 세 배로 늘어났다. 소득이 오르고 경제가 성장하면서 돼지·소·닭고기 위주의 식단을 더 많이 찾게 된 것이다. 이는 제2차 세계대전 이후 일본이 부유해지면서 식단이 변한 모습과 비슷하다. 그러나 중국은 일본보다 인구가 10배나 많아 그 수요 규모는 글로벌 농업시장 전체를 흔들고 있다. 1961년 중국에는 약 8,000만 마리의 돼지가 있었다. 2022년에는 4억 5,200만 마리로 늘어나 전 세계 돼지의 절반 이상을 차지했다.[21] 이 엄청난 규모의 돼지를 키우려면 막대한 양의 사료가 필요하다.

중국이 미국산 대두를 처음 수입한 것은 1977년의 일이다. 당시 냉전 체제하에서 리처드 닉슨 대통령이 마오쩌둥과 소련 사이의 관계가 소원해진 것을 이용하려고 하면서 양국 관계가 개선된 시점이었다. 이때부터 미국대두협회ASA는 중국의 돼지를 미국산 콩의 잠재적 시장으로 보기 시작했다.

결과적으로 오늘날 미국은 중국의 가축을 살찌우고, 이 가축들은 점점 육식을 선호하게 된 중국인들에게 먹을 것으로 제공되며, 중국인들은 미국과 세계에서 소비되는 텔레비전, 의류, 가구, 장난감 등 다양한 제품을 제조한다. 제1차 산업혁명 중이던 19세기 영국에서는 "뉴캐슬에 석탄을 보낸다"는 말이 경제적 아이러니를 표현하는 관용어였다. 뉴캐슬은 영국 북동부에 있는 도시로 석탄이 지천이었던 것에 비유해, 불필요한 경제적 역설을 표현할 때 쓰던 말이었다. 오늘날 세계화 시대에는 "중국으로 콩을 수출한다"는 표현이 그 자리를 대신할 만하다. 역사가 니얼 퍼거슨Niall Ferguson과 경제학자 모리츠 슐라리크Moritz Schularik는 2007년 '차이메리카Chimerica'라는 합성어를 만들어, 중국이 미국에 상품을 팔아 얻은 달러로 미국 국채를 대규모로 사들이는 금융·경제적 상호의존 관계를 설명했다.[22] 하지만 이 상호 의존은 작은 콩에도 그대로 적용될 수 있다. 다만 이 무역은 '차이메리카'가 아니라 '차이메리카스Chimericas(America는 미국을 뜻하지만, 복수형 Americas는 미주 대륙, 특히 중남미 국가들을 가리킨다─옮긴이)'다.

콩은 1880년대 브라질에 처음 들어왔을 때 '중국 콩'으로 불렸다. 그러나 남미에서 이 산업을 뿌리내리게 한 것은 일본인들이었다. 1908년, 약 800명의 일본 농민들이 오키나와에서 상파울루로 이주했는데, 농지를 약속받았지만 실제로는 커피농장에서 해방 노예와 다름없는 대우를 받았다. 이들은 경제적 독립을 위해 소규모로 콩을 재배하기 시작했다. 이후 수십 년 동안 일본인 이주민이 계속 유입되었고, 1925년 상파울루 근교의 고원지대인 상시망São Simão에 성공적인 첫 콩농장이 설립되었다. 1946년부터는 본격적인 상업 생산이 시작되어, 아마존 열대우림 남쪽의 사바나 지대인 세하두Cerrado로 확산되었다.

아르헨티나, 멕시코, 파라과이, 우루과이, 중앙아메리카 여러 나라들도 브라질을 따라 콩 재배에 뛰어들었다. 이 지역은 미국보다 인건비가 훨씬 낮아 세계 시장에서 가격 경쟁력이 있었고, 농민들은 앞다투어 콩을 심었다. 연구자들 중에는 이 지역을 두고 '콩 연합공화국United Soybean Republic'이나 '콩 나라Soylandia'라고 부르기도 했다.[23] 브라질은 1970년대 중반에 이미 중국의 콩 생산량을 추월했고, 지금은 미국마저 능가한다. 이런 이유들로 인해 아메리카 대륙은 콩의 대륙이 되었으며, 전 세계 콩 생산량의 90%를 차지하고 있다.

불과 100년 만에 우리는 콩 생산이 아시아에서 태평양을 건너 아메리카로 이동하는 거대한 흐름을 목격했다. 콩은 기름의 형태로 세계화되었다. 역사의 대부분 기간 동안 콩은 소규모 농장에서 재배되다가 20세기에 들어서야 비로소 상업적 규모의 환금작물로 자리 잡았다. 이러한 변화는 환경에도 막대한 영향을 끼쳤다. 어떤 학자들은 인류가 지구 환경에 영향을 미치는 시기를 '인류세Anthropocene'라 부르듯이 콩이 지구의 모습을 바꾼 시기를 '콩

세Soyacene'라 부르자고 제안한다.[24] 콩은 우리 지구가 더욱 상호 연결된 세계로 변모한 세계화의 기적을 대변한다. 오늘날 콩과 그 파생품은 국제적으로 가장 많이 거래되는 농산물로, 전체의 약 45%가 국경을 넘어 판매된다. 이는 밀(28%), 옥수수(16%), 쌀(10%)보다 훨씬 높은 수치다.[25] 콩은 생산과 소비 모두에서 가장 세계화된 작물이다.

다시 이야기의 출발점으로 돌아가보자. 콩은 우리가 보았듯이 세계화의 산물이다. 20세기의 거대한 인적·물적·기술적 흐름이 없었다면 콩의 성공은 불가능했을 것이다. 콩은 인류의 생활수준을 끌어올린 역사의 한 축이었다. 콩이 없었다면 세계의 식량 가격은 분명히 훨씬 더 비쌌을 것이고, 우리가 당연하게 여기는 수많은 소비재도 존재하지 않았을 것이다. 콩의 역사를 연구한 한 학자는 콩을 "눈에 보이지 않지만 어디에나 존재하는 것"이라고 적절하게 묘사했다.[26]

하지만 어두운 면도 있다. 일부에서는 콩을 기후를 파괴하는 작물로 지목한다. 브라질 아마존 열대우림이 삼림 벌채로 파괴되는 것은 주로 소의 방목을 위한 토지 개간 때문으로, 위험한 지구 온난화를 가속화하고 있다. 일부 연구자들은 콩 농장의 폭발적인 증가가 세하두 목장주들로 하여금 아마존으로 이동하게 만든 연쇄 효과를 가져왔다고 판단한다.[27] 브라질 정부는 2006년 아마존 지역 내에서 콩 재배를 금지하는 모라토리엄을 선언했지만, 이를 세하두 지역까지 확대해야 한다는 목소리도 있다. 위험할 정도로

뜨거워지는 지구에 직접적인 영향을 미치는 산림 파괴를 막기 위해서는 기적의 콩을 환경적으로 지속 가능하게 재배할 방법을 반드시 찾아야 한다.

대두 목조르기

분석가들은 종종 중국을 겨냥한 '반도체 목조르기chip choke'를 언급한다. 이는 미국이 대만에서 주로 생산되는 최첨단 실리콘 마이크로칩에 대한 접근을 차단해 중국의 경제 발전을 지연시키거나 심지어 역행시킬 수 있는 능력을 뜻한다. 그런데 중국의 식량 체계에서 핵심적인 콩 수입의존도를 고려하면, '대두 목조르기soy choke' 역시 비슷한 위험을 지닌다. 중국 정부도 점차 이 사실을 깨닫고 있다.

중국 공산당은 오랫동안 정권의 정당성을 국민에게 안정적인 식량 공급을 보장하는 능력과 연결해왔다. 2013년 새로 집권한 시진핑은 연설을 통해 식량 안보에 대한 우려를 드러냈다. 그는 당 간부들에게 "중국인의 밥그릇은 반드시 우리 손으로 단단히 지켜야 한다"고 말했다.[28] 이후 2018년 도널드 트럼프가 중국을 상대로 무역 전쟁을 시작하고, 코로나19 팬데믹 속에서 전 세계적으로 확산된 보호무역주의 물결은 시진핑의 철학이 옳았음을 입증하는 듯했다. 그때부터 적어도 명목상으로는 중국도 행동에 나서야 한다는 분위기가 강해졌다.

정부 지침은 국내 사료 제조업체들이 콩 대체 원료를 사용하도록 장려했고, 국내 콩 생산 증대를 '달성해야 할 주요 정치 과제'로 지정했다. 시진핑은 콩을 비롯한 주요 농산물의 자급자족을 보장하기 위한 '전략적 기준'을 세워야 한다고 강조했다. 이는 커다란 반전일까? 중국이 진정으로 콩 자급자족을 목표로 하고 있는 것일까? 중국 정부에 있어 문제는 이 일이 단순히 시행령을 내리는 것만으로는 쉽게 해결되지 않는다는 점이다.[29]

중국은 넓은 땅을 보유하고 있다. 약 950만km²로 미국과 비슷하다. 그러나 이 가운데 콩 재배에 적합한 경작지는 10%에 불과하다.[30] 미국은 중국보다 경작지가 45% 더 많으면서도 인구는 중국의 4분의 1에 지나지 않는다. 2020년 중국 학자들은 중국의 콩 '자급률'을 16%로 추정했다. 즉, 전체 소비량의 6분의 1만 자국에서 생산한다는 의미다. 이들은 토지 제약 조건(현재 밀 재배지 면적 포함)을 감안했을 때 중국이 달성 가능한 최대 자급률은 42%에 불과하다고 계산했다.[31] 결국 중국이 콩 자급률을 100%로 끌어올리려는 시도는 국민들의 식습관 자체가 변하지 않는 한 불가능하다.

2017년 중국 위생건강위원회는 육류 소비량을 절반으로 줄이도록 권고하는 식품 섭취 지침을 발표했다. 하지만 '두부와 채소, 쌀'로 돌아가자는 발상은 '공동 부유共同富裕'를 약속한 공산당으로서는 강제로 밀어붙이기 어려운 일이다. 그렇다면 이러한 변화가 지정학적 상황에 의해 강제로 이루어질 수 있을까? 2018년 도널드 트럼프가 중국산 철강에 관세를 부과하자, 중국은 보복 조치로 미국산 콩에 관세를 매겼다. 이는 트럼프의 공화당 지지 기반인 미국 농업지대를 겨냥한 조치였다. 이로 인해 미국의 대중국 콩 수출액은 이듬해 3분의 2 이상 급감했다. 그러나 2019년 이후 중국으로의 콩 수출은 점차 회복되어 무역 전쟁 이전 수준에 거의 도달했다. 물론 피해가 전혀 없었던 것은 아니다. 무역 전쟁이 없었다면 미국산 콩 수출은 더 크게 성장했을 것이기 때문이다. 실제로 미국 농민들은 브라질에 시장 점유율을 빼앗겼고, 이 혼란은 콩의 총생산량에서 브라질이 미국을 추월해 세계 1위에 오르게 된 주요 원인 중 하나가 되었다.

하지만 핵심은, 중국 입장에서 특정 국가로부터의 수입이 줄어든다고 해서 그것이 곧바로 국내 생산 증가와 자급률 향상으로 이어지지는 않는다는 점이다. 중국은 단지 다른 곳에서 더 많은 콩을 조달할 뿐이다. 결국 중국이 지금처럼 기적의 콩을 계속 소비하려면, 원하든 원치 않든 세계무역에 참여할 수밖에 없는 운명에 놓여 있다. 그리고 식량 자급에 제약을 받고 있는 나라는 중국만이 아니다.

영국 국산품 구매 운동

덥수룩한 회색 곱슬머리에 긴 구레나룻, 카키색 반바지를 입은 가이 싱왓슨Guy Singh-Watson은 키 큰 호빗을 닮은 매력적인 인물이다. 그는 데번Devon주의 목가적인 지역인 토트네스Totnes 마을에서

15분 거리에 자리한 혁신적 농업단지인 리버퍼드Riverford 농장의 주인이다.

리버퍼드 농장의 중심에는 태양광으로 운영되는 2층 규모의 대형 창고가 있다. 이곳에서는 농장 운영뿐 아니라, 매주 영국 전역 8만 가구에 유기농 채소 꾸러미를 배달하는 선구적인 채소 배송 사업을 운영하는 직원들이 근무한다. 이곳의 직원 식당은 수상 경력이 있는 유기농 레스토랑 못지않게 잘 갖춰져 있으며 매일 현지 식재료로 만든 음식을 제공한다. 내가 방문했을 때 직원 식당 메뉴에는 농장에서 갓 수확한 토마토로 볶은 돼지고기 안심medallions과 양파가 올라왔다.

2024년 여름 영국 총선 기간 중 보수당 대표 리시 수낵Rishi Su-nak은 소셜미디어에 이렇게 썼다. "우리는 외국 식량에 의존해서는 안 됩니다. 국산 제품을 구매합시다."[32] 당시 여론조사에서 크게 뒤지고 있던 그의 보수당은 추가 설명을 내놓지 않았다. 많은 사람들은 농민들의 표심을 겨냥한 절박한 호소일 뿐이라고 여겼다. 그러나 이 발언은 영국 정치권에서 오랫동안 논의되어 온 질문을 다시 불러일으켰다. 영국은 과연 식량 자급자족이 가능할까? 리버퍼드 같은 영국 농장들이 국민 전체를 먹여 살릴 만큼 충분한 식량을 공급할 수 있을까?

바로 그 의문을 확인하기 위해 나는 리버퍼드를 찾았다. 가이 싱왓슨과 함께 적색 치커리 밭의 가파른 경사면을 오를 때였다. 개 한 마리가 발밑에서 진흙을 파헤쳐 흙덩이를 내 부츠에 튀겨

대는 사이, 가이는 그 질문에 대해서 "네"라고 답했다. 하지만 꽤 까다로운 조건이 붙었다. "사람들이 이 나라에서 제철에 수확할 수 있는 것을 먹을 마음의 준비가 되어 있고, 원해야 하며, 심지어 열정적으로 원해야 합니다."

리버퍼드의 본부로 돌아온 가이는 나를 특별한 실험 밭으로 안내했다. 그곳에는 카스텔프란코Castelfranco라는 상추 품종 실험 작물이 심어져 있었다. 리버퍼드는 이 식물이 추운 계절에도 잘 자라는 점에 주목해 시험 재배 중이었다. 영국 사람들이 겨울에 국내산 샐러드를 원한다면 이것이 대안이 될 수 있다는 것이다. "첫 서리가 내리면 맛이 더 좋아져요. 조금 더 부드럽고 달콤해지죠." 가이는 보랏빛 반점이 있는 연녹색 잎의 모서리를 떼어 입에 넣으며 열정적으로 말했다.

이건 민들레dandelion, 적색 치커리, 엔다이브endive와 같은 계열인데, 모두 꽤 쓴맛이 납니다. 로메인 상추나 양상추에 익숙한 사람들은 처음엔 먹기 힘들 수 있죠. 하지만 훨씬 더 흥미로운 식재료이고, 건강에도 훨씬 좋고 영양가도 높아요. 그 쓴맛은 신장과 간에 좋은 해독 효과도 있습니다.

그렇다면 국가적 차원의 식량 자급이 그저 환상은 아니라는 것일까? 가이는 웃으며 말했다. "가능하긴 하지만, 모두가 일주일에 한 번씩 안심 스테이크를 먹을 순 없겠지요. 아마 일 년에 한 번

정도나 가능할 거예요. 우리의 식습관에는 근본적인 변화가 필요합니다. 육류, 유제품, 달걀 등 동물성 단백질 섭취를 지금보다 훨씬 줄일 준비를 해야 합니다. 육류 소비를 대폭 줄이지 않고는 우리 국민들을 먹여 살릴 방법이 전혀 없기 때문입니다."

바로 여기에 문제의 핵심이 있을 것이다. 이는 비단 영국만이 아니라, 지구 전체의 문제이기도 하다.

문제의 핵심, 육류

지리적 조건, 콩, 식습관의 변화가 맞물리며 형성된 세계 식량 체계 속에서 외부와 완전히 고립되어 자립할 수 있는 국가는 거의 없다. 중국은 육류 자급은 가능하지만, 수억 마리의 가축을 사육하기 위해 수입된 콩 사료에 의존하고 있다.

이 상황은 중국만의 문제가 아니다. 유럽연합에서 재배되는 밀의 절반가량은 소 사료로 쓰이고, 미국에서는 옥수수의 3분의 1이 같은 용도로 사용된다. 전 세계 농민이 재배하는 곡물의 약 40%는 사람에게 직접 공급되지 않고 가축 사료로 소비되는 것으로 추정된다.[33] 이처럼 방대한 가축 사육은 방목지 수요까지 키워, 많은 국가들이 단기간에 식량 자급을 실현할 가능성을 사실상 차단한다. 이것이 바로 가이 싱왓슨이 강조한 핵심이다.

국가의 식량 자급률 향상을 요구하는 목소리는 커지고 있다. 하지만 많은 나라에서 이를 달성하기 위해 감내해야 할 결과들을 충분히 따져 보았는지는 확실하지 않다. 영국 정부는 2021년 국가 식량 시스템에 대한 독립적 검토를 의뢰했다.[34] 검토 결과 보고서에서 제시한 권고 사항 중 하나는 기후변화를 고려해 향후 10년 안에 영국인의 평균 육류 소비량을 약 30% 줄여야 한다는 것이었다. 그러나 영국 정부는 이 제안을 무시했다. 지식이 부족해서였든, 열의가 부족해서였든, 어떤 조치도 취하지 않았고 이에 대해서 공개적인 반발도 없었다. 2023년 리시 수낵 총리는 연설에서 육류에 세금을 부과하는 모든 제안을 완전히 '폐기'하겠다고 선언했다. 그는 이런 결정이 여론의 지지를 얻을 것이라고 판단한 것이다.[35]

2024년 연구에 따르면 영국 성인의 약 16%가 채식주의자, 비건, 페스커테리언pescatarian(생선은 먹는 채식주의자. 생선을 의미하는 이탈리아어 'pesce'와 채식주의자를 뜻하는 영어 'vegetarian'의 합성어—옮긴이)으로 살거나 채식 위주의 식단을 따르고 있었다. 특히 젊은 세대일수록 그 비율이 높았다.[36] 시간이 갈수록 이 수치는 더 늘어날 가능성이 크다. 식물성 대체육의 인기가 높아지고 있으며 실험실 배양육 기술에도 관심이 쏠리고 있다. 아이러니하게도 일부에서는 더 많은 콩이 해결책이라고 주장한다. 이번에는 동물을 먹이는 대신 우리가 직접 섭취하는 형태로 말이다. 지구상에서 재배되는 콩의 4분의 3은 가축 사료로 쓰이고, 나머지 대부분은 산업용으로 쓰인다. 인간이 직접 먹는 콩은 10%도 되지 않는다. 일부 사람들은 우리가 동물을 거치지 않고 콩에서 직접 단백질을 얻는다면 환경에 얼마나 큰 변화를 가져올지에 주목한다. 두부를 통해 100g의 단백질을 생산하는 데 필요한 토지는 약 2.2㎡다. 돼지고기는 10.7㎡, 우유는 27㎡, 소고기는 무려 164㎡가 필요하다.[37]

그렇다고 영국이나 다른 선진국들이 육류 소비를 중단하거나 대두 중심의 식단으로 전환하는 변곡점에 가까워졌다고 주장하기에는 아직 무리가 있다. 2021/22년 전 세계 식습관 조사에 따르면, 영국의 채식주의자(페스커테리언 제외) 비율은 6.5%로, 2018~2019년의 5.5%보다 소폭 늘어나는 데 그쳤다. 독일·한국·미국에서도 채식주의자 비율이 조금 늘었지만, 중국에서는 같은 기간 4.2% 포인트 줄어 5.4%로 떨어졌다. 인도에서는 여전히 26.5%라는 높은 채식주의자 비율이 유지되고 있지만, 이제 중국을 제치고 세계에서 인구가 가장 많은 나라가 되었으며, 경제가 성장함에 따라 채식주의자 비율도 중국처럼 빠르게 낮아지고 있다.[38] 이는 식량 문제에 있어 국가적 식량 자급자족보다는 무역을 지향하도록 만드는 또 다른 요인이다.

식량 안보

많은 이들이 식량 안보와 자급자족을 서로 같은 의미로, 혹은 당연한 개념처럼 이야기하지만 사실은 같지도 않고 당연하지도 않다. 개인이나 가족 차원의 식량 안보는 국가 차원의 수입의존도가 아니라 국내 식량 가격 문제와도 직결된다. 부유한 나라에서

조차 일부 사람들이 식사를 거르거나 건강하게 먹을 여유가 없다면, 그 나라가 식량 안보를 갖췄다고 할 수 있을까?

일부 빈곤국은 순수한 수치로 보면 식량 수출국이어서 자급률은 높지만 동시에 기아율이 높은 경우가 있다. 반대로 일부 부유한 국가는 자급률이 낮고 순수입국이지만, 영양실조를 성공적으로 퇴치했다. 따라서 연구자들은 국가의 식량 안보를 평가할 때 단순히 생산량과 소비량만 보지 않는다. 국내 식량 소매 가격, 모든 국민이 식량에 접근할 수 있는지 여부, 공급원의 다양성과 안정성 등을 함께 고려하는 복합적 지표를 활용한다.

이코노미스트 그룹 산하의 싱크탱크 조직인 이코노미스트 임팩트Economist Impact에 따르면, 일본은 소비 칼로리의 약 60%를 수입하고 있음에도 불구하고 세계에서 여섯 번째로 식량 안보가 뛰어난 나라로 선정되었다.[39] 이는 생산량이 소비량보다 더 많은 미국보다도 높은 순위다. 일본이 높은 점수를 받은 이유는 국내 식품 가격이 저렴하고, 공급이 안정적이었기 때문이다.[40]

국내 농업 생산 대비 소비는 매우 단순한 지표이며, 중국의 동물 사료용 콩 수입 사례에서 보듯 치명적으로 오해를 불러일으킬 수 있다. 또 다른 중요한 현실은 미국의 대형 농업 생산업체 상당수가 화학비료 수입에 의존하고 있다는 점이다. 미국은 대부분의 지표에서 식량 자급을 달성했지만, 동시에 금액 기준으로 세계 3위의 비료 수입국이다. 비료는 작물을 재배하고 높은 수확량을 얻기 위해 필수적이다.[41] 브라질 역시 2022년에 270억 달러 규모

국가별 식량 자급률 현황(2019년 기준)

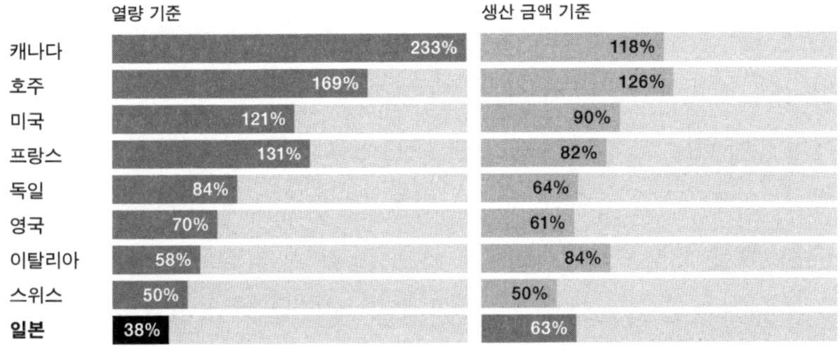

일본 농림수산성 추정치

도표: Datawrapper로 작성, 데이터 출처: 일본 농림수산성(MAFF)

의 비료를 수입했으며, 그중 27억 달러는 중국에서 들여왔다. 특히 칼륨과 인산염 중심의 글로벌 비료 무역은 세계 식량 시스템을 상호 의존적인 구조로 묶어 두고 있다.

이론적으로도 식량 자급이 곧 국가의 식량 안보를 보장하지는 않는다. 두 개의 가상 국가를 떠올려보자. 한 국가는 자급이 가능해 수입을 거부하고, 다른 국가는 자급이 불가능해 수입에 의존한다. 두 나라 모두 환경 재해로 국내 수확에 실패한다면 어떤 일이 벌어질까? 식량 자급국의 식량 가격은 폭등할 것이다. 반면 식량 수입국은 외부에서 공급을 사들일 수 있어 인플레이션으로부터 부분적으로 보호받을 수 있다. 국경을 넘는 식량 무역은 국가적 농업이 받는 충격을 완화하는 장치다. 식량 수입에 의존하는 것을 위험하거나 무모하다고 느낀다면, 위급할 때 식량을 수입조차 할 수 없는 상황의 위험성도 생각해보아야 한다.

국가 간 충돌을 떠올려보자. 주요 곡물 생산국인 우크라이나는 2020년 식량 수입의존도가 거의 제로에 가까웠다. 그러나 2022년 러시아의 침공으로 농지가 탱크에 짓밟히고 수확이 불가능해지자, 4,300만 인구 가운데 300만 명을 먹이기 위해 WFP(세계식량계획)의 지원에 의존해야 했다.[42] 한 나라의 식량 안보는 그 영토 내에서 생산되는 식량의 양보다 훨씬 더 많은 요소의 영향을 받는다.

고립 경제학 정책이 식량에 미치는 영향은 국경을 넘어 더 큰 파급 효과를 낳는다. 2022년 일부 국가가 곡물과 비료의 수출을 제한했을 때, 아프리카와 중동의 식량 수입국들은 기아 상태에 빠질 위험이 커졌다. 자국의 식량 안보를 지키려는 조치가 오히려 다른 나라의 안보를 약화시켰고, 결국 자국에도 불리하게 작용했다. 자국의 조치가 세계 식량 가격을 끌어올려 자국 소비자에게 부담을 준 것이다.

식량 시스템의 상호 의존성은 또 다른 차원에서 드러난다. 예컨대 케냐의 경우, 유럽 시장에 수출되는 녹두와 같은 농산물은 서방 국가와의 관세 감면 무역 협정 덕분에 국가 수출의 상당 부분을 차지한다. 농업은 케냐 경제의 5분의 1, 고용의 3분의 1, 수출의 3분의 2를 책임진다.[43] 그런데 영국 같은 나라가 산업용 온실을 이용하여 자국 농산물 생산을 늘리려고 시도하기 때문에 케냐의 수출이 줄어들 가능성이 있다. 그 결과 케냐 경제가 흔들리고 식량 불안이 심화될 위험이 있다. 개발도상국들은 이미 부유 국들의 농업 보호무역주의 탓에 자국 제품을 국외로 판매하기가 이미 어려운 실정이며, 식량 무역의 자유화는 최빈국들이 경제를 성장시킬 중요한 수단으로 여겨진다.[44] 부유한 나라들이 설탕이나 면화 같은 농산물에 보조금을 지급하는 것은 식량 자급이라는 명분으로 정당화되지만, 실제로는 세계 농산물 시세를 낮추고 일부 개발도상국의 수출 기회를 빼앗는 효과를 가져온다.

그렇다면 국가들이 식량 자급을 달성하면 더 나은 상황이 될까? 증거는 그렇지 않음을 보여준다. 국제식량정책연구소의 계산에 따르면, 사하라 사막 이남의 아프리카 국가인 잠비아는 식량 수입의존도가 7%에 불과하다. 이는 세계 평균보다 훨씬 낮은 수준이다. 인구의 절반 이상이 농업에 종사하는 잠비아는 수치로만 보면 식량 순 수출국이다. 그러나 잠비아의 식량 불안정 비율은 70%로, 세계에서 가장 높은 수준이다.

잠비아와 인도양에서 동쪽으로 약 3,000km 떨어진 섬나라 모리셔스를 비교해보면 중요한 교훈을 얻을 수 있다. 모리셔스는 주요 식량의 수입의존도가 82%로 매우 높지만, 식량 불안정 비율은 28%에 불과하다. 두 나라의 차이는 모리셔스가 1970년대 글로벌 무역 네트워크에 성공적으로 편입되면서, 사탕수수를 생산하던 저소득 국가에서 섬유산업을 기반으로 한 중산층 국가로, 그리고 오늘날에는 다양한 서비스를 제공하는 경제로 발전했다는 점이다. 2022년 모리셔스는 인구의 5%만이 농업에 종사했고, 73%

[그림 3-3] 낮은 식량 수입의존도가 식량 안보를 보장해주지는 않는다

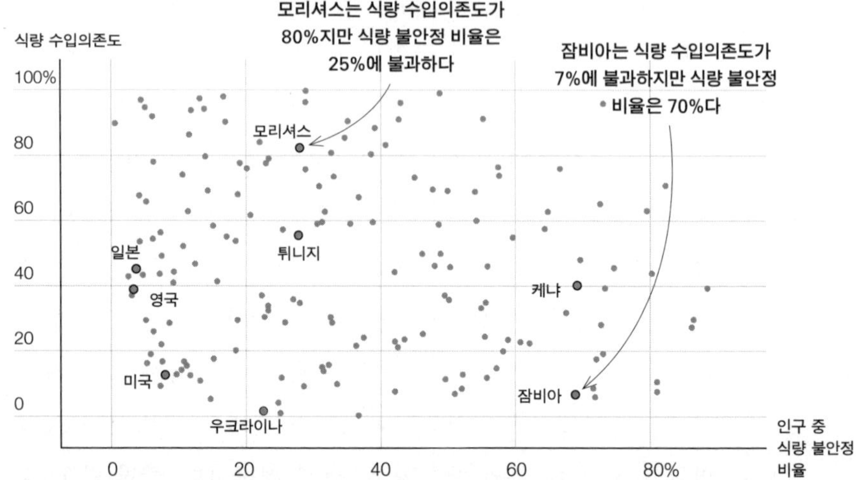

식량 수입의존도=전체 국내 식량 소비 중 15가지 주요 식량의 수입이 차지하는 비중
식량 불안정 비율=전체 인구 중에서 일정한 정도 또는 심각한 정도의 식량 불안정에 직면한 사람들의 비중
도표: Datawrapper로 작성, 데이터 출처: 식량안보포털(Food Security Portal)

는 은행·기술 등 서비스업에 종사했다. 모리셔스의 1인당 국민소득은 구매력 기준 2만 9,000달러 이상인 데 비해 잠비아는 4,100달러에 불과하다. 결국 식량 불안을 초래하는 것은 수입 의존이 아니라 빈곤이다.

2013년 중국의 시진핑 주석은 "사회가 안정된 국가는 예외 없이 식량 자급을 유지하는 국가들이다. 자국민을 먹여 살릴 만큼 생산하지 못하는 국가들은 국내 불안과 외부 압력에 시달린다"라고 말했다.[45] 그러나 2020년 국가 부도로 IMF 구제금융을 요청한 잠비아의 사례에서 보듯, 높은 식량 자급률이 곧 국내 안정이나 지정학적 영향력을 보장하는 것은 아니다.

이런 나라들의 경우 국가적 식량 안보를 강화하려면 글로벌 무역 네트워크에 참여하고, 모리셔스처럼 경제를 발전시키는 전략을 따르는 것이 필수적이다. 대부분의 부유한 나라들은 농업의 환경적 지속 가능성을 높이고, 기후 변화에 대응하며, 국경 간 무역의 자유화를 유지하는 데 집중해야 한다. 식량 문제에서만큼은 고립 경제학이 주는 안정감은 허상에 불과하다.

하지만 현재 우리 세계를 연결하는 핵심 상품을 통한 여정에서 식량은 첫 번째 단계에 불과하다. 무역이 자급자족보다 낫다는 교훈이 다른 곳에도 적용될까? 우리가 생존하기 위해 필요한 다른 기본적인 것들은 어떨까? 에너지 문제는 어떨까?

4장
에너지

2022년 7월 14일, 독일 뒤셀도르프에 본사를 둔 유럽 가스 발전소 운영사 유니퍼Uniper에 편지 한 통이 도착했다.[1] 발신자는 크렘린의 통제 아래 러시아 가스·석유 부문을 장악하고 있는 국영기업 가스프롬Gazprom이었다. 가스프롬의 주요 사업 가운데 하나는 시베리아의 광대한 화석연료 매장지에서 채굴한 천연가스를 노르트스트림 파이프라인을 통해 유니퍼와 같은 유럽 발전소에 공급하는 일이었다. 지름 1m의 강철 파이프는 러시아 서쪽 끝 비보르크Vyborg 항구에서 시작해 발트해의 차갑고 짠 바닷속을 1,000km 가로질러 독일 해안 휴양지 루브민Lubmin(그라이프스발트Greifswald 시 인근)에 닿는다.[2]

불과 1년 전인 2021년만 해도 노르트스트림은 약 590억㎥에 달하는 러시아산 천연가스를 유럽으로 실어 나르는 핵심 통로였다.[3] 이를 통해 유럽에 공급된 천연가스는 유럽 전체의 러시아산 천연가스 수입량의 3분의 1에 달했고, 유럽 최대 경제국인 독일의 수입량 중 40%를 차지했다. 실제로 유럽의 천연가스 총수입량 중

거의 절반이 러시아산이었다.[4] 러시아 천연가스는 독일의 가스터빈 발전소 대부분과 영국·스웨덴·네덜란드 등 유럽 전역 발전소의 전력 생산을 떠받치고 있었다. 사실상 러시아 가스 덕분에 유럽에서 전등이 켜지고 겨울철에 집안이 따뜻하게 유지될 수 있었다. 그런데 이 편지에는 이처럼 중요한 가스 공급의 상당 부분이 끊길 것이라는 통보가 담겨 있었다.

가스프롬은 유니퍼에 '특수한 상황'을 이유로 노르트스트림을 통해 가스를 공급할 의무가 없다고 통보했다. 문제의 '특수한 상황'은 무엇이었을까? 가스프롬은 독일 엔지니어링 기업 지멘스가 수리를 위해 캐나다로 보낸 터빈 엔진을 돌려받지 못했다며 불만을 제기해왔다. 러시아는 이 터빈으로 비보르크의 압축기 스테이션을 가동시켜야 가스를 유럽으로 송출할 수 있다고 주장했다. 그러나 유니퍼와 독일 당국은 이 설명을 일축했다. 해당 터빈은 이미 선적이 끝났고, 오히려 러시아가 수령을 거부하고 있다는 것이었다. 그들의 반박은 소용이 없었으며 결국 터빈은 핑계에 불과했다. 실제로 무슨 일이 벌어지고 있는지 상황은 노르트스트림 파이프라인 안의 가스만큼이나 투명했다.

유럽에 대한 가스 공급은 이미 수개월 전부터 가스프롬의 유지보수 작업이라는 명목으로 대폭 줄어들고 있었다. 그해 2월 24일 블라디미르 푸틴이 우크라이나를 침공한 이후 서방의 대규모 제재가 뒤따르자 러시아는 보복 조치로 유럽에 대한 주요 가스 공급을 점차 줄여 나갔다. 이번 편지는 그 공급량이 곧 제로가 될 것이라는 사실을 확인해준 셈이었다. 크렘린은 지정학적 이유로 유럽을 향해 '에너지 무기'를 사용하여 가스 공급을 차단했다. 이는 사실 40년 전 이미 예고됐던 일이었다.

1981년, 소련은 새로 개발된 서시베리아 우렌고이Urengoy 가스전에서 캐낸 천연가스를 우크라이나 영토를 거쳐 중부 유럽으로 보내는 거대한 파이프라인 건설을 제안했다. 1970년대 에너지 위기를 겪은 뒤 값싼 러시아 가스를 확보하려던 유럽, 특히 서독은 이 제안에 적극적이었다. 하지만 워싱턴은 위험 신호를 감지했다. 새 파이프라인이 완공되면 소련의 대유럽 가스 수출 능력은 세 배로 늘어나고, 경제가 큰 활력을 얻으며 소련이 절실히 필요로 하는 외화를 확보할 수 있게 되기 때문이다.[5]

CIA 내부 보고서는 '소련은 자신의 입장을 서유럽에 관철하기 위해서 광범위한 외교적 공세를 취하고 있으며 이러한 직접적인 에너지 연결망 건설은 여기에 새로운 압박 수단을 제공하게 될 것'이라고 경고했고, 모스크바의 새로운 '천연가스 무기'를 NATO(북대서양조약기구)에 대한 위협으로 언급했다.[6] 로널드 레이건 행정부는 유럽의 NATO 동맹국들을 설득해 이 프로젝트를 막으려 했다. 이것이 실패하자 이 공화당 대통령은 미국 기업들이 이 프로젝트에 납품하거나 협력하지 못하도록 제재 조치를 실시했다.[7] 레이건 대통령은 "소련이 그 망할 파이프라인을 만들 테면 만들어보라고 해. 하지만 미국 장비와 기술은 절대 안 돼!"라며 분노에 차서 외쳤다고 전해진다.[8]

그러나 미국의 분노에도 불구하고 프로젝트는 강행되었다. 당시 서독은 '무역을 통한 변화Wandel durch Handel'라는 격언을 명분으로 내세웠다. 이는 서방이 소련에 대한 경제적 장벽을 세우는 것보다 소련과의 경제적 교량을 구축하는 것이 궁극적으로 더 생산적일 것이라는 논리였다. 서독행 파이프라인은 1984년에 개통되었으며, 유럽은 초기 건설 비용을 부담하는 대신 소련으로부터 일정 기간 무료로 가스를 공급받는 방식이었다. 이는 냉전 시기 가장 논란이 많았던 에너지 프로젝트였다.

1987년, 한 젊은 미국인은 이 사건을 학부 논문으로 다룬 뒤 책으로 출간했다. 제목은 《동맹국 대 동맹국: 미국, 유럽, 그리고 시베리아 파이프라인 위기Ally versus Ally: America, Europe, and the Siberian Pipeline Crisis》였다. 그는 이 책에서 "경제 관계 확대가 크렘린의 대내외 정책에 긍정적인 변화를 불러올 것이라는 유럽의 기대는 단순한 '희망 사항'일 뿐"이라고 결론내렸다.[9] 즉 '무역을 통한 변화'는 망상에 불과하다는 것이었다. 역사의 아이러니로, 이 책을 쓴 젊은 학자 토니 블링컨Antony Blinken은 2022년, 블라디미르 푸틴이 노르트스트림을 차단하던 시점에 바이든 대통령의 국무장관이 되어 있었다.

2022년 11월 26일, 노르트스트림과 아직 가동되지 않은 노르트스트림2가 의문의 폭발로 파괴되면서 발트해에는 엄청난 양의 메탄가스가 분출됐다. 이 사건의 배후에 대해서 다양한 주장들이 제기되었는데 러시아, 우크라이나, 미국의 정보기관들이 배후로 지목되었다. 애거사 크리스티 소설처럼 어느 쪽이든 합리적인 동기가 있어 보였다. 하지만 특정 국가가 배후에 있다는 것을 증명해주는 결정적인 증거는 없었다.[10] 누구의 책임이든지 간에 분명한 것은 노르트스트림의 두 파이프라인은 이제 운명을 다했다는 사실이다. 러시아에 대한 유럽의 에너지 의존이 어리석은 결정이라고 수십 년간 미국이 경고해온 것이 사실로 입증된 셈이다.

그해 여름, 유럽에서 거래되는 천연가스 도매 가격은 전년 같은 시기보다 10배 폭등했다. 겨울을 앞두고 각국이 가스 저장시설을 채우기 위해 절박하게 경쟁했기 때문이다. 경제학자들은 이런 가격 급등이 유럽을 심각한 경기 침체로 몰아넣을 수 있다고 경고했다. 불과 몇 달 만에 독일의 도시들은 에너지 절약을 위해 밤에 가로등 조도를 낮췄고, 공공 수영장은 난방을 중단했다.[11] 북유럽 전역의 전기 의존형 농업 온실들은 폐쇄되거나 생산량을 대폭 줄였다. 1970년대 오일 쇼크 이후 최대의 에너지 위기가 닥친 것이다.[12]

독립의 날

유럽이 새로운 현실을 받아들이는 속도는 놀라울 만큼 빨랐다. 노르트스트림을 통해 유입되는 가스 공급이 줄어들자, 유럽은 에너지의 외부 의존에 대한 무관심에서 벗어나 자급을 향한 적극적인 노력으로 방향을 틀었다. 평소에는 경직적이라는 평을 듣던 유럽연합 집행위원회는 기록적인 속도로 '리파워EUREPowerEU'라는 계획을 내놓았다. 이 계획은 2022년 말까지 러시아산 가스 수입을 3분의 2로 줄이고, 풍력과 태양광 같은 재생에너지 도입을 급속히 확대해 부족분을 메우는 것을 목표로 했다.[13] 원래 유럽연합은 2050년 탄소중립 목표의 중간 일정으로 2030년까지 전체 에너지의 40%를 재생에너지로 충당한다는 목표를 세워두고 있었다. 이 목표치가 하룻밤 사이에 45%로 상향 조정됐다.[14] 2022년 9월 27일 브뤼셀 기자회견에서 우르줄라 폰데어라이엔Ursula von der Leyen 유럽연합 집행위원장은 "재생에너지는 값싸고, 자국에서 생산되어 자급이 가능하며, 우리를 독립적으로 만듭니다. 재생에너지는 우리의 미래를 위한 진정한 에너지 보험입니다"라고 말했다.[15] 독일 경제부 장관 로베르트 하베크Robert Habeck 역시 같은 입장을 밝혔다. 그는 독일 공영방송 ARD와의 인터뷰에서 "금기란 없습니다. 에너지 독립으로 가는 진정한 길은 화석연료를 단계적으로 폐지하는 것입니다"라고 강조했다.[16] 경제부는 독일이 2035년까지 모든 전력을 재생에너지원으로 생산하는 목표 시점을 기존 계획보다 5년 앞당긴 2035년으로 설정해야 한다고 제안했다.[17]

영국도 같은 압력을 느꼈다. 비록 2021년 유럽연합을 공식 탈퇴했지만, 여전히 유럽 에너지 도매시장과 연결되어 있던 영국은 국내 가스·전기 요금이 폭등하는 상황을 눈앞에서 지켜봐야 했다. 그 무렵 나는 BBC 특파원 자격으로 잉글랜드 북서부의 레이크 디스트릭트Lake District에 파견돼, 이번 에너지 위기가 지역 소규모 기업들에 어떤 타격을 주는지 취재했다. 켄들Kendal 마을에 있는 '더 올드 플러스'라는 술집의 매니저는 연간 에너지 요금이 4만 4,000파운드에서 12만 4,000파운드로, 거의 세 배 가까이 뛰었다고 말했다. 인근 한 식음료 업체는 연료 요금이 일곱 배로 치솟았다.[18]

그해 가을 새로 영국 총리에 취임한 리즈 트러스Liz Truss는 일간지《더 선The Sun》과의 인터뷰에서 "이번 위기의 근본 원인을 해결하고 에너지 독립을 되찾기 위한 명확한 계획이 있다"고 밝혔다. 그 역시 유럽연합과 마찬가지로 재생에너지 확대를 포함하는 계획이었다.[19] "우리는 모든 국내 에너지원의 생산을 가속화하고 있습니다"라고 트러스는 강조했다. 당시 야당이던 노동당의 키어 스타머Keir Starmer 대표는 한발 더 나아갔다. 그는 그해 가을 리버풀에서 열린 전당대회에서 '그레이트 브리티시 에너지Great British Energy'라는 새로운 국영기업을 설립하겠다는 계획을 발표했다. 이를 통해 영국의 재생에너지 전력에 투자하고, 정부 계획보다 5년 앞선 2030년까지 모든 전력 생산을 국내에서 발전한 풍력·태양광·원자력에 거의 전적으로 의존할 수 있는 상태를 만들겠다는 구상이었다. 이유는 명확했다. "일자리와 성장, 그리고 에너지 독립을 위해 옳은 길이기 때문입니다."[20]

미국도 유럽을 따라 국가 에너지에 대한 자급을 강조했다. 사실 미국은 1950년대 이후 처음으로 2019년에 에너지 순 수출국이 되었는데,[21] 이는 미국 내 셰일가스 채굴이 폭발적으로 늘어난 덕분이었다. '프래킹Fracking'은 고압의 물을 셰일 암반에 발사하여 파쇄하는 방식의 채굴법으로, 2000년대 중반 텍사스, 노스다코타, 오클라호마 등의 주에서 빠르게 확산되었다. 프래킹 붐은 2022년 여름에 미국 내 가스 가격을 유럽과 달리 상대적으로 안정시키는 데 기여했다.[22] 하지만 에너지에서 완전히 예외적인 나라는 없다. 미국도 석유 시장을 통해 세계와 긴밀히 연결돼 있었다. 러시아가 우크라이나를 침공한 뒤 세계 석유 가격은 배럴당 110달러로, 불과 1년 전보다 거의 두 배나 올랐다.

이 때문에 차량용 휘발유 가격은 갤런당 5달러에 육박하며 사상 최고치를 기록했다. 미국 정부도 결국 에너지 자급에 대한 재확약을 내세울 수밖에 없었다. 2022년 10월 19일 백악관 루스벨트 룸 기자회견에서 조 바이든 대통령은 이렇게 말했다. "우리는 모든 노력을 기울여 … 에너지 독립과 안보를 확보하고, 휘발유 가격을 낮춰 국민들에게 숨통을 틔워주기 위해 계속 나아갈 것입니다."[23] 그해 8월 법제화된 인플레이션감축법Inflation Reduction Act, IRA'은 바이든 행정부의 에너지부 장관이 설명한 바에 따르면 '국가의 에너지 안보를 강화'하기 위해 미국의 해상 풍력발전량을 대폭 확대하는 것을 목표로 하는 내용을 담고 있었다.[24]

인도도 같은 흐름에 합류했다. 2022년 8월, 제76회 인도 독립기념일을 맞아 뉴델리의 레드 포트Red Fort 성벽에서 연설한 나렌드라 모디 총리는 인도 국기 색깔의 터번을 쓰고 에너지 자립을 강조했다. 그는 "우리는 에너지 분야에서 아트만니르바르Atmanirbhar,

자립를 실현해야 합니다. 태양 에너지, 수소 에너지, 전기차 도입까지 모든 이니셔티브를 한 단계 더 발전시켜 에너지 독립을 이뤄야 합니다"라고 말했다.[25] 중국도 같은 논조로 에너지 독립을 위한 찬가를 불렀다. 2022년 10월 중국공산당 제20차 전국대표대회에서 중국 정부는 석유 및 가스의 수입의존도를 인식하며, 세계적 가격 급등에 대응해 재생에너지의 연간 국내 생산능력을 확대하겠다고 약속했다.[26] 시진핑은 "에너지 안보를 보장하기 위해 에너지의 생산·공급·저장·유통 체계를 강화할 것"이라고 선언했다.[27]

2022년 여름의 글로벌 에너지 충격은 에너지 독립을 전 세계 정책 의제의 최우선 과제로 끌어올렸다. 서방의 정부 부처에서도, 동방의 정치국 회의장에서도 같은 수사가 반복됐다. 민주주의 국가와 권위주의 정권을 가릴 것 없이 국가 에너지 독립은 갑자기 필수적인 생존 과제로 간주되었다. 석유와 가스는 세계에서 가장 많이 거래되는 상품으로, 2022년 기준 전 세계 무역 총액의 약 7분의 1을 차지했다.[28]

2022년의 충격에서 얻은 교훈은 분명했다. 화석연료를 수입에 의존하는 것은 위험하다는 것이었다. 더 안전한 선택은 에너지 생산을 자급자족하는 것이었다. 그리고 이는 곧 풍력 터빈과 태양광 패널을 통해 에너지를 생산하는 재생에너지를 의미했다. 독일의 로베르트 하베크가 말했듯, "태양과 바람은 누구의 소유도 아니다."[29] 이는 논리적으로 타당해 보였다. 무엇보다 지구 온난화를 유발하는 화석연료에서 벗어나야 한다는 글로벌 에너지 전환의 요구와도 잘 맞아떨어졌다.

하지만 이러한 재생에너지로의 돌진이 국가적 자급자족을 위한 욕망에서 비롯되었다면, 여기에는 현실적인 문제가 있다. 국가 영토에 비치는 햇빛과 그 위를 스치는 바람을 활용하려면 태양광 패널과 풍력 터빈을 대량으로 설치해야 한다. 그런데 이 부품들을 다른 나라에 의존해야 한다면, 과연 그 나라는 진정으로 에너지에서 독립적일 수 있을까?

이토록 좋은 태양광

솔린드라Solyndra는 2005년에 설립된 실리콘밸리 스타트업으로, 두 가지 혁신적 아이디어를 내세웠다. 첫 번째는 전통적인 실리콘 대신 인듐·갈륨·셀레늄이라는 세 가지 비교적 덜 알려진 원소의 혼합물을 사용해 태양광 패널을 만들겠다는 것이었다. 이러한 소재를 바탕으로 솔린드라의 패널은 기존 제품에 비해 매우 얇게 제작될 수 있었다. 두 번째 기발한 아이디어는 패널을 평평한 형태가 아닌 원통형으로 설계해 태양광 흡수 면적을 늘리고 단위 효율을 높이는 것이었다. 솔린드라의 제품은 직사각형 프레임 안에 실린더 24열이 배열된 형태로, 전통적 태양광 패널이라기보다 수건 건조용 방열기에 더 가까워 보였다. 기술은 주목을 받았고, 회사는 실리콘밸리의 여러 벤처캐피털로부터 투자를 유치하며

성장했다.

그러나 2008년 미국 투자은행 리먼 브라더스의 붕괴와 글로벌 금융위기가 닥치면서 민간 투자자들이 금융위기를 버티기 위해 투자를 중단했다. 당시 사세 확장 중이던 솔린드라는 규모를 확대하는 동안 영업적자를 메워줄 자금이 부족해지는 사태에 직면했다.[30]

구원은 연방정부 지원금의 형태로 찾아왔다. 2009년 백악관에 입성한 버락 오바마 행정부는 리먼 사태 이후의 경기 침체로부터 경제 전반을 회복시키고, 유망한 신기술 기업을 공적 자금으로 뒷받침하려는 정책을 추진했다. 특히 태양광 기술 분야에서 미국의 리더십을 되찾는 것이 목표였다. 실리콘밸리의 솔린드라는 이 조건에 완벽히 부합했다.

2009년 3월 20일, 오바마 행정부의 에너지부 장관 스티븐 추Steven Chu(필자와는 아무런 친척 관계가 없다)는 솔린드라가 확장할 수 있도록 에너지부가 5억 3,500만 달러의 연방 대출을 지원하겠다고 발표했다. 같은 해 9월 9일 캘리포니아주 프리몬트Fremont에서 열린 신규 공장 기공식에서, 캘리포니아 주지사 아널드 슈워제네거는 스티븐 추 장관, 회사 최고경영자 크리스 그론Chris Grone과 함께 굴착기 앞에 마련된 무대에 올라 상징적인 금색 삽을 들었다. 당시 부통령이던 조 바이든은 연단 옆 대형 스크린을 통해서 화상 연설을 했다. 바이든은 모여든 고위 인사들과 언론을 향해 "여기 솔린드라에서 여러분은 방법을 찾아냈습니다. 여러분은 모든 미국인을 위해 더 좋고, 더 효율적이고, 더 풍요로운 미래를 위해 태양 에너지를 활용하는 길을 찾아냈습니다. 그리고 그 과정에서 더 많은 일자리를 창출하고 있습니다"라고 열정적으로 말했다.

하지만 솔린드라는 그 방법을 실제 사업으로 연결하지는 못했다. 2011년 솔린드라는 자금 고갈로 파산을 신청하고 약 1,100명의 직원을 해고했다. 5억 3,500만 달러의 정부 대출은 결국 상환되지 못했고, 미국 납세자가 그 손실을 떠안았다. 이로써 솔린드라와 오바마 행정부의 관계를 둘러싼 수년간의 조사가 시작됐다.[31] 이 가운데는 사기 혐의를 겨냥한 FBI 수사도 포함됐다. 워싱턴 정가는 공화당과 보수 매체들이 쏟아내는 정경유착과 부패 의혹으로 들끓었다. 미국 에너지부 감찰관실은 2015년 보고서에서 솔린드라 경영진이 정부에 수주 현황을 허위 보고했다고 결론짓는 한편, 연방 당국이 회사에 대해서 충분히 엄격하게 분석하지 않았다고 비판했다.[32]

누구의 책임이 더 컸든, 솔린드라는 미국에서 민간 부문에 대한 정부 개입의 어리석음을 상징하는 대명사가 됐다. 솔린드라에서 사용되지 않은 유리관 재고 약 800만 개 중 1,000개가 판매돼 캘리포니아대학교 식물원의 야외 미술 설치 작품으로 변신했다.[33] 공화당 측은 솔린드라에 투입된 수억 달러의 세금을 감안하면 이것이 "역사상 가장 비싼 예술 작품"이라고 조롱했다. 그러나 솔린드라의 유산은 거기서 끝나지 않았다. 그 실패는 오바마 행정부가 추진하던 미국 내 대규모 태양광 패널 제조 활성화 계획에 심각한 타격을 줬다. 한편 지구 반대편에서는 전혀 딴판인 이야기가 전개되고 있었다.

2000년대 중반부터 중국 지방정부는 산업 성장을 지원한다는 명목으로 토지 사용료 감면, 에너지 보조금, 국영은행의 저금리 대출 등의 형태로 기존 실리콘 태양광 패널 제조업에 국가 보조금을 쏟아붓기 시작했다.[34] 이러한 산업 전략의 결과는 놀라웠다. 2000년경만 해도 태양광 패널의 약 40%는 일본, 약 20%는 미국, 약 10%는 독일에서 생산되었으며, 독일은 옛 동독 지역에 주목할 만한 생산단지를 구축했었다. 그런데 2016년에는 이 세 나라의 합계 점유율이 10% 미만으로 추락했다. 중국은 제로에서 시작해 전 세계 생산량의 70%를 차지하기에 이르렀고, 2021년이 되자 중국의 점유율은 85%에 달했는데, 이는 전 세계 태양광 패널 수출에서 차지한 비중과도 비슷했다.[35]

솔린드라가 파산한 이유 중 하나는 미국 기업이 중국산 실리콘 패널의 가격 경쟁력을 이기지 못했기 때문이다. 독일도 사정은 같았다. 독일 제조업체들은 중국과의 치열한 경쟁이라는 강렬한 불빛 아래 시들어갔다. 2013~2018년 유럽연합이 중국 정부의 불공정 보조금을 문제 삼아 태양광 패널 수입에 관세를 부과하고, 독일 정부가 태양광산업에 강력한 재정 지원을 했음에도 독일 태양광산업의 쇠퇴를 막지는 못했다.

2024년 1월 기준, 중국산 태양광 패널 수출 가격은 와트(W)당 0.15달러까지 떨어졌다. 이는 2017년 대비 60% 하락한 수준으로,

미국·유럽산 패널 가격의 절반 수준이며, 인도산 제품보다도 3분의 1가량 더 저렴하다.[36] 중국의 태양광 패널 수출 붐은 식을 줄 모른다. 2017~2024년 사이 중국의 태양광 패널 수출 물량은 약 6배 늘었다. 이 제품들은 브라질·파키스탄·일본·사우디아라비아·태국 및 아프리카 국가 등 전 세계 시장으로 뻗어 나가고 있다.

가장 큰 고객은 유럽으로, 2023년 중국 태양광 패널 수출량의 절반을 차지했다.[37] 그해 중국에서 태양광 장비를 직접 수입하지 않은 유일한 주요 시장은 미국뿐이었지만, 미국 내 태양광 업계에 따르면 중국산 설비가 말레이시아·캄보디아·베트남 등지에 있는 중국 공장에서 약간만 개조한 뒤 수출되는 방식으로 계속 유입되고 있다고 한다.[38]

유럽이 중국산 태양광 패널의 주요 고객으로 남아 있는 것이 과연 현명한 선택일까? 아니면 러시아 천연가스 의존의 비극을 되풀이하는 것에 불과할까? 2024년 미국 전략국제문제연구소CSIS의 한 분석가는 "또다시 우리의 유럽 동맹국들이 값싼 에너지를 위해 안보를 팔아넘기고 있다. 미국은 같은 실수를 반복해선 안 된다"라고 지적했다.[39] 풍력발전 분야 역시 관점에 따라 이와 유사한 위협이자, 동시에 기회로 읽힐 수 있다.

바람에 흔들리다

현대식 풍력 터빈 바로 아래에 서서 위를 올려다보면 정말로 압도당하는 느낌을 받는다. 2022년 영국 링컨셔Lincolnshire주에 위치한 스코틀랜드 재생에너지 기업 SSE가 운영하는 풍력 발전소에서, 나는 이 회사의 CEO 앨리스터 필립스데이비스Alistair Phillips-Davies를 인터뷰하던 중 그런 목 근육 풀기 운동을 하게 됐다. 그는 영국이 수입하는 '변동성이 크고 비싼' 석유와 가스를 국내 풍력으로 대체할 수 있다고 설명했지만, 나는 머리 위에서 돌아가는 거대한 흰색 블레이드에 정신이 온통 쏠려 있었다.

풍력 터빈은 인간이 만든 가장 거대한 회전장치다. 하지만 덴마크 기업 베스타스Vestas가 링컨셔에 설치한 직경 90m짜리 풍차들은 오늘날의 풍력 터빈 기준으로는 오히려 작은 편에 속한다. 2023년 중국 제조업체 밍양Ming Yang은 직경 310m의 회전기를 갖춘 새로운 해상 풍력 터빈을 2025년까지 건설하겠다고 발표했다.[40] 그 크기를 상상하려면 뉴욕의 크라이슬러 빌딩이 중앙 축을 중심으로 수직으로 계속 회전하는 모습을 떠올리면 된다. 이 초대형 터빈은 현재 상업적으로 가동 중인 가장 큰 터빈보다 거의 두 배 크고, 전력 생산량도 두 배에 이를 것이다.

중국은 태양광에너지 못지않게 국내 풍력 터빈 제조 역량에도 막대한 자본을 투입해왔다. 현재 중국은 전 세계 풍력 터빈 시장을 태양광 패널만큼 완전히 압도하지는 못하고 있다. 풍력 설비는 블레이드와 타워의 크기가 워낙 거대해 해상이나 도로로 옮기기가 어렵고 비용도 많이 들기 때문에, 제조 공장이 최종 시장 근처에 세워지는 경우가 많다. 2023년 12월, 스코틀랜드 국경 인근에 있는 한 마을의 고풍스러운 거리를 따라 65m 길이의 터빈 블레이드가 트럭에 수직으로 실려 운반되는 장면이 영국에서 화제가 됐다. 할리우드 영화 속 외계인 침공 장면을 연상시켰기 때문이다.[41]

운송 문제에도 불구하고 중국은 이 분야에서도 빠르게 글로벌 시장을 잠식하고 있다는 징후가 곳곳에서 나타나고 있다. 2023년 중국 풍력 터빈 제조업체들은 약 4기가와트 규모의 풍력 터빈을 수출했는데, 이는 전년 대비 60% 증가한 수치였다.[42] 같은 해 유럽연합은 중국 풍력발전 설비 수출량의 3분의 1가량을 구매했으며, 2022년에 중국은 서구 기업의 절반 수준 비용으로 풍력 터빈을 생산할 수 있었다. 2021년까지만 해도 풍력 터빈의 전 세계 총 주문량에서 서구 기업과 중국 기업의 점유율은 비슷했으나, 2022년에는 밍양·엔비전Envision·골드윙Goldwing을 필두로 한 중국 업체들의 점유율이 66%로 급증했다. 반면 서구 제조업체의 점유율은 지멘스 가메사Siemens Gamesa, 제너럴 일렉트릭GE, 베스타스 등을 합쳐도 22%로 떨어졌다.[43] 중국 기업들은 혁신 측면에서도 더 앞서고 있었다. 2019~2023년의 4년 동안 중국에서 출시된 신규 터빈 모델은 400개가 넘었지만, 중국 이외 지역에서는 30여 개에 불과했다.[44] 이런 중국 풍력산업의 활력은 정치적 반발을 불러일으켰다. 2024년 4월, 유럽연합 집행위원 마르그레테 베스타게르Margrethe Vestager는 유럽으로 수출되는 풍력 설비 부품에 대한 중국 정부의 보조금에 대한 조사 내용을 발표했다.[45] 이는 관세 부과에 대한

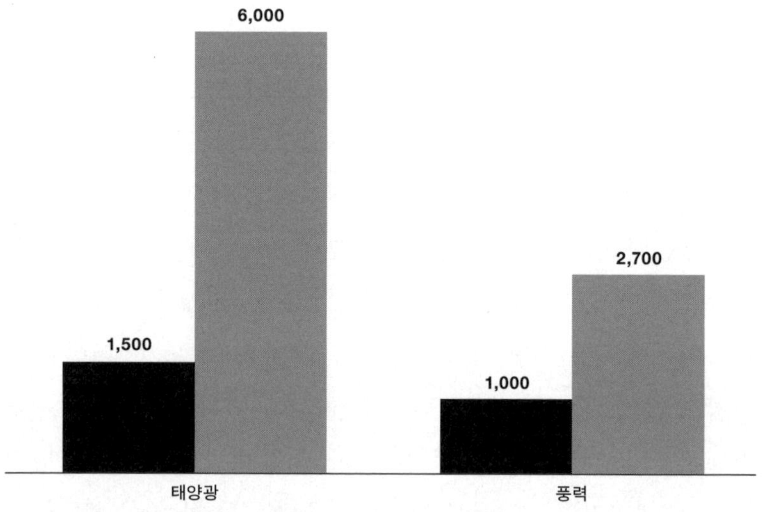

도표: Datawrapper로 작성, 데이터 출처: 국제에너지기구(IEA)

기대감이 고조되는 가운데 이루어졌다. 하지만 근본적인 질문은 여전히 남는다. 전 세계가 저렴한 중국산 풍력 터빈과 태양광 패널을 수입하는 것이 정말 문제일까?

2023년 12월 두바이에서 열린 제28차 유엔기후변화협약 당사국총회COP28에서 각국 정부는 2030년까지 전 세계 재생에너지 발전 용량을 3배로 늘리기로 합의했다.[46] 이 목표가 어떤 의미인지 살펴보자. 2023년 말 기준 전 세계 태양광발전 용량은 약 1,500기가와트였다. IEA(국제에너지기구)는 2050년 탄소중립 달성을 위해서는 2030년까지 이 용량이 4배 늘어난 약 6,000기가와트에 도달해야 한다고 전망한다.[47] 한편, 2023년 풍력발전 용량은 약 1,000기가와트였고, 2030년까지 2,700기가와트로 3배 가까이 증가해야 탄소중립이 가능하다.[48]

중국 제조업은 유럽과 세계 많은 국가가 비교적 낮은 비용으로 대규모 태양광 및 풍력 발전을 달성할 수 있게 만들 수 있다. 그러나 각국은 탄소중립을 최소 비용으로 달성하고 싶어하면서도, 이를 가능하게 하는 기술을 중국에 의존하는 것에 대해서 두려워하고 있다. 덴마크 총리 메테 프레데릭센Mette Frederiksen은 2024년 9월 이를 간단히 요약했다. "우리는 러시아의 가스와 석유에 너무 의존했습니다. 그런데 이제 많은 기술에서 중국에 의존하고 있는데, 이는 큰 실수입니다."[49] 하지만 중국의 태양광 패널과 풍력 터빈에 대한 서방의 걱정은, 중국 전기차에 대한 두려움에 비하면 미미한 수준이다.

전기 악몽

우리 가족이 아끼던 20년 된 가솔린차 폭스바겐 골프Volkswagen Golf가 2022년 결국 수명을 다하자, 우리는 전기차로 바꿀 때가 됐다고 생각했다. 다만 예산이 한정적이었다. 중고차 사이트를 뒤져보니 우리 예산 안에서 살 수 있는 전기차 모델은 두 가지뿐이었다. 하나는 닛산 리프Nissan Leaf, 다른 하나는 MG ZS 전기차였다. 우리는 MG를 선택했고, 결과에 매우 만족했다. 테슬라처럼 화려하거나 기술적으로 앞서 있지는 않지만, 가격은 절반이고 편안하며 신뢰할 만했다. MG(Morris Garages)는 1920년대 영국에서 시작된 오래된 브랜드였지만, 영국 자동차산업과 함께 1970년대 관리 부실로 몰락했다가 2007년 상하이자동차SAIC에 인수돼 부활했다. 그러니 나는 지금 중국산 전기차를 타고 있는 셈이다. 혹시 이 차가 나를 감시하고 있을까?

조 바이든 행정부의 상무부 장관 지나 러몬도Gina Raimondo는 그럴 가능성이 있다고 본다. 그녀는 2024년 1월 한 싱크탱크 행사에서 이렇게 경고했다. "고급 전기차에는 수천 개의 반도체와 센서가 들어 있습니다. 이 차량들은 운전자 정보, 차량 위치, 주변 환경에 대한 방대한 데이터를 수집합니다. 그 모든 데이터가 베이징으로 전송되길 원하십니까?"[50] 그녀는 더 우려스러운 가능성도 제기했다. "미국 도로에 깔린 수천, 수십만 대의 중국산 커넥티드 차량이 즉시 연결될 수 있다고 상상해 보세요. 만약 베이징의 누군가가 그것들을 동시에 무력화한다면 어떻게 되겠습니까?"[51] 내 차량의 엔터테인먼트 시스템과 스마트폰 사이의 연결이 종종 끊기는 걸 보면, 그런 수준의 신뢰성 있는 연결성은 현실적으로 어려워 보인다. 그러나 중국 전기차가 2010년대 가장 주목할 만한 글로벌 산업 이야기의 중심에 서 있다는 사실만은 분명하다.

중국을 신기술의 선두에 세우려는 베이징 정부는 중국 가정의 전기차 수요를 촉진하기 위해 강력한 재정적 인센티브를 도입했다.[52] 태양광·풍력 산업과 마찬가지로, 중국은 국내 전기차 생산에도 대규모 보조금을 지원했고, 기업들은 불과 몇 년 만에 놀라운 규모의 경제를 달성했다.[53] 그 결과 중국은 국내에서 전기차를 엄청난 속도로 보급할 수 있었다. 2023년 중국에서 판매된 신차의 약 38%가 전기차로, 같은 해 미국(10%)과 유럽연합(22%)을 크게 앞섰다. 2023년 전 세계 도로를 달리는 전기차 4,500만 대 가운데 절반 가까이가 중국에서 생산되었다. 현재 중국은 세계에서 가장 성숙한 전기차 시장으로, 94개 브랜드가 300개 이상의 모델을 판매 중이다.[54]

이 성공의 핵심은 중국이 단순한 차량 조립이 아니라 배터리 제조에 투자했다는 점이다. 전기차 가격에서 배터리가 차지하는 비중은 매우 크다. 2022년 세계 배터리 생산량의 75%를 중국이 차지했고, 그중 대부분은 푸젠성에 본사를 둔 닝더스다이(CATL, Contemporary Amperex Technology Co. Limited)가 주도했다. 서구의 자동차 업체들이 다른 회사에서 만든 배터리를 사다 쓰는 동안, 비야디(BYD, Build Your Dreams)를 비롯한 중국 경쟁사들은 자체적으로 배터리를 생산하는 '수직 통합' 전략을 택했다. 덕분에 중국 자동차 업체들은 서구보다 훨씬 효율적으로 전기차EV를 만들고 소매 가격도 크게 낮출 수 있었다.

2023년 중국에서 판매되는 신형 전기차의 평균 가격은 3만 달러로, 미국·유럽에서 생산되는 동급 차량 가격의 절반에도 못 미친다.[55] 테슬라 같은 글로벌 선두 업체들이 고수익을 노린 고급 전기차에 집중한 반면, 중국 기업들은 대중 시장을 겨냥한 차량을 생산했다. BYD의 모델 중 하나인 시걸Seagull 해치백은 중국에서 1만 달러에 판매된다. 같은 해 대부분의 선진국에서는 가장 저렴한 전기차도 가솔린이나 디젤차보다 보통 두 배 정도 비쌌다. (나도 차를 고를 때 알게 되었다.) 반면 중국에서는 전기차가 약 8% 더 저렴했다. 이런 가격 경쟁력 덕분에 태국, 필리핀 같은 나라들은 중국산 전기차를 대량으로 수입하고 있다. 2023년 중국은 해외에 150만 대의 전기차를 수출했는데, 이는 독일의 거의 두 배이자, 일본과 미국을 합친 것보다 10배나 많은 수치였다.

하지만 선진국들은 중국 전기차에 장벽을 세우기 시작했다. 러몬도는 안보 우려를 이유로 중국 전기차 수입에 반대했는데, 다른 정치인들은 일자리 문제를 더 중요한 이유로 꼽았다. 오하이오주 민주당 상원의원 셰러드 브라운Sherrod Brown은 2024년 4월 바이든 대통령에게 보낸 편지에서 이렇게 적었다. "중국 전기차는 미국 자동차산업에 대한 실존적 위협입니다. 미국은 중국 전기차를 즉시 금지해야 합니다. 중국 정부로부터 보조금을 지원받는 차량의 유입은 오하이오주의 자동차산업 일자리와 국가안보 및 경제안보를 위협하기 때문에 이를 막아야 합니다."[56]

한 달 뒤, 바이든은 중국 전기차 수입에 100% 관세를 부과했다. 다만 그 자체로 큰 파급력은 없었다. 2023년 미국이 수입한 중국산 전기차는 1만 2,000대에 불과했기 때문이다. 하지만 유럽은 달랐다. 2023년 유럽으로 들어온 중국 전기차는 50만 대로, 중국 전기차 수출의 3분의 1을 차지했다. 관세는 연쇄적으로 다른 관세를 초래하는 경우가 많다. 2024년 7월 유럽연합은 불공정한 보조금을 이유로 중국 전기차 수입에 17~38%의 관세를 부과했다.[57] 캐나다도 2024년 8월 미국을 따라 100% 관세를 부과했다.[58]

튀르키예는 이미 더 앞서 움직였다. 2023년 레제프 타이이프 에르도안Recep Tayyip Erdoğan 정부는 중국산 전기차에 40% 추가 관세를 매기고, 엄격한 수입 규정을 새로 도입했다. 이 규정에는 판매업체가 튀르키예 전역에 광범위한 수리센터 네트워크를 갖추어야 한다는 조건이 포함되었다. 이는 에르도안이 밀어붙이는 튀르키예산 전기차 브랜드인 토그Togg를 중국과의 경쟁으로부터 보호하기 위한 조치로 해석됐다.[59] 브라질도 2024년 1월 전기차 수입에 10% 관세를 부과했는데, 이는 2026년까지 35%로 인상될 예정이다. 브라질 정부는 이 조치가 수입의존도를 낮추고 국내 생산을 촉진하기 위한 것이라고 설명했다.[60]

브라질, 튀르키예, 미국, 그리고 유럽 일부 지역의 비전은 자동차 제조업과 청정 기술 분야에서 국가적 자급자족을 강화하려는 것으로 보인다. 그렇다면 이 나라들이 전기차·태양광 패널·풍력 터빈을 모두 자체 생산하게 될까? 이것이 21세기 청정 기술 분야에서의 진정한 독립을 의미할까? 하지만 이 논리에는 심각한 문제가 있다.

핵심 광물

2010년 9월 7일, 중국 어선 한 척이 동중국해에서 일본 해경 선박과 충돌했다. 부상자는 없었다. 다른 곳에서 이런 사고가 났다면 별다른 주목을 받지 않았을 것이다. 하지만 사건은 중국에서 댜오위다오釣魚島라고 부르고 일본에서는 센카쿠尖閣 열도라고 부르는 무인도 근처에서 벌어졌다. 양국이 영유권을 주장해온 이 바위섬은 동아시아의 두 이웃 국가 사이에서 늘 갈등의 불씨였다. 일본은 충돌이 고의적이라고 주장하며 어선의 선원들을 구금했고, 중국에서는 민족주의적 분노가 폭발했다. 중국 국영 매체들은 선원들이 일본 측에 의해 앉은 채로 잠을 자야 했고 더러운 물을 마시도록 강요받았다고 보도했으며, 선장의 할머니가 구금 소식을 듣고 충격을 받아 숨졌다고 전했다.[61] 베이징의 일본 대사관 앞에서는 시위대가 몰려 일본 국기를 불태웠고, 톈진의 일본인 학교가 훼손되었다. 일본인 사업가 4명이 중국 군사시설에 무단 침입한 혐의로 체포되기도 했다.[62] 그러나 가장 중요한 파장은 베이징 정부가 일본으로 향하는 '희토류' 수출을 비공식적으로 차단한 것이었다.

희토류는 이름처럼 실제로 희귀하지는 않다. 세륨cerium, 사마륨samarium 같은 이름이 낯선 원소들이 여기에 속한다. 하지만 채굴 과정에서 유독성 물질을 사용해야 하기 때문에 환경 규제가 엄격한 나라들은 이 산업이 해외로 이전되는 것을 오히려 환영해왔다. 2011년 당시, 중국은 희토류를 채굴하고 가공하는 이 '더러운 일'을 사실상 독점적으로 수행하는 나라였다. 그해 중국의 세계 희토류 시장 점유율은 무려 98%에 달한 것으로 추정되었다. 만약 어선 충돌로 빚어진 갈등이 풀린 뒤에도 일본으로의 희토류 공급이 재개되지 않았다면, 희토류가 필수적인 유리 제조업 및 자동차산업 등 일본 산업은 심각한 타격을 입을 수 있었다.[63]

하지만 미국이 더욱 예민하게 반응한 이유는 따로 있었다. 희토류가 탱크의 거리 측정기, 잠수함의 음파탐지 시스템, 스마트 폭탄의 제어 날개 같은 무기 제조에 쓰이기 때문이다. 미국은 2002년 캘리포니아주 마운틴패스Mountain Pass의 유일한 희토류 광산이 유독성 폐기물 유출로 폐쇄된 뒤, 반가공된 희토류를 일본에서 들여왔다. 만약 일본이 중국으로부터 원료 공급을 차단당한다면, 미국도 간접적으로 영향을 받게 되는 셈이다. 이는 미국의 군사 역량을 약화시킬 수 있었고, 잠재적으로는 재앙적인 결과를 초래할 수 있다.

이 사건을 계기로 세계는 '핵심 광물critical minerals'이라는 개념을 새삼 인식하게 됐다. 광물은 2011년 당시에도 중요했지만 지금도 세계경제에 매우 중요하며, 에너지 전환 압력이 커지면서 그 중요성은 훨씬 더 커졌다. 예컨대, 일반 전기차 한 대를 만들기 위해서는 동급의 휘발유 차량보다 무게 기준으로 6배나 많은 광물이 필요하다. 희토류는 물론이고 리튬, 코발트, 흑연, 구리, 니켈, 아연, 망간 등이 쓰인다. 또한 해상 풍력 발전소는 가스 화력 발전소보다 13배 더 많은 광물이 들어가며, 구리·크롬·아연이 대표적이다. 풍력 터빈의 대형 영구 자석은 네오디뮴neodymum과 디스프로슘 dysprosum 같은 희토류로 제작된다. 또 중공업 부문의 탈탄소화를 위해 필수적인 청정 수소 생산용 수전해 설비에는 많은 양의 백 금platinum이 필요하다. IEA는 2050년 탄소중립을 달성하기 위해 청정에너지 기술을 본격 도입할 경우 광물 수요가 폭발적으로 늘어날 것으로 본다. 2023년부터 2050년까지 청정에너지 기술로 인해서 전 세계 연간 구리 수요는 5배, 흑연과 코발트는 6배, 니켈은 10배, 망간과 리튬은 무려 17배까지 증가할 수 있다는 전망이다.[64]

이러한 광물 수요 전망은 기술 변화 속도 및 정부 정책 방향을 예측할 수 없기 때문에 본질적으로 불확실하다. 하지만 수요가 크게 늘 가능성은 매우 높다. 위에서 언급한 모든 광물은 지표면에서 특별히 희귀하지 않지만, 쉽게 접근 가능한 화석연료보다 지리적으로 훨씬 집중되어 분포하는 경향이 있다. 중국은 단연 세계 최대의 흑연 생산국이다. 콩고민주공화국은 세계 코발트 공급량의 4분의 3을 차지하는 최대 생산국이다. 남아프리카공화국은 백금 채굴에서 압도적이고, 인도네시아와 필리핀은 세계 니켈 생산에서 큰 비중을 차지한다. 호주와 칠레는 리튬의 주요 생산국이며, 칠레는 전 세계 구리 생산량의 약 3분의 1을 차지해 '구리의 사우디아라비아'라 불린다.[65] 이 목록을 읽고 에너지 전환에 필요한 중요 광물의 매장지가 어디에 있는지 확인해보면, 세계 대부분의 국가들이 자국 영토 내에서 21세기 핵심 기술을 위한

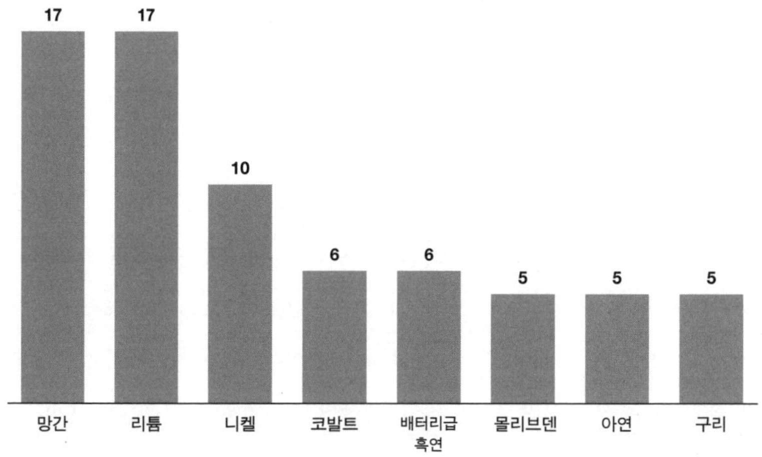

도표: Datawrapper로 작성, 데이터 출처: 국제에너지기구(IEA) 핵심 광물 데이터세트

자급자족을 달성하는 것이 불가능하다는 사실을 알 수 있다.

이는 초강대국이든 약소국이든 마찬가지다. 재료 과학자 시버 왕Seaver Wang은 이렇게 말한다. "미국이나 중국 모두 큰 나라지만, 자급자족은 분명히 환상에 불과합니다."[66] 이러한 핵심 광물의 글로벌 무역이 원활히 돌아가지 않으면 세계는 탈탄소화를 달성하는 데 필요한 핵심 기술을 충분한 규모로 생산할 수 없다. 이런 맥락에서 이른바 '자원 민족주의'는 위험 요인이 된다. 일부 분석가들은 칠레 구리의 공급 부족이 국가 간 갈등의 불씨가 될 수 있다고 경고한다.[67] 문제는 단순히 핵심 광물을 캐내는 데 그치지 않는다. 이들 광물을 산업용 원료로 가공하는 정제 과정은 현재 중국이 완전히 장악하고 있다. 중국은 에너지 전환에 필요한 코발트, 흑연, 리튬, 구리 등 핵심 광물의 40~80%를 정제하고 있다.

설령 이러한 원소, 광물 및 광석이 전 세계 모든 국가에 고르게 (사실은 전혀 그렇지 않지만) 분포되어 있다고 해도 정제가 중국에 집중되어 있는 한, 무역 제한이나 자원 민족주의는 글로벌 산업에 큰 위험이 되고, 세계 탈탄소화 목표에 심각한 걸림돌이 될 수 있다. 2020년 1월, 인도네시아 대통령 조코 위도도Joko Widodo는 자국에서 채굴된 정제되지 않은 니켈 광석의 수출을 금지했다. 정제 기업들이 인도네시아에 가공 공장을 세우도록 유도해 현지 일자리를 만들고 투자 유치와 공급망 부가가치를 더 많이 확보하려는 조치였다. 어느 정도는 효과가 있어 중국 기업들이 인도네시아에 제련소를 세웠다. 하지만 이 금지 조치는 초기에 전 세계적으로 니켈 부족 사태를 초래했다. 앞으로 다른 나라들도 천연자원을 경제 개발의 수단으로 활용하는 동일한 전략을 취한다면 심각한 병목 현상이 생길 수 있다. 실제로 콩고민주공화국은 2024년 초 세계 코발트 가격 폭락에 대응해, 정제되지 않은 코발트 수출 금지를 검토 중이다.[68]

2023년 7월, 우리는 핵심 광물 공급망이 경제적 목적이 아니라 지정학적 무기로 쓰일 수 있다는 또 다른 경고를 받았다. 미국이 전년도에 대만에서 중국으로 향하는 첨단 마이크로칩 수출을 금지하자, 중국 정부는 이에 대응해서 게르마늄과 갈륨 두 금속의 수출 통제 조치를 취했다.[69] 중국은 갈륨(알루미늄 제련 부산물)의 세계 생산량 중 80%, 게르마늄(아연 생산 부산물)의 60%를 생산한다. 갈륨은 빛을 생성하고 감지할 수 있는 특수한 형태의 반도체를 만드는 데 필요하며, 이는 고속 통신을 가능하게 한다. 갈륨을 사용한 이러한 반도체는 자율주행차, 첨단 의료 센서, 6G 통신, 초고속 양자 컴퓨터 등 미래 글로벌 시장에서 핵심적인 역할을 할 것으로 보인다. 게르마늄은 위성용 태양전지에 쓰인다. 또한 두 금속 모두 미사일 시스템과 레이더 같은 군사 분야에서도 사용된다.

중국은 갈륨과 게르마늄의 수출을 전면 중단하지는 않았다. 다만 중국 기업들에게 앞으로 수출하려면 허가를 신청해야 하고, 해외 구매자 정보를 중국 정부에 보고할 것을 요구했다. 이는 미국과 동맹국에 대한 경고의 신호로, 만약 중국에 적대적인 태도를 보일 경우 이런 카드를 쓸 수 있음을 보여준 조치로 해석되었다. 두 달 뒤 중국은 배터리 제조에 필수적인 광물인 흑연의 수출에도 새롭게 통제 조치를 도입했다.[70] 이는 2011년 일본과의 분쟁 때 중국이 희토류 수출을 인질로 삼았던 사례를 떠올리게 하는 우려스러운 조치였다.

그렇다면 이러한 공급망 무기화 전략은 얼마나 효과적일까? 일부 전문가는 오히려 역효과를 낳는다고 지적한다. 수출 제한은 다른 나라의 광산 개발을 자극해 장기적으로 해당 국가의 지배력을 약화시킨다는 것이다. 실제로 2011년 중국 어선 사건 이후 중국의 희토류 공급망 지배력은 크게 줄었다. 이 충격으로 미국과 호주가 희토류 채굴을 늘렸고, 2022년에 이르자 중국의 생산 비중은 98% 에서 63%로 떨어졌다.[71] 갈륨과 게르마늄도 같은 전철을 밟을 수 있다. 지금은 중국이 사실상 유일한 생산국이지만, 역사적으로 희 토류는 아프리카와 라틴아메리카 광산에서 채굴된 광물에서 파 생되었으며, 앞으로 다시 그렇게 될 수 있다. 흑연 또한 현재는 중 국이 주도하지만, 브라질·튀르키예·마다가스카르 등 흑연 광산과 매장량을 보유한 국가에서 추가 공급이 가능할 수 있다.[72]

따라서 중요 광물의 채굴 및 정제에서 글로벌한 지리적 다각화 가 더욱 필요하다는 주장이 있다. 특정 국가에 대한 의존은 의도 적인 자원 무기화 여부와 관계없이 잠재적으로 항상 위험하다. 공급이 한 지역에 집중되어 있으면 사고나 자연재해로 글로벌 산 업 전체가 심각한 혼란에 빠질 수 있다. 기술 혁신은 이런 리스크 를 줄이는 데 도움이 된다. 예컨대, 리튬 같은 희귀 자원에 대한 수요는 배터리 기술이 리튬 이온에서 나트륨 이온으로 전환된다 면 사라질 수도 있다. 나트륨은 바닷물에서 얻을 수 있어서 공급 이 부족하지 않을 것이다. 현재 이 분야 연구가 활발히 진행 중이 다.[73] 연구가 실패하더라도, 초고효율 고체 배터리 기술의 혁신은 니켈이나 코발트 같은 금속 수요를 급격히 줄일 수 있다.

광물 공급의 다각화는 합리적이지만, 자급자족을 목표로 하는 건 또 다른 문제다. 모든 국가가 자체적으로 핵심 광물을 채굴·정제하는 것은 불가능하다. 게다가 빠르고 광범위한 다각화가 현실적으로 가능한지도 의문이다. 새 광산과 제련시설을 세우는 데는 막대한 비용과 오랜 시간이 든다. IEA는 광산의 발견에서 생산까지 평균 16년이 걸린다고 본다. 한 분석가 그룹은 이렇게 경고했다. "광산 개발은 다차원적 과제들로 인해서 수십 년에 걸친 세대적 과업이며 수백억 달러가 필요하다."[74] 그러나 냉정한 사실은, 세계가 에너지 전환 과정에서 시간이나 자원을 낭비할 여유가 없다는 것이다.

좋은 것이 너무 많은 것도 문제일까?

2024년 4월, 중국 남부 대도시 광저우의 한 호텔. 커다란 흰색 소파에서 일어나 연설을 시작한 미국 재무부 장관 재닛 옐런Janet Yellen은 중국 측 주최자들에게 핵심 메시지를 전했다. 자국 경제가 흡수할 수 있는 수준을 넘어 제조업을 확대해서는 안 된다는 것이다. 그녀는 이렇게 설명했다. "과잉 생산능력은 저가 수출로 이어질 수 있습니다. 이는 미국 기업과 근로자뿐 아니라 인도, 멕시코를 포함한 전 세계 기업을 약화시킬 수 있습니다. 또한 공급망이 지나치게 집중되면 글로벌 경제의 회복력에 위험을 초래할 수 있습니다."[75]

서구 국가들이 가장 크게 불만을 제기하는 부분은 바로 중국의 '과잉 생산능력'이다. 특히 청정 기술 분야에서의 과잉 생산과 그로 인한 태양광 패널, 풍력 터빈, 전기차, 배터리 등의 해외 시장 '덤핑'이 문제로 지적된다. 덤핑은 생산비용보다 낮은 가격에 제품을 판매하는 것을 의미하며, 서방이 이러한 핵심 기술 분야에서 자체 제조 기반을 구축하는 능력을 약화시킨다. 수치를 보면 이런 우려는 이해할 만하다.

중국은 정부가 21세기의 '신 3대 품목新三樣(과거 중국의 전통적인 수출 주력 품목이었던 의류, 가구, 가전제품 등 구 3대 품목老三樣과 대비되는 개념 –옮긴이)'이라 부르는 태양광, 전기차, 배터리 분야에서 압도적인 생산능력을 갖추고 있다. 이코노미스트 인텔리전스 유닛에 따르면 2023년 중국의 태양광 패널 제조 능력은 그해 전 세계 예상 수요의 세 배에 달했다.[76] 마찬가지로, 리서치 그룹인 블룸버그 NEF에 따르면 같은 해 중국의 배터리 제조 능력은 전 세계 수요와 거의 맞먹었고, 2025년에는 그 몇 배를 넘어설 것으로 보인다.[77] 골드만 삭스 분석가들은 2024년 중국 전기차 공장의 가동률이 58%에 불과할 것으로 예상했다.[78]

하지만 '과잉 생산능력'이라는 어려운 문제를 논하기 전에, 지난 15년 동안 청정 기술에 대한 중국의 막대한 투자가 지구에 얼마나 큰 이익을 가져왔는지 잠시 생각해볼 필요가 있다.

첫째, 전 세계 이산화탄소 배출량을 크게 줄였다. 2023년 말 기준, 중국은 국내에 약 600기가와트 용량의 태양광발전 설비를 갖췄는데 이는 미국과 유럽을 합친 것보다 많았다.[79] 2023년 한 해 동안 중국이 새로 설치한 태양광 설비 용량만 200기가와트를 넘었는데, 이는 같은 해 전 세계 다른 모든 지역에서 설치한 총량보다 많았다.[80] 실제로 이 수치는 미국이 지금까지 설치한 전체 태양광발전 용량을 뛰어넘는 수준이었다.[81]

중국은 국내에서 풍력 터빈 역시 대규모로 설치했다. 2023년 전국 풍력발전 용량은 440기가와트로, 역시 미국과 유럽의 합계를 거의 따라잡았다.[82] 태양광과 마찬가지로 같은 해 중국의 신규 풍력발전 설치 용량은 세계 나머지 국가들이 설치한 총량보다 두 배 이상 많았다. 기후 싱크탱크 카본 브리프Carbon Brief는 만약 중국이 이 같은 규모로 국내에 재생에너지를 설치하지 않고, 대신 오염도가 가장 심한 화석연료인 석탄을 자국 내 전략 생산에 사용했다면 그해 중국의 탄소 배출량은 실제보다 약 25%가량은 더 높았을 것이라고 추산했다. 또한 2023년 말까지 중국에서 운행 중인 2,200만 대의 전기차 대신에 휘발유 및 디젤 사용 차량을 운행했다면 교통 부문의 배출량 역시 훨씬 늘어났을 것이다. 중국은 2022년 기준 전 세계 온실가스 배출량의 30%를 차지하는 최대 배출국이기 때문에 이는 매우 중요한 의미를 지닌다. 만약 중국이 청정 기술을 이처럼 적극적으로 도입하지 않았다면, 전 세계 탄소 배출량은 12억 톤, 즉 3% 더 많아졌을 것이며, 2050년 탈탄소화 목표 달성 가능성은 훨씬 더 희박해졌을 것이다.[83] 서구에선 받아들이기 불편할 수 있지만, 재생에너지 분야에서 중국은 모범을 보이고 있다.

둘째, 청정에너지에 대한 중국의 대규모 투자 확대는 기술 자체의 발전을 이끌었다. 중국 태양광 패널 제조사들은 규모를 확대하며 생산 비용을 지속적으로 낮췄다. 2010년 이후 상업용 태양광 패널의 평균 가격은 무려 90% 떨어졌고, 이제는 태양광 전기가 화석연료 전력보다 더 싸졌다.[84] 2009~2019년 사이 풍력발전의 전기 가격은 70% 줄었고, 같은 기간에 배터리 가격은 그보다 많은 95%가 하락했다.[85] 그 결과 중국은 이제 화석연료 차량보다 더 저렴한 전기차를 판매할 수 있게 되었다.[86] 이러한 기술들은 생산 비용이 더 저렴할 뿐만 아니라 훨씬 더 발전해 있다. 중국 풍력 터빈과 태양광 패널의 이용률capacity factors, 즉 햇빛과 바람을 전기로 전환하는 효율이 급격히 향상되었다. 중국 정부의 연구개발 투자 덕분에 배터리의 에너지 밀도가 향상되면서 전기차의 1회 충전으로 주행할 수 있는 거리가 대폭 늘었다.

청정 기술 비용의 급감과 효율성 향상은 우연히 발생한 것이 아니다. 이는 중국 정부의 대규모 국가 지원 정책 덕분이었다. 기업들은 기술을 확대 적용하여 규모의 경제를 달성했고, 기술 학습 곡선을 빠르게 따라 올라가며 더 나은 제품을 더 효율적으로 생산할 수 있게 되었다. 이는 가격 하락으로 이어졌고, 새로운 수요를 자극하는 선순환 구조를 만들었다. 태양광 분석가 제니 체이스Jenny Chase는 이렇게 말한다. "중국이 전략적으로 태양광산업을 지원했기 때문에, 태양광은 이제 소규모 산업이 아니게 되었습니다. 이것이 바로 태양광이 매년 신규 설치된 발전 용량의 최대 비중을 차지하게 된 유일한 이유입니다."[87]

다시 말해, 만약 중국이 21세기 초부터 이 분야에 대규모 투자를 하지 않았다면, 화석연료에서 재생에너지로 전환하는 세계적 비용(최종적으로 가계가 부담하게 될 비용)은 훨씬 더 높았을 것이다. 중국 청정에너지 산업 전략이 가져온 긍정적인 글로벌 파급효과는 아무리 강조해도 지나치지 않다. 특히 개발도상국에서 그렇다. 이들 국가는 화석연료 대신 청정에너지와 친환경 교통수단을 얼마나 빨리 채택할지 여부를 기술의 상대적 비용에 따라 결정하는 경우가 많다. 이런 맥락에서 이 기술에 대한 중국의 투자는 이 세기의 가장 큰 글로벌 공공재 중 하나라 할 수 있다.

중국과 서방 국가들의 재생에너지 도입 실적을 비교해보라. 2023년, 영국 정부의 해상 풍력 보조금 입찰은 업계의 경고에도 불구하고 수익성 대비 지나치게 낮은 가격을 제시해 참여 기업이 단 한 곳도 없었다.[88] 프랑스, 스페인, 그리스, 폴란드도 유사한 입찰에서 실망스러운 결과를 냈다. 2023년 미국과 유럽에서는 비용 상승과 허가 지연으로 인해 풍력발전 프로젝트들이 잇따라 취소됐다. 영미계 에너지 대기업 BP의 재생에너지 담당 임원은 미국의 해상 풍력발전을 "근본적으로 파탄난 상태"라고 표현했다.[89] 인플레이션감축법IRA이나 유럽의 리파워EU 같은 재정적 인센티브에도 불구하고 이런 일들이 벌어졌다. 태양광 분야에서도 서방 국가들은 비슷한 부진을 보였다. 독일은 2030년까지 재생에너지 발전 목표를 달성하려면 매년 20기가와트의 태양광발전 용량을 새로 설치해야 한다. 그러나 2023년 러시아 가스 위기라는 최근의

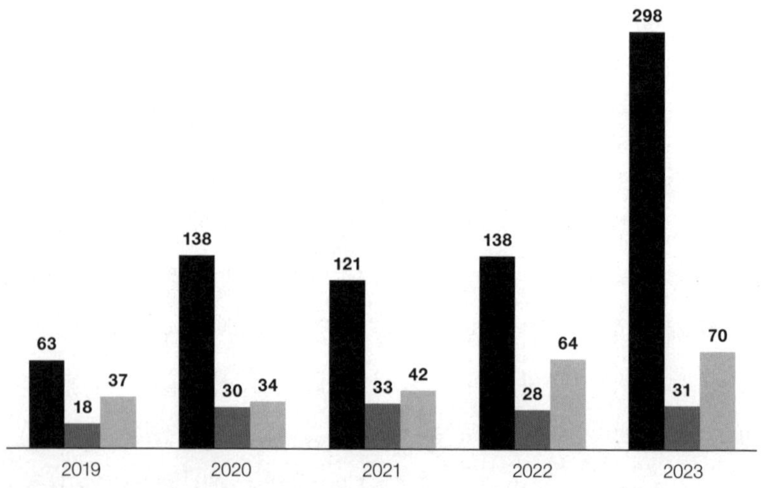

도표: Datawrapper로 작성, 데이터 출처: 국제재생에너지기구(IREA)

충격에도 불구하고 실제 추가 설치량은 14기가와트에 그쳤다.[90] 유럽 전체가 2023년 신규로 추가한 재생에너지 발전 용량은 70기가와트, 미국은 31기가와트였다. 같은 해 중국은 무려 298기가와트를 추가했다.

전기차 분야에서도 서구 자동차 제조업체들은 전략적 측면에서 표류하였다. 중국 업체들이 10년 이상 대중 소비용 전기차 개발에 집중해온 반면, 서구 업체들은 전기차 전환에 소극적이었으며, 마침내 움직이기 시작했을 때는 마진율이 높은 고급 차량에 집중했다. 점점 더 많은 자동차 전문가들이 이제 중국산 전기차가 품질 면에서 서구산 전기차를 앞서고 있다고 말한다.[91] 중국산 전기차에 대한 관세 부과는 중국의 간첩 활동이나 파괴 행위에 대한 우려 때문이 아니라, 강력한 경쟁에 대한 두려움에서 비롯된 것은 아닐까? 에너지 분석가 마이클 리브라이히Michael Liebreich는 이러한 서방 정책을 다음과 같이 회의적으로 요약하여 표현하였다. "이길 수 없다면 금지하라!"[92]

한 나라의 산업 전략은 다른 나라에게는 불공정 무역 관행으로 보일 수 있다. 2024년 5월, 바이든 대통령이 중국산 전기차, 태양전지, 배터리에 새로운 관세를 부과하면서 백악관은 "미국 노동자와 기업은 공정한 경쟁만 보장된다면 누구와도 경쟁할 수 있다"고 선언했다. 그러나 이제 서구 국가들 역시 태양광, 풍력, 배터리, 전기차의 국내 생산을 촉진하기 위해 산업정책을 추진하려 하고 있다. 하지만 분명한 것은, 중국이 산업 전략을 먼저 펼쳤고 청정 기술 분야에서 유리한 위치를 차지했다는 점이다.

중국의 과잉 생산능력 수치를 다시 살펴보자. 기업과 정부가 발표한 투자 계획을 토대로 IEA가 분석한 바에 따르면, 2030년까지 태양광과 배터리 생산의 글로벌 제조 능력은 세계가 탄소중립 목표를 달성하기 위해 필요한 수준을 훨씬 초과할 것으로 예상된다.[93] 그러나 그 배경을 기억해야 한다. 앞서 언급했듯, 세계 각국 정부는 2023년 12월 두바이에서 열린 유엔 COP28 회의에서 2030년까지 글로벌 재생에너지 발전 용량을 세 배로 늘리기로 약속했다. 그리고 IEA는 세계가 현재 이 목표에 도달하지 못할 것으로 전망하며, 2020년대 말까지 재생에너지 발전 능력은 2.7배 증가에 그칠 것으로 예상하고 있다.[94]

태양광과는 달리, 글로벌 풍력 터빈 생산은 2030년까지 필요한 수준에 도달하지 못할 것으로 예상된다.[95] 글로벌풍력에너지협회 GWEC는 유럽과 미국의 육상 풍력 터빈 제조 능력 부족 때문에 2026년부터 병목 현상이 발생할 위험이 있다고 경고했다. 이 협회는 2030년까지 전 세계 풍력 터빈이 2,000기가와트의 전력을 생산할 것이라고 예측했지만, 이는 탄소중립 목표를 달성하기 위해 필요한 양의 3분의 2에 불과하다.[96]

대부분의 전문가들은 수익성이 낮은 중국 전기차 제조업체가 너무 많아 언젠가는 주요 기업 통폐합이 불가피하다는 데 동의한다. 하지만 전기차의 글로벌 보급은 더욱 가속화되어야 한다. 바이든 행정부는 2030년까지 신차 판매의 절반을 전기차로 전환하는 목표를 세웠다. 영국과 유럽연합은 각각 2030년, 2035년까지 화석연료 차량의 판매를 완전히 중단할 계획이다. IEA는 2025년 글로벌 전기차 수요가 약 2,100만 대에 달할 것으로 전망한다. 그러나 2050년 탄소중립 목표를 달성하려면 글로벌 판매량은 3,000만 대에 가까워야 하고, 이후에도 매년 도로 위 전기차 수가 약 30%씩 늘어나야 한다.

이러한 맥락에서 보면, 중국의 전기차 과잉 공급은 너무 적게 만들어지는 상황보다는 차라리 바람직한 골칫거리다. 풍력과 태양광 분야에서도 마찬가지다. 2050년 탄소중립 목표 달성을 위한 수요가 필요한 수준에 미치지 못하는 상황에서 중국의 청정 기술 과잉 생산능력은 저주가 아니라 오히려 축복일 수 있다. 만약 수요가 증가한다면(그리고 우리는 그렇게 되기를 바라야 한다) 추가 공급 능력이 필요할 것이고, 중국은 그 격차를 메우는 데 기여할 수 있다.

하지만 서방에서 중국의 청정 기술 공급을 막으려는 조치가 강화될 조짐이 보인다. 만약 서방의 보호무역주의가 청정 기술의 글로벌 산업 생산능력을 강화하고 이 분야에서 생산성을 높이는 혁신을 촉진한다면, 결과적으로는 긍정적일 수 있다. 녹색 기술은 과소 달성하는 것보다 과잉 달성하는 편이 낫다. 그러나 공급망이 국가별 또는 지정학적 블록으로 분열된다면 비용이 커질 것이다. 태양광산업에 관한 한 연구에 따르면, 각국이 국내 수요 증가분을 국내 제조업체로만 충족하도록 요구할 경우 2030년까지 태양광 패널 가격은, 세계화된 생산과 공급이 계속될 경우보다 최대 25% 더 높아질 수 있다고 한다.[97] 이는 이미 녹색 전환 비용에 대한 대중의 반발이 나타나고 있는 상황에서 서구의 가계가 감당해야 할 부담이다.

태양광산업에서 보호무역주의의 부정적 효과는 이미 드러난 바 있다. 2013~2018년 유럽연합이 중국산 태양광 패널에 관세를 부과했지만, 국내 제조업은 되살아나지 않았고 오히려 신규 설치율이 급격히 떨어졌다. 신규 설치율은 관세가 폐지된 후에야 다시 늘어났다. 2018년 트럼프 행정부도 중국산 태양광 패널 수입 관세를 크게 인상했다. 그 결과 미국에서는 유럽보다 설치율이 낮은 상태가 지속되고 있다.

개발도상국에서 보호무역이 국내 재생에너지 생산을 촉진한다는 주장 역시 의문스럽다. 인도의 모디 정부는 2022년 중국산 태양광 패널 수입에 40% 관세를 부과하며 이러한 조치가 국내 제조업을 활성화시킬 것이라고 주장했다.[98] 그러나 2023년 인도의 태양광 신규 설치 용량은 2022년 13기가와트에서 9기가와트로 오히려 30% 가까이 줄었다.[99] 이는 수입 비용이 급등하고 국내 생산이 격차를 메우지 못했기 때문이었다. 보호무역 강화는 인도뿐 아니라 전 세계적으로 청정에너지 확산을 지연시킬 위험이 있다.

일부 서방 정치인들은 이런 위험을 인식하고 있다. 유럽연합의 금융 안정 담당 집행위원 메어리드 맥기네스Mairead McGuinness는 2024년 2월 유럽의회에서, 유럽이 태양광 패널 수입에 '매우 크게' 의존하고 있기 때문에 수입 제한 조치는 "에너지 전환 목표와 균형을 맞추어야 한다"고 지적했다. 그러나 이런 신중한 목소리는 일자리 창출과 모호한 에너지 안보, 그리고 국가 자급자족에 대한 열망에 묻힐 위험이 크다.

디지털로 '연결된' 중국산 전기차의 카메라와 데이터 수집 기능에 대한 국가안보 우려는 어떨까? 솔직히 이는 과장된 면이 크며, 실제 피해나 리스크의 증거보다는 가정에 기반한다. 만약 중국이 기술 수출을 대규모 첩보 활동에 활용하려 한다면, 서방에 수억 대가 퍼져 있는 중국제 스마트폰이 더 가능성 있는 후보일 것이다. 서방 국가의 도로에서 운행 중인 중국산 전기차를 중국 정부가 원격으로 차단해 자동차 사이버 공격을 벌일 것이라는 우려는, 중국이 이 시장에서 이윤을 내고자 노력하는 현실과 맞지 않는다. 그런 사보타주 행위가 발생하거나 그 가능성만으로도 서방 시장에서의 판매는 단번에 영원히 끝나버릴 것이다. 하지만 수입된 중국 커넥트 전기차에 대해서 진정으로 국가안보가 걱정된다면, 데이터 해외 전송을 제한하거나, 데이터의 현지 저장을 의무화하거나, 차량에 쓰인 반도체 칩의 출처를 감시하는 등 여러 가지 안전장치를 마련할 수 있다.

중국산 태양광 패널의 수입을 제한해야 한다는 주장의 또 다른 근거는 인권 문제다. 세계 태양광 패널의 핵심 원료인 폴리실리콘의 3분의 1에서 절반 가량이 중국 신장Xinjiang 지역에서 생산되는데, 그곳에서 무슬림 위구르족의 강제노동이 동원됐다는 신빙성 있는 증거가 있다. 미국은 2021년 위구르 강제노동방지법을 통해 중국으로부터의 직접적인 태양광 제품의 수입을 제한했다. 이는 분명 윤리적 딜레마다. 그러나 신장의 인권 문제는 지구 온난화 대응을 늦추는 데 따르는 인류적 비용과 비교해 신중하게 따져봐야 한다.

또 다른 중요한 맥락도 있다. 2023년 중국이 서구 기업을 위해 조립한 노트북, 스마트폰 등 전자제품 수출 금액은 전기차·태양광 패널·배터리·풍력 터빈을 모두 합친 것보다 훨씬 많았다.[100] 그런데 이런 전자기기에 대해서는 중국의 과잉 생산에 대한 불만이 결코 제기되지 않았다. 차이는 명확하다. 중국에서 조립된 전자제품의 판매로 생기는 이익의 대부분은 서구 기업으로 흘러가는 반면, 청정 기술 제조에서는 부가가치의 대부분을 중국이 차지한다. 결국 중국 청정 기술 수출에 대한 서방의 반감은 윤리적 우려보다 경쟁과 일자리 문제에서 비롯된 것임을 부인하기 어렵다.

가까운 곳에 재건하기

1986년 7월 8일, 잉글랜드 북동부의 새 공장에서 흰색 자동차 한 대가 생산라인에서 굴러나왔다. 번호판에는 'JOB 1'이라고 적혀 있었다. 이 블루버드 2.0 GTX는 일본 자동차 제조업체 닛산의 선더랜드Sunderland 공장에서 조립된 첫 번째 완성차였다. 당시 영국 총리였던 마거릿 대처는 이를 위해 거의 10년 동안 노력해왔다. 그녀는 일본 기업의 투자를 유치하기 위해 직접 편지를 쓰고, 도쿄를 방문해 정치인들을 설득했으며, 심지어 투자 유치를 위해 비밀 자금 지원 협정까지 체결했다.[101]

일본 자동차산업의 급성장과 서구 자동차 제조업체에 미치는 충격에 대한 불안이 커지던 시기에, 대처 총리는 일본을 배제하는 것보다 끌어들이는 것이 낫다고 판단했다. 그 결정은 영국 자동차 제조업의 부활을 이끌었다. 이후 몇 년에 걸쳐 도요타와 혼다를 포함한 다른 일본 대기업들도 영국에 공장을 세웠다. 닛산의 선더랜드 공장은 현재 영국 최대의 자동차 공장으로, 6,000명을 고용하고 있다. 이 공장은 2023년 영국에서 가장 많이 팔린 전기차 중 하나인 리프Leaf를 생산했다.[102] 미국도 결국 1980년대에 자국 자동차 회사들의 반발에도 불구하고 비슷한 조치를 취했다. 혼다, 닛산, 도요타가 미국 내 공장을 세워 현지 시장에 공급했으며, 이 과정에서 수만 개의 일자리가 생겨났다.[103]

이 사례는 전기차 시대에도 보호무역에 대한 대안이 존재한다는 것을 보여준다. 중국산 전기차를 차별하기보다는, 서구 국가들이 중국 기업으로 하여금 현지에 공장을 세워 차량을 생산하도록 유도하면 공급망을 단축하고 자국 내 일자리를 유지할 수 있다. 이는 현지 제조업을 활성화하고 국가안보에 대한 우려도 해소할 수 있는 접근 방식이다. 중국 전기차가 서구에서 조립된다면 차량에 사용되는 기술을 모니터링하기도 더 쉬워질 것이다. 많은 자동차산업 분석가들은 디커플링보다는 수용이 훨씬 합리적이라고 본다.

실제로 일부 유럽 정부들은 해외 자동차 제조사의 제품 수입을 제한하기보다는 현지 공장 설립을 장려하는 것이 더 낫다는 대처 총리의 견해를 따르고 있다. 2024년 5월 시진핑이 프랑스를 국빈 방문했을 때, 프랑스 재무부 장관 브뤼노 르메르는 "프랑스는 모든 산업 프로젝트를 환영합니다. … 우리는 BYD와 중국 자동차산업을 환영합니다"라고 말했다. 중국 전기차와 배터리 기업들은 이미 헝가리, 독일, 슬로바키아, 스페인에 투자를 진행하고 있다.[104] 브라질과 튀르키예도 중국 기업들이 현지에서 전기차를 생산해 새로운 관세를 피하는 것을 반기고 있다.[105]

물론 중국과 워싱턴 사이의 정치적 분위기를 고려하면 이런 접근법이 미국에서 통할 것이라고 기대하기는 어렵다. 하지만 미국 자동차 제조업체인 포드가 2023년에 중국 배터리 제조업체 CATL과 미국 내 합작 투자 가능성을 검토했다는 점은 주목할 만하다.[106] 또 2024년 초 중국 BYD는 바이든이 부과한 관세를 피하기 위해 미국에 판매할 목적으로 멕시코에 공장을 열 가능성을 모색하고 있다는 보도가 있었다.[107]

그러나 도널드 트럼프가 재선된다면 이 계획은 무산될 가능성이 크다. 그는 2024년 10월 공화당 후보로 출마하면서 무제한 관세를 부과해 이를 막겠다고 명시적으로 약속했기 때문이다. "200% 또는 500% 관세를 부과할 것입니다. 숫자는 상관없습니다. 그들이 단 한 대도 팔 수 없게 만들 것입니다."[108] 다만 같은 해 3월 오하이오주 데이턴Dayton 유세에서는 중국 자동차 제조업체가 미국 내에 직접 공장을 설립하는 것에 대해 유연성을 보일 수 있다고 시사했다. "그들이 미시간, 오하이오, 사우스캐롤라이나에 공장을 세워 미국 노동자를 고용한다면 허용할 수 있다. 하지만 중국 노동자를 데려와선 안 된다"라고 그는 즉석에서 말했다.[109] 이것이 새로 당선된 대통령의 확고한 정책 입장이 될지 여부는 이 글을 쓰는 시점에서는 진흙탕물인 오하이오강만큼이나 불분명하다.

서구가 전기차 분야에서 협력 대신 무역 전쟁을 택한 이유 중 하나는 중국이 수년간 서방 제조사들을 차별해왔다는 점이다. 중국 브랜드에 제공된 국내 보조금이 중국 시장에 진출하려는 미국과 유럽 제조사들에게는 제공되지 않았다는 점은 분명하다. 따라서 중국의 국내 자동차산업에 대한 정책이 서방보다 훨씬 보호무역적이었다는 주장은 타당하다. 그러나 2023년 중국 전기차 수출의 상당 부분이 일론 머스크의 상하이 공장에서 생산된 테슬라 차량이었다는 점도 잊지 말아야 한다.[110] 이 차량들은 중국에서 조립되었지만 브랜드는 미국 것이다. 그렇다면 상하이에서 수입되어 런던이나 베를린에서 운행 중인 테슬라는 중국 전기차인가, 미국 전기차인가? 또 중국 기업이 인수한 스웨덴 자동차 브랜드인 볼보의 전기차가 사우스캐롤라이나에서 제조된 경우 그것은 스웨덴차, 미국차, 중국차 중 어디에 해당될까? 공급망이 세계화된 상황에서 제품의 '국적'이라는 개념은 경제적 민족주의 담론이 암시하는 것처럼 명확하게 구분되는 경우가 드물다. 의존은 양방향이다. 2023년 미국은 중국 리튬 이온 배터리의 최대 수입국으로, 이 제품의 중국 전체 수출량 중 5분의 1을 차지했다.[112] 이 배터리의 상당수는 미국에서 조립된 전기차에 들어갔다. 배터리는 일반적으로 전기차 가격의 4분의 1에서 3분의 1을 차지한다. 그렇다면 이 전기차는 미국차인가, 중국차인가?

풍력발전 분야에서도 합작 기업 형태의 오프쇼어링Offshoring 접근 방식이 유익할 수 있다. 중국이 설계한 터빈을 생산하기 위한 지역 제조 허브를 라틴아메리카, 유럽, 아시아에 구축하면 필요한 부품에 대한 안정적인 공급을 보장하고 특정 국가에 대한 과도한 의존 우려를 줄일 수 있다. 또한 태양광 패널·풍력 터빈 제조의 직접적인 고용 창출에 집착하기보다는, 서구는 중국산 태양광 패널을 설치하고 이를 지역의 스마트 에너지 시스템에 통합하는 새로운 '녹색 일자리' 창출에 집중할 수 있다. 예컨대 독일 동부에서 태양광 패널 제조를 해온 솔라와트Solarwatt는 2024년 생산 중단을 선언했지만, 대신 태양광 패널에서 생성된 전력을 차량 충전과 난방용 히트펌프에 연결하는 시스템을 만드는 데 집중하고, 기존 인력을 가능한 한 많이 이 부문으로 재배치하겠다고 밝혔다.[113] 이런 녹색 일자리 전환은 서구 정부의 산업 전략에서 핵심이 될 수 있다.

2022년의 에너지 위기는 국가별 에너지 자립을 향한 전 세계적 경쟁을 촉발했다. 이는 지구 탈탄소화라는 필요성과 맞아떨어지며, 산업 보호와 지구 보호가 완벽히 조화를 이루는 듯 보였다. 그러나 실제로는 정반대의 결과를 초래할 가능성이 더 크다. 고립 경제학은 에너지 안보에 거의 도움이 되지 않을 뿐 아니라 글로벌 에너지 전환과 청정 기술 확산을 늦추거나 좌초시킬 위험을 안고 있다.

우리는 식량에 관한 고립 경제학의 단점을 이미 확인했으며, 이제 청정에너지에서도 같은 함정을 보고 있다. 그렇다면 지구상에서 최첨단인 기술에 대해서는 다른 방식으로 생각해야 할까? 거의 모든 현대 기술에서 마이크로 전자 두뇌 역할을 하는 실리콘 칩에 대해서는 국가적 회복력을 어떻게 고려해야 할까?

5장
실리콘

Si

애견 전용 목욕실을 떠올려보라. 흙투성이가 된 강아지를 데리고 작은 공간에 들어가 돈을 넣으면, 일정 시간 동안 온수가 나오고 샴푸와 건조기를 사용할 수 있다. 일리노이주 시골에 있는 가족 경영회사 CCSI 인터내셔널은 이런 맞춤형 '애견 목욕장비'를 제작해 미국 전역의 공원, 해변, 반려동물 상점에 납품하고 있다. 그런데 2021년, CCSI의 대표는 전자회로기판에 들어가는 실리콘 칩을 갑자기 구할 수 없게 되었다는 통보를 받았다. 아무리 돈을 많이 줘도 구할 수 없었다.[1]

이 애견 목욕장비는 '치파겟돈chipageddon'(반도체를 가리키는 chip과 세상의 종말을 의미하는 armageddon의 합성 신조어로 '반도체 대란'을 뜻한다—옮긴이)의 예상치 못한 피해자 중 하나였다.[2] '치파겟돈'이란 반도체 칩의 부족으로 인해 발생한 전 세계적인 대혼란을 뜻한다. 가장 눈에 띄는 피해자는 자동차산업이었다. 2021년, 이 반도체 부품(마이크로 전자부품)의 부족으로 전 세계 수십 개의 자동차 공장이 멈춰 섰고 노동자들은 집으로 되돌아가야 했다. 오늘날 자동차 한 대에는 적응형 제동장치부터 실내 온도 조절까지 다양한 기능을 담당하는 칩들이 평균 300~1,000개 정도가 장착되어 있다.[3] 칩 부족으로 인해 전 세계 자동차 업체들은 2021년에만 약 800만 대의 차량 판매를 놓쳤고, 2,000억 달러 규모의 매출 손실을 입은 것으로 추정된다.[4]

소비자 전자제품 산업도 눈에 띄게 큰 타격을 받았다. 미국에서는 인터넷 가입자들이 새 브로드밴드 라우터를 받기까지 1년 이상 기다려야 했다.[5] 한국 전자제품 대기업 삼성은 차기 갤럭시 스마트폰 출시를 연기해야 한다고 밝혔다.[6] 마이크로소프트의 최신 게임 콘솔 엑스박스 시리즈 X는 영국에서 순식간에 매진돼, 일부 게이머들은 이베이에서 정가의 10배를 받고 되팔았다.[7] 월가의 투자은행 골드만삭스는 반도체 칩의 부족으로 타격을 받은 산업 부문이 169개에 이른다고 집계했다.[8] 이듬해, 반도체 생산은 다시 수요와 균형을 맞췄지만, 이 부족 사태는 불편한 진실을 드러냈다.

애견 목욕장비 사례에서 보듯, 칩은 이제 어디에나 있다. 자동차, 항공기, 컴퓨터, 스마트폰, TV, 비디오 게임 콘솔뿐만 아니라 의료 기기, 와이파이에 연결된 스마트 가전제품(초인종, 전자레인지, 냉장고 등)에도 기본적으로 내장되어 있다. 디지털 혁명은 글로벌 칩 산업을 만들어냈고, 이 산업이 2023년에는 5,000억 달러 규모의 매출을 올리게 되었다. 이 시장은 클라우드 컴퓨팅 데이터센터, 5G 통신, '사물인터넷IoT', 인공지능AI 애플리케이션의 급

성장에 힘입어 2030년까지 1조 달러에 이를 것으로 전망된다.[9] 그러나 이런 수치조차도 칩이 갖는 경제적 중요성을 온전히 다 보여주지는 못한다. 칩이 없다면 100조 달러 규모의 현대적 글로벌 경제는 그리 오래 버티지 못할 것이다.

대규모 칩 부족은 모두에게 재정적 골칫거리를 안겼지만, 미군에게는 그 이상으로 치명적인 문제였다. 그들에게 이 문제는 단순한 경제적 어려움이 아니라 전략적 경각심을 일깨운 사건이었다.

용의 턱

베트남전쟁 당시, 미군은 반도체 기업 TI(텍사스 인스트루먼트)에 단순한 과제를 맡겼다. 북베트남 영토에 있는 다리를 파괴할 새로운 항공 투하 폭탄을 개발하라는 것이었다. 그 다리는 '용의 턱Dragon's Jaw'이라고 불릴 만큼 전략적으로 중요한 다리였다. 미군은 이 다리에 이미 일반 폭탄 638발을 투하했지만 폭파에 실패했다. TI는 레이저 유도 폭탄 '페이브웨이Paveway'를 개발했다. 이 폭탄은 원시적 마이크로칩을 이용해 폭탄의 비행경로를 유도했고, 1972년 5월 13일 26발의 레이저 유도 폭탄으로 드디어 이 다리를 파괴했다.[10] '용의 턱'이 파괴된 순간, 미군은 실리콘 칩의 중요성과 더불어 마이크로전자공학의 최첨단 기술이 지닌 전략적 중요성을 깨달았다.[11]

칩은 현대의 모든 무기 시스템에 사용된다. 칩은 여전히 미사일 유도 시스템의 핵심이다. 미국이 우크라이나 군에 제공한 휴대용 미사일 재블린Javelin(우크라이나 방위군에서는 우수한 보호 성능 때문에 '성 재블린St Javelin'으로 알려져 있다)에는 약 200개의 칩이 들어간다.[12] 군용 레이더와 통신망도 칩이 있어야 작동한다. 칩은 차세대 주요 군사 전략의 싸움터로 여겨지는 잠재적인 인공지능 군사 애플리케이션과 자율 무인 전투 드론의 두뇌 역할을 할 것이다. 미국 의회가 설립한 초당적 국가안보위원회는 2021년에 발표한 보고서에서 "만약 잠재적인 적국이 장기적으로 반도체 분야에서 미국을 능가하거나, 미국이 최첨단 칩을 공급받지 못하도록 미국의 접근을 완전히 차단한다면 모든 전쟁 영역에서 미국의 우위를 빼앗길 수 있다"고 경고했다. 이 위원회에는 구글의 전 CEO와 아마존의 클라우드 사업부 책임자도 위원으로 참여하고 있다.[13]

항만과 상하수도, 발전소와 병원 같은 사회 인프라가 빠르게 디지털화되면서, 이러한 민간 시설을 운영하기 위해 필요한 칩을 안정적으로 공급하는 일은 국가안보의 문제로 떠올랐다. 2021년의 칩 부족 사건은 미군에게 이 중요한 부품의 공급이 잠재적으로 불안정해질 수도 있다는 사실을 깨닫게 했다. 그리고 공급망을 자세히 들여다보면 볼수록 불안정성에 대한 우려는 더욱 커졌다.

무기용 최첨단 칩은 거의 전적으로 대만에서 생산된다. 대만은 중국 해안에서 130km 떨어진 섬으로, 1949년부터 중국이 자국의 영토라고 주장해온 곳이다. 미군은 만약 대만이 중국에게 침공당할 경우, 미국은 자국 방어에 필요한 기술을 순식간에 차단당할 수 있다는 사실을 깨달았다. 이런 위기의식 속에서 2022년 8월, 미의회는 530억 달러 규모의 보조금과 세제 혜택을 담은 '반도체 생산을 촉진하기 위한 인센티브 창출에 관한 법' 즉 '칩스법CHIPS Act'을 통과시켰다. 이 법안의 목표는 첨단 반도체 제조를 다시 미국 본토로 이전하도록 유도하는 것이었다.[14]

많은 이들은 이를 '귀환'이라 부르며 칭찬했다. 트랜지스터는 원래 1950년대 미국의 전화 독점기업인 AT&T 산하 연구개발 부서인 벨 연구소에서 발명되었고, 이 트랜지스터를 마이크로칩으로 전환한 초기 집적회로 산업이 미군과 NASA로부터 수익성 있는 대규모 주문을 받은 덕에 성장했다. 여기에는 페이브웨이 레이저 유도 폭탄에 대한 계약도 포함되어 있다. 1965년에는 전체 집적회로 생산량의 4분의 3을 미군이 사들였다.《칩 워, 누가 반도체 전쟁의 최후 승자가 될 것인가》의 저자 크리스 밀러는 "펜타곤(국방부)이 실리콘밸리를 만들었다"고까지 말했다.[15] 이는 오늘날 미국 국방부의 매파들이 우려하는 중국의 '군사-민간 융합'의 전형적인 선례라고 할 수 있다.

지금도 소프트웨어에 기반한 칩 설계 작업의 대부분은 여전히 미국에서 이뤄지며, 반도체산업의 이익은 대부분 인텔, 브로드컴, TI, 퀄컴, AMD, 엔비디아 같은 기업들이 차지하고 있다. 영국에 본사가 있지만 미국 증시에 상장된 기업인 ARM은 세계 스마트폰 프로세서의 대부분을 지원하는 칩 설계용 소프트웨어를 제공한다. 그러나 비용 절감과 이윤 확대를 위해 실제 칩 제조는 아시아로, 특히 대만으로 아웃소싱되었다. 1990년에 미국은 세계 컴퓨터 칩의 약 40%를 생산했으나, 2019년에는 그 비율이 10%로 떨어졌다.[16]

'칩스법'의 목표는 2030년까지 (군용 및 인공지능용 하이테크에 사용되는) 첨단 로직 칩의 5분의 1을 미국에서 생산하도록 보장하는 것이었다. 조 바이든 전 대통령은 "해외 생산 칩에 의존하면 팬데믹이나 글로벌 혼란으로 공급에 지장을 받을 수 있지만, 이제는 미국에서 곧바로 공급받을 수 있게 될 것입니다. 이는 게임체인저가 될 것입니다"라고 선언했다.[17]

자국의 안보를 확보하려는 워싱턴의 노력은 여기서 멈추지 않았다. 2010년대 초까지 미국은 자국이 경쟁국에 대한 우위를 유지하는 한 중국의 기술 발전에 대해 너무 우려할 필요가 없다는 입장을 취했다. 그러나 그 후 10년간 워싱턴의 분위기는 완전히 달라졌다. 기술적 우위만으로는 부족하며, 중국의 기술 발전 자체를 반드시 억제해야 한다는 인식이 정치권 전반으로 퍼졌다. 특히 군사적 용도로 활용될 가능성이 있는 반도체 분야에서 이 원칙은 더욱 엄격하게 적용되었다. 바이든 정부의 국가안보보좌관 제이크 설리번은 2022년 9월, "첨단 로직 칩과 메모리 칩 같은 특정 기술의 근본적인 성격을 고려할 때, 우리는 가능한 한 큰 격차의 우위를 유지해야 합니다"라고 말했다.[18]

트럼프 행정부가 남긴 과제를 이어받은 바이든 행정부의 목표는 이러한 칩이 중국으로 유출되어 중국의 미사일 및 군사 인공

지능 프로그램에 사용되는 것을 막는 것이었다. 대부분의 첨단 칩이 미국 기업의 설계와 기술에 기반해 제작되었기에, 2022년 10월 미국 상무부는 첨단 칩이 대만에서 중국으로 수출되는 것을 사실상 금지할 수 있었다.[19] 정확히 1년 뒤 압박의 강도가 한층 더 강화되었다.[20] 그러나 이러한 조치의 목적이 중국이 최첨단 칩을 입수하지 못하도록 하는 것이라면, 미국 정부는 여기서 더 나아가야 한다는 사실을 깨달았다. 중국을 겨냥한 '칩 목조르기' 전략의 새로운 압박 지점을 찾아야 했던 것이다.

나노기술

첨단 로직 칩의 대부분은 대만반도체제조회사 TSMC(Taiwan Semiconductor Manufacturing Company)에서 생산된다. TSMC는 네덜란드 기업 ASML(Advanced Semiconductor Materials Lithography)의 장비를 이용하여 칩을 제조한다. ASML은 필립스의 전구 제조 부문에서 분사된 기업으로, 극자외선EUV을 이용해 실리콘 웨이퍼에 트랜지스터 패턴을 새겨 넣는 장비를 생산한다. 이 과정을 '포토리소그래피Photolithography'라고 부르는데, 이는 빛을 이용하여 복잡한 회로 패턴을 인쇄하는 기술로서 그 정확도와 정밀도는 놀라울 정도이다. 최첨단의 칩에는 길이가 10nm(나노미터) 미만인 트랜지스터들이 정밀하게 새겨져 있다. 1나노미터는 1m의 10억 분의 1에 해당하는 크기다. 이를 쉽게 비유하자면, 인간의 머리카락 지름은 약 9만 나노미터, 혈관 속 적혈구의 너비는 7,000나노미터 정도다. 오늘날의 트랜지스터는 바이러스보다 작다. 이처럼 거의 원자 수준에서 정밀하게 작동하는 장비들은 극도로 정교하고 복잡해 ASML에는 사실상 경쟁자가 존재하지 않는다. 전 세계 어디에도 ASML이 하는 일을 그대로 재현할 전문성과 기술력을 갖춘 기업은 없다.

바이든 행정부는 TSMC가 중국에 칩을 판매하지 못하게 막는 것만으로는 아무런 실효가 없다는 사실을 인식했다. ASML의 반도체 제조 장비가 중국으로 공급되는 것을 차단하지 않는다면, 결국 중국이 자체적으로 첨단 반도체 공장을 구축할 수 있는 길을 열어주게 되기 때문이다. 그래서 미국 정부는 네덜란드 정부를 압박했다. NATO를 통해 유럽 방위를 실질적으로 보장해주는 나라로서의 지정학적 영향력을 지렛대로 활용한 것이다. 네덜란드 정부와 ASML은 한때 반발했지만, 결국 2023년 6월, 미국의 요구를 수용해 중국에 대한 수출을 제한했다.[21] 같은 해에 일본 역시 반도체 제조에 필수적인 장비를 공급하고 있는 자국 기업들에 대해 새로운 수출 규제를 도입하며 미국 정책에 동조했다.[22]

그러나 제재의 톱니는 아직도 여러 차례 더 조여질 조짐을 보이고 있다. 2023년 4월, 제이크 설리번 미국 국가안보보좌관은 중국을 겨냥한 무역 제한이 무차별적으로 이뤄지는 것은 아니며, 이른바 '작은 마당에 친 높은 울타리small yard, high fence' 전략을 취할 것이라고 밝혔다.[23] 즉 제한의 강도는 매우 높되(높은 울타리),

적용 대상은 비교적 소수의 핵심 품목에 한정하겠다는 취지였다.

하지만 현실은 달랐다. 실제로 그 '마당'은 점점 넓어지고 있다. 2024년에 미국은 ASML의 리소그래피 장비에 들어가는 초정밀 레이저와 거의 완벽하게 매끄러운 거울을 만드는 독일 기업 트룸프Trumpf와 차이스Zeiss에 대해 중국과의 직접 거래를 중단하라고 압박을 가하기 시작했다.[24] 더 나아가, ASML이 이미 중국 반도체 업체에 판매한 구형 리소그래피 장비에 대해 ASML 직원들이 유지·보수 서비스를 제공하지 못하도록 압력을 가했다. 이러한 사후 서비스는 장비 자체의 공급만큼이나 중요함에도 불구하고 말이다.[25]

이어서 미 행정부는 독일 기업이 반도체 제조에 필수적인 핵심 화학물질을 중국에 수출하는 것을 막기 위해 독일 정부에도 압력을 가했다.[26] 또한 미국의 경쟁국인 중국과 상업적 관계를 맺는 것을 재고하도록 한국을 압박했다는 보도도 나왔다.[27] 이러한 기술 수출 금지 조치가 궁극적인 목표라면, 첨단 반도체 공급망이 지닌 장기적이고 복잡한 구조, 그리고 기술적 노하우는 상당 부분이 현장 경험을 통해 사람들의 머릿속에 축적된다는 점에서 금지 조치의 범위는 필연적으로 계속 확대될 수밖에 없다.

미국 정부의 반도체 수출 제한은 불가피하게 맞대응 조치를 불러왔다. 중국은 거대한 전자제품 수출국으로 알려져 있지만, 사실 핵심 부품을 자체적으로 생산하는 능력은 부족하여, 수입 반도체가 내장된 제품을 조립하는 데 주력해왔다. 실제로 중국은 오래전부터 원유를 비롯한 다른 주요 원자재 수입보다 반도체 수입에 더 많은 비용을 지출해왔을 정도로 반도체 의존도가 높다.[28] 2020년 기준으로 중국의 국내 반도체 제조산업이 자국 수요를 충당한 비율은 고작 6%에 불과하다고 추정된다.[29]

2022년 미국이 단행한 첨단 반도체 수출 금지 조치는 중국에 큰 충격을 주었고, 이를 계기로 중국은 반도체 생산의 자급자족을 달성하기 위한 노력을 본격적으로 가속화하기 시작했다. 중국은 반도체가 들어간 제품을 대량으로 생산하고 있지만, 현재로서는 10나노미터 이하의 최첨단 로직 칩을 생산할 수 있는 실질적인 역량은 갖추지 못하고 있다. 수십억 개의 트랜지스터가 집적되고 선폭이 10나노미터 미만인 이러한 최첨단 로직칩 하나를 생산하는 데에는 몇 달이 걸린다.[30] 그리고 중국은 선폭이 10~22나노미터의 구형 반도체 생산능력에서도 전 세계 시장 점유율이 단 3%에 불과하다.

그렇다면 2나노미터와 10나노미터의 차이가 정말 그토록 큰 차이를 만들어낼까? 말 그대로 나노미터 정도로 미세한 차이에 불과한 것 아닐까? 결코 그렇지 않다. 이를 설명하기 위해 2018년에 처음 등장한 7나노미터 '노드'의 로직 칩과 2020년에 출시된 5나노미터 칩을 비교하자면, 5나노미터 칩은 트랜지스터 수가 약 두 배 더 많고, 그에 따라 처리 성능도 두 배 더 향상되었다.[31] 반도체산업에서는 나노미터 차이가 컴퓨팅 성능과 효율성 측면에서 태평양만큼이나 큰 격차를 만들어낸다고 평가한다.

목표가 데이터센터 구축, 5G 스마트폰 개발, 인공지능·머신러 닝machine learning을 발전시키는 것이라면, 최첨단 칩만이 그 역할 을 제대로 수행할 수 있다는 것이 냉정한 현실이다. 더 중요한 점 은 반도체 칩에 집적된 트랜지스터가 끊임없이 미세화되면서, 비 용은 낮아지고 연산 능력은 기하급수적으로 증가해왔다는 사실 이다. 이 흐름은 불과 반세기 만에 컴퓨터의 모습을 근본적으로 바꿔놓았다. 방 하나를 가득 채우던 대형 컴퓨터는 개인용 컴퓨 터PC로 축소되었고, PC는 인터넷으로 확장되었으며, 인터넷은 다 시 스마트폰이라는 손안의 기기로 응축되며 기술 혁신을 이뤄냈 다. 오늘날의 스마트폰은 1969년 인류를 처음으로 달에 보내기 위 해 계산에 사용된 NASA의 메인프레임 컴퓨터보다 수백만 배 더 많은 처리 능력을 갖추고 있다. 저장 용량 또한 2005년만 해도 데 이터센터 서버 한 대가 담당하던 수준을, 이제는 단말기 하나에 담아내고 있다.

오늘날의 지정학적 반도체 경쟁을 이야기할 때, 워싱턴과 베이 징의 대립으로만 바라보는 것은 위험하다. 유럽은 미국의 동맹국 임에도 불구하고 중국만큼이나 반도체 수입에 의존하고 있기 때 문에 이 기술을 둘러싼 패권 경쟁 속에서 방어적 대응에 나섰다. 유럽은 현재 최첨단 반도체를 자체 생산할 능력이 전혀 없고, 구 형 반도체 기술 분야에서도 점유율은 12%에 불과하다. 이에 대응 해 유럽연합은 2022년 2월, 총 430억 유로 규모의 '유럽 반도체법 European Chips Act'을 발표하며, 2030년까지 전 세계 반도체 생산에서 유럽의 점유율을 20배 이상으로 끌어올리겠다는 목표를 제시했다. 자급자족과 국가안보의 관점에서만 보면, 유럽과 중국 모두 첨단 반도체 제조 역량을 서둘러 확보하려는 움직임은 겉보기에는 충분히 타당해 보인다.

다른 지역도 예외가 아니다. 인도 정부는 2021년 자국 내 반도체산업 육성 및 반도체 '자급률' 향상을 위해 300억 달러의 국가 지원을 약속했다.[32] 2023년 한국 정부는 국가의 대표 기업인 삼성전자를 비롯한 국내 반도체 기업들을 대상으로 세금 감면과 국가 지원 혜택을 제공하는 'K칩스법(조세특례제한법 개정안)'을 앞당겨 발표했다. 당시 한국 정부 여당 국민의힘 반도체산업경쟁력강화특별위원회 위원장은 "글로벌 반도체 전쟁의 승자가 경제안보 질서를 지배하게 될 것이고, 패자는 기술 식민지로 전락하게 될 것"이라고 말했다.[33] 영국을 비롯한 다른 나라들도 자체적인 반도체 전략을 마련해야 한다는 압박을 느끼고 있다. 그러나 단순히 반도체 제조 공장을 세운다고 해서 곧 국가안보가 보장되는 것은 아니다.

달 위의 골프 공

반도체 공급망을 자세히 들여다보면, 점점 더 많은 기업이 등장하고 지리적 분포 역시 갈수록 확대되고 있음을 확인하게 된다. ASML의 장비 한 대에는 무려 10만 개의 부품이 들어가는데, 이 회사는 이를 유럽, 미국, 아시아 전역에 퍼져 있는 5,000곳의 직접 공급업체들로부터 조달한다. 핵심 부품 가운데는 영국산 진공 시스템이나 미국산 자외선 광원처럼 사실상 대체 공급처가 없는 것들이 있다. 독일 트룸프와 차이스의 초정밀 거울과 레이저, 그리고 빛에 노출되면 화학 반응을 일으키는 일본산 특수 화학물질인 포토레지스트photoresists 등도 마찬가지다. 차이스의 장비는 워낙 정밀해서 그것을 확대하면 달에 있는 골프 공을 정확히 조준하여 맞힐 수 있을 정도라고 자랑한다.[34] 이 회사의 거울은 표면이 극도로 매끄러워, 만약 그 거울을 한 나라 정도의 크기로 확대할 경우에도 표면에서 가장 높은 돌기의 높이는 0.5mm도 되지 않는다.[35] 차이스는 ASML에 부품을 공급하는 데 있어 경쟁자가 없다는 사실을 인정한다.[36]

마찬가지로 최첨단 반도체 제조에 필요한 포토레지스트 시장은 전 세계 공급을 일본 기업 네 곳이 사실상 과점하고 있다.[37] 또한 ASML 기계가 화학물질과 상호작용하도록 해주는 장비를 생산하는 분야에서는 도쿄일렉트론이라는 일본 기업 한 곳이 100% 독점하고 있다.[38] 복잡성은 여기서 끝나지 않는다. 최첨단 반도체 제조에는 '에칭etching', '도핑doping', '증착deposition' 같은 수십 가지 공정이 더 필요하며, 각각의 공정에 필요한 장비를 공급할 수 있는 기업들은 손에 꼽을 정도이고, 그 기업들은 전 세계 곳곳에 흩어져 있다.[39] 결국 최첨단 반도체 제조의 핵심은 기계 그 자체가 아니라, 이 장비들을 운용하며 다른 필수 공정들과 통합해 효율적으로 생산하는 능력에 있다. 현재 이 능력을 실질적으로 갖춘 기업은 대만의 TSMC와 한국의 삼성전자뿐이다. 여기에 더해, 산업이 요구하는 더 고도화된 리소그래피(노광) 기술을 개발하려면 과학적 전문성도 필요하다. 벨기에 루뱅Leuven에 있는 연구소인 아이멕IMEC(벨기에 마이크로전자연구센터)은 이 분야에서 없어서는 안 될 연구기관으로 꼽힌다.

하지만 이야기를 너무 앞서갈 필요는 없다. 그 전에 먼저, 반도체를 만드는 데 사용되는 원자재가 실제로 어디서 오는지를 살펴봐야 한다. 반도체의 주재료인 실리콘은 희귀 자원이 아니다. 지표면에서 산소 다음으로 풍부한 원소이며, 석영이라는 광물 속에 이산화규소의 형태로 존재한다. 우리가 흔히 알고 있는 모래가 바로 그것이다.[40] 실리콘은 60개 이상의 나라에서 대규모로 채굴되고 있으며, 대부분의 국가에서 쉽게 공급 가능하다.[41] 그러나 반도체 제조 이야기는 단순히 모래를 파내는 수준에서 그치지 않는다.

스프루스파인의 화려한 변신

스프루스파인Spruce Pine은 노스캐롤라이나주를 가로지르는 애팔래치아산맥 고지대에 자리 잡은 작은 마을이다. 경제적으로는 다소 낙후되어 있지만, 그 문턱에는 연간 5,000억 달러 규모의 전 세계 실리콘 칩 산업 전체를 지탱하는 거대한 천연 자원이 잠들어 있다. 마을에서 좁은 산길을 따라 올라가면 벨기에 기업 시벨코Sibelco가 운영하는 지극히 폐쇄적인 광산이 나온다. 이곳에서 채굴되는 흰색 석영은 지금까지 지구상에서 발견된 이산화규소 가운데 가장 순도가 높은 것으로 평가된다. 현재 전 세계 반도체 칩 제조에 쓰이는 실리콘 웨이퍼를 만들 수 있을 만큼의 품질을 갖춘 석영은 사실상 이 광산에서 채굴된 것뿐이다.

스프루스파인에서 나온 석영은 산업용 도가니로 가공되어 그 안에서 고도로 정제된 '폴리실리콘polysilicon'을 녹여내는 그릇이 된다. 여기서 긴 실리콘 기둥인 잉곳ingot을 만들고, 이를 얇게 저며 실리콘 웨이퍼를 제작한 후, 이 웨이퍼로 마이크로칩을 만든다. 용기 안에 미세한 불순물이 단 하나라도 있으면 웨이퍼 품질이 망가져 사용할 수 없다. 그런데 스프루스파인의 석영은 무려 99.99999999999%(9가 13개다) 순도를 자랑해, 불순물은 고작 10조분의 1 수준에 불과하다.[42] 연간 약 18만~20만 톤의 석영을 생산하는 스프루스파인은 반도체 용해 용기 제작 시장에서 사실상 유일한 공급처다.[43] 이는 재무적 관점에서 보자면, '돈을 찍어내는 면허증'과 같은 가치로, 금광에 비견된다. 당연히 지질학자들은 세계 곳곳을 탐사해 동일한 품질의 석영을 찾으려 했지만, 아직 이와 맞먹는 규모의 석영 매장지는 발견되지 않았다.[44] 스프루스파인은 사실상 독점적 지위를 갖고 있는 셈이다.

저널리스트 에드 콘웨이Ed Conway는 저서 《물질의 세계Material World》에서 한 반도체 업계 베테랑의 말을 인용했다. "정말 무서운 이야기가 하나 있습니다. 스프루스파인의 두 광산 위에 농약 살

포기crop duster를 띄워 특정 흰색 가루를 뿌린다면, 전 세계 반도체 생산은 6개월 안에 끝장날 겁니다."[45] 다행히도 그는 그 '가루'가 무엇인지는 구체적으로 밝히지 않았다.

이 애팔래치아산맥의 폐쇄적인 광산은 반도체 공급망에서 드러나는 잠재적 취약 지점 가운데 하나일 뿐이다. 반도체 제조에 필요한 금속 등급 폴리실리콘metallurgical-grade polysilicon은 사실상 전량이 중국에서 생산된다.[46] 가공된 실리콘을 녹이는 과정(이때 스프루스 파인의 석영 용기가 쓰인다)은 주로 일본에서 진행되며,[47] 일본 기업들은 잉곳을 생산하고 이를 웨이퍼로 가공하는 전문기술을 보유하고 있다. 최종 생산은 대만과 한국에서 이루어지는데, 이 단계에는 강철 생산의 부산물인 정제 네온 가스가 필요하다. 2022년 러시아 침공 이전까지는 우크라이나가 반도체산업의 주요 네온 가스 공급국이었지만, 현재 대부분은 중국에서 공급된다. 한 산업용 가스 공급업체 대표는 "만약 중국이 네온 가스 수출을 장기간 금지한다면 재고가 소진된 후 반도체 생산의 상당 부분이 멈출 것"이라고 경고했다.[48] 반도체 생산에는 텅스텐 또한 필요한데, 이 역시 대부분 중국에서 공급된다.

한 분석에 따르면, 특정 품목의 65% 이상이 한 국가나 지역에 집중되어 있다면 이는 반도체 공급망의 급소가 될 수 있다. 실제로 글로벌 반도체 공급망에서는 최소 50개의 급소 지점이 확인되었다.[49] 대만의 한 반도체 납품업체는 "언제나 다른 지역, 다른 국가, 심지어 다른 대륙에서 들여와야 하는 물품들이 있다"고 말했다.[50] 이는 모든 관련국에 잠재적 위험일 뿐 아니라, 일종의 '기술적 공포의 균형'을 만든다. 대만의 반도체 공장이 손상되면 중국과 미국의 전자산업은 물론 세계경제가 치명상을 입을 수 있다. 반대로 반도체 제조 원료 차원에서 보면, 중국은 폴리실리콘·네온·텅스텐 공급을 차단할 수 있고, 미국은 스프루스파인 석영 수출을 금지할 수 있다. 중장기적으로는 대체 공급처를 찾을 수 있겠지만, 단기적으로는 두 나라가 서로의 목을 움켜쥔 채 언제든지 상대에게 압박을 가할 수 있는 위치에 서 있다.

새로운 석유

최근 몇 년간 "반도체가 새로운 석유다"라는 표현이 널리 회자되었다.[51] 2022년 10월, 인텔의 CEO 팻 겔싱어Pat Gelsinger는 "지난 50년간은 석유 매장지의 위치가 지정학을 규정해왔다. 앞으로의 50년은 반도체 공장이 어디에 있느냐가 더 중요할 것이다"라고 말했다.[52] 일부 분석가들은 대만과 한국 같은 첨단 반도체 생산국을 석유 생산국 카르텔에 빗대어 "새로운 OPEC"라고 부르기도 한다.[53] 이런 논리는 리쇼어링 노력으로 이어진다. 즉 한 나라가 자신의 운명을 통제하려면 반도체를 장악해야 한다는 발상이다. 그러나 석유와 반도체는 본질적으로 다르다. 지구의 한 지역에서 뽑아낸 석유는 다른 지역에서 뽑아낸 석유와 크게 다르지 않지만, 첨단 반도체는 상호 교환이 불가능한 고도로 특화된 제품이기 때문이다.

반도체는 인간의 손과 두뇌가 창조한 가장 복잡한 제품으로, 이해하기 어려울 만큼 정교하며 물리적 세계에 대한 지식을 극한까지 밀어붙이는 설계 과정을 거친다. 앞서 살펴본 바와 같이, 반도체 생산은 나노기술의 한 형태다. 이들은 수십 개국에서 공급되는 수백 가지 원자재와 고도로 정밀하게 가공된 중간재가 결합되어 만들어지며, 그 과정에는 전 세계 전문가들이 보유한 과학적 지식과 깊이 축적된 실무 노하우가 동원된다. 소프트웨어 설계 능력은 물리적 제조 공정만큼이나 중요하다.

반도체는 진정한 글로벌 제품이며, 전체 공급망을 보면 인류 역사상 가장 글로벌한 제품이라고 할 수 있다. 하나의 반도체는 완성되기까지 70번 이상 국경을 넘나들 수 있다. 반도체는 원유, 정제유, 자동차에 이어 세계에서 네 번째로 가장 많이 거래되는 품목이며, 2019년 무역 규모는 약 1조 7,000억 달러로 추정된다.[54] 반도체는 21세기 경제와 기술이 얼마나 깊이 상호 의존하고 있는지를 가장 집약적으로 보여주는 상징이라 할 수 있다. 그렇기 때문에 2021년에 발생한 반도체 공급 부족 사태는 전 세계경제에 큰 충격을 주었고, 팬데믹 이후 인플레이션이 급등하여 수많은 국가에서 민심 이반이 일어나는 과정에서 그 위기를 더욱 증폭시키는 데 기여했다.

반도체 생산에 필요한 공정의 정교함과 비용(그리고 원자재 자체의 생산 비용)은 이 산업에 진입하려는 신생 기업이나 국가에게 거의 넘기 힘든 장벽을 만든다. 실제로 최첨단 반도체 칩의 거의 전량을 생산하는 TSMC, 리소그래피 기계를 만드는 네덜란드의 ASML, 리소그래피 거울을 공급하는 독일의 차이스, 초고순도 석영을 채굴하는 스프루스파인의 시벨코, 포토레지스트 화학물질을 만드는 일본 기업들까지, 이 산업은 사실상 모든 단계에 걸쳐서 독점 구조가 연쇄적으로 이어져 있다.

그렇다면 이처럼 복잡하고 본질적으로 글로벌한 시스템을 국가 산업정책만으로 재편하는 것이 과연 가능할까? 2024년 바이든 행정부는 2030년까지 첨단 반도체의 5분의 1을 미국 영토 내에서 생산하겠다는 목표에 대해 상당한 진전을 보이고 있다고 주장했다. 대만 TSMC는 미국 정부의 보조금을 바탕으로 애리조나주 피닉스에 650억 달러 규모의 첨단 반도체 제조단지를 건설하겠다고 발표했다.[55] 한국의 최대 반도체 기업 삼성은 텍사스에 새 공장을 짓고 있다.[56] 오하이오에서 아이다호에 이르기까지 전자·컴퓨팅 공장에 대한 신규 투자 발표가 잇따르고 있다.[57] 2022년 8월 제정된 '칩스 법'은 미국 내 제조업 건설 투자를 확실히 촉진했으며, 그 결과 법 시행 이후 2년간 미국 제조업 건설 투자는 두 배로 늘었다.[58]

그러나 지금까지 이 책에서 논의된 모든 내용은, 반도체 생산의 전체 공급망을 단일 국가가 완전히 국유화하거나 자급자족 체제로 전환할 수 있다는 발상이 산업 전문가들이 보기에는 절망적으로 비현실적이라는 점을 분명히 보여준다. 설령 이를 시도하더라도, 시도하는 데 드는 비용은 천문학적일 가능성이 높다. 보스턴컨설팅그룹과 미국 반도체산업협회SIA는 미국이 자국 내에서 반도체 수요 전량을 충당하려면 지금보다 3,500억~4,200억 달러의 초기 투자가 더 필요하다고 추산했다. 유럽이 같은 목표를 달성하려면 지금보다 2,400억~3,300억 달러의 초기 투자가 더 필요하다. 전 세계 주요 지역이 반도체 자급자족을 달성하려면 지금보다 최대 1조 달러의 초기 투자가 더 필요할 것이다.[59] 그리고 이 수치는 모든 원자재를 실제로 현지에서 다 조달할 수 있다는 비현실적 가정을 전제로 한 것이다.

게다가 이 추정치는 자급자족을 달성하기 위해 필요한 전체 비용을 온전히 반영하지도 않는다. 최첨단 반도체 제조업의 변화 속도와 그에 따른 투자 필요 규모는 상상하기 어려울 정도다. 첨단 로직 칩 생산시설 하나를 짓는 데 약 200억 달러가 소요되는데, 이는 미국의 신규 항공모함 두 척, 신규 원자력 발전소 세 기에 맞먹는 금액이다. 그러나 현재 기술 발전의 속도로 보면 이 시설은 몇 년 만에 구식이 될 수 있다. 반도체산업 연간 매출의 절반가량이 연구개발과 신규 설비에 재투자되어야만 기업이 기술 최전선에 머물 수 있는 것으로 추산된다. 즉 리쇼어링은 단발성 대규모 투자뿐 아니라 매년 지속적인 투자가 필요하다.

TSMC 창립자이자 대만 반도체산업의 아버지로 불리는 모리스 창Morris Chang은 2022년, 미국과 다른 나라들에서 추진 중인 자국 내 반도체 생산 확대 노력은 "낭비적이고 비용만 많이 드는 헛

수고"가 될 것이라고 단호하게 경고했다. 그는 미국이 자국 내에서 생산을 늘릴 수는 있겠지만 "모든 것이 … 훨씬 높은 단위 비용으로 생산될 것이며, 세계 시장에서 경쟁력이 없을 것"이라고 말했다.[60]

반도체 생산의 자급자족을 추구할 경우, 연간 추가 비용으로 미국은 50억~150억 달러, 유럽은 250억~600억 달러, 전 세계는 450억~1,250억 달러가 필요할 것으로 추산된다. 이는 반도체 생산단가를 3분의 1에서 절반까지 끌어올릴 것이며, 결과적으로 스마트폰에서 자동차까지 소비자 제품 가격 상승으로 이어질 것이다. 아시아에서 미국·유럽으로 생산을 이전함으로써 얻을 수 있는 안정성에 대한 대가로 과연 국민들이 이런 추가 비용을 기꺼이 감수할지 여부는 아직 불분명하다. 더구나 글로벌 공급망을 인위적으로 크게 축소하면, 역사적으로 가장 혁신적인 이 산업의 생산성 향상을 위한 역동성을 잃게 될 수 있고, 그로 인해서 치러야 할 대가는 더 늘어날 것이다. 이는 마치 우사인 볼트Usain Bolt에게 슬리퍼를 신고 달리라고 강요하는 것과 마찬가지다.

크리스마스 선물을 빼앗기다

사우스 웨일스의 뉴포트Newport에 있는 반도체 웨이퍼 공장은 외관이 독특하다. 도로에서 바라보면 밝은 파란색 지지대와 구불구불한 노란색 파이프가 눈에 띈다. 이 건물은 1980년대 초, 건축가

리처드 로저스Richard Rogers가 '안과 밖을 뒤집은' 형태로 설계했는데, 그의 대표작인 파리의 퐁피두센터를 떠올리게 한다.

2023년 5월, 자동차와 풍력 터빈에 쓰이는 전력 제어용 반도체를 주로 생산하는 이 공장을 방문했을 때, 현장에는 두려움과 분노의 기운이 감돌았다. 영국 정부가 이 공장을 매각하라고 네덜란드 기업 넥스페리아Nexperia에게 명령했기 때문이다. 넥스페리아 지분 일부가 중국 정부와 연관이 있는 중국 기업에 속해 있었던 것이 이유였다.

런던 당국의 논리는 미국 등 동맹국과 마찬가지로 이 공장과 반도체 기술이 중국 정부의 손에 넘어가는 것을 원치 않는다는 것이었다. 이 공장은 웨일스 지역 대학과 연계된 '복합 반도체' 분야의 전문 클러스터 중 일부로, 이 반도체는 자율주행차, 첨단 의료 센서, 양자컴퓨터 등 다양한 분야에 활용될 수 있다. 나는 BBC 파견 기자로서 이 위기와 매각 명령으로 위태로워진 웨일스 지역의 600개 일자리에 대해 취재하고 있었다. 장비 엔지니어링 매니저 토니 힐Tony Hill은 이전 소유주와 달리 현 소유주는 공장에 투자를 해왔기 때문에 직원들은 정부 결정에 당혹스러워하고 있다고 말했다. 그는 "크리스마스 선물을 받은 것처럼 기뻤는데 갑자기 다시 빼앗긴 것 같고, 다시 돌려받을 수 있을지 아무도 모르는 상황"이라고 덧붙였다. 뉴포트 사례는 특히 영국처럼 작은 나라가 반도체 분야에서 맞닥뜨리는 딜레마를 잘 보여준다.

영국 정부는 수십억 달러 규모의 미국, 유럽연합, 중국 정부의 반도체산업 지원 국가 보조금과 경쟁할 수 없다. 영국 정부가 2023년 발표한 국가 반도체 전략은 10년간 10억 파운드(약 13억 달러)의 공적 자금을 투입하겠다고 약속했지만, 이는 유럽연합, 미국, 중국의 투자 규모에 비하면 미미한 수준이다.[61] 영국이 자체 반도체산업을 키우려면 외국인 투자 유치가 필요하다. 결국 정부가 할 수 있는 선택은 둘 중의 하나다. 시급히 필요한 해외 투자를 포기하고 일자리 손실을 감수할 것인가, 아니면 국가안보를 위험에 노출할 것인가. 뉴포트 공장은 결국 2024년 초 미국 기업에 매각되었고, 덕분에 일자리는 유지됐다.[62] 그러나 내가 현장을 찾은 날, 안보 중심의 반도체 민족주의 말고 더 나은 길이 있지 않을까 하는 생각이 들었다.

실제로 그런 길이 있을까? 있다면 어떤 모습일까? 현재 우리가 가진 시스템이 취약하다는 합리적인 우려가 있다는 사실을 인식할 필요가 있다. 글로벌 반도체 공급망에는 사실상의 상업적·지리적 독점과 잠재적 사고 요인들이 곳곳에 존재하며, 이는 당연히 정책 입안자들의 걱정거리가 된다. 대만의 지진, 네덜란드의 화재, 독일의 홍수, 일본의 쓰나미, 애팔래치아산맥의 산사태 같은 자연재해 하나만으로도 공급망은 치명타를 입을 수 있고, 군사적 충돌이나 테러 공격으로 인한 리스크는 말할 것도 없다. 특히 중국의 대만 침공은 심각하게 고려해야 할 지정학적 리스크다. 동맹국 간의 공급망도 항상 믿을 수 있는 것은 아니다. 2019년 일본과 한국은 제2차 세계대전 배상 문제로 외교 갈등을 겪었는

데, 일본 정부는 반도체 생산에 필수적인 화학물질에 대해 한국 수출을 일시적으로 통제한 바 있다.

대중은 공급망 리쇼어링으로 인한 비용 증가를 좋아하지 않을 것이다. 하지만 공급망 취약성으로 인한 비용 역시 달가워하지 않을 것이다. 2021년 반도체 공급 부족 사태는 미래에 닥칠 수 있는 상황을 미리 보여준 사례였다. ASML의 CEO는 당시 일부 공급업체가 핵심 부품의 생산을 위해 필요한 칩을 조달하지 못해 ASML에 대한 납품이 어려워진 상황에 대해서 언급했다. 이 시스템이 얼마나 불안정한지 보여주는 대목이다.[63]

그러나 반도체 생산의 리쇼어링은 정치인들이 국가안보 차원에서 달성하려는 목표를 명확히 정의하지 않은 채 시작하기에는 위험할 수 있다. 솔직히 말해서 미국과 유럽 지도자들은 이 현실을 충분히 인식하지 못하는 듯하다.

지금까지 미국과 유럽연합의 반도체 관련 법안 같은 프로그램은 글로벌 반도체 생산의 지리적 다각화와 국경 간 투자를 확대하는 데 전반적으로 긍정적 효과를 냈다.[64] 하지만 다른 한편으로는, 수사적 표현은 노골적인 탈세계화와 보호무역주의로 흐르고 있고, 정책도 때로는 미국의 보호주의적 경계선을 넓히는 방향으로 가고 있다. 바이든의 칩스 법안이 트럼프 2기 집권 시에도 유지될지 여부는 이 글을 쓰는 2024년 시점에서는 아무도 모른다. 2024년 선거 유세에서 트럼프는 이 법안에 의한 보조금 지급을 미국 입장에서 "손해보는 거래"라고 비난하며, 자신의 만능 해결책인 관세 장벽이 TSMC와 삼성 같은 외국 기업을 미국인의 세금 부담 없이 반도체 공장을 짓게 압박할 것이라고 주장했다.[65] 그러나 일부 분석가들은 이 법안이 트럼프의 온쇼어링 기조에 부합하고 공화당 의원 다수의 지지를 받아 통과되었기에 결국 살아남을 것이라고 본다.[66]

칩스 법안이 어떻게 될지 여부에 관계없이, 많은 전문가들은 미국과 유럽 지도자들이 독자적으로 움직이기보다 아시아 동맹국들과 더 깊은 파트너십을 모색해야 한다고 본다. 특히 과도한 대만 집중 문제를 해결하려면, 미국이 자국 내 공장 건설에 집착하기보다 이미 큰 반도체 인프라를 가진 한국과 일본에 첨단 반도체 생산시설을 짓도록 장려하는 편이 더 합리적이다. 이는 공급망의 세계화를 약화시키는 것이 아니라 오히려 강화하는 전략이다. 이는 국경을 넘는 기업 투자가 더 늘어난다는 것을 의미한다.

핵심 질문은 공급망의 회복력을 높이기 위해 어떤 정책 개입이 투입 자금의 효과를 극대화할 것이냐는 것이다. 예를 들어, 반도체 생산에 필요한 초고순도 석영의 대체 공급원을 개발하는 데 국가 자금을 쓰는 편이 더 효율적일 수 있다. 합성 석영의 비용을 낮추는 연구도 병목 리스크를 줄이는 데 기여할 수 있다. 대학의 반도체 기초과학 연구와 근로자의 기술 역량 강화에 대한 정부 자금 지원 확대 역시 단순한 건설 프로젝트에 대한 세금 감면보다 나은 성과를 낼 수 있다.

무엇보다 동맹국 간에 공동의 목표 및 달성수단에 대한 조율이 부족하다는 것은 명백한 낭비 요인이다. 최근 몇 년간 미국, 중국, 유럽연합, 대만, 일본, 한국, 인도 등이 반도체산업에 쏟아부은 국가 재정 지원 규모는 약 7,000억 달러에 달한다. 몇몇 거대 기업이 시장을 지배하는 상황에서 보조금 경쟁이 벌어질 위험은 매우 크다.[67] 경기순환이 매우 짧은 반도체산업의 특성상, 계획 중인 수십 개 신규 공장이 경제성을 잃고 무용지물이 될 위험도 있다. 또 하나의 위험은 정부가 가격과 무관하게 국내 기업에게 자국산 제품의 구매를 의무화하면서 인위적으로 국내 반도체 기업의 경제성을 유지하려 시도할 경우 발생한다.

순수하게 재정과 정치적 힘만을 동원해서 국내 산업을 키우려는 전략의 허점을 보여주는 사례는 중국이다. 중국 정부는 2014년 '빅 펀드Big Fund'라 불리는 집적회로산업투자기금을 설립해 운영 중이지만 이러한 반도체 자급률 향상 정책이 거둔 성과는 미미했다. 이 기금에 1,400억 달러를 투입했지만, 많은 기업이 파산했고 프로젝트는 중단되었다.[68] 당초 목표는 2015년 16%였던 자급률을 2025년까지 70%로 끌어올리는 것이었다.[69] 하지만 실제 달성치는 20% 남짓할 것으로 보인다.[70] 2023년 화웨이 스마트폰에 중국산 7나노미터 칩이 들어갔다는 흥분된 보도가 나왔지만, 모든 정황은 중국이 가까운 미래에도 여전히 2등급 수준의 칩 생산에 머무를 것임을 보여준다.[71] 결론적으로, 국가가 반도체 공급망 안전성을 강화할 수 있는 방법은 온쇼어링 말고도 다른 방법들이 있다.

적시 생산에서 만일의 사태 대비 생산으로

2011년 3월 11일 오후 2시 46분(일본 표준시), 오시카반도에서 약 115km 떨어진 해역에서 두 개의 지각판이 거대한 마찰력으로 맞부딪치다 순간적으로 갈라지며, 수 세기 동안 축적된 에너지를 단 몇 초 만에 방출했다. 도호쿠 대지진이 방출한 에너지는 인류가 지금까지 실험한 가장 강력한 핵폭탄의 위력보다 10배나 더 컸다.[72]

수천억 톤의 물이 이동하며 최대 40m 높이의 파도가 일본 동북부 해안으로 몰아쳤다. 규모 9.1의 지진 발생 약 15분 후 육지에 도달한 쓰나미는 일본 해안을 초토화시켰다. 12만 채의 건물을 무너뜨렸고, 1만 8,000여 명의 목숨을 앗아갔다. 또한 이 해일은 후쿠시마 원자력 발전소를 집어삼켰고, 결국 원자로가 녹아내려 일본 역사상 최악의 원전사고가 발생했다.

동일본 대지진으로 가장 큰 산업 피해를 입은 기업 중 하나는 일본 자동차 대기업 도요타였다. 도요타는 일본 내 모든 공장의 생산을 2주간 전면 중단해야 했고, 생산이 이전 수준으로 완전히 회복되기까지는 그 후 3개월이 더 걸렸다. 하지만 정작 동일본 대지진으로 직접 가동이 중단된된 것은 도요타의 공장이 아니었다. 도요타의 공장은 지진과 쓰나미의 영향을 받지 않은 일본 남부에 있었다. 직접 피해를 입은 것은 도요타의 공급업체들이었고, 그중에서도 반도체 제조업체 르네사스 일렉트로닉스Renesas Electronics

였다.[73] 이 뼈아픈 공급망 붕괴는 도요타의 연간 생산량 가운데 4분의 1에 해당하는 손실을 가져왔고, 그 결과 도요타가 자사 공급업체는 물론 그 하위 공급업체까지 포괄하는 데이터베이스를 구축하게 만든 계기가 되었다. 이 데이터베이스는 공급망을 10단계까지 추적하는 수준으로 확장되었으며, 약 40만 개의 개별 부품을 포괄했다.[74] 이를 통해 도요타는 자사가 오랫동안 유지해온 기존의 산업 관행을 대대적으로 개편하게 되었다.

도요타의 임원이었던 오노 다이이치大野耐一는 1950년 미국의 한 슈퍼마켓을 방문했다가 깊은 영감을 받았다.[75] 그는 슈퍼마켓 직원들이 창고에 보관된 재고가 아니라 새로 배송된 물품을 즉시 진열대에 채워넣는 모습을 보고 이 방식을 공장에 적용하면 창고 비용을 크게 줄이고 이익을 늘릴 수 있음을 깨달았다.

이 슈퍼마켓 방문이 실제로 영감을 준 것이었는지는 확실치 않지만, 오노가 일본에서 개척한 '적시 생산just-in-time, JIT' 방식은 부품이 조립 라인에 투입되기 몇 시간 전에 공장에 도착하도록 설계된 시스템으로, 산업계 전반에 큰 반향을 일으켰고, 그 유명한 '도요타 생산방식Toyota Production System'의 핵심이 되었다.[76] 이 시스템은 이후 수십 년 동안 도요타가 세계 최대 자동차 제조업체로 성장하는 데 결정적인 역할을 했으며, 이후 전 세계 자동차 제조업체들도 적시 생산 방식을 채택하게 되었다.

그러나 2011년 동일본 대지진으로 인해서 적시 생산 방식의 선구자였던 도요타는 이 모델에서 벗어나기 시작했다. 그 후 몇 년 동안 도요타는 공급업체들에게 핵심 부품에 한해 재고를 비축해 달라고 요청했고, 적시 생산 방식이 반세기 전에 거의 폐지했던 재고 시스템을 부분적으로 되살렸다. '적시 생산' 방식이 '만일의 사태 대비Just-in-Case'라는 방식으로 변모한 것이다.

또한 도요타는 부품별로 단일 공급업체에 의존하는 대신 다수의 공급업체로부터 조달하기 시작했으며, 충격에 더 유연하게 대처하기 위해 더 많은 공급업체와 더 밀접한 협업 관계를 구축했다. 이 새로운 방식 덕분에 2021년 '반도체 대란(치파겟돈)'이 닥쳐 반도체 부족 사태가 발생했을 때 도요타는 다른 대형 자동차 업체들보다 훨씬 적게 타격을 받았다.[77] 폭스바겐은 같은 해 판매량이 5.5% 줄었고 르노는 1.3% 감소했지만, 도요타의 판매량은 오히려 12% 증가했다.[78] 도요타의 이러한 최근 산업혁명은 (시장을) 축소하거나 철수하는 소극적인 고립 경제학 전략을 택하지 않고도 반도체 공급망의 회복력을 강화할 수 있음을 보여준다.

반도체 공급에 대해서 우려하는 정부 역시 기업과 협력해 공급망을 상세히 파악하고 재고 비축 시스템을 마련할 수 있다. 가스나 화학물질 같은 원자재의 재고를 확보하는 데 집중 투자가 이루어질 수도 있다. 비축된 반도체는 반드시 최첨단일 필요는 없다. 여기서 다시 2021년 반도체 대란 당시 상황을 더 자세히 들여다볼 필요가 있다. 최근 몇 년 동안 각국 정부는 첨단 반도체 생산 시설을 자국 내로 이전하기 위해 사투를 벌였지만, 정작 2021년에 가장 부족했던 것은 인공지능용 또는 군사용 최첨단 특수 로직

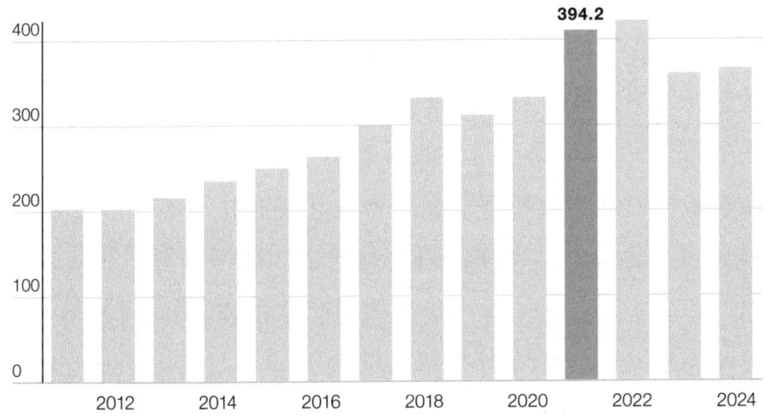

도표: Datawrapper로 작성, 데이터 출처: Tech Insights

칩이 아니라 오히려 구세대의 '레거시legacy' 칩이었다. 이는 대개 범용적이고 상호 대체 가능한 제품들로, 자동차 앞유리 와이퍼나 애견 미용실의 건조기처럼 일상적인 기능을 수행하는 데 사용되는 칩들이었다.[79] 2019년 생산된 전체 반도체의 약 3분의 2가 28나노미터 이상의 공정에서 나왔다.[80] 반도체 대란 사태에서 이상한 점은, 언론의 자극적인 헤드라인과는 달리 2021년 집적회로의 실제 출하량이 오히려 전년 대비 24% 증가한 3,940억 개로 사상 최대치를 기록했다는 사실이다.[81]

반도체 부족 사태는 실제로 발생했지만, 원인은 주로 수요 급증이었지 공급 감소가 아니었다. 팬데믹 봉쇄 조치로 재택근무를 하게 되면서 개인용 컴퓨터와 각종 기기에 대한 수요가 폭발적으로 늘었다. 반면, 많은 대형 자동차 제조업체들은 봉쇄 조치로 판매가 줄어들 것이라 예상해 칩 주문을 취소했다. 하지만 봉쇄가 풀리자 소비자들이 다시 차량 구매에 나서면서 갑작스럽게 칩 주문이 몰려 수요와 공급 사이의 심각한 불균형이 발생했다.

물론 2021년 반도체 공급을 위축시킨 불운한 사건들도 있었다. 일본 반도체 공장의 화재는 가장 나쁜 시기에 발생했다.[82] 대만은 심각한 가뭄으로 반도체 생산이 제한되었다(반도체 공장은 막대한 양의 물을 사용한다).[83] 미국 반도체 제조의 중심지인 텍사스에서는 기록적인 겨울 폭풍이 닥쳐 추위로 얼어붙은 가정에 전력이 우선 공급되면서 반도체 공장이 멈추기도 했다.[84] 그러나 놀라운 점은 이러한 사건들이 전체 반도체 생산에 끼친 영향이 생각보다 크지 않았다는 사실이다. 오히려 반도체 공장들은 늘어난 수요를 충족하기 위해 사상 최대 규모로 가동률을 높이며 생산능력을 끌어올렸다.

결과적으로, 글로벌화된 마이크로칩 생산체제는 팬데믹발 급격한 수요 변화라는 거대한 시험을 의외로 잘 버텨낸 셈이다. 그러나 아이러니하게도 많은 정치인들은 이 경험에서 "기존의 글로벌 공급망을 신뢰할 수 없다"는 잘못된 교훈을 얻어 '고립 경제학'의 사고로 빠져들었다.

실리콘 칩은 21세기 경제와 국가안보에서 핵심적인 것은 맞지만, 동시에 인류의 집단 지성과 창의력의 산물이다. 그리고 지성과 창의력은 어느 한 나라의 국경 안에 가둘 수 있는 것이 아니다. 위기가 닥쳤을 때 중요한 것은 결국 '사람'이다. 바로 이 점에서 고립 경제학이 내세우는 자국 우선주의와 고립주의야말로 우리에게 가장 심각한 위협이 되고 있다.

6장
사람

2020년 12월 8일, 영국 코번트리Coventry의 한 병원에서 회색 카디건에 일회용 마스크를 쓴 90세 여성이 커다란 파란색 소파에 앉아 약간 긴장한 표정을 짓고 있었다. 곧 간호사가 다가와 그녀의 왼쪽 어깨에 주사를 놓았다. 순간 사진기자들의 플래시가 터졌고 환호성이 울려 퍼졌다. 이로써 마거릿 키넌Margaret Keenan은 공식 승인된 코로나19 백신을 세계 최초로 접종한 사람이 되었다.[1] 불가능할 것 같던 일이 현실이 되었다. 바이러스가 발견된 지 불과 1년 만에 과학자들이 백신을 만들어낸 것이다. 이전에는 상상하기 힘든 속도였다. 백신 개발은 통상 몇 년이 걸리는 과정으로, 1960년대 유행성 이하선염의 경우 백신 개발에 4년이 걸렸다.

하지만 마거릿 키넌의 백신 접종은 단순한 의학적 쾌거를 넘어서는 사건이었다. 코번트리대학병원에서 투여된 첫 번째 백신은 전 세계 수십억 명을 집 안에 묶어둔 전면적 봉쇄 조치가 끝날 수 있음을 알리는 신호탄이었다. 충분히 많은 사람들이 백신을 맞게 된다면, 사람들은 치명적인 감염 위험 없이 사무실, 식당, 극장,

경기장, 대중교통에서 다시 안전하게 어울릴 수 있게 될 터였다. 이 세계적 해방의 문이 열리게 된 것은 상당 부분 한 이민자에게 그 공을 돌릴 수 있다.

우우르 샤힌Uğur Şahin은 1965년 튀르키예 동부 지중해 연안의 도시 이스켄데룬Iskenderun에서 태어났다. 네 살 무렵 어머니와 함께 독일 쾰른Cologne으로 이주했고, 그곳 지역 대학에서 의학을 공부해 1992년 면역치료학 박사 학위를 취득했다. 의사 수련을 마친 뒤 쾰른의 한 대형 병원 종양학과에서 근무하던 그는, 2000년대 초반 '메신저 RNA(mRNA)'라는 새로운 생물공학 기술을 암 백신에 활용할 수 있는지 탐구하기 시작했다. 이 기술은 특수하게 설계된 분자를 통해서 환자의 몸이 질병과 싸우는 데 필요한 단백질을 생성하도록 유도하는 방식이다. 요하네스 구텐베르크Johannes Gutenberg가 인쇄기를 발명했던 도시 마인츠Mainz에서, 샤힌은 튀르키예 이민자의 딸인 아내와 함께 암 정복이라는 목표를 품고 '바이오엔테크BioNTech'라는 회사를 설립했다.

그러나 2020년 3월, 코로나19 팬데믹이 선포되자 샤힌은 곧장 방향을 틀어 새로운 코로나 바이러스 백신 개발에 모든 에너지를 쏟아부었다. "이건 기회라기보다 의무라고 느꼈습니다. 우리가 누구보다 먼저 백신을 개발할 수 있다는 걸 알았기 때문입니다"라고 그는 회상했다.[2] 며칠 만에 바이오엔테크는 미국 거물 제약사 화이자Pfizer와 개발 계약을 맺었다. 화이자는 이 약물을 대량으로 생산하고 전 세계에서 임상시험을 진행하는 중요한 작업을 맡았다. 2020년 11월 3일 공개된 임상시험 결과는 충격적이었다. 바이오엔테크의 백신이 접종자의 90%를 바이러스 감염으로부터 보호하는 것으로 나타났다. 그날 코번트리에서 마거릿 키넌이 맞은 백신이 바로 이 바이오엔테크/화이자 백신이었다. 이후 이 백신은 181개국에서 46억 회 넘게 투여되었다.[3] 우우르 샤힌이 구상하고 개발한 이 약물은 팬데믹을 종식시키는 데 핵심적인 역할을 했다.

하지만 샤힌은 자신을 이민자의 롤모델로 치켜세우는 데 선을 그었다. 그는 "모든 사람에게 평등한 기회를 주는 글로벌 비전이 필요하다고 생각합니다"라고 말했다.

> 지능은 모든 인종에 걸쳐 고르게 분포되어 있다는 것을 많은 연구들이 일관되게 보여줍니다. 우리 사회는 구성원 모두에게 사회에 기여할 기회를 어떻게 부여할 것인가라는 근본적인 질문을 스스로에게 던져야 합니다. 저 역시 이주 배경을 지닌 하나의 우연한 사례에 불과할 뿐입니다. 저는 독일인이 될 수도, 또는 스페인인이 될 수도 있었던 존재이기 때문입니다.[4]

실제 그는 튀르키예에서 태어나 독일에서 활동하면서 인류사에 남을 지극히 중대한 과업을 수행한 인물이다. 그의 인생 스토리는 독일 사회뿐 아니라 전 세계인에게 이주가 가져다주는 이득을 증명하는 강력한 귀감이 되었다. 한 칼럼니스트는 샤힌 부부를 두고 "바이오엔테크 백신 뒤에 숨은 이주민 영웅들을 위하여"라는 찬사를 보냈고,[5] 또 다른 이는 그들의 '이주민다운 창의성'을 높이 평가했다.[6] 그럼에도 불구하고 일각에서는 여전히 이주민을 사회를 치유할 처방이 아닌 공동체를 오염시키는 독소로 규정하려 든다.

혈통을 더럽히는 독극물 같은 자들

2015년 6월 16일, 도널드 트럼프는 거울로 장식된 에스컬레이터를 타고 뉴욕 트럼프타워 아트리움으로 내려와 대선 출마를 선언했다. 부동산 재벌이자 TV 스타였던 그는 연설을 시작한 지 채 3분도 되지 않아 멕시코가 미국으로 '강간범들'을 보내고 있다고 비난했다.[7] 6개월 후 그는 이른바 무슬림의 미국 입국을 '완전히 봉쇄'하겠다는 약속을 이어갔다.[8]

2023년 12월, 뉴햄프셔주 유세에서는 한층 더 위험한 수위의 발언을 했다. 불법 이주민들이 "우리나라의 혈통을 더럽히고 있다poisoning the blood"고 주장한 것이다.[9] 이 대선 후보는 이 발언을 자신의 소셜미디어 플랫폼에 올렸고, 아이오와주 유세에서도 같은 말을 반복했다.[10] 나아가 2024년 대통령 선거운동 과정에서 그는 약 1,100만 명(또 다른 신뢰할 만한 연구에서는 그 두 배로 추산)에 달하는 미국 내 불법 이민자 전원을 추방하겠다는 공약을 내세웠다.[11] 그러나 도널드 트럼프의 두 번째 행정부가 공약한 바를 실제로 이행할 수 있을지는 미지수다. 이는 미국 역사상 전례 없는 규모의 작업일 뿐 아니라, 천문학적 비용과 물적 자원이 투입되어야 하기 때문이다.

트럼프의 반이민 정서와 민족주의적 언사는 유럽의 우파 포퓰리스트들 사이에서도 깊은 공명을 일으키고 있다. 독일의 '독일을 위한 대안당Alternative für Deutschland, AfD'은 '순 이민 제로net zero migration'를 지지하며, 프랑스의 마린 르펜Marine Le Pen이 이끄는 국민연합당Groupe Rassemblement National, GRN은 프랑스에서 이민자 부모 밑에서 태어난 자녀에게 프랑스 국적을 부여하는 '출생지주의droit de sol' 제도를 폐지하겠다고 주장했다. 헝가리 총리 빅토르 오르반Viktor Orbán은 이미 2016년에 "이민은 우리에게 해결책이 아니라 문제이고, 약이 아니라 독이다. 우리는 그들을 필요로 하지 않으며 받아들이지도 않을 것이다"라고 사자후를 토했다.[12] 2024년 9월 오스트리아 총선에서 1위를 차지한 자유당Freiheitliche Partei Österreichs, FPÖ은 유럽연합 차원에서 '송환 담당 집행위원remigration commissioner'을 두자고 제안했다.[13] 2023년 네덜란드 총선에서 제1당이 된 자유당Partij voor de Vrijheid, PVV의 헤이르트 빌더르스Geert Wilders 역시 "이제는 우리 국민을 먼저 생각해야 한다. 국경을 폐쇄하고 난민 수용을 완전히 중단해야 한다"고 역설했다.[14]

코로나19 팬데믹 당시, 바이러스 확산을 막기 위해 국가 간 이동이 엄격하게 제한되면서 세계적인 인적 교류는 급격히 감소했다. 뉴질랜드와 호주는 외국인과 비거주자의 입국을 사실상 전면 차단했다. 하지만 팬데믹이 지나자 글로벌 이동성은 다시 급격히 회복되었으며, 이와 함께 장기 이주 역시 급증했다. 2023년 세계에서 가장 부유한 나라들로 구성된 OECD 회원국으로 유입된 영주권자는 650만 명으로 사상 최고치를 기록했다. 이는 2022년의 600만 명보다 10% 증가한 수치였는데 사실 2022년의 수치 자체도 기록적인 것이었다.[15] 여기에 러시아의 우크라이나 침공으로 발생한 약 500만 명의 난민은 포함되지도 않았는데, 이는 제2차 세계대전 이후 유럽 내에서 발생한 최대 규모의 인구 이동이었다.

국경을 넘는 이들의 행렬이 이처럼 쇄도하는 가운데, 이민을 바라보는 전 세계의 시선은 점점 더 냉담해졌다. 2022년 가을, 입소스Ipsos가 전 세계 4만 8,000명을 대상으로 실시한 대규모 여론조사에서 응답자의 64%가 자국에 있는 이민자 수가 "너무 많다"고 답했다.[16] 이는 2016년의 55%보다 눈에 띄게 상승한 수치였다.[17]

많은 국가에서 이민을 명백하게 제한해야 한다는 분위기도 고조되고 있다. 2024년 여름, 입소스가 29개국에서 조사한 결과 응답자의 약 17%가 '이민 통제' 문제를 가장 큰 걱정거리 중 하나로 꼽았다.[18] 같은 시기 미국에서는 국민의 55%가 이민 수용률을 낮춰야 한다고 답했는데, 이는 2001년 이후 가장 높은 수치였다. 독일에서는 2024년 여론조사에서 이민 감축이 가장 우선적인 정책 과제로 떠올랐고, 네덜란드·프랑스·노르웨이·영국에서도 같은 흐름이 확인됐다.[19] 일부 나라에서는 단순히 이민자의 숫자가 너무 많다는 불만을 넘어, 아예 이민 자체가 사회에 해롭다는 인식까지 퍼지고 있다. 실제로 2024년 여름, 미국에서 이민이 국가에 '해롭다'라고 답한 비율은 32%로, 2020년의 19%보다 크게 올랐다.[20] 영국 역시 2024년 9월 조사에서 이민을 '대체로 해롭다'라고 보는 여론이 40%에 달했는데, 이는 4년 전의 30%보다 크게 늘어난 것이다.[21] 그러나 제2차 세계대전의 역사는 우리에게 이와는 전혀 다른 교훈을 남기고 있다.

무솔리니가 준 선물

1938년 늦여름, 서른일곱 살의 한 남자가 가족과 함께 이탈리아 알프스산맥 지역을 자동차로 여행하고 있었다. 그는 마을을 지날 때마다 차에서 내려 우체통을 찾아 미국 주소로 편지를 부쳤다. 대부분은 같은 내용, 즉 일자리를 구한다는 편지들이었다.[22] 그 가운데 한 통이 지금까지 남아 있는데 내용은 다음과 같다.

앞으로 몇 년 동안은 어려운 시기가 될 것임을 고백해야겠습니다. 제 개인적으로는 아내가 유대계 혈통이라 아이들이 처할 상황이 우려됩니다. 이 편지를 쓰는 주된 이유는 미국에 제가 일할 만한 적합한 자리가 있다면 기꺼이 수락하고 싶다는 의사를 전하기 위해서입니다.[23]

이 남자의 이름은 엔리코 페르미Enrico Fermi였다. 세계적으로 존경받는 선구적 핵물리학자였던 그는, 베니토 무솔리니Benito Mussolini의 파시스트 정권이 나치 독일을 따라 유대인 차별 법령을 시행하자 이탈리아를 떠날 길을 찾고 있었다. 페르미는 미국 대학들에 편지를 보내 학자로서 일할 자리를 부탁하면서 가족과 함께 이탈리아를 영원히 떠날 수 있기를 바랐다. 로마 당국이 계획을 알아차리고 가족의 여권을 압수할까 봐, 그는 발각 위험을 줄이려 일부러 네 곳의 서로 다른 마을에서 편지를 나누어 부쳤다. 곧이어 여러 곳에서 채용 제의가 왔다.

그로부터 4년 뒤, 그는 시카고 남부의 한 버려진 미식축구 경기장 지하 스쿼시 코트에서 동료들과 함께 대규모 물리 실험을 통해 세계 최초의 자가 지속 핵연쇄반응을 일으키는 데 성공했다. 이 실험은 나치보다 먼저 원자폭탄을 제조하려던 미군에게 결정적인 기술적 돌파구를 마련해주었다. 1954년 《뉴욕타임스》는 그의 부고 기사에서 "그 시대 누구보다도 엔리코 페르미야말로 '원자폭탄의 아버지'라는 칭호가 가장 어울리는 인물이었다"라고 썼다.[24] 물리학자 이지도어 라비Isidor Rabi는 그를 가리켜 '무솔리니가 미국에 준 가장 큰 선물'이라고 평했다.

사실 페르미는 유럽에서 쏟아져 나온 인재들 가운데 한 사람에 불과했다. 유럽의 파시즘과 반유대주의를 피해 망명길에 오른 석학 중에는 레오 실라르드Leo Szilard, 에밀리오 세그레Emilio Segre, 에드워드 텔러Edward Teller, 닐스 보어Niels Bohr 같은 천재들이 있었다.

이들은 모두 인류 최초의 원자폭탄을 제조하기 위한 '맨해튼 프로젝트'에 참여해 자신들의 지적 역량을 쏟아부었다. 사실 이들 대부분은 자신의 기술과 천재성을 세계의 종말로 이어질 수도 있는 무기의 개발에 쏟아붓는 데 도덕적 갈등을 느꼈다. 그러나 나치 정권이 이 기술을 먼저 손에 넣어 핵무기를 만들게 되면 세상은 더 큰 재앙을 맞을 것이라 생각했기에 참혹한 비극을 막아야 한다는 점을 받아들였다. 윈스턴 처칠의 군사비서관을 지낸 이언 제이콥 경Sir Ian Jacob은 연합군이 전쟁에서 승리한 이유를 두고 "우리가 전쟁에서 이긴 건 우리 쪽 독일 과학자들이 그들 쪽 독일 과학자들보다 더 뛰어났기 때문이다"라고 재치 있게 평했다고 전해진다.[25] 유럽의 인종차별적 독재자들이 최고의 인재들을 내쫓지 않았다면 세계사는 지금과 전혀 달라졌을 수도 있다는 말은 타당해 보인다.

그 뒤로도 과학에 대한 이민자들의 기여는 수십 년간 이어졌다. 우우르 샤힌과 함께 바이오엔테크의 mRNA 코로나 백신을 공동 개발한 인물 중 한 명은 헝가리 출신의 생화학자 커털린 커리코Katalin Karikó였다. 그녀는 1985년 미국으로 이주했고, 2023년 생리학·의학 분야 노벨상을 수상했다. 2000년부터 2023년까지 미국인이 받은 화학·의학·물리학 노벨상 112개 중 45개가 이민자 출신에게 돌아갔다.[26] 영국, 독일, 프랑스에서 노벨상을 받은 연구자들 중 이민자 출신이 차지하는 비율도 비슷하다. 이주민들의 기여는 기초과학을 넘어 훨씬 넓은 영역에 걸쳐 있다. 반도체 사례에서 볼 수 있듯이 우리 세상을 형성하는 데 기술이 하는 역할은 아무리 강조해도 지나치지 않다. 그리고 그 기술을 만드는 주체는 다름 아닌 사람들이며, 그 사람들의 상당수는 이주민이다.

모리스와 젠슨

모리스 창Morris Chang은 1931년 중국 상하이에서 중견 은행가 집안의 아들로 태어났다. 그러나 태어난 날부터 그의 삶은 이동의 연속이었다. 그는 열여덟 살이 되기 전까지 중일전쟁, 제2차 세계대전, 국공내전을 겪으며 가족과 함께 중국 전역을 떠돌았다. 가문의 뿌리를 송두리째 흔든 폭력과 격동은 그의 가족을 닝보에서 광저우까지, 홍콩과 충칭을 거쳐 다시 상하이로 내몰았다. 마침내 1949년 마오쩌둥의 공산주의 정권이 들어서자, 그는 태평양을 건너 미국으로 향했다. 하버드대학교에서 1년 동안 셰익스피어를 공부한 뒤, 매사추세츠 공과대학교MIT로 옮겨 기계공학으로 전공을 바꿨다. 졸업 후에는 댈러스에 본사를 둔 반도체 기업 TI(텍사스 인스트루먼트)에 입사했다. 이후 25년 동안 TI의 반도체 제조 공정 효율을 획기적으로 끌어올려 회사의 시장 점유율과 수익성을 크게 높였고, 회사 내 서열 또한 가파르게 상승했다. 그는 빠른 승진으로 CEO 후보로까지 거론됐지만, 끝내 그 직위를 얻지 못하고 밀려나자 1984년에 사표를 제출했다. 그는 훗날 당시를 회상하며 "본질적으로 내가 한직으로 밀려났다고 느꼈기 때문에 떠났

다"고 술회했다.[27]

쉰네 살의 업계 베테랑에게 기회가 찾아온 것은 그로부터 2년 뒤, 대만 정부가 찾아와 그에게 손을 내밀었을 때였다. 대만은 1949년 공산당에게 패배해 쫓겨온 국민당 세력의 후예들이 통치하던 섬으로, 모리스 창에게 그곳에 반도체 제조공장을 세워달라고 요청했다. 모리스 창은 제안을 수락했고, 대만으로 이주해 1986년 TSMC를 설립했다. 그가 제시한 혁신적인 아이디어는 칩을 자체 설계하거나 판매하지 않고, 전 세계 어떤 반도체 회사든 위탁만 하면 제조만을 전담한다는 파격적인 사업 모델이었다. 사실 이것은 그가 과거 TI 근무 시절에 상사들에게 제안했으나 받아들여지지 않았던 아이디어였다. 모리스 창의 '순수 파운드리Pure-play foundry' 칩 제조 모델은 20세기의 산업 세계화에서 가장 혁신적인 전환점 중 하나가 되었다.

TSMC는 실리콘 칩에 더 많은 트랜지스터를 집적하는 경이로운 기술력과, 웨이퍼당 높은 수율을 보장하는 제조 능력을 바탕으로 세계 최정상 전자제품 기업들이 가장 선호하는 칩 제조사가 되었다. 앞서 보았듯이, 오늘날 TSMC는 잠재적 경쟁자가 거의 없는 첨단 반도체 제조의 최전선에 서 있다. 모리스 창이 없었다면 이런 일은 결코 일어나지 않았을 것이다. 대만은 지금의 '실리콘 방패'를 갖추지 못했을 것이고, 미국과 중국이 대만 반도체 제조 역량에 경제적으로 의존하는 상황도 없었을 것이다. 만약 1984년 TI 이사회가 모리스 창을 CEO로 발탁했더라면, 오늘날 미국이

반도체법을 통해 정부 자금으로 애리조나에 TSMC 공장 건설을
지원하는 일도 벌어지지 않았을지도 모른다.

모리스 창의 이야기가 세계화 시대에 미국에서 발생한 '인재
유출' 사례라면, 젠슨 황Jensen Huang은 그 반대인 '인재 유입' 사례
라고 할 수 있다. 젠슨 황은 1963년 대만의 가난한 가정에서 태어
나 1972년 형과 함께 미국 워싱턴주에 사는 삼촌 집에 맡겨졌다.
그러나 곧 켄터키Kentucky 시골의 오나이다침례교학교Oneida Baptist
Institute라는 기숙학교로 보내졌다. 1899년에 설립된 이 학교는 원
래 애팔래치아 지역 부족들 사이에서 벌어지던 살인적인 분쟁을
해결하기 위해 그들의 자녀에게 엄격한 종교 교육을 제공할 목적
으로 세워졌다. 아마도 젠슨 황의 삼촌은 오나이다가 명문 기숙
학교라고 믿었던 것 같다. 하지만 실제로는 공부만 하는 것이 아
니라 공용 화장실 청소를 포함한 노동을 병행해야 하는 일종의
감화원에 가까웠다. 젠슨 황은 "그곳 아이들은 정말 거칠었어요.
모두 주머니칼을 가지고 다녔고, 싸움이 벌어지면 험한 일이 생
겼죠. 여러 아이들이 다쳤어요"라고 회상했다.[28] 영어조차 서툰
아홉 살의 대만 출신 이민자 소년에게는 짐작조차 하기 어려울
만큼 당혹스러운 환경이었다. 당시 동창들에 따르면, 젠슨 황을
향한 괴롭힘이 참혹할 정도로 집요했다고 한다. 그럼에도 불구하
고 그는 오히려 이 경험이 자신을 단련시켰고, 결국 오나이다에
서 역경을 딛고 성장할 수 있었다며 그곳에서 지내던 "그 시절을
좋아했다"고 회고했다.[29]

졸업 후 그는 오리건주립대학교에서 전기공학을 전공했으며, 이후 실리콘밸리로 이주해 칩 설계 분야에 뛰어들었다. 초기 비디오게임에 열광했던 그는 1990년 그래픽처리장치GPU를 제작하기 위해 엔비디아Nvidia를 설립했다. 이후 인공지능 애플리케이션을 지원하는 최첨단 칩 설계로 방향을 전환하면서 엔비디아는 세계적인 '팹리스fabless' 칩 설계회사로 성장했는데, 이는 TSMC의 파운드리 모델이 있었기에 가능했던 구조였다.

나스닥에 상장된 엔비디아는 2023년 인공지능에 대한 투자 열풍에 힘입어 주가가 하늘 높은 줄 모르고 치솟았다. 2024년 11월에는 주당 148달러를 기록하며 기업 가치가 3조 6,000억 달러에 달했다. 당시 엔비디아는 세계에서 가장 가치 있는 상장기업이 되었고, 세계에서 가장 중요한 기업으로 여겨지는 TSMC와 공생 관계를 맺고 있다.[30] 21세기 경제의 심장부라 할 수 있는 두 기업 모두 이민자에 의해 설립되었다.

모리스 창과 젠슨 황은 분명 특이한 사례에 해당한다. 하지만 이 두 사례를 통해 이민자들이 일반적인 경제에 미치는 영향을 유추해낼 수 있을까? 이것이 가능하다는 증거가 있다. 여러 연구는 이민자가 토착민보다 사업을 시작할 가능성이 더 높다고 지적한다.[31] 즉 그들이 사업을 시작함으로써 전에는 존재하지 않았던 일자리를 창출해내고 있다는 뜻이다. OECD도 "이민자는 고용 창출에 더 많이 기여한다"고 분석했다.[32] 이는 고국을 떠나온 이민자들이 일반적인 토착민보다 더 강한 기업가 정신과 추진력을 지니는 경향이 있기 때문일 수 있다. 그러나 이 점을 과대평가해서는 안 된다. 이민자의 자영업 비율이 상대적으로 높은 현상은 그들이 본질적으로 더 기업가적 기질이 뛰어나기 때문이라기보다 언어적·문화적 장벽이나 차별 때문에 정규 고용 시장에서 선택지가 상대적으로 더 적기 때문일 수도 있다. 또한 이민자들이 대개 근로 연령층에 속한다는 사실이 그들의 높은 창업률을 설명하는 일부 요인이 될 수도 있다.

일부 연구는 이민자가 창업한 기업이 고용 규모가 작고 생존 가능성이 낮을 수 있다는 점을 지적한다.[33] 하지만 전반적으로 경제학자들은 이민자의 고용 창출 효과를 긍정적으로 평가한다. 미국의 사례를 보면, STEM(과학·기술·공학·수학) 학위를 가진 이민자가 많은 지역일수록 해당 지역 토착민의 임금 또한 상승하는 경향이 관찰되었다. 비록 그런 혜택의 상당 부분이 주로 고학력 토착민에게 돌아가기는 하지만 말이다.[34] 결국 이러한 '독보적인 개인들'의 존재는 중요하다. 스코틀랜드 출신의 알렉산더 그레이엄 벨Alexander Graham Bell, 독일 출신의 제약업계 거물 찰스 화이자 Charles Pfizer, 헝가리 출신의 인텔 설립자 앤디 그로브Andy Grove, 러시아 출신의 구글 창립자 세르게이 브린Sergey Brin에 이르기까지, 미국으로 건너온 역사적으로도 특출난 이민자 출신 기업가들은 비즈니스 세계와 세계경제에 지대한 영향을 미쳤다.

산소와 같은 관계

2022년, 나는 글래스고Glasgow에서 유진Eugene을 만났다. 중국 서부 출신으로 글래스고대학교 대학원에 다니던 그는 친절하고 사려 깊으며 유창한 화법을 가진 사람이었다. 그는 천장이 높은 도시 특유의 공동주택에서 나와 대화를 나누던 중 이렇게 말했다. "나는 중국어로 말할 때와 영어로 말할 때 서로 다른 페르소나를 가지게 돼요. 왜 그런지 모르겠지만, 모국어로는 차마 꺼내지 못할 이야기도 영어로는 술술 나오곤 하죠." 유진과 같은 중국인 유학생은 현재 전 세계적으로 약 100만 명에 달하는 것으로 추산된다. 이들은 전 세계 해외 유학생 600만 명(그중 400만 명이 OECD 국가에 체류) 가운데 큰 비중을 차지한다.[35] 이 중국인 유학생들 중 상당수는 영국 대학을 찾는다. 2022년 기준 영국 내 중국인 유학생은 약 15만 명으로, 5년 전보다 50%나 늘었다. 이는 영국 대학 재정에 막대한 이익을 안겨주었다.

하지만 우려의 목소리도 커지고 있다. 보수당의 일부 의원들은 영국 대학들이 중국인 유학생의 등록금에 의존하게 되면서, 이들 중 일부 강경한 민족주의적 성향을 가진 학생들의 항의로 인해 대학의 학술적 자유가 훼손될 위험이 있다고 주장하고 있다.[36] 일례로 2024년 유니버시티 칼리지 런던UCL의 미셸 쉽워스Michelle Shipworth 교수는 자신의 강의 슬라이드에 포함된 "왜 중국에는 노예가 그렇게 많은가?"라는 질문에 대해 일부 중국인 유학생들이 항의하자, 학교 측이 해당 모듈을 삭제했다고 폭로했다. 그는 "해외 유학생으로부터 얻는 수입을 잃을까 두려워 이 학생들을 만족시키려고 무엇이든 하려는 교직원들도 있다"고 지적했다.[37] 일각에서는 이 학생들이 중국 정부에 의해 조종되고 있다는 의혹도 제기되었다. 영국 정보기관을 감독하는 의회 위원회는 중국 대사관의 자금 지원을 받는 중국학생·학자연합회CSSA가 해외 중국 유학생들의 행동을 "감시하고 통제하려" 시도한다는 보고를 받기도 했다.[38]

중국 학생들이 국가안보에 위협이 된다는 인식은 정보기관에 의해 더욱 확산되었다. MI5의 수장 켄 맥컬럼Ken McCallum은 영국 대학이 "간첩 행위와 조작을 위한 매력적인 표적"이라고 경고하며, 실제로 중국 인민해방군과 연계된 중국인 유학생 50명을 영국에서 추방했다고 밝혔다.[39] 영국 정부는 또한 물리학, 수학, 공학, 인공지능 등 '군사 기술'을 개발하는 데 적용될 수 있는 연구 분야에 지원한 해외 유학생들을 심사하는 학문기술승인제도Academic Technology Approval Scheme를 운영하고 있다. 최근 몇 년 사이 이 제도에 걸려든 중국인 유학생들의 비자 거부 사례가 눈에 띄게 늘어났으며, 블룸버그가 확보한 자료에 따르면, 2023년 신청 거부율은 신청자의 5%로, 2019년보다 10배 높아졌다.[40]

대서양 건너 미국에서도 비슷한 현상이 벌어졌다. 미국은 중국인 유학생들에게 더욱 인기 있는 유학지로, 2023년에는 29만 명의 중국 학생이 미국에서 공부하고 있다.[41] 이곳의 우려는 더 크다.

2022년, 당시 플로리다주 상원의원 마르코 루비오Marco Rubio는 미·중 교육기관 간의 교류를 '지양'할 것을 촉구했다.[42] 전 FBI 국장 크리스토퍼 레이Christopher Wray는 중국 정부와 비밀리에 연계된 일부 중국인 대학원생들이 미국의 "혁신을 훔치고 있다"고 경고했다.[43] 트럼프 1기 행정부는 2018년 미국 학계에서 중국 스파이로 의심되는 이들을 색출하기 위해 '차이나 이니셔티브'를 출범시켰다. 이 조치는 간첩 혐의에 대한 유죄 판결을 단 한 건도 끌어내지 못한 채 수많은 억울한 구속자만 양산했다.[44] 이 사업은 결국 2022년에 중단되었지만, 단속은 다른 방식으로 계속되고 있다. 블룸버그 보도에 따르면, 2023년 11월~2024년 5월 사이, 최소 20명의 중국인 이공계 유학생들이 유효한 비자를 소지하였음에도 미국 입국을 거부당했다. 트럼프 1기 행정부가 2020년에 제정한 규정이 여전히 유효하기 때문이다. 이 규정은 중국 군부와 연관된 대학에서 공부한 적이 있는 중국인 학생에게는 개인에 대한 별다른 혐의가 없어도 비자 발급을 거부할 수 있다고 명시하고 있다.[45]

글래스고는 영국에서 중국인 유학생이 가장 많은 도시 중 하나로, 대학 캠퍼스에는 6,000명이 넘는 중국 학생들이 공부하고 있다. 나는 BBC 라디오 다큐멘터리 취재를 위해 그들 중 일부를 만나 함께 시간을 보내며 그들의 생각을 들을 수 있었다.[46] 그 과정에서 놀라웠던 점은, 이 유학생들이 공산당의 선전도구로서 자신의 의견을 타인에게 강요하는 편협한 집단일 것이라는 편견과는 달리, 오히려 정치적 논쟁에 휘말리는 것 자체를 극도로 꺼리는 경우가 많다는 점이었다.

유진은 내게 이렇게 말했다. "민주주의나 다른 정치적 주제에 대해 다양한 의견을 접할 수 있지만, 우리는 그에 대해 많이 이야기하지 않아요. 문제가 될 수 있으니까요. 마음속으로는 생각이 있지만, 입 밖으로 꺼내지는 않아요." 우리가 취재에서 얻은 가장 중요한 교훈은 영국에 있는 중국인 유학생들에 대한 정치권과 언론계의 주장에도 불구하고 그들을 하나의 동질적인 집단으로 간주해서는 안 된다는 점이었다.

물론 국가안보에 대한 우려를 무시하거나, 일부 중국인 유학생들의 위협적인 행동을 가볍게 여기거나, 중국 정부가 서방 캠퍼스에서 표현의 자유를 제약하려는 시도를 방치하는 것은 잘못이다.[47] 국제인권단체인 휴먼라이츠워치Human Rights Watch, HRW는 중국 정부와 관련이 있는 단체를 감시하고 학문의 자유를 명시적으로 보장하는 등 서방 캠퍼스에 다양한 안전장치를 마련하라고 제안했는데, 이는 시의적절하고 균형 잡힌 조치로 보인다.[48]

그러나 우려만 강조하고 개방의 이점을 간과하는 것도 문제다. 개방은 학술 교류뿐 아니라 문화·정치적 이해라는 측면에서도 큰 이점을 지닌다. 펜실베이니아대학교의 교수이자 전 미국 국무부 중국 담당 특별고문이었던 에이미 개즈던Amy Gadsden은 "인적 교류는 국가 간 관계에서 산소와 같다"라고 평했다.

산소는 있을 때는 의식하지 못하지만, 사라지면 숨을 쉴 수 없게
된다. 미국과 중국 사이의 인적 교류라는 산소가 줄어들수록 양국
관계는 점점 더 숨통이 조여오고, 결국 질식하게 될 것이다.[49]

유진과 대화하며 인상 깊었던 점은, 그가 영국 대학을 선택한 이
유 중 하나가 중국의 고등교육보다 개성과 자기표현의 자유를 더
많이 허용하기 때문이라고 말한 대목이었다. 그는 이를 두고 "제
가 조립 라인에서 생산되는 똑같은 제품이 될 필요는 없잖아요"
라고 말했다.

유진은 우리가 만난 직후인 2022년에 고향으로 돌아갔지만, 스
코틀랜드에서의 경험을 매우 소중히 여겼고 언젠가 다시 돌아와
일하고 싶다고 했다. 이러한 우호적 감정은 영국의 귀중한 자산
이다. 그러나 이러한 자산은 쉽게 약화될 수도 있다. 중국에서 미
국으로 이민 온 부모를 둔 노벨상 수상자 스티븐 추Steven Chu는
2022년에 중국인 유학생을 향한 미국의 적대적인 정치적 담론에
대해 경고했다. "수십 년 동안 미국은 전 세계로부터 이민자를 환
영하는 나라로 여겨져 왔습니다. 하지만 지금은 상반된 메시지가
뒤섞이면서 그 이미지가 위태로워졌습니다."[50]

영국 케임브리지대학교 부총장 데보라 프렌티스Deborah Prentice
역시 영국 정부의 외국인 학생에 대한 규제 강화와 비자 수수료
인상은 "외국인은 여기서 환영받지 못한다는 메시지를 노골적으
로 보내는 것"이라고 경고했다.[51] 워싱턴의 피터슨국제경제연구

소 소속 아담 포센Adam Posen은 서방이 1930년대 엔리코 페르미 같은 파시스트 정권의 반체제 인사들을 환영했던 것처럼, 오늘날 중국 정부에 비판적인 인사들에 대해 '개방 정책open-door policy'을 펼쳐 적극적으로 받아들여야 한다고 주장한다.

> 부분적으로든 완전히든 중국을 떠나고자 하는 과학자, 기업가, 투자자, 그리고 모든 기업을 기꺼이 환영합시다. 그들이 미국·영국·싱가포르·호주로 오게 하여 중국의 인재들을 쏙쏙 뽑아내고, 그 역량이 우리에게 흘러들어오게 해야 합니다.[52]

이는 특히 반도체 제조를 미국으로 되돌아오게 하려는reshore 상황에서 경제적으로 중요한 의미를 가진다. 미국 내 고숙련 반도체 인력의 약 40%가 외국 태생이기 때문이다. 전기공학·컴퓨터과학 분야 대학원생의 3분의 2도 해외 유학생이며, 이들 중 대다수는 학위 취득 후 대부분 미국에 남는다.[53] 미국 반도체산업협회는 2023년 보고서에서, 칩스법을 통해 성공적으로 첨단 반도체 생산 시설을 상당 부분 국내로 이전하더라도 2030년까지 해당 공장에서 일할 엔지니어·컴퓨터과학자·기술자가 약 6만 7,000명가량 부족할 것으로 내다봤다. 이는 새로 창출될 것으로 예상되는 신규 일자리의 약 60%에 해당한다.[54]

이처럼 심각한 기술 인력 부족 문제를 해결하기 위해서 협회는 더 많은 국내 노동자를 양성하기 위한 자금 투입뿐만 아니라, 더 많은 외국 기술 인력이 미국에 들어와서 머물 수 있도록 하는 이민 정책을 강력히 권고했다. 실제로 2022년, 전직 국가안보 고위 관리들이 의회 지도자들에게 서한을 보내 "미국이 경쟁에 필요한 인재를 유치하지 못한다면, 주요 공급망을 국내로 유치하려는 노력도 성공할 수 없다"고 경고했다.[55] 즉, 미국은 반도체 제조를 자국화하든가 아니면 이민자에게 문을 닫든가 둘 중 하나만 선택할 수 있을 뿐, 두 마리 토끼를 모두 잡을 수는 없다는 뜻이다. 유럽 국가들도 향후 자체 기술 개발을 추진하는 과정에서 같은 딜레마에 직면할 것이다.

서방은 종종 중국의 막대한 이공계 졸업생 숫자를 부러운 시선으로 바라보곤 한다. 2024년까지 중국은 약 7만 명의 STEM 분야 박사를 배출할 것으로 예상되는 반면, 미국은 약 4만 명 수준에 그칠 전망이다.[56] 그러나 중국 정부와 관련된 한 싱크탱크에 따르면, 중국 역시 반도체 자급률을 획기적으로 높이려는 국가적 야망을 실현하기 위해 필요한 소프트웨어 엔지니어와 칩 설계 인력이 여전히 20만 명이나 부족한 실정이다. 인재 부족은 중국에서 새로운 문제가 아니다. 중국 당국은 이미 2008년부터 해외에서 수학하고 경력을 쌓은 중국 출신 과학자들의 귀국을 독려하기 위해 다양한 인센티브 제도를 시행해왔다. 최근에는 귀국 인재들에게 300만~500만 위안(약 42만~70만 달러)의 파격적인 전속 계약금까지 제시하고 있다고 로이터 통신은 전했다.[57]

이러한 노력은 어느 정도 성과를 거둔 것으로 보이지만, 시진

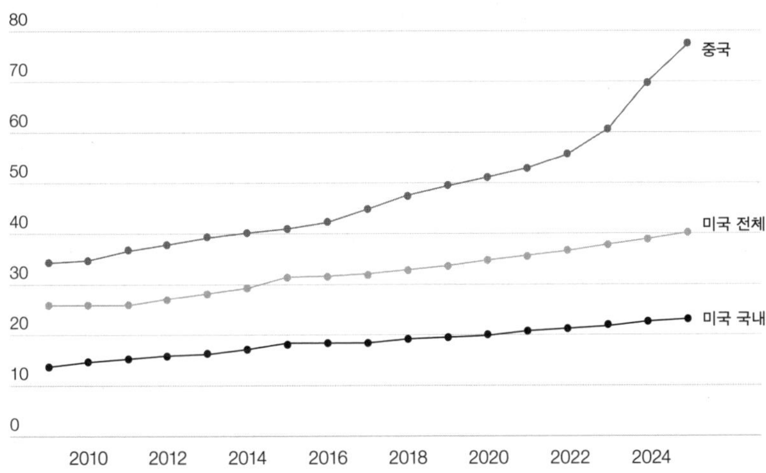

2020~2025년은 추정치
도표: Datawrapper로 작성, 데이터 출처: 미국안보유망기술센터(CSET)

핑 치하에서 급격히 강화된 권위주의적 통치 방식은 오히려 인재들을 밖으로 내모는 반작용을 일으키고 있다.[58] 일각에서는 미·중 신냉전을 '인적 자본'을 둘러싼 쟁탈전으로 본다. 미국이 이민자 출신 이공계 학생들에게 의존하고 있는 분야는 반도체에만 국한되지 않는다. 기술 진보의 가장 중요한 격전지로 꼽히는 인공지능 관련 학과에 재학 중인 미국 내 정규 대학원생 중 3분의 2 이상이 외국인 유학생이다.[59] 그렇다면 성공한 기업가도, 이공계 학생도 아닌 이민자, 고등 학위나 기술 전문성이 없는 이민자, 또는 저숙련 이민자들은 어떤 영향을 미치고 있을까?

마리엘 경제학

쿠바 본섬과 미국 본토 최남단인 플로리다주 키웨스트Key West 사이의 거리는 144km에 불과하다. 1980년 당시 많은 쿠바인에게 이 144km는 억압과 자유, 빈곤과 번영을 가르는 선이었다. 문제는 필사적인 대책을 강구하지 않는 한 그들에게 그 해협을 건널 현실적 방법이 없었다는 점이다.

1980년 4월 1일, 쿠바에서 실직 상태의 버스 운전사 엑토르 사뉴스티스Hector Sanyustiz와 동료 4명은 자국의 공권력으로부터 벗어나기 위해 페루로 망명하려고 아바나Havana 소재 페루 대사관으로 버스를 몰고 돌진했다. 대사관을 지키던 쿠바 경찰이 버스에 총격을 가해 망명을 시도하던 일행 중 2명이 다쳤고, 튕긴 탄환에 경찰관 한 명이 사망했다.[60] 아바나 당국은 경찰관 사망 사건에 대한 재판을 진행하겠다는 이유로 그들 전원의 송환을 요구했지만, 페루 측은 거부했다. 그러자 쿠바의 독재자 피델 카스트로Fidel Castro는 보복 조치로 페루 대사관에서 경비 병력을 철수시켰다. 결과는 카스트로의 예상과 전혀 다르게 흘러갔다. 경찰이 철수하자마자 이 빈곤한 섬을 떠나려는 약 1만 명의 쿠바인들이 페루 대사관 정원으로 몰려들어 망명을 요청한 것이다.

이 혼란에 체면을 구긴 카스트로는 4월 20일, 쿠바 국가에 대한 충성심이 부족해 떠나고자 하는 사람은 누구든 마리엘Mariel 항구를 통해 출국해도 좋다고 선언했다. 단, 미국에서 자신을 데려갈 배편을 직접 마련해야 한다는 조건을 붙였다. 이미 이전에 탈출에 성공했던 미국의 쿠바계 이민자 커뮤니티는 친척과 친구들을 자유의 품으로 데려오기 위해 분주히 움직였고, 키웨스트 같은 곳에서 어선을 임대하기 시작했다.

그 후 몇 달 사이 마리엘에 도착한 1,700척의 배를 타고 약 12만 5,000명의 쿠바인이 해협을 건너 플로리다로 향했다. 이 물결은 미국 해안경비대를 압도했고, 이 사건은 '마리엘 보트 수송작전Mariel boatlift(1948~1949년 베를린 봉쇄 당시 '베를린 공수작전Berlin air-lift'에서 유래한 표현─옮긴이)'으로 불리게 되었다.

위대한 물리학자 엔리코 페르미와 같은 과학자들은 실험실 장비를 동원해 아원자입자subatomic particles를 의도적으로 조작하며 그 반응을 연구할 수 있다. 그러나 복잡한 사회 속에서 사람들의 상호작용을 탐구하는 경제학자들에게는 과학자들이 입자를 다루는 것과 같은 통제된 방식으로 인간을 조작하여 그 반응을 살필 기회가 주어지지 않는다. 그래서 경제학자들은 이른바 '자연 실험natural experiments'이라 불리는 기회를 끊임없이 탐색한다. 이는 특정 시공간에서 벌어지는 급격한 변화를 통계적으로 분석하여, 경제적 원동력에 관한 보편적인 교훈을 도출해내는 과정을 의미한다.

캐나다계 미국인 경제학자 데이비드 카드David Card는 마리엘 보트 수송작전이야말로 이민이 현지 고용과 임금에 미치는 영향을 살피기 위한 절호의 기회임을 간파했다. 새로 유입된 쿠바 이민자의 절반 이상은 저숙련 노동자였고, 이들이 마이애미에 정착하자 이 도시의 노동력은 하루아침에 7%나 급증했다. 데이비드 카드는 이처럼 급격하게 대규모 이민이 유입된 경우 기존 근로자의 임금과 고용에 어떤 변화가 일어났는지 궁금했다.

마리엘 보트 수송작전으로 대규모 이민자가 유입된 이후 10년이 지난 1990년에 데이비드 카드는 1979~1985년 사이의 이 지역 노동시장 데이터를 정밀하게 분석했다.[61] 당시 경제학의 통설은 노동시장에도 수요·공급의 법칙이 다른 시장과 마찬가지로 동일하게 작동한다는 것이었다. 따라서 마이애미처럼 국지적인 노동시장에 저숙련 이민자가 한꺼번에 유입되면, 대졸 학력이 없는 기존 노동자들의 평균 임금은 하락하고 실업률은 상승할 것이라는 예측이 지배적이었다.

그러나 데이비드 카드의 예상과는 달리 그런 효과는 나타나지 않았다. '마리엘리토스Marielitos(1980년 마리엘 보트 수송작전으로 건너온 쿠바인들)'는 건설현장, 창고, 식당 등에서 일자리를 얻으며 시장에 노동인구로 무리 없이 통합되었고, 기존 저숙련 노동자들의 처지도 그다지 나빠지지 않았다. 이 발견은 이민의 부정적 효과에 대한 통념을 크게 흔들었다.

물론 카드의 연구 결과가 무비판적으로 수용된 것만은 아니다. 2015년, 경제학자 조지 보하스George Borjas는 데이비드 카드의 연구에 문제를 제기하면서 마이애미에서 저숙련 노동자의 임금에 실제로 부정적 영향이 있었다고 주장했다. 이 학술 논쟁은 트럼프 1기 행정부가 이민 억제 정책의 정당성을 부여하기 위해 보하스의 연구를 인용하면서 정치권의 주목을 받게 되었다. 그러나 더 정교한 통계 분석들이 나오면서 보하스의 주장은 힘을 잃었다.

마리엘 연구의 결과가 모든 노동시장에 보편적으로 적용될 수 있는지, 즉 이민자 유입이 언제나 이런 긍정적 결과를 내는지는 여전히 논쟁거리다.[62] 데이비드 카드도 인정했듯, 마이애미에는 이전부터 형성된 쿠바 이민자 커뮤니티 같은 특수한 배경이 있어 마리엘리토스들을 경제적으로 수용하는 것이 더 쉬웠을 수 있다. 그럼에도 불구하고 이 마리엘 연구는 저숙련 이민자의 대규모 유입이 곧바로 동일 직군에 종사하는 기존 노동자에게 해를 끼친다는 고정관념에 근본적인 의문을 던졌다.

실제로 2016년 미국 국립과학·공학·의학아카데미National Academies of Science, Engineering and Medicine의 획기적인 보고서는 이민이 미국 태생 노동자의 임금에 미치는 영향이 '매우 미미하다'고 결론 냈다.[63] 영국 역시 2004년 유럽연합 확대 이후 약 100만 명의 동유럽 출신 이민자가 들어오면서 저숙련 이민자의 대규모 유입을 경험했다. 해당 사례를 분석한 연구들 또한, 이것이 영국 태생 저숙련 노동자들의 임금에 미친 영향이 미미하거나, 부정적이더라도 극히 소소한 수준임을 시사했다.[64]

영국 정부의 이민자문위원회Migration Advisory Committee는 2018년 보고서에서 이민자가 영국 출신 노동자의 고용·실업 전반에 '거의 또는 전혀 영향을 미치지 않았다'고 결론지었다.[65] 이는 저숙련 이민자가 노동시장의 빈 부분을 메우거나, 고숙련 본토인에 대한 보완적 역할을 하기 때문으로 해석된다. 실제로 이탈리아의 한 연구에 따르면, 이주 노동자들이 보육이나 청소 같은 분야에 진출하면서, 그들이 아니었다면 가사 노동에 묶여 있었을 여성들이 직장에 나가 소득을 올릴 수 있게 되었다.[66]

도널드 트럼프는 2015년 6월, 트럼프 타워 로비에서 행한 연설에서 멕시코 이민자들이 미국에 '마약을 들여오고 범죄를 가져왔다'고 비난했다. 이민자와 범죄를 연결하는 프레임은 포퓰리스트들이 즐겨 쓰지만, 선진국에서는 이를 뒷받침할 증거가 거의 없다. 영국·미국·이탈리아에서 진행된 연구들은 이민율 상승과 범죄 증가 사이에 유의미한 연관성을 찾지 못했다.[67] 실제로 많은 OECD 국가에서 이민의 증가는 오히려 강력 범죄 및 전체 범죄의 감소와 궤를 같이하는 현상이 관찰됐다. 대다수 선진국의 범죄율은 1990년대 중반 정점을 찍은 이후 원인이 명확히 밝혀지지 않은 채 꾸준히 하락하고 있다.[68]

일부 연구에서는 영국 내에서 난민 신청자처럼 노동시장 진입 기회가 박탈된 이민자 집단이 생계형 절도 범죄를 저지를 가능성이 상대적으로 더 높다는 사실을 발견했다. 하지만 이는 비단 이민자만의 특성이 아니라, 경제적으로 소외된 취약 계층에 속한 본토인 집단에서도 동일하게 나타나는 현상이다. 게다가 이러한 요인이 전체 범죄 지표에 미치는 영향력은 그다지 크지 않았다.[69]

그렇다면 이민자 문제가 경제나 범죄의 문제가 아니라면, 진짜 문제는 무엇일까?

통계로 본 이민의 현실

이쯤에서 전체적인 수치를 짚어볼 필요가 있다. 유엔의 추산에 따르면, 2020년 기준 자신이 태어나지 않은 타국에서 거주하는 인구는 약 2억 8,000만 명에 달한다. 이는 1985년의 1억 1,300만 명에서 대폭 증가한 수치다. 세계 전체 인구 대비 비율로 보면 2.3%에서 3.6%로 상승한 것인데, 특히 1990년 소련 붕괴 이후 뚜렷한 증가세를 보이고 있다.[70] 선진국에서 외국 태생 인구 비율은 이보다 더 높고, 상승 속도도 더 빠르다.

OECD 회원국 내 외국 태생 인구의 비중이 2013년 11.7%에서 2023년 14.7%로 증가했다.[71] 그런데 인구 구성이 얼마나 바뀌었는지에 대한 대중의 인식은 실제보다 과장되어 있다. 미국·영국·이탈리아·독일·프랑스 등 주요국 국민이 예상하는 자국 내 1세대 이민자 비중은 실제 데이터보다 크게 높았다. 각국의 실제 이민자 비중은 대체로 10~20% 사이지만, 사람들은 25~35%로 추측하는 경향이 있었다.[72]

그렇다면 기회만 된다면 다른 나라로 이주하여 일하고 싶다는 사람은 얼마나 될까? 2021년 갤럽의 국제 조사에 따르면, 전 세계 성인의 약 16%인 9억 명가량이 이주 의향을 밝혔다. 이는 10년 전

12%보다 상승한 수치다.[73] 다만 이 숫자를 곧이곧대로 받아들이긴 어렵다. 기회만 된다면 이민을 갈 것이라고 말하기는 쉽다. 그러나 노벨 경제학상 수상자 아비지트 배너지Abhijit Banerjee와 에스테르 뒤플로Esther Duflo가 지적했듯이, 설령 이주가 가능해지더라도 실제로 실행에 옮기기까지는 거대한 심리적 장벽이 존재하기 때문이다.[74]

그렇다면 만약 약 9억 명의 성인이 실제로 이주해서 일한다면 어떤 일이 벌어질까? 경제학자 랜트 프리쳇Lant Pritchett은 빈곤한 국가에서 저학력 노동자가 생산성 높은 부유한 국가로 이주할 경우, 그들의 연봉이 평균 1만 5,000달러 상승한다고 추정한다.[75] 이는 개발도상국에서 이주할 의향이 있는 모든 성인이 부유한 국가로 옮겨간다고 가정할 경우, 전 세계 소득이 매년 약 13조 5,000억 달러 증가하여 세계경제 생산량의 약 7%에 달할 것임을 의미한다. 이렇게 늘어난 소득과 세수는 2023년 2,200억 달러였던 선진국의 해외 원조 예산을 수십 배 넘게 충당할 수 있다.[76] 일부 경제학자들은 자유로운 이동에 대한 제한을 철폐하면 얻을 수 있는 이익이 훨씬 커져, 전 세계 소득을 두 배까지 늘릴 수 있다고 본다.[77]

이민자들이 떠나온 국가들은 특히 의사·간호사·과학자 같은 전문 인력이 유출될 경우 피해를 입지 않을까? 어느 정도 부정적 효과가 있지만, 이민자들이 가족에게 보내는 송금으로 인해 본국 경제도 혜택을 본다. 이민자들이 본국인 개발도상국으로 송금한 돈은 2022년에 650억 달러로, 이미 서방의 공적 원조 규모를 크게

[그림 6-2] 이주 증가로 2013년 이후 대부분 선진국에서 외국 출생자 비중이 커졌다

전체 인구 중 외국 출생자 비중(단위: %)

■ 2013년 비중　■ 2023년까지 증가한 비중

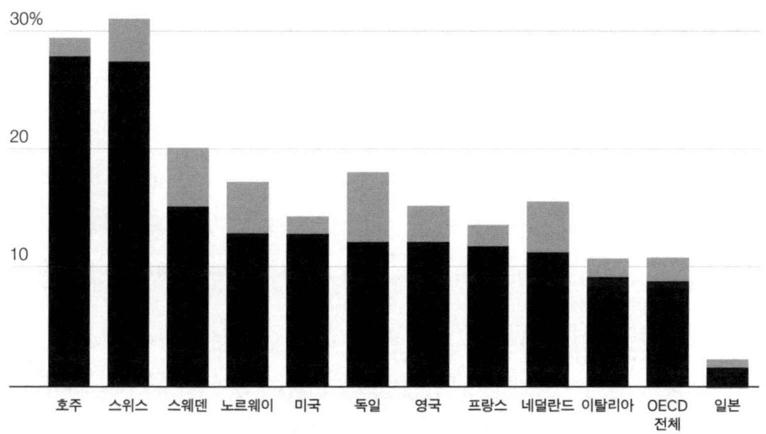

도표: Datawrapper로 작성, 데이터 출처: OECD

웃돌았으며, 만약 수백만 명이 더 이민을 갈 수 있다면 이 금액도 크게 증가할 것이다.[78] 2023년의 한 분석에 따르면, 아프리카에서 숙련 노동자의 유출이 10% 증가했을 때 얻는 이득이 그로 인한 비용보다 수배는 더 큰 것으로 나타났다.[79]

그러나 경제적 이득이 얼마나 크든 간에, 국경을 활짝 여는 일은 부유한 국가들에선 정치적으로 명백히 수용 불가능한 카드다. 영국개혁당Reform UK은 2024년 총선에서 '필수 인력을 제외한 모든 이민을 중단하라'고 요구했다. 연구에 따르면, 2004년 이후 영

국으로 유입된 동유럽 출신 이주자 100만 명이 노동시장에 미친 영향이 크지 않았음에도 불구하고, 이들의 유입은 결과적으로 영국개혁당의 전신인 영국독립당UK Independence Party의 지지도를 높이는 불씨가 되었다. 이러한 흐름은 결국 2016년 브렉시트 국민투표로 이어져 영국이 유럽연합을 탈퇴하고 노동자의 자유로운 이동을 포기하는 결과로 이어졌다.[80]

2024년 미국 대선 당시 트럼프에게 투표한 유권자를 대상으로 한 출구조사 결과, 90%가 이민 문제를 투표의 '최우선 이슈'로 꼽았는데, 이는 경제 이슈(80%)를 넘어서는 수치였다.[81] 캐나다에서도 '이민자가 너무 많다'는 응답이 2022년 9월 27%에서 2024년 9월 58%로 급등했다.[82] 극우 정당들이 약진한 2024년 6월 유럽의회 선거에서도 유권자의 28%가 '이민과 난민'을 핵심 투표 동기로 언급했다.[83] 팬데믹 이후 부유한 국가로 향하는 합법·불법 이민이 급격히 늘어나면서, 이민 문제가 정치의 한복판 이슈가 되었고 전 세계적으로 포퓰리즘 우파의 부상에 기름을 부었다. 이민의 속도는 이를 받아들이는 지역사회에 분명히 중요한 문제다.

이 같은 반발에는 정부가 특정 지역에 이민자 수용에 필요한 주택과 기반시설을 제때 준비하지 못한 책임도 섞여 있다. 그러나 이민에 대한 불안의 뿌리는 문화적·인종적 구성의 변화에 대한 근원적인 두려움, 그리고 이주민이 현지 사회의 가치와 규범에 녹아들어 일체감을 이룰 수 있는가를 둘러싼 이른바 '사회적 동화as-similation' 논쟁과도 맞닿아 있다. 고소득 국가에서 2000~2020년 사이의 인구 증가는 국내의 자연 증가분(출생아 수-사망자 수)보다 국제 이민이 주요 요인이었다. 유엔은 저출산 기조로 인해 앞으로 수십 년 동안 이들 국가에서 인구 성장의 사실상 유일한 원천은 이민이 될 것이라고 전망한다.[84]

특히 망명자와 난민은 종종 부유한 국가에 불법으로 입국할 수밖에 없기에 이민은 미국-멕시코 국경, 영국 해협, 유럽과 아프리카를 분리하는 지중해 등지에서 국경 통제와 국가안보에 대한 깊은 두려움을 불러일으킨다. 2023년 OECD 국가에 접수된 망명 신청은 270만 건을 넘어 사상 최고를 기록했는데, 이는 분쟁 악화, 국가 기능 마비, 탄압 강화, 기후 변화로 인한 위기, 팬데믹 이후 여행 규제 완화 등이 복합적으로 작용한 결과로 보인다.[85] 이런 위협적 분위기 속에서 포퓰리스트 우파 세력은 이민 유입 '완전 차단'을 점점 더 강하게 주장하고 있다.

그렇다고 이민을 급격히 줄여 (특히 선진국에서) '순 제로' 상태로 만드는 해법이 지속 가능하냐 하면, 그럴 가능성은 낮다. 인구 고령화가 가속화되고 출산율이 인구 대체 수준 이하로 떨어진 선진국들은 의료·사회복지 등에서 이미 상당한 수의 인력 부족으로 어려움을 겪고 있다. 그렇기 때문에 앞으로 수십 년간 이 분야에서 저숙련 이민 인력을 필요로 할 수밖에 없을 것이다. 일각에서는 대졸자, STEM 전공 학생, 비교적 부유한 기업가 등 고숙련 이민자는 환영하되, 다수의 저숙련 경제 이민자와 망명 신청자는 배제해야 한다고 주장한다. 스웨덴과 핀란드는 팬데믹 이후 실제

로 그런 정책을 채택했다.[86]

이처럼 숙련도에 따른 차별은 고립 경제학의 핵심 요소로 보인다. 흥미롭게도 반이민을 내세운 도널드 트럼프조차 2024년에 미국 내 모든 외국인 대학 졸업생에게 영주권(그린카드)을 부여해 영구 이민을 허용해야 한다고 제안해서 주변을 놀라게 했다.[87] 이 제안이 트럼프의 2기 행정부에서 실제로 실현될지는, 다른 정책들과 마찬가지로 현재로선 미지수다. 어쨌든 1930년대 유대인부터 마리엘 보트 수송작전까지 지난 세기의 역사가 보여주듯, 경제 이민자·난민·학자의 경계는 늘 모호했다. 더구나 긍정적 경제 기여를 하는 주체는 이민자 본인뿐 아니라 그 자녀 세대까지 이어진다.

바이오엔테크를 설립한 우우르 샤힌의 아버지는 1960년대 서독의 인력난을 메우기 위해 들어온 튀르키예 출신 '파견 노동자guest workers'였다. 당시 튀르키예에서 온 이들은 주로 공장에서 일하는 저숙련 노동자들이었으며, 샤힌의 부친 역시 쾰른의 포드 자동차 공장에서 일했다. 파견 노동자들은 본래 2년 정도 머무는 게 전제였지만, 샤힌 가족을 포함해서 그중 약 절반은 독일에 평생 정착했다.[88] 그 덕분에 55년 뒤인 2020년 12월, 우우르 샤힌은 마인츠의 연구실에서 팬데믹의 위기를 해결할 열쇠를 쥐어줄 수 있게 된 것이다. 고립 경제학을 무분별하게 수용한다면, 이러한 세대를 이은 이민자의 성공 신화는 훨씬 드물어질 것이다.

고립 경제학이 특히 두려워하는 대상은 저숙련 이민이다. 그러

나 정작 이 진영이 산업적으로 최우선 순위에 두는 철강 생산 등
의 분야가 저숙련 노동자에 가장 많이 의존한다는 사실은, 고립
경제학이 지닌 아이러니이자 동시에 그들이 고수하는 일관성 없
는 현실이기도 하다.

7장
철강

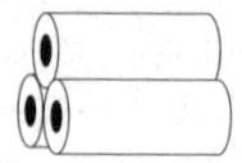

앤드루 카네기Andrew Carnegie는, 적어도 개인 재산만 놓고 보면, 그 시대의 일론 머스크Elon Musk에 비견될 만한 인물이었다. 스코틀랜드 출신의 이 미국 기업가는 1901년 월가의 거물 J.P. 모건J.P. Morgan에게 회사를 매각하며 세계 최고 부호로 등극했다. 당시 카네기의 최고 개인 재산은 현재 가치로 환산하면 약 310억 달러로 추산된다.[1] 이는 2024년 말 대선 직후 테슬라Tesla 주가 급등으로 일론 머스크가 기록했던 역대 최고 순자산 335억 달러와 거의 맞먹는다.[2]

카네기는 공공 도서관, 콘서트홀, 교육기관과 연구 프로그램에 막대한 자산을 기부한, 역사상 손꼽히는 자선가였다. "이렇게 부유한 채로 죽는 자는 부끄럽게 죽는 자다"라는 것이 그의 신념이었다.[3] 반면 머스크는 재산의 상당 부분을 소셜 네트워크 플랫폼인 트위터(현 X)를 인수하는 데 투입했고, 표현의 자유라는 명분으로 백인 우월주의자들의 계정 차단을 해제하고 종종 그들의 목소리를 증폭시키기도 했다.[4] 머스크의 부가 전기차에서 나왔다면, 카네기의 부는 철강에서 나왔다.

J.P. 모건의 기존 철강 사업과 카네기 철강회사가 결합하여 탄생한 U.S. 스틸United States Steel Corporation은 가히 산업계의 리바이어던(거대 괴수)이라 불릴 만했다. 설립 당시 U.S. 스틸의 제철소는 연간 약 900만 톤의 철강을 생산했는데, 이는 당시 세계에서 가장 빠르게 성장하던 미국에서 소비되는 전체 철강 소비량의 절반을 훌쩍 넘는 규모였다. 펜실베이니아주 피츠버그에 본사를 둔 이 회사는 마침내 세계 최초로 시가총액 10억 달러를 넘어선 기업이 되었고, 가히 미국 '도금 시대Gilded Age'의 가장 눈부신 보석 같은 존재가 됐다.

그러나 U.S. 스틸의 영향력은 단순히 금융적인 측면에만 국한되지 않는다. 1901년 이 회사의 인력은 16만 8,000명으로, 당시 미국 전체 고용 인구의 0.6%를 차지했다.[5] 이와 대조적으로, 2024년 말 세계에서 가장 가치 있는 기업으로 떠오른 첨단 반도체 설계 기업 엔비디아의 미국 내 직원 수는 1만 3,000명으로 미국 전체 고용 인력의 0.007%에 불과했다. 이는 창립 당시 U.S. 스틸이 미국 고용 시장에서 차지했던 비중이 오늘날 엔비디아의 약 100배였다는 뜻이며, 철강은 초기 미국 경제에서 그만큼 압도적으로 중요한 산업이었다.[6]

그리고 그것은 U.S. 스틸에 있어 시작에 불과했다. 제2차 세계대전 동안 이 회사의 고용 인원은 34만 명으로 정점을 찍었고, 미군이 사용한 철강 장비의 3분의 1을 생산한 것으로 추정된다. 전쟁이 끝날 무렵, 미국은 전 세계 철강 생산량의 60% 이상인 약 6,600만 톤을 생산했다.[7] 그중 대부분을 U.S. 스틸이 만들었다. 하지만 그때가 이 거대 기업이 누릴 수 있었던 최고의 순간이었다. 이후 수십 년 동안 안일해진 경영진은 거세지는 국내외 경쟁에 제대로 대응하지 못했고, 단기 이익을 추구하며 혁신을 소홀히 한 결과 쇠퇴의 길을 걸었다.[8] 회사의 시장 점유율은 수익과 함께 곤두박질쳤고, 결국 2023년 8월, 잇따른 인수 시도 속에서 U.S. 스틸은 경매를 통한 회사 매각을 결정하기에 이르렀다.[9]

네 달 뒤, 더 효율적이고 수익성 높은 경쟁사인 일본의 일본제철Nippon Steel이 150억 달러의 입찰가를 제시해 인수 경쟁에서 승자가 됐다.[10] 이는 당시 U.S. 스틸의 시가총액 90억 달러를 한참 웃도는 가격이었지만, 당시 논평가들은 이 시가총액이 미국 외식 체인인 텍사스 로드하우스Texas Roadhouse의 가치보다도 낮다는 점을 꼬집으며, 한 시대를 풍미했던 절대강자의 몰락을 개탄했다. 미국 산업사의 전설적인 기업 U.S. 스틸은 그렇게 역사 속으로 사라지는 듯 보였다.

하지만 미국 의회 의원들의 생각은 달랐다. 미국 산업의 상징이 외국 기업에 흡수된다는 건 받아들일 수 없는 일이었다. 펜실베이니아주 민주당 상원의원 존 페터먼John Fetterman은 "U.S. 스틸이 외국 기업에 매각되는 것은 절대 용납할 수 없다. 이 매각을 막기 위해 내가 가진 지위와 수단으로 할 수 있는 모든 일을 하겠다"고 못박았다.[11] 공화당 상원의원 3인방 J.D. 밴스J.D. Vance, 조시 홀리Josh

Hawley, 마르코 루비오Marco Rubio도 한목소리를 냈다. 그들은 재닛 옐런Janet Yellen 미 재무부 장관에게 보낸 서한에서 일본제철은 "U.S. 스틸이 미국과 맺어온 오랜 유대를 공유하지 않는다"고 지적하며 연방정부의 개입을 압박했다.[12] 곧바로 도널드 트럼프는 대통령에 재선되면 이 거래를 막겠다고 공언했다.[13] 이에 질세라 조 바이든도 대통령의 강력한 영향력을 행사해 이 매각에 대해 공개적 반대 의사를 밝혔다. 2024년 3월, 바이든은 이렇게 단언했다. "U.S. 스틸은 100년 넘게 미국을 대표해온 철강회사로, 미국이 소유하고 운영하는 미국 기업으로 남는 것이 매우 중요하다."[14] 그리고 2025년 1월, 퇴임을 앞둔 바이든은 이 거래를 공식적으로 불허함으로써 마침표를 찍었다. 그는 "이번 인수는 미국 최대 철강사 중 하나의 통제권을 외국에 넘겨주고 국가안보와 핵심 공급망에 위험을 초래할 것"이라고 밝혔다. 이 일련의 사태는 정치가들이 철강산업을 얼마나 특별한 존재로 보는지를 여실히 보여준다.

특별한 금속

철강은 정말 특별하다. 프랑스 혁명을 피해 영국으로 건너온 이민자의 아들이었던 영국 발명가 헨리 베세머Henry Bessemer가 1856년, 철iron과 탄소의 단단한 합금인 철강을 대량 생산하는 방법을 내놓았을 때 그는 적어도 물리적 차원에서 현대 세계의 문을 연 셈이었다.[15]

오늘날 우리가 쓰는 철강은 조상들이 사용했던 철보다 강도가 무려 1,000배나 높다. 건물, 공장, 파이프라인, 전신주, 다리, 철도, 자동차, 기념비, 가전제품의 기본 소재가 되고, 의료 장비와 식기, 드럼통, 선박, 제트기, 잠수함, 각종 무기와 핵 미사일에도 철강이 사용된다. 심지어 철강은 세상의 거의 모든 물건을 만드는 공구를 만들어낸다. 매년 지구상에서 채굴되는 모든 금속 중 무게 기준으로 90% 이상이 철강 생산용 철광석이다.[16] 너무 흔하고 근본적이어서 그 역할을 완전히 이해하기 어려울 정도이다. 철강은 어디에나 있지만 최대 소비처는 단연코 건설업이며, 그다음이 자동차 및 기계 설비 제조업이다.

U.S. 스틸의 존재감은 줄었어도 전 세계 철강산업 자체는 그 어느 때보다 더 거대해졌다. 현재 이 산업은 전 세계에서 600만 명을 고용하고 있으며, 연간 매출은 2조 5,000억 달러에 달한다.[17] 2023년 한 해 동안 전 세계 제철소에서 쏟아져 나온 철강의 양은 약 19억 톤으로, 이는 지구상의 모든 남녀노소를 불문하고 1인당 약 200kg의 철강을 생산한 셈이다.[18]

그러나 이러한 막대한 생산량 뒤에는 어두운 이면이 존재한다. 철강 제조 공정은 대개 철광석과 화석연료 중 가장 오염도가 높은 석탄을 혼합하여 제련하기 때문에, 철강 부문은 전 세계 산업 부문 탄소 배출량의 약 4분의 1, 전체 온실가스 배출량의 약 7%를 차지하는 주범으로 지목되고 있다.[19]

국력

재선 캠페인에서 도널드 트럼프가 U.S. 스틸의 미래를 두고 목소리를 높인 건 전혀 놀랍지 않다. 1기 집권 당시 가장 파장이 컸던 경제정책 가운데 하나가 2018년 3월, 미국으로 수입되는 철강에 25%의 관세를 부과하겠다고 발표한 것이었다. 이 관세는 트럼프의 적수인 중국뿐만 아니라, 적어도 초기에는 캐나다, 유럽연합, 한국 등 동맹국에도 적용되었다. 명분은 철강 수입이 미국의 '국가안보'에 위협이 된다는 것이었지만, 미 상무부는 국방과 핵심 인프라에 대한 막연한 언급만 했을 뿐 구체적으로 어떻게 위협이 되는지는 명확히 밝히지 않았다.[20] 트럼프에게 철강은 단순한 금속이 아니라 국력의 상징이었다. 그는 2018년 3월 소셜 미디어를 통해 이를 한 문장으로 요약했다. "철강이 없으면 국가도 없다."[21] 이는 1960년대 한국의 군사 독재자이자 반대파로부터 '쥐'라는 별명으로 불렸던 박정희 전 대통령도 공유했던 관점이다.

대한민국 광양시에 자리 잡은 포스코POSCO(포항제철)의 일관제철소는 "철강은 국력"이라는 박정희 전 대통령의 신념이 일궈낸 기념비적 유산이다. 5기의 거대한 용광로가 들어선 포스코 광양 제철소는 500만m²의 광활한 부지에서 1만 4,000명에 이르는 숙련된 인력이 근무하고 있다. 이곳에서는 연간 2,300만 톤의 철강을 생산할 수 있으며,[22] 오랫동안 세계 최대 규모의 단일 제철소 지위를 유지해왔다.[23] 그러나 만약 1960년대에 당시 개발도상국의

산업화를 지원하던 다자간 대출기구인 세계은행의 기술관료들이 기존 방식대로 판단했다면, 오늘의 포스코는 존재하지 않았을 것이다. 1960년 당시 한국의 1인당 국민소득은 케냐와 비슷했고,[24] 경제는 어업 의존도가 높았으며, 원시적이었던 제조업은 가발이나 섬유 같은 노동집약적인 기초 제품을 생산하는 수준에 불과했다.[25]

박정희가 국가산업화전략의 핵심으로 대형 제철소 건립을 위해 차관을 요청했을 때, 세계은행은 거절했다. 세계은행의 관료들은 브라질·멕시코·튀르키예 등 다른 개발도상국들이 일관제철소를 건립하려다 실패한 전례가 있었고, 자원이 빈약한 한국이 호주·캐나다·미국 등 수천 마일 떨어진 곳에서 철광석과 석탄을 전량 수입해와야 한다는 점을 이유로 들었다.[26] 그러한 거절은 당시로선 합리적 판단이었다. 한국 경제학자 장하준은 당시 박정희의 철강 구상을 "역사상 최악의 사업 제안 중 하나"라고 평했다. 그러나 박정희는 물러서지 않았다. 일본을 설득해 전후 배상금 성격의 대일 청구권 자금을 받아내 이 계획의 종잣돈으로 전용하도록 했다.

그리고 역사상 가장 성공적인 산업정책 중 하나를 본격적으로 가동했다. 값싼 전력, 저리 대출, 풍부한 교통 인프라, 세금 감면 등 국가 보조금이라는 당근으로 포스코를 지원하는 한편, 수입 철강엔 25% 관세를 매겨 국내 시장을 지켜줬다. 동시에 정치적 압력을 통해 생산량 확대, 효율성 개선, 그리고 특히 수출 확대를 강하게 압박하는 채찍 방식도 병행했다. 그 결과 1980년대에 이르자 포스코는 효율성에서 세계 최정상에 올랐고, 생산량의 30~40%를 수출하기에 이르렀다. 지금은 보조금이 사라지고 회사는 민영화되었으나, 포스코는 세계 7위 철강기업으로 우뚝 섰으며, 한국은 세계 6위 철강 생산국으로 성장했다.

나아가 박정희는 철강산업의 육성을 한국 산업화 전략의 초석으로 삼는 선견지명을 보여주었다. 철강 수출로 벌어들인 외화는 선박·자동차·가전제품 등 다른 제조업 분야에 재투자할 수 있는 밑거름이 되었다. 초기엔 외국 전문가의 도움을 받으며 시작된 국내 철강산업은 한국인들에게 '현장에서의 학습learn by doing'의 기회를 제공했다. 시간이 흐르면서 철강 생산에서 축적한 산업기술 및 경영 노하우는 다른 모든 산업 부문으로 성공적으로 이식되었다. 오늘날 한국의 1인당 GDP는 케냐의 약 20배에 달하며, 명실상부한 선진국 반열에 올라 있다.[27] 이 눈부신 성취 과정에서 철강의 기여는 결코 적지 않았다.

그렇다면 이 사례가 주는 교훈은 부유한 나라들이 자국의 제철소를 보호·강화해야 한다는 트럼프식 결론일까? 박정희의 말대로 철강이 곧 국력일까? 만약 그렇다면, 산업혁명의 발상지이자 한때 세계 철강 시장을 호령했던 영국의 앞날은 암울해 보인다.

포트 탤벗

포트 탤벗Port Talbot 제철소는 한국 광양제철소만큼 크지는 않다. 용광로는 5기가 아니라 2기, 고용 인원 또한 1만 4,000명이 아닌 4,000명에 불과하다. 그럼에도 이곳은 여전히 압도적인 위용을 자랑한다. 검게 그을린 배관들이 마치 고대 신전인 지구라트Ziggurats처럼 솟아올라 사우스웨일스주의 마을을 굽어보고 있으며, 자갈로 외벽을 마감한 현지 주택들의 뒷마당에서도 그 모습이 훤히 내다보일 정도다.

지역 주민 대다수는 이 제철소가 그대로 유지되기를 간절히 바랐다. 하지만 2023년 9월, 제철소 소유주 타타 스틸Tata Steel이 포트 탤벗의 두 용광로를 폐쇄하겠다고 발표하자 마을은 충격에 빠졌다. 이 인도 기업은 그 자리에 기존 시설 대신 고철을 재활용하여 철강을 생산하는, 오염이 적고 효율적인 전기로electric arc furnace를 건설할 계획이었다. 문제는 이로 인해 전체 인력의 4분의 3에 해당하는 거의 3,000개의 일자리가 사라진다는 점이었다.

BBC 취재차 인터뷰하게 된 현지 철강 노동자들이 느끼는 당혹감은 살갗에 닿을 듯 생생했다. 제철소 근처의 번잡한 도로 위, 공장의 거대한 그림자 아래에서 만난 노조 간부 마크 데이비스Mark Davies는 단단한 체격만큼이나 무거운 목소리로 말했다. "여기서 41년 넘게 일했습니다. 열여섯 살 때 용광로에서 일을 시작해 지금까지예요. 제 일자리를 잃는 것도 싫지만, 더 걱정되는 건 젊은 세대입니다. 제 아들도 여기서 일해요. 스물여섯이죠. 최소한 제가 누렸던 기회만큼은 그 아이에게도 주어지길 바랐거든요."[28] 이는 이곳 노동자들의 공통된 사연이었다. 사우스웨일스에서 제철업은 세대를 잇는 일이었다. 그래서 정리해고는 단지 일자리를 잃는 게 아니라, 지역사회가 무너지고 수 세대에 걸친 삶의 방식이 종말을 고하는 사건이었다.

사실 타타의 결정은 놀랄 일만은 아니었다. 영국의 철강 생산은 오랫동안 내리막이었다. 2023년 생산량은 560만 톤으로, 1930년대 대공황 이후 가장 낮은 수준이었다.[29] 1970년대만 해도 영국 철강산업 종사자는 30만 명이 넘었지만, 지금은 마크 데이비스 부자를 포함해 당시의 10분의 1 수준으로 쪼그라들었다.

상황은 더욱 심각해져 이제는 영국 철강산업의 '존립 위기'까지 거론되고 있다. 타타 스틸의 결정이 내려진 지 몇 달 후, 중국 징예철강Jingye Steel이 소유한 또 다른 회사 브리티시스틸British Steel도 링컨서주 스컨소프Scunthorpe에 있는 용광로의 가동을 중단하겠다고 발표했기 때문이다. 일부 전문가들은 영국이 철광석과 석탄을 녹여 이른바 기초 철강primary steel을 생산할 능력을 상실한 유일한 주요 경제국으로 전락할 수 있다고 경고했다.[30] 이는 일자리 상실 문제를 넘어 미국에서와 마찬가지로 국가안보에 대한 우려로 번졌다. 철강 노동자를 대표하는 GMB 노조 관계자는 국방부 장관에게 보낸 서한에서 "우리는 국방산업, 특히 전함 건조에 필수적인 철강을 자체 생산할 능력을 완전히 잃을 위기에 처했습니다.

이는 명백한 실책입니다"라고 경고하며, 용광로 가동 중단을 막기 위해 정부 개입을 촉구했다.[31]

이 논리는 워싱턴에서처럼 런던에서도 상당한 설득력을 얻고 있다. 2021년 보수당 정부는 재정난에 빠진 철강업체 셰필드 포지 마스터스Sheffield Forgemasters를 국유화했다. 비록 규모는 작고 틈새 시장에 특화된 기업이지만, 영국 해군의 핵잠수함 함대에 필요한 핵심 부품을 생산하는 곳이었기 때문이다.[32] 1970년대부터 원칙적으로 국유화를 반대해온 보수당 정부조차 국방이 위협받는 상황 앞에서는 기존의 노선을 고수하기 어려웠던 것이다.

철강산업의 쇠퇴는 영국만의 이야기가 아니다. 유럽연합 역시 2008년 글로벌 금융위기 이후 철강 수요가 20% 급감한 뒤 회복되지 않으면서, 전체 철강 인력의 약 4분의 1인 8만 6,000명의 노동자를 잃었다. 2007~2019년 사이 스페인에서 1만 개, 이탈리아 8,500개, 프랑스 8,300개, 독일 6,300개의 철강산업 일자리가 사라졌다.[33] 영국 사우스웨일스, 프랑스 모젤Moselle, 독일 루르Ruhr, 스페인 바스크 지방Basque Country 등 유럽 전역에서 탈산업화로 노동계급 공동체가 무너지고, 철강산업의 장기 침체가 국력과 안보를 약화시킬 것이라는 불안과 우려의 목소리가 커지고 있다.[34]

철강 도시

지난 40년 동안 워싱턴의 여러 대통령들은 철강산업을 보호하기 위한 다양한 정책을 시행해왔다. 트럼프는 1962년 제정된 무역확장법 제232조를 철강 관세 부과에 명시적으로 적용한 첫 대통령이긴 하지만, 강력한 철강 업계의 로비와 해외 경쟁자에 대한 우려에 대응해 조치를 취했던 지미 카터, 로널드 레이건, 조지 W. 부시 등 전직 대통령들의 발자취를 따랐을 뿐이다.

사실 트럼프가 2018년 25%의 관세를 도입하기 이전에도 철강 산업은 이미 미국의 다른 제조업 부문보다 국제적 경쟁으로부터 훨씬 더 높은 수준의 보호를 받고 있었다.[35] 그럼에도 생산량과 고용 지표만 보면 그러한 보호의 실효성을 체감하기란 어렵다. 영국과 유럽의 흐름과 마찬가지로, 미국의 철강 생산도 거스를 수 없는 하락세를 보여왔기 때문이다. 1970년대 이후 철강 생산량은 중량 기준으로 절반으로 줄었다.[36] 제철소 고용 인력도 1980년대 중반 이후 절반 이상 급감하여 2022년에는 8만 3,000명으로 감소했다.

이러한 현상은 왜 중요한가? 철강산업을 비롯한 미국 제조업 일자리의 감소는 그간 제공된 여러 보호 조치에도 불구하고 오랫동안 워싱턴 정가에서 자유시장이 수반하는 필연적인 변화 과정 churn의 일부로 간주되어 왔다. 철강 노동자들은 결국 다른 업종의 일자리로 옮겨갈 것이고, 다른 산업 부문이 그 빈자리를 메우며 확장될 것이라는 낙관론이 지배적이었다. 워싱턴의 정치인들은 낮은 실업률과 꾸준한 GDP 성장이 그 증거라고 생각했다.

하지만 2016년 경제학자 데이비드 오터David Autor, 데이비드 돈

David Dorn, 고든 핸슨Gordon Hanson의 연구는 이런 가정을 무너뜨렸다. 그들은 2000년대 이후 발생한 제조업 일자리 상실이 미국의 역사적 산업 중심지인 '러스트 벨트rust belt' 지역에 회복 불가능한 타격을 주었다고 밝혔다. 이 현상은 글로벌 무역 체제에 중국이 급속히 편입되던 시기와 맞물렸고, 특히 중국 산업과 경쟁이 치열했던 지역들이 가장 심각한 타격을 입었기 때문에 '차이나 쇼크China shock'라 불렸다.[37]

웨스트버지니아주 위어턴Weirton 타운이 대표적인 사례다. 1909년 이곳에 설립된 제강소는 웨스트버지아주의 최대 고용주로 군림했지만, 수년간의 재정 악화 끝에 2003년 파산하며 대부분의 가동을 멈췄다. 한때 1만 5,000명에 달하던 노동자는 800명으로 급감했다.[38] 2016년 대선 당시, 이곳의 분위기는 험악했다. 《인디펜던트》 신문사의 전 동료 앤드루 번컴Andrew Buncombe이 위어턴에서 보도한 내용을 보자.[39] 시 공무원 에드 서턴Ed Sutton은 트럼프에게 투표하겠다며 그 이유로 "철강 일자리가 사라진 뒤 그것을 대체한 건 아무것도 없기 때문"이라고 밝혔다. 그는 정치인들이 말하는 새 일자리 창출이란 그저 최저임금 수준의 서비스직에 불과하다고 일갈했다. 지역 주민들은 1994년 멕시코와 캐나다산 철강 수입에 대한 관세를 철폐한 NAFTA(북미자유무역협정)를 배신의 상징으로 여겼다. 이 협정은 빌 클린턴 대통령이 재직 중에 서명하여 체결되었고, 이는 힐러리 클린턴에 대한 강한 거부감으로 이어졌다. 한 전직 철강 노동자는 "힐러리 클린턴의 남편이 NAFTA를 도입했단 말입니다. 우리 주에서 그녀에게 표를 주는 건 제정신이 아니죠"라며 분노를 표출했다.

위어턴에서 동쪽으로 약 56km 떨어진 펜실베이니아주의 피츠버그는 미국 러스트 벨트의 전형적인 비극으로 회자된다. 앤드루 카네기와 U.S. 스틸의 본거지였던 '철강 도시' 피츠버그는 철강 호황에 힘입어 인구가 1870년 8만 명에서 1950년 67만 6,000명으로 늘어났다. 그러나 1970년대 이후 철강 생산이 줄고 지역 제철소가 잇따라 문을 닫으면서 인구는 급감했다. 1980년대 후반에는 제철소 근로자 15만 명이 해고되었고, 많은 이들이 도시를 떠났다. 2020년 기준 피츠버그의 인구는 30만 명으로, 20세기 중반 전성기의 절반에도 못 미친다. 2021년에는 미국 대도시권 가운데 자연인구감소율(사망자 수>출생자 수)이 가장 높은 곳으로 기록되었다.[40] 오늘날 이 도시는 미국 전체에서 고령 인구 비중이 가장 높은 지역 중 하나로 꼽힌다.[41]

그렇다면 이러한 현실이 도널드 트럼프의 철강산업 정책을 정당화해주는 것일까? 국제무역은 진정 원흉일까? 트럼프의 전 수석전략가 스티브 배넌Steve Bannon의 주장대로, 외국산 철강에 영구적으로 초고율 관세를 매기고 국내 제강소를 재가동하는 것이 위어턴이나 피츠버그의 노동자들을 돕는 최선의 방법일까?[42] 우리는 이미 한국이 국내 철강산업을 육성해 40년 만에 부유한 국가로 도약한 사례를 봤다. 실제로 경제사가들은 앤드루 카네기가 헨리 베세머의 기술을 들여오던 19세기 후반에, 관세 보호가 미국 철강산업 성장에 중요한 역할을 했다고도 주장한다.[43] 한편 학자들은 2016년 미국 대선 당시 트럼프 지지율과 '차이나 쇼크' 피해 지역 사이에 통계적 상관관계가 있음을 확인했다. 그렇다면 자유주의자들liberals조차도 이런 보호무역주의를 지지해야 할까?[44]

그리고 이와 동일한 '생산 중심의 처방'이 영국과 유럽연합에도 통할까? 각국 정부는 유럽 전역의 산업·사회·안보 전략 차원에서, 2008년 이후 지속적으로 하락세를 보이는 철강 제조업의 흐름을 되돌리려 노력해야 할까? 비록 선진국 전역에서 철강직 일자리는 줄고 있지만, 그럼에도 철강업 평균 임금이 여전히 1인당 국가 소득 평균을 크게 웃도는 경향을 감안하면, 국내 철강산업을 지원하는 것이 노동계급의 생계를 보호하는 올바른 방법일까?

얼마나 더 필요한가?

이 복잡한 문제를 제대로 다루려면 가장 근본적인 질문부터 시작해야 한다. 바로 "지구 전체에 얼마나 많은 철강이 필요한가?"라는 질문이다. 1970년대 석유 파동에 대응하기 위해 파리에 설립된 다자기구인 IEA(국제에너지기구)는 이에 대한 해답의 실마리를 제공한다.

전 세계 모든 건축물과 기기에 쓰인 철강의 총량을 합산해, 이를 전 세계 약 80억 명의 인구로 나눠보자. IEA의 계산에 따르면, 현재 지구상에서 이미 사용 중인 철강의 총량은 1인당 약 4.2톤이라고 한다. 그렇다면 앞으로 얼마나 더 많은 철강이 필요할까? IEA는 2050년까지 1인당 약 6.5톤이 더 필요할 것으로 추정한다.[45] 같은 시기 세계 인구가 약 97억 명이 될 것이라는 전망을 대입하면, 전 세계 철강 축적량은 지금의 약 320억 톤에서 2050년에는 630억 톤으로 늘어나야 한다. 요컨대 앞으로 수십 년 동안 훨씬 더 많은 철강이 필요하다는 뜻이다.

다만 국가 간 격차는 크다. 독일 같은 고소득 국가의 철강 구조물·자동차·무기·가전제품의 양을 말리Mali처럼 도로 대부분이 아직 흙길인 나라의 인프라 및 물질적 부와 비교해보라. 독일은 인당 철강 재고량이 약 12톤인 반면, 말리는 0.1톤 미만이다. 분석가들은 선진국의 1인당 철강 축적량을 10~15톤으로 보고, 약 13톤을 한 나라의 '철강 포화점steel saturation point'으로 추정한다.[47] 이는 부유한 나라의 시민들이 더 이상 새로운 가전·자동차·주택 리모델링을 원치 않는다는 뜻이 아니라, 이러한 것들을 공급하기 위해 새로 철을 캐낼 필요가 없다는 의미다. 왜냐하면 이미 보유하고 있는 철강을 재활용하여 그들의 수요를 충당할 수 있기 때문이다. 만약 전 세계가 오늘날 부유한 국가 수준인 1인당 13톤에 도달한다면, 2080년에 세계 인구가 104억 명으로 정점에 이를 때 사용 중인 철강 총량은 1,350억 톤, 즉 오늘날의 약 4배에 달할 것이다.[48] 이러한 논거를 바탕으로 볼 때, 세계는 여전히 더 많은 철강을 필요로 한다. 그렇다면 문제는 '과연 어느 나라가 그 철강을 생산해야 할까?'로 귀결된다.

영국의 저널리스트이자 재료공학 전문가인 에드 콘웨이Ed Conway는 1인당 철강 사용량이 한 나라의 발전 수준을 측정하는 유용한 지표이며, 기대수명·평균소득·건강 등과도 높은 상관관계를 보인다고 지적한다. 다양한 나라의 평균적인 생활수준을 빠르게 가늠하려면 1인당 철강량 추정치를 살펴보는 것이 좋은 출발점이라는 것이다.[49]

하지만 국가별 철강 '생산량'이 이 방면에서 늘 유용한 지표는 아니다. 탄탄한 인프라와 다양한 가전제품을 갖추어 1인당 철강 비축량이 풍부한 싱가포르, 이스라엘, 아일랜드, 덴마크, 노르웨이 같은 부유한 나라들 상당수는 철강을 거의 생산하지 않으며, 어떤 곳은 아예 생산하지 않는다. 철강이 국력이라는 도널드 트럼프의 언급에도 불구하고, 이 나라들도 세계 최고 수준의 생활을 누리는 수백만 명의 삶의 터전이다. 실제로 유엔이 인정하는 193개국 중 의미 있는 수준의 철강을 직접 생산하는 나라는 약 71개국뿐이다.[50]

그렇다면 철강을 거의, 혹은 전혀 생산하지 않는 나라들은 필요한 물량을 어떻게 조달할까? 답은 간단하다. 수입한다. 전 세계 철강의 5분의 1에서 3분의 1이 국경을 넘어 수출되며, 그 양은 2023년에 약 4억 3,500만 톤에 달했다. 철강은 부패하지 않고 운송도 비교적 쉬워 이동성이 매우 뛰어난 덕분에, 가공 상품 중 국제무역이 가장 활발하게 이루어지는 품목 중 하나다.

철강 과잉 공급

이제 과잉 생산능력overcapacity 문제를 짚고 넘어가야 한다. 2023년 세계 철강 생산능력은 19억 톤이었다. 하지만 그해 전 세계 제철소·용광로·제강소가 가동할 수 있었던 실제 생산능력은 24억 톤으로, 필요치 않은 약 5억 5,000만 톤(25%)의 철강을 더 생산할 수 있는 유휴 설비가 존재했던 셈이다.[51] 과잉 생산능력은 과거에 더 높았던 적도 있다. 2009년에는 8억 톤이 넘었다. 중요한 점은 세계가 이미 매년 필요한 양보다 훨씬 더 많은 철강을 생산할 수 있는 능력을 갖추고 있다는 사실이다.

어느 정도의 과잉 생산능력은 불가피하고, 때로는 바람직하다. 잠재적 공급량이 수요량과 딱 맞아떨어지면, 예상치 못한 수요 급증에 대응할 유연성이 없기 때문이다. 그러나 잠재적 공급이 수요보다 25%나 더 높은 상황은 분명히 문제다. 이는 부분적으로 철강 생산 공정의 특수한 성격 때문에 발생하는 문제이기도 하다. 철강 생산의 제1단계에서 철광석을 선철pig iron로 변환하는 거대한 용광로는 컴퓨터처럼 쉽게 켜고 끌 수 있는 장치가 아니기 때문에 한 번 불을 지피면 밤낮없이 계속 가동해야 한다. 즉, 철강을 생산하지 않는 순간에도 용광로를 돌려야 하기 때문에 유휴 설비는 막대한 고정비가 되어 수익성을 갉아먹는 무거운 짐이 된다.

과잉 설비는 필연적으로 과잉 생산량으로 이어지고, 이는 내수 가격뿐 아니라 국제 거래 가격까지 끌어내린다. 이러한 구조적

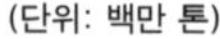

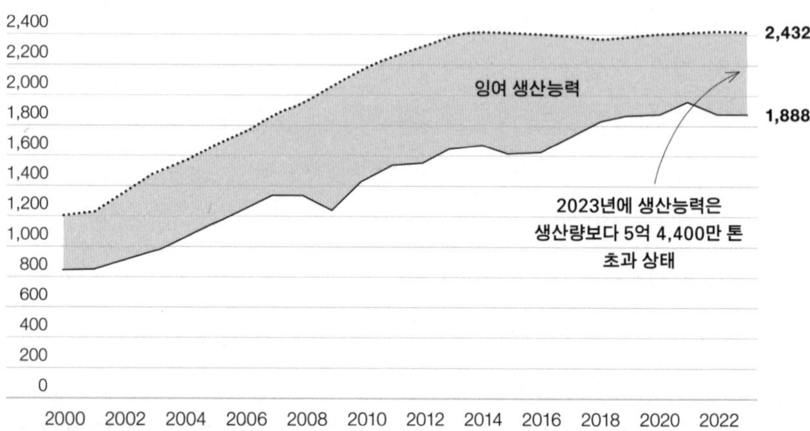

2020~2025년은 추정치
도표: Datawrapper로 작성, 데이터 출처: 미국안보유망기술센터(CSET)

모순은 결국 시장 가격의 붕괴를 초래하고, 아이러니하게도 가장 경쟁력 있는 기업마저 동반 침체의 늪으로 밀어 넣는다. 에너지·광업·화학 등 다른 산업과 비교해 철강산업이 2000년 이후 주주들에게 최악의 재무적 수익을 가져다준 것은 결코 우연이 아니다.[52] 특히 저가 철강이 글로벌 시장에 덤핑 수출되고 있다는 불만이 고조되면서, 이런 과잉 생산능력은 지정학적 무역 마찰의 불씨가 되어 포트 탤벗·펜실베이니아·광양처럼 정치적으로 중요한 국가적 거점 지역의 일자리를 위협하고 있다. OECD는 2023년 보고서에서 현 상황을 다음과 같이 요약했다. "현재와 같은 수준의 설비 가동률로는 이 산업을 재무적으로 건전한 상태로 지속시킬 수 없다."[53]

따라서 미국 등 선진국이 국가적 차원에서 자국의 철강 생산을 '밀어붙여야 한다'는 주장은 치명적인 함정을 내포하고 있다. 이러한 인위적 증산은 이미 포화 상태에 이른 전 세계적인 철강 과잉 생산 문제를 더 악화시켜 산업 전체의 수익성이 더 낮아지고 시장의 왜곡이 더 심해질 것이며 각국이 철저히 내수만 겨냥하지 않는 한, 무역 갈등도 격화될 것이다. 앞서 4장에서 살펴본 것처럼 태양광 패널·배터리 같은 청정에너지 기술 분야에서 중국의 과잉 생산은 탄소중립을 서두르는 지구촌에 궁극적으로 도움이 될 수 있다는 설득력 있는 논리도 있었다. 이 논리는 겉보기엔 글로벌 철강 생산의 상황에도 그와 비슷해 보인다. 저렴한 철강의 과잉 공급도 세상에 이익이 되지 않을까?

하지만 두 산업의 미래 지형도에는 결정적인 차이가 있다. 물론 철강도 앞으로 수십 년 동안 더 많이 필요하게 될 것은 분명하지만, 2050년까지 글로벌 탄소중립 목표를 달성하기 위해서 폭발적으로 증가할 청정 기술 수요와 비교하면 철강 수요의 증가세는 결코 그에 미치지 못할 것이다. 철강의 과잉 생산은 재생에너지의 과잉 생산과는 본질적으로 다른 문제다.

그렇다면 누가 철강을 과잉 생산하고 있을까? 전 세계 철강 생산에서 중국의 지배적 우위는 아무리 강조해도 지나치지 않다.

2023년에 생산된 조강粗鋼, crude steel 19억 톤 가운데 10억 톤 이상이 중국에서 생산되었다. 그다음은 인도(1억 4,000만 톤), 일본(8,700만 톤), 미국(8,100만 톤), 러시아(7,600만 톤) 순이다. 중국을 제외한 나머지 모든 생산국의 철강 생산량을 다 합쳐도 4억 8,600만 톤으로 중국 단일 국가의 생산량의 절반에도 못 미친다.[54]

하지만 그렇다고 대부분 나라에서 건설용으로 쓰이는 철강의 절반이 중국산이라는 뜻은 아니다. 건설용 철강은 대체로 생산된 국가 내에서 자체적으로 소비된다. 중국의 막대한 생산량도 주로 자국의 인프라 즉 새 고속도로, 고속철, 그리고 무엇보다 부동산 개발에 투입된다.

지난 10년간 중국은 인류 역사상 최대 규모의 건설 붐을 일으켰고, 부동산과 인프라 개발이 직간접적으로 경제 활동의 25% 이상을 차지하는 것으로 추정된다. 그만큼 전례 없는 양의 철강을 필요로 했다.[55] 일부 경제학자들은 미국·영국·유럽 일부 지역에서 지난 50년간 국내 철강 생산이 줄어든 주된 이유가 해외 경쟁 때문만이 아니라, 건설 자체가 줄어들고 기존 인프라와 건물의 유지보수도 제대로 하지 않는 등 내수 시장의 위축 때문이라고 주장한다.

실제로 미국토목학회ASCE는 1998년부터 발표해온 미국 인프라에 대한 정기보고서에서 미국의 교량·공항·댐·전력망 등에 지속적으로 D등급('불량·위험')을 매겨왔다.[56] IMF도 영국·독일·프랑스·이탈리아 등 유럽 선진국을 대상으로 도로에서 광대역 통신망, 재생에너지까지 공공 인프라 투자 확대를 수년째 권고해왔다.[57] 공공 및 민간 인프라 재건이라는 강력한 처방이 없다면 이들의 철강산업은 자생력을 회복하기 어렵다.

다만 철강이 주로 내수에서 소비된다 해도, 세계 시장은 서로 연결돼 있어 소량의 수입만으로도 가격과 수익성에 큰 파장이 생긴다. 중국 철강 부문의 거대한 규모에서 예상할 수 있듯이, 과잉 생산능력이 가장 큰 국가는 중국이다. OECD에 따르면, 2022년 중국은 1억 3,200만 톤의 잉여 생산능력을 가지고 있었으며, 이는 그해 미국·영국·프랑스·캐나다·네덜란드·오스트리아의 철강 생산량을 모두 합친 것보다 많았다.[58] 중국의 생산량 대비 잉여 생산능력의 비율은 약 12%(일부 추정은 20%) 수준이다. 흥미롭게도 유럽연합은 총생산량이 훨씬 적지만 2022년 잉여 생산능력 비율은 36%로 더 높았고, 미국은 약 33%, 일본은 22%였다. 주요 생산국 가운데 잉여 생산능력 비율이 가장 낮은 곳은 9%의 인도였다.[59] 요컨대 철강 생산국들은 모두 너무 많이 생산하고 있다. 게다가 향후 전망은 더 비관적이다. 2026년까지 전 세계에서 300곳이 넘는 제철소 추가 건설이 계획돼 있어, 생산능력은 추가로 1억 5,600만 톤이 더 늘어날 예정이다.

철강 자급자족

세계가 필요로 하는 철강을 누가 생산해야 하는가라는 질문으로 돌아가보자. 모든 국가가 철강 생산의 자급자족을 추구해야 할까, 아니면 수입에 의존하는 편이 더 합리적이고 현명한 선택일까?

먼저 철강산업에서의 '자급자족'은 상당 부분 신기루에 가깝다는 점을 이해할 필요가 있다. 중국·한국·인도 등 몇몇 국가는 국내 소비량보다 더 많은 철강을 만들어 주요 수출국으로 군림하고 있지만, 이런 잉여 생산 및 수출 국가들조차도 철강을 수입한다. 예컨대 2023년에 중국은 1,000만 톤, 인도는 800만 톤, 한국은 1,600만 톤을 수입했다.[60]

이유는 간단하다. 철강이라고 해서 모두 같지는 않기 때문이다. 용도에 따라 등급과 형태가 제각각이다. 어떤 유형은 국내에서 충분히 만들 수 있지만, 다른 유형은 부족해 수입이 필요할 수 있다. 또는 해외에서 들여오는 특정 유형의 철강이 국내 제품보다 품질이 우수하거나 가격이 더 싸서 기업 관리자들이 수입 철강을 더 선호할 수도 있다.

이론적으로는 정부 관료들이 국내 생산을 촉진하려는 의도로 특정 종류나 등급의 철강에 대해 수입을 차단할 수도 있고, 수입 철강에 높은 수준의 관세를 부과하여 국내 기업들이 경제적 이유로 사용할 수 없게 만드는 방법도 가능하다. 또한 공공 부문의 조달 정책을 변경해 자국 공급업체에 혜택을 주는 방식도 있을 수 있다. 하지만 기업이 지금까지 비용과 품질을 따져 합리적으로 수입하고 있었다고 가정한다면, 이런 인위적인 개입은 결국 기업의 효율성을 떨어뜨려 이익·주주가치·제품 품질·노동자 임금과

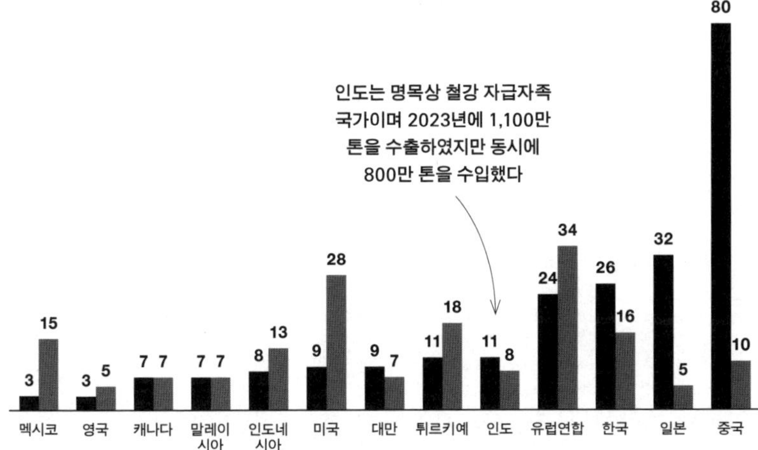

도표: Datawrapper로 작성, 데이터 출처: OECD

복지에까지 부정적 영향을 주게 될 것이다.

둘째, 철강에서 무역 적자를 보는 나라들이 명목상 자급자족을 달성하기 위해 생산량을 늘릴 때 발생하는 결과를 고려해보자. 2023년 기준 8,100만 톤을 생산했지만 9,100만 톤을 소비해 1,000만 톤 적자를 기록한 미국이 여기에 해당한다. 이탈리아는 2,100만 톤을 생산하고 2,400만 톤을 소비해서 300만 톤의 적자를 보았으며, 멕시코는 1,600만 톤을 생산하고 2,900만 톤을 소비해서 1,200만 톤의 적자를 보았다. 영국 역시 600만 톤을 생산하고 900만 톤을 소비했다.

무역 적자를 기록한 모든 주요 철강 생산국들이 적자를 해소하려고 한다면, 세계 연간 생산량은 약 4,000만 톤가량 증가할 것이다.[61] 전 세계적으로 여분의 생산능력이 6억 톤을 넘는 것을 감안하면 이 숫자는 그리 크게 보이지 않을 수도 있다. 그러나 노르웨이·싱가포르처럼 아예 철강을 생산하지 않는 나라들까지 덩달아 자급을 모색한다면 얘기는 달라진다.

극단적으로 연간 4억 3,500만 톤의 철강 수입 물량이 자급자족이라는 명분 아래 모두 사라진다면? 기존의 잉여 물량은 각자 자국 내에서 소화해야 한다. 중국·일본·한국 같은 주요 수출국은 물론이고 브라질·인도·독일·튀르키예 등 과잉 생산국의 국내 철강 가격이 급락할 것이다. 현실적으로 철강 무역이 전면 중단될 가능성은 낮지만, 생산 늘리기 경쟁은 더 많은 설비와 더 큰 시장 왜곡으로 이어져 결국 모든 생산국에 부메랑으로 돌아올 것이다.

OECD 연구도 이런 철강 과잉 생산이 야기하는 일종의 '파멸적 순환 고리doom loop'를 지적한다. 일부 나라들이 만성적으로 과잉 생산을 해서 다른 나라의 철강 수입 적자가 지속되면 적자국들은 정치적 주도하에 자국 내 생산능력을 확충하려는 경향을 보여왔으며, 이는 중기적인 관점에서 전 세계적인 과잉 생산을 더욱 부추기는 결과를 낳았다.[62]

그렇다면 환경적 측면이 이 모든 논리를 뒤집을 비장의 카드가 될 수 있을까? 철강 자급률 확대를 선호하는 이들 중에는 철강 탈탄소화를 해법으로 드는 경우가 많다. 즉 석탄 용광로 대신 재생에너지 기반 전기로로 전환해야 한다는 것이다. 전기로는 철광석과 제철용 석탄 대신에 수명이 끝난 건물과 제품에서 나온 고철을 원료로 쓴다.

이 지점에서 우리는 철강산업에서 재활용이 얼마나 근본적인 역할을 하고 있는지 살펴볼 필요가 있다. 철강이 매우 오래가는 소재로 인식된다는 점을 고려하면, 이는 직관적으로 와닿지 않을 수 있다. 실제로 철강은 내구성이 뛰어난 금속으로, 건축물에 사용된 경우 100년 이상 유지되기도 한다. 그러나 평균적으로 보면 철강제품은 약 40년 정도가 지나면 교체가 필요하다.[63] 현재 대부분의 철강은 이미 재활용되고 있는 것으로 추정되며, 자동차산업 장비의 철강 재활용률은 90%를 훌쩍 넘는다.[64] 또한 제조업에서도 많은 양의 고철이 발생한다. 예를 들어 자동차 제조업체는 실제로 구매한 철강의 약 절반만 사용한다고 알려져 있다.[65] 세계강협회 World Steel Associaion의 추산에 따르면, 1900년 이래 전 세계 철강산업은 총 250억 톤 이상의 철강을 재활용해왔다.[66]

이러한 철강 재활용이 영국 같은 나라의 철강산업에 구원책이 될 수 있다는 주장도 있다. 베세머 컨버터Bessemer's converter(용융된 선철 속의 탄소와 불순물을 고압산소로 태워 제거해 강철로 바꾸어 값싸고 빠르게 대량생산할 수 있게 해준 장치로, 헨리 베세머가 발명하였다ー옮긴이)가 탄생한 나라이자 산업화의 선두주자였던 영국은 해마다 약 1,000만 톤의 사용 가능한 고철을 배출하고 있다. 이는

2022년 영국에서 소비된 철강보다 많은 양이다. 그렇다면 영국은 수입에 의존하는 대신 전기로 건설과 철강 재활용만으로 국내 수요를 충당할 수 있지 않을까? 이는 경제적으로 합리적인 자급자족의 비전으로 보인다. 실제로 영국 정부는 이러한 방향에 정책적 승부수를 던졌다. 정부는 스컨소프와 포트 탤벗 같은 지역에서 기존 용광로를 새로운 전기로로 교체하는 사업에 공적 자금을 지원하기로 결정했다.

영국만의 얘기도 아니다. 머티리얼 이코노믹스material Economics의 분석가들은 2050년까지 유럽연합에서 발생하는 재활용 가능 철강이 유럽연합 수요의 80%를 충당할 수 있을 것이라고 본다.[67] 이론상 유럽연합도 재활용 철강을 기반으로 자급이 가능해 보이고, 미국에도 비슷한 논리를 적용할 수 있다.

실제로 영국 철강 생산의 20%가 이미 재활용 철강 가공 공정을 통해 생산되고 있다. 하지만 국제 기준으로 보면 상대적으로 낮은 편이다. 유럽연합에서는 그 비율이 44%에 달하며, 전기로를 '미니 밀mini mill'이라고 부르는 미국에서는 3분의 2에 달한다. 전 세계적으로는 약 29%의 철강이 전기로에서 재활용된 철강으로 생산되고 있다.[68] 이 비중은 2050년까지 50~60%로 높아질 전망이다.[69]

다만 철강 재활용 경제가 자급자족에 대한 합리적 비전을 제시하는 데는 한계가 분명하다. 선진국이 모든 철강 수입을 완전히 차단하지 않는 한 글로벌 과잉 생산능력 문제는 사라지지 않는다. 게다가 다른 나라들도 에너지 전환을 국내 철강 증산의 기회로 삼는다면 문제는 더욱 심각해질 수 있다.

그나마 미국과 영국, 그리고 유럽은 고철 공급원이 넉넉해 철강 자급자족 경제를 구상해볼 만하지만, 개발도상국은 사정이 다르다. 철강 재활용 경제로의 전환이 빨라진다고 해도 2050년까지 매년 고철이 아닌 철광석을 원료로 사용하는 기초 철강이 약 10억 톤씩 필요할 전망이다. 이는 전체 공급의 3분의 1에서 절반에 해당하는 양이다.

저개발국들 역시 이러한 기초 철강을 생산하기 위해 철광석이 필요하다. 철광석 자체는 결코 희귀한 광물이 아니다. 지각의 약 6%를 차지하는 흔한 금속 광물로, 알루미늄 원료인 보크사이트 (8%)에 이어 두 번째로 풍부하다.[70] 다만 모든 나라에서 발견되거나 쉽게 채굴되는 것은 아니다. 한국 사례처럼 원광이 없으면 수입이 불가피하다. 만약 철광석을 계속 수입해야 한다면, 철강을 자급한다고 하더라도 국가안보에 어떤 실질적인 이득이 있겠는가? 2022년 기준으로 호주는 전 세계 철광석의 34%, 브라질은 16%, 중국은 15%, 인도는 11%를 채굴했고, (러시아·남아공·우크라이나·이란·캐나다·카자흐스탄을 포함한) 상위 10개 생산국이 전체 생산량의 92.4%를 차지했다. 나머지 183개국이 공급하는 물량은 고작 7.6%였다.[71] 그렇기에 철광석은 금액 기준으로 세계에서 가장 많이 거래되는 광물이 되었다.

만에 하나 전 세계 원광석의 무역이 중단될 경우 많은 나라가 자체 채굴을 시도할 것이고, 시간이 지나면 자국 내 생산량을 늘릴 가능성은 있다. 하지만 지금의 자원 강국들만큼 비용 효율적으로 해내기는 어렵다. 결국 완전 자급자족을 달성하려면 막대한 비용을 감수해야 한다.

헤비 메탈

지난 수십 년간의 미국의 철강 노동자 고용 그래프를 들여다본다고 해서 도널드 트럼프의 2018년 철강 관세가 어떤 영향을 미쳤는지는 제대로 파악할 수 없다. 이전 대통령들이 철강산업에 대해 각종 보호 조치를 쏟아부은 뒤에도 고용이 계속 줄었듯, 트럼프가 관세를 부과한 이후에도 여전히 하향 곡선을 그렸다.

2000년대 '차이나 쇼크'에도 불구하고, 1960년대 이후로 미국에서 철강 일자리를 가장 크게 줄인 요인은 외국의 경쟁업체가 아니라 U.S. 스틸의 강력한 경쟁사인 뉴코르Nucor가 확산시킨 전기로 덕에 폭발적으로 높아진 생산성이었다.[72] 이는 정책적으로 대응하기 어려운 거대한 시대적 흐름secular forces이라 할 수 있다. 물론 이론적으로는 관세가 없었다면 미국 철강산업의 고용 감소 폭이 더 컸을 가능성은 있다. 하지만 2024년에 나온 상세 연구 보고서에 따르면, 트럼프의 보호무역주의가 제조업 고용을 늘렸다는 증거를 찾지 못했다. 관세 도입의 명시적 명분이 철강 제조업 부문 고용 촉진이었음에도 말이다.[73]

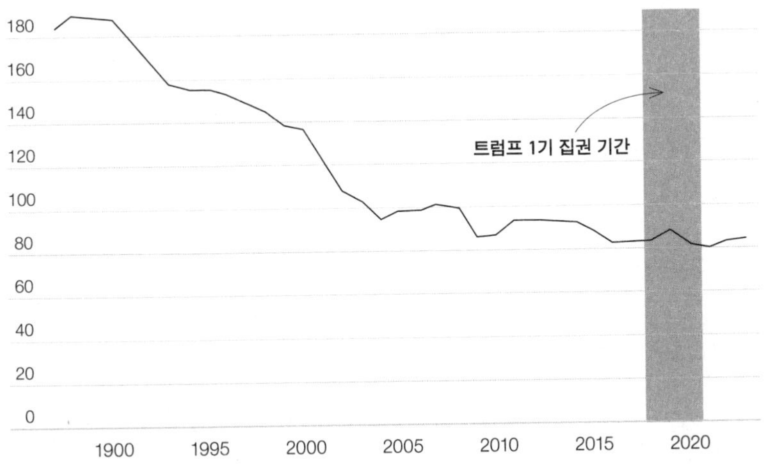

도표: Datawrapper로 작성, 데이터 출처: 연방준비기금 경제 데이터(FRED)

물론 경제적 민족주의자들 눈에는, 관세가 너무 낮았거나 범위가 좁았거나, 유럽·캐나다 등 동맹국을 배려하느라 부적절하게 완화되었다는 증거로 보일 수 있다. 그래서 미국의 국가적 철강 생산을 강화하기 위해 더 강한 보호무역 정책이 필요하다고 주장한다. 하지만 이로 인한 비용은 어느 정도일까? 비당파적 싱크탱크인 조세재단Tax Foundation이 2018년 트럼프 행정부의 관세 정책(바이든 행정부에 들어서도 유지된 상당수 관세 포함)을 별도로 분석한 결과에 따르면, 이 관세들은 철강을 제외한 미국 제조업 전반에 원자재 비용을 올려 장기적으로 GDP와 임금, 그리고 정규직 16만 6,000개에 해당하는 고용을 감소시킨 것으로 추정된다. 게다가 중국과 다른 나라들이 보복 관세 조치를 취하면서 미국의 수출이 줄어 경제적 피해는 더 커졌다.[74]

미국 철강산업에 대한 전면적 보호무역주의가 무엇을 뜻하는지 이해하려면 중국을 보면 된다. 지난 수십 년간 중국 공산당 정권은 한국의 박정희 전 대통령이 시도했던 것을 훨씬 뛰어넘는 수준으로 국가 철강 생산량을 늘렸다. 철강 생산을 경제 활력의 지표로 본다면 중국은 글로벌 경쟁에서 쉽게 승리했어야 한다. 그러나 현실은 다르다. 중국은 현재 만성적인 철강 공급 과잉으로 어려움을 겪고 있으며, 부동산 경기 침체로 철강 수요까지 얼어붙어 상황이 악화되고 있다. 워싱턴 소재 피터슨국제경제연구소의 아담 포센 소장은 "보조금 지원으로 철강 생산을 엄청난 과잉 생산 수준에까지 이르게 한 것은 중국에게 성공이 아닌 실패의 수렁이었으며, 환경 파괴를 초래했을 뿐만 아니라, 경쟁력 없는 노동력을 유지하게 만들었다"고 평했다.[75]

전 세계에서 가동 중인 석탄 화력 용광로 1,023기 중 약 3분의 2가 중국에 있다. 새로 짓는 약 50기 중 37기도 중국 몫이다.[76] 에너지 전환으로 인해서 청정 철강의 생산이 본격화됨에 따라, 중국은 탄소중립 전환으로 인해 더 이상 수익을 내지 못하고 사용조차 불가능해진 탄소 집약적 고로들을 수백억 달러짜리 '좌초자산stranded assets(시장 환경, 기술 변화, 정책, 혹은 사회적 요인 등의 변화로 인해 더 이상 경제적 가치를 창출하지 못하게 된 자산을 가리킨다. 즉 실물로는 아직 존재하지만 경제적·회계적 측면에서는 의미가 없어진 자산을 말한다—옮긴이)'으로 떠안게 될 처지에 놓였다.[77]

그렇다면 중국은 과잉 생산된 철강 물량을 해외로 수출해 이 문제를 부분적으로나마 해결할 수 있지 않을까? 만약 그것이 한때의 해결책이었다 하더라도, 이제 그런 전략이 통할 날은 얼마 남지 않은 듯하다. 2022~2024년 멕시코, 브라질, 칠레, 태국, 베트남, 인도 등은 중국산 철강에 새로 관세를 매기거나 덤핑 조사에 착수했다.[78] 중국이 철강 생산능력을 줄이지 않는다면 부유한 국가들도 앞다퉈 보호관세 장벽을 세울 것이다.

유럽연합은 이미 20여 종의 중국산 철강에 관세를 부과하고 있다. 2026년에는 유럽연합 차원에서 수입품에 포함된 탄소 배출량에 세금을 매기는 탄소국경조정제도CBAM도 도입되는데, 중국산 철강이 직격탄을 맞을 것이다.[79] 2024년 미국 대선 전에도 유럽연합과 미국은 중국산 철강의 유입을 막는 범대서양 공조 방안을 모색했다. 트럼프 2기에서 분명한 것 하나는, 그가 중국 철강에 결코 우호적일 리 없다는 점이다. 이 모든 흐름은 과잉 생산된 철강이 중국에 국력의 상징이 아니라 오히려 국가적 약점으로작용하기 시작했음을 시사한다.

그렇다면 철강 제조의 미래는 어떻게 될까? 저소득 국가는 한국처럼 철강을 지렛대로 삼아 폭넓은 경제 개발과 '실행을 통한 학습'을 얻을 수도 있다. 다만 오늘날처럼 극심한 글로벌 과잉 공급 상태에서는 과거 같은 철강 수출 주도형 성장이 훨씬 불확실하다. 부유한 국가들은 새로운 청정 철강 생산 기술에서 기회를 찾을 가능성이 크다. 더 효율적인 전기로 기반의 철강 재활용과 함께, 석탄 대신 수소가스를 사용해 철광석을 철로 전환하는 공장을 확대하는 것이다. 후자의 기술은 현재 실험단계이지만 전망이 밝다. 스웨덴은 이러한 수소 제철 분야에서 선두주자다.[80]

선진국이 이런 청정 철강 생산에 대해 공공투자를 늘리면 탈탄소화에 기여할 뿐 아니라 국내 철강 업체의 수요도 자극할 수 있다. 영국처럼 저가 철강제품은 많이 수출하고 고가 철강제품은 수입하는 구조라면, 가치사슬을 끌어올릴 여지도 있다. 이는 국내 철강 노동자들의 소득 증대에도 긍정적일 수 있다.

하지만 일자리와 국가적 자급을 명분으로 기초 철강, 특히 석탄 용광로 증설을 축으로 하는 선진국의 산업정책은 위험하다. 중국의 철강 덤핑에 대한 불만은 정당하지만, 그 과잉에 유럽·미국이 또 다른 과잉 생산으로 맞대응하면 국제시장의 공급 과잉만 심화되고, 용광로의 폐쇄로 흔들리는 지역사회에도 결국 득이 되지 않는다.

국가안보에 대한 우려는 어떨까? 비우호적 국가에서 수입한 철강으로 무기나 핵심 인프라를 만들어도 될까? 그러한 불안감이 정당하다 하더라도 자급보다는 가능한 한 많은 동맹국을 포함하는 공급 다변화가 더 합리적인 정책이다. 미국의 경우를 보면 유럽·멕시코·일본·한국이 주요 파트너가 될 수 있다(그 역도 마찬가지다). 이러한 맥락에서 볼 때, 워싱턴의 정치인들이 U.S. 스틸과 같은 과거의 유산에 집착하여 일본 기업의 투자와 기술력을 거부하기보다는 오히려 환영해야 한다.

이러한 경제 논리는 인기가 없어 보이지만 명료하다. 앞으로 수십 년간 글로벌 경제가 필요로 하는 추가적인 철강 수요는, 가장 효율적이면서도 온실가스를 가장 적게 배출하는 기업들이 맡아야 한다. 그런 기업들은 대개 값싼 풍력·태양광이 풍부한 지역에 자리 잡을 것이다. 철강을 어느 나라에서 생산하느냐는 결코 가볍게 여길 문제는 아니지만, 그것이 경제적·정치적 고려의 핵심이 되어야 한다고 고집하긴 어렵다. 그리고 오래전부터 인정했어야 할 진실을 직시해야 할 때다. 지금 가장 주요한 위험은 철강이 부족하다는 것이 아니라 지나치게 많다는 점이다.

철강을 넘어서

그렇다면 선진국의 철강 노동자들은 어떻게 될까? 그들과 가족·지역사회는 실업과 침체의 미래에 내몰릴 수밖에 없는 것일까? 더 높은 생산 효율성과 기술 발전 탓에 철강업이 지역에서 고용주로서의 역할을 잃어가고 있다면, 미국 러스트 벨트나 유럽의 공업지대에는 그 대신 무엇을 주어야 할까? 참고로 선진국의 석탄 용광로가 전기로로 바뀌어도 이런 현대식 공장은 대개 예전 인력의 3분의 1 수준만 필요로 한다는 점을 명심해야 한다.

피츠버그로 돌아가보자. 철강산업 쇠락과 함께 인구가 급감한 도시였지만, 그 충격에도 불구하고 이 '철강 도시'는 기술·금융·의료 등 새로운 산업으로 전환하는 데 성공했다.[81] 2024년 초 실업률은 3.5%로 전국 평균보다 낮았다.[82] 도시에 자리한 카네기멜런대학교Carnegie Mellon University는 도금 시대의 철강 재벌 앤드류 카네기의 이름을 따서 명명된 것이지만, 이제는 세계적 수준의 컴퓨터공학·로보틱스 프로그램을 보유하고 있다.[83] 피츠버그는 미국에서 살기 좋고 쾌적한 도시의 목록에 꾸준히 이름을 올리고 있다.[84]

물론 이것이 러스트 벨트의 보편적인 이야기는 아니다. 이런 불사조 같은 부활은 결코 쉽지 않다. 서방이 그런 '성배'를 얻을 산업정책을 꿈꾼다면 전혀 다른 전략이 필요하다. 그러나 피츠버그는 강한 시민사회적 리더십과 정치적 리더십, 그리고 경제의 시곗바늘을 뒤로 돌리지 않고 앞을 향해 나아가겠다는 의지가 무엇을 성취할 수 있는지 증명해 보였다. 철강은 앞으로도 필요하다. 하지만 산업화의 상징이자 동력인 이 재료를 정치적으로 신격화하는 태도는 이미 경제의 걸림돌이 됐다. '철강 도시' 피츠버그가 보여주었듯, 철강을 넘어서도 삶과 번영은 있다.

그래서 고립 경제학을 따져보는 우리의 여정에선 복잡함, 미묘함, 때론 역설도 보인다. 철강의 과잉 생산은 전 세계적인 문제지만, 태양광발전 제조 능력의 과잉은 문제가 되지 않는다. 한 나라의 식량 안보의 위기는 수입이 많아서가 아니라 부족해서 생기기도 한다. 또한 첨단 기술 분야에서 국가적 자급자족을 높이려면 숙련된 이민자들에게 문호를 개방하는 개방성이 필수적이다.

그렇다면 이제 현대 사회의 가장 큰 불안 요소 중 하나인 의약품에 관해 무역과 세계화가 주는 교훈은 무엇인지 살펴볼 차례다.

8장
의약품

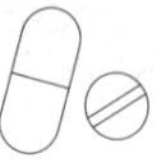

2020년 4월, 전 세계 수많은 간호사들처럼 뉴욕주 콜린스Collins의 작은 마을에 사는 43세의 테레사 제이 드레인저Teresa Jay Dranger도 의료용 마스크 부족에 시달렸다. 그녀는 해결책을 찾다 온라인에서 오래된 브래지어로 수제 마스크를 만드는 법을 설명하는 동영상을 발견했고, 이를 직접 만들어 소셜 미디어에 올렸다. 얼굴 전체를 덮을 만큼 큼직한 임시 마스크였다. 그녀는 "코로나에 걸릴 것 같지 않아요. 이 마스크를 통과할 수 있는 건 아무것도 없거든요. 너무 훌륭해서 숨이 막힐 정도예요"라며 웃어 보였다.[1] 중국에서는 자몽 껍질과 커다란 양배추 잎으로 마스크를 만드는 사람들의 사진이 퍼지기도 했는데, 이런 유쾌한 온라인 콘텐츠는 팬데믹 내내 많은 이들의 정신 건강을 붙잡아주는 버팀목이 되었다.[2] 그러나 한편으로 마스크, 가운, 장갑 같은 개인보호장비PPE가 전 세계적으로 부족했던 현실은 결코 농담으로 넘길 수 없는 문제였다.

코로나19 환자를 진료하는 최전선의 의료진에게 이러한 마스크, 특히 고성능 필터를 갖춘 N95 마스크는 의료진 본인의 감염을 막고 미감염 환자들에게 바이러스가 확산되는 것을 방지하기 위한 필수 품목으로 여겨졌다.[3] 그 당시 우리가 깨닫게 된 사실은 전 세계 마스크 공급량의 절반가량인 하루 1,000만 장이 중국에서 생산되고 있었다는 점이다.[4] 또한 2020년 1월, 중국 남부 도시 우한武漢에서 바이러스가 확산되며 마스크 수요가 급증했을 때, 중국은 자국 내의 풍부한 마스크 공급량을 고스란히 국내에서 모조리 흡수해버릴 수 있다는 사실도 깨닫게 되었다.

바이러스가 국경을 넘어 확산되자 그 후 몇 달 동안 다른 나라에서도 마스크 수요가 폭증했다. OECD는 2020년 봄, 의료 종사자용 수요만 하루 2,800만 장, 제조·운송 업종 종사자까지 포함하면 하루 약 2억 4,000만 장으로 급증했다고 추정한다. 중국은 수출을 공식 금지하진 않았지만 정부가 전량 구매하는 일종의 강제 조치를 취하여 사실상 동일한 효과를 냈다. 대만에서 시작해 알바니아, 우즈베키스탄까지 수십 개 국가가 재고 확보를 위해 마스크 수출을 금지했고, 해외 주문 물량까지 붙들어뒀다.[5] 그 여파로 프랑스의 한 납품업체는 영국 보건 당국이 주문한 마스크를 보내지 못했고,[6] 스웨덴의 한 의료장비 업체도 프랑스 리옹 소재 물류창고에 있던 마스크를 이탈리아로 배송하지 못했다.[7] 각국은 부랴부랴 마스크의 국내 생산을 늘렸다. 영국의 패션업체 버버리는 요크셔주 캐슬포드Castleford의 트렌치코트 공장을 환자용 마스크 및 비수술용 가운 생산으로 돌렸고,[8] 루이비통도 프랑스의 다섯 개 공장을 럭셔리 가방 대신 마스크 생산라인으로 바꿨다.[9]

2021년 3월 31일, 프랑스 대통령 에마뉘엘 마크롱은 프랑스 서부 앙제Angers 근교의 콜미오펜Kolmi-Hopen 공장을 찾았다. 유럽에서 몇 안 되는 대형 마스크 공장이었다. 그는 이 자리에서 다음과 같이 선언했다. "지난 몇 주 사이 세상이 변했습니다."

과거의 선택은 우리가 마스크를 매우 쉽게 수입할 수 있다는 확신에 기반을 두었습니다. 지구 반대편(주로 중국)이나 또 다른 곳에서 마스크가 대규모로 생산된다는 확신을 바탕으로 한 것이었습니다. 하지만 오늘날 우리의 최우선 과제는 프랑스에서 더 많이 생산하고, 유럽에서 더 많이 생산하는 것입니다.

마크롱은 그해 말까지 프랑스가 마스크 생산에서 '완전한 독립'을 이루길 바란다고 천명했다.[10]

미국 정부도 비슷한 목표를 세웠다. 트럼프 1기 행정부는 이후 몇 달 동안 마스크와 기타 보호용 의료 장비를 생산할 공장을 짓는 데 약 12억 달러의 보조금을 지급한 것으로 추정된다.[11] 또 국방물자생산법Defense Production Act을 발동해 미국 기업이 해당 장비를 해외로 수출하는 것을 금지했는데, 캐나다와 멕시코 같은 동맹국도 예외가 아니었다.[12] 2021년 2월 조 바이든은 이 사태의 교훈이 명료하다고 주장했다. "국가적 비상 상황에서 국민을 보호하고 생필품을 공급하기 위해 외국, 특히 우리의 이익이나 가치를 공유하지 않는 나라에 의존해서는 안 됩니다."[13] 2020년 초의 마스크 대란이 글로벌 공급망에 의존하는 것이 현명한지 의문을 던졌다면, 1년 뒤 백신을 둘러싼 국제 갈등은 그러한 회의론에 더욱 불을 지폈다.

백신 민족주의

그날은 파스칼 소리오Pascal Soriot에겐 쉽지 않은 하루였다. 프랑스 출신인 그는 아스트라제네카AstraZeneca의 최고경영자로서 유럽의회 온라인 청문회에 불려가 증언을 요구받았다. 의원들은 이 다국적 제약사가 코로나19 백신 계약을 제대로 이행하지 않았다고 판단했고, 이 청문회는 회사 최고경영자에게 공개적으로 책임을 물을 첫 기회였다. 얼마 전 벨기에 공장의 생산 차질로, 아스트라제네카가 2021년 1분기에 유럽연합에 약속했던 8,000만 회분의 백신보다 훨씬 적은 3,100만 회분만 공급하겠다고 밝힌 탓이었다.[14] 소식이 전해지자 유럽 주요 도시에서 분노가 치솟았다.

아스트라제네카는 스웨덴계 영국 회사로 영국에 본사를 두고 있다. 영국이 브렉시트Brexit로 더 이상 유럽연합에 속하지 않게 되었음에도 불구하고, 이 회사가 유럽 공장에서 만든 백신을 영국 정부에게 매주 약 200만 회분씩 공급한다는 사실이 드러나자 상황은 더 악화됐다. 독일 출신 유럽의회 의원 페터 리제Peter Liese는 이렇게 경고했다.

영국에 본사를 둔 회사가 유럽에서 생산된 이 고품질 백신을 영국에 공급하면서 유럽 시민들이 2등 시민 취급당하는 것을 수용할 것이라고 생각한다면 오산입니다. 우리는 이 회사가 생산한 의약품 수출을 즉시 중단시킬 수밖에 없다고 생각합니다. 그렇게 되면 우리는 무역 전쟁 한가운데에 서게 될 것입니다. 따라서 아스트라제네카와 영국은 다시 한번 잘 생각해봐야 합니다. 유럽인을 2등 시민으로 취급하는 전 세계 모든 기업에 그 대가를 치르게 될 것임을 경고합니다.

그 당시 긴장은 극에 달해, 유럽연합 집행위원회는 한때 북아일랜드의정서Northern Ireland Protocol의 제16조를 발동해 영국령인 북아일랜드로의 백신 수출을 막는 방안을 검토하기도 했다. 영국령 북아일랜드는 영국이 브렉시트 이후에도 이 의정서를 통해서 유럽연합과 거의 자유무역에 가까운 관행을 유지하는 곳이었다. 결과적으로 집행위원회는 몇 시간 만에 백신 수출 금지 계획을 철회하며 한발 물러섰다.[15]

2021년 2월 25일 열린 유럽의회 청문회는 감염 리스크 탓에 비대면 화상회의로 진행됐지만, 소리오에게 가벼울 리 없었다. 한 핀란드 의원은 모호하고 앞뒤가 안 맞는 소리오의 발언을 지적하며 그를 '능구렁이'라고 꼬집었고, "당신이 자기 회사의 생산 상황을 전혀 몰랐다는 게 말이 됩니까?"라고 따져 물었다.[16] 불편한 공방은 몇 달이나 이어졌고, 아스트라제네카가 유럽연합·영국과 각각 체결한 계약의 세부 조건을 두고 양측은 평행선을 달렸다. 유럽연합 집행위원회가 제기한 소송도 결론이 나지 않은 채 서로가 자신이 옳다고 주장했다.[17] 많은 이가 지적했듯이, 이 일련의 사태는 '백신 민족주의'의 추악한 사례였다. 각국은 다른 나라의 몫을 희생시키면서까지 자국의 백신 확보에만 혈안이 되어 경쟁하는 모습을 보여주었다.

미국에서도 비슷한 일이 있었지만 상대적으로 주목은 덜 받았다. 트럼프 행정부의 첫 번째 백신 개발 프로그램 '초광속 작전Operation Warp Speed' 아래 체결된 보조금 계약에는 제조사가 미국 정부의 대규모 주문을 우선 처리하도록 의무화하는 조항이 있었다. 사실상 백신 수출 금지 조치였다. 2021년 1월 바이든 행정부 출범 후 백신 보급이 본격화되었을 때도 백악관은 이 계약 내용을 변경하지 않았다.[18] 여분의 생산분이 있고 일부 비축 물량의 유효기간이 지나가는 상황에서도, 미국은 2021년 여름까지 다른 나라에 백신을 내보내지 않았다.[19] 또 다른 감염 급증에 대비해 비축이 필요하다는 설명이었다.[20] 명백한 '미국 우선주의Americans first'의 발현이었다. 팬데믹 내내 많은 이들이 얻은 뼈아픈 교훈은 필수 의약품과 의료 장비 문제에서 다른 나라를 믿어선 안 된다는 것이었다. 해법은 무엇인가? 백신, 필수 의약품, 마스크, 수술용 가운 등을 가능한 한 국내에서 만드는 것이다.

팬데믹 이후 미국을 비롯한 여러 나라가 자국 내 백신 생산능력을 키우겠다고 나섰다. 2022년 9월, 백악관은 새로운 '국가 생명

공학 및 바이오 제조 이니셔티브'를 출범시키며 "미국은 그동안 외국의 원료 및 바이오 제품에 너무 많이 의존해왔다"고 시인했다.[21] 미국 제약업체 화이자는 미시간주 칼라마주Kalamazoo의 생산시설을 확장했고,[22] 그보다 작은 업체인 모더나는 매사추세츠주 노우드Norwood에서 생산능력을 두 배로 늘렸다.[23] 유럽연합에서는 독일 마르부르크Marburg에 있는 바이오엔테크 신규 시설이 연간 10억 회분의 mRNA 백신을 공급할 예정이다.[24] 영국의 아스트라제네카는 리버풀 스피크Speke에 새 백신 제조 공장을 세우기로 했다.[25] 캐나다, 스위스, 벨기에, 프랑스, 일본 등도 정부 보조금을 받아 비슷한 확장 계획을 추진하고 있다. 하지만 백신의 최종 생산을 자국 영토로 가져온다고 해서 절대적인 안전이 보장되는 것은 아니다.

상어 간유

코로나19 백신 성분 가운데 낯선 이름 하나가 있다. 스쿠알렌squalene이라는 보조제다. 보조제는 다른 성분의 효과를 높이려 추가하는 물질로, 백신 활성 성분에 대한 인체의 면역 반응을 끌어올린다. 고순도 스쿠알렌의 가장 농축된 천연 공급원은 상어의 간, 그중에도 일본 근해의 태평양이나 대서양 심해에 사는 상어의 간이다. 대략 상어 3,000마리의 간에서 1톤이 채 안 되는 스쿠알렌을 만들 수 있다고 한다.

일부 환경단체는 팬데믹으로 백신 수요가 폭증하면서 스쿠알렌 수요를 충당하기 위해 멸종 위기종을 포함한 50만 마리의 상어가 포획될 수 있다고 우려했다.[26] 다행히 이러한 전망은 기우로 밝혀졌다. 비용은 좀 더 들지만 스쿠알렌을 식물에서도 추출할 수도 있고, 합성 대안도 있다. 무엇보다 스쿠알렌의 최대 사용처는 백신이 아니라 화장품이다. 그럼에도 이 상어 간유 논쟁은 백신 공급망이 얼마나 파급력이 크고 복잡한지 단적으로 보여줬다.

스쿠알렌 외에도 일부 백신에는 알루미늄염aluminum salts 같은 흔한 보조제가 들어가며, 이는 주로 중국·호주·인도에서 채굴된다. 백신 개봉 후 세균과 곰팡이 증식을 막기 위해 쓰이는 수은 기반 보존제인 티오메르살thiomersal은 스페인·이탈리아·키르기스스탄 등에서 채굴된 자원을 바탕으로 한다. 안정제로는 주로 미국, 브라질, 중국 등에서 사육되는 가축에서 얻는 젤라틴이 쓰이고, 수크로스sucrose 같은 당류도 들어가는데 주로 브라질·인도·태국에서 공급된다. 모든 것을 차치하고 백신의 핵심인 항원은 미국·독일·벨기에·인도·중국에서 세포 배양이나 발효 과정을 통해서 제조된다.

메신저RNAmRNA 백신은 여기에 다른 추가 요소가 필요하다. 바로 지질脂質, lipids이라는 나노입자로, mRNA를 면역체계까지 안전하게 실어 나른다. 지질 나노입자를 생산하려면 이온화 가능한 미국산 지질, 중국산 폴리에틸렌 글리콜 지질, 유럽산 콜레스테롤이 동시에 필요할 수 있다.[27] 이온화 가능한 지질을 생산하는 데만 10단계의 정밀 공정과 수개월의 시간이 든다.[28] 파스칼 소리오의 말처럼, '생물학적 제조 과정은 오렌지 주스를 만드는 것과는 차원이 다르다.'[29]

이 모든 백신 성분만큼이나 중요한 것이 바로 그 성분을 담는 용기, 즉 '바이알vial'이다. 바이알을 생산하기 위해서도 특화된 제조 시설과 정밀한 금형 기술, 엄격한 품질 관리가 요구된다. 그 원료 또한 매우 특수하여, 붕규산 유리borosilicate glass와 의료용 플라스틱을 특정 업체에서 공급받아야 한다.[30] 항원 생산과 대량 제조에서 충전·마감 공정, 냉장 유통, 최종 배송에 이르기까지, 일반적인 백신 한 병은 통상 6개국을 거치며 완성된다. 국제제약협회연맹IFPMA에 따르면, 화이자-바이오엔테크 코로나 백신은 19개국에서 조달한 약 280여 가지의 원료를 사용했다.[31] 다른 추정치는 더 크다. 감염병대비혁신연합CEPI의 보고에 따르면, 일반적인 백신 제조 공장은 30개국에 걸친 300여 개 공급업체로부터 총 9,000가지 재료를 공급받는다고 한다.[32]

최종 백신 생산은 미국·중국·인도·일본·스위스·영국·프랑스 등 약 13개국에 집중되어 있다.[33] 하지만 중간 투입재가 워낙 많고 국제 공급망이 복잡하기 때문에, 대부분의 나라가 '완전한 백신 자급자족'을 이루겠다는 목표는 5장에서 살펴본 반도체 자급보다도 더 비현실적이다. 전체 과정 중 어느 한 고리에서라도 차질이 생기면 전체 생산이 마비될 수 있다. 2021년 초 아스트라제네카의 벨기에 공장도 그런 이유로 어려움을 겪었다. 보다 확실한 안보

강화책은 여러 나라들과 지역이 손잡고 공동의 백신 구매·생산 연합을 꾸려 제약업체들에 대한 협상력을 키우는 것이다. 그럼에도 일부 사람들은 핵심 의료 제품만큼은 독자 생산 외에 대안이 없다고 주장한다.

중국 위기

중국 내 대표적 관변 경제학자 리다오쿠이Li Daokui는 오랫동안 서구 친화적 인물로 알려져왔다. 그는 하버드대학교에서 박사학위를 받고 미시간대학교에서 7년간 조교수로 재직했었다. 그런 그가 2019년 3월, 서구를 겨냥해서 의약품 공급을 통제해야 한다고 제안했다는 보도가 나오자 서구 사회는 적잖은 충격을 받았다. 그는 베이징에서 열린 전국인민대표대회에서 "우리는 컴퓨터 칩에서는 타국의 자비에 기대지만, 비타민과 항생제 원료에서는 세계 최대 수출국이다. 우리가 수출을 줄이면 일부 서구 국가의 의료 시스템은 제대로 작동하지 않을 것"이라고 경고한 것으로 전해졌다.[34]

이 발언은 당연하게도 워싱턴에 경종을 울렸다. 정치인들이 우려하던 잠재적 위협들에 대해서 심각성을 더해주었기 때문이다. 2019년 초, 미 의회 산하의 초당파적 기구인 미중경제안보검토위원회U.S.-China Economic and Security Review Commission의 보고서는 미국이 중국산 의약품이나 중국산 활성제약성분Active pharmaceutical ingredient, API을 함유한 의약품에 지나치게 의존한다는 점을 지적했다.[35] 특허가 만료된 '복제약'의 수입의존도 역시 우려 사항으로 꼽혔다. 2020년 2월 미주리주 공화당 상원의원 조쉬 홀리Josh Hawley는 "일부 미국 제조업체들은 생명을 구하고 지탱하는 의약품을 중국에 의존하고 있는데 이는 용납할 수 없는 일이다"라고 비판했다.[36] 그해 여름, 도널드 트럼프는 필수 의약품의 해외의존도를 낮추고 국내 생산을 늘리라는 행정명령을 내렸다.[37] 2024년 대선 가도에서도 그는 중국산 의약품 수입을 "단계적으로 완전히 중단"하겠다고 약속했다.[38] 유럽은 의약품의 주요 순 수출국이지만, API와 복제약은 약 4분의 3을 중국과 인도에서 수입하며 높은 의존도를 보이고 있다.[39]

물론 중국에 대한 미국의 의약품 의존도는 다소 과장된 측면도 있다. 일부 매체는 초당적 위원회 보고서에 실린 증언의 일부를 왜곡하여 미국 의약품 원료의 80%가 중국산이라는 잘못된 수치를 보도하기도 했으나,[40] 실제 수치는 약 17%로, 전체 의약 제품 기준으로는 약 6%다.[41] 그럼에도 의약품 무역 자체가 늘어나고 있다는 건 사실이다. 2022년 전 세계 의약품 무역액은 약 9,000억 달러로 30년 사이에 10배 넘게 늘어, 세계 반도체 무역액을 넘어섰다.

API를 포함한 중간재가 이 금액의 절반을 차지하는데, 이는 의약품 공급망이 갈수록 복잡해지고 있음을 보여준다.[42] 의약품만큼 세계화된 산업은 드물다. 중국은 세계 API의 약 40%를 공급하는 것으로 추정되며,[43] 인도는 세계 복제약의 약 20%를 공급하는 데 그 원료는 주로 중국산 API를 쓴다.[44] 두 나라 모두 저렴한 인건비와 규모의 경제 효과를 누렸다. 미국이 중국으로부터 수입한 필수 의약품(진통제, 항염증제, 혈액 희석제, 항생제 등)은 21세기 초 연간 약 3,000만 달러 수준에서 2023년 연간 약 20억 달러로 급증했다.[45]

하지만 이 의존 관계는 일방향이 아니다. 중국은 원료를 공급하지만, 미국과 유럽에서 만든 의약 완제품, 특히 각종 항암제를 많이 수입한다.[46] 2022년 중국은 미국에서 70억 달러어치 의약품을 수입한 반면, 미국으로의 수출액은 100억 달러에 달했다. 같은 해 독일로부터는 80억 달러어치를 수입했지만, 독일로 수출한 물량은 전혀 없었다. 중국은 다른 나라에서 API도 상당량 들여온다.[47] 이처럼 의약품 무역은 일방적 의존이 아니라 상호 의존적이다.

미국과 유럽이 API와 복제약 생산을 국내로 가져오려고 시도를 할 수는 있다. 기술적으로 '저분자small molecule' 의약품, 예컨대 진통제 복제약 파라세타몰paracetamol 같은 제품은 제조 난이도가 상대적으로 낮아 기술적으로는 큰 무리가 없다. 그렇더라도 새 공장을 짓는 데는 직접 비용이 크고, 특히 중국·인도보다 훨씬 높은 운영비를 감당해야 한다. 더구나 미국·유럽 제약 기업들의 강점인 연구개발 분야의 비교우위를 일부 포기하는 간접 비용도 뒤따른다. 피터슨국제경제연구소의 모니카 드 볼레Monica de Bolle는 "마이크로칩에서 손을 떼고 티셔츠·운동화 생산으로 돌아가자는 격"이라고 경고한다.[48]

당시의 우려와 달리 팬데믹 동안 의약품 부족이 광범위하게 발생하거나 장기화되진 않았다. 하지만 기업과 정부가 적시 공급 방식에 과도하게 의존할 때 발생할 수 있는 위험을 현실로 보여주었다.[49] 2020년 3월 인도 정부가 코로나19 감염 확산에 대응해 파라세타몰과 일부 항생제를 포함한 26개 의약품의 수출을 일시 중단한 일은 경고탄이었다.[50] 2020년 12월 유럽 제약사 대상 설문에서도, 다수의 회사들은 향후 몇 년 동안 원료 공급처로 문제가 될 국가로 중국과 인도를 지목했다.[51]

그러나 일부 정치인들이 주장한 것과는 달리, 펜데믹은 각국에 제약 생산 기지를 구축하는 것이 유일한 논리적 해결책이라는 점을 입증하지 못했다. 많은 전문가는 국내 생산을 성급히 전면 확대하기보다, 글로벌 의약품 공급망의 지리적 분포를 정밀하게 파악하고 취약 지점을 찾아 보강하는 데 투자하라고 조언한다. 최근 미국의 중국 의존도에 대한 일부 혼란스러운 인식도, 미국 식품의약처FDA가 의약품 수입 원산지 데이터를 명확히 제공하지 않아서 생긴 측면이 있다. 중국·인도로부터의 의도치 않은(혹은 의도된) 수입 중단 리스크를 낮추려면, 각국 정부가 공동 생산 설비에 공식적으로 투자·참여하는 방안이 있다. 복잡한 백신 생산에도 같은 접근 방식을 적용할 수 있다. 이렇게 하면 의약 제조업을 전면 리쇼어링하는 데 드는 비용의 일부만으로도 보건 비상사태에서 자국의 안전을 크게 높일 수 있다.

각국이 의약품을 자급자족하려 들 때의 위험은 재정 비용을 넘어 훨씬 광범위하다. 그 이유를 이해하려면 '의약품 민족주의'가 결코 서구만의 현상이 아님을 직시해야 한다.

체면 손상

2020년 1월, 중국에서 처음으로 도시 전체에 봉쇄령이 내려졌을 때 아일랜드 출신 교사 벤 카바나Ben Kavanagh는 우한에서 근무하고 있었다. 그는 휴대폰으로 직접 촬영한 영상을 영국 채널4 뉴스에 보냈는데, 인구 1,100만 명이 사는 거대한 도시에 사람 그림자조차 거의 없는 기괴한 풍경이 담겨 있었다. 이 낯선 디스토피아적 영상은 유튜브에서 수백만 조회수를 기록했다.[52] 대부분의 시청자들은 불과 몇 달 뒤 자신들 역시 똑같은 현실을 마주하게 되리라는 사실을 아직 깨닫지 못하고 있었다.

중국과 세계 다른 나라들의 팬데믹 경험 사이에는 분명한 시간차가 있었다. 서구인들이 아직 바이러스의 존재조차 제대로 인식하지 못하던 시점에, 베이징은 이미 첫 번째 도시 봉쇄령을 내렸다. 그러나 2020년 말, 유럽과 미국이 2차 유행과 전국적인 봉쇄 조치로 고통받고 있을 때, 중국의 대부분 지역은 비교적 정상적인 일상을 되찾고 있었다. 베이징 당국은 '제로 코로나Zero Covid' 정책의 성과를 자랑하며, 광범위한 전수 검사와 확진자 접촉자에 대한 극단적으로 엄격한 격리 조치를 그 성공의 근거로 내세웠다.

하지만 이런 공식적인 자만심으로 인해 중국 정부는 2021년, 감염에 가장 취약한 노년층에 대한 백신 접종을 소홀히 하는 치명적 실책을 저질렀다. 게다가 '백신이 노인 건강에 해롭다'는 근거 없는 괴담이 퍼지는 것을 방치했고, 서구산 mRNA 백신의 위험성을 부풀리는 민족주의 언론의 선전을 사실상 용인했다.[53] 그 결과 2022년, 전염력이 매우 강한 오미크론 변이가 중국 전역으로 퍼지자 정부는 치명적인 감염 확산을 막기 위해 초강경 봉쇄 조치를 다시 시행할 수밖에 없었다. 상하이에서는 드론을 통해 "자유에 대한 열망을 이성으로 통제하라"는 메시지가 주민들에게 전달되었다.[54] 그 무렵 서방 세계에서는 이미 대부분의 봉쇄가 끝난 상태였다.

2022년, 미국이 시진핑 정부에 비공개 채널을 통해 mRNA 백신과 추가 지원을 제공하겠다고 여러 차례 제안했던 사실이 뒤늦게 알려졌다. 그러나 시진핑은 이를 끝내 거부했다.[55] 이러한 완고한 결정은 수많은 중국인의 생명을 앗아간 것으로 보인다. 정확한 사망자 수는 확인되지 않지만, 2022년 12월 시민들의 불만이 폭발하면서 시진핑은 결국 '제로 코로나' 정책을 철회할 수밖에 없었다. 봉쇄 해제 이후 추가 사망자는 약 100만~200만 명에 달한 것으로 추정된다.[56] 자료에 따르면, 불활성화 바이러스를 이용해 면역 반응을 유도하는 중국 백신보다 미국의 mRNA 백신이 면역 체계 자극 효과가 훨씬 높다. 만약 중국이 미국 백신을 도입하고, 2022년 당시 취약한 노년층을 중심으로 적극적인 접종 정책을 시행했다면, 수많은 생명을 구할 수 있었을 것이다.[57]

그렇다면 중국은 왜 그렇게 하지 않았을까? 전문가들에 따르면, 시진핑이 '미국이 개발한 백신'을 수용하고 배포하는 것을 일종의 '체면을 잃는 일losing face'로 여겼을 것이라는 분석이 가장 유력하다.[58] 물론 경제적 요인도 있었던 것으로 보인다. mRNA 백신 제조업체인 모더나의 내부 관계자에 따르면, 중국 정부는 백신 판매 조건으로 모더나의 독점적 기술에 관한 핵심 정보를 넘겨줄 것을 요구했다고 한다.[59] 이유가 무엇이든 명확한 사실은 하나다. 민족주의가 공중보건 정책의 판단에 개입할 때, 그 결과는 말 그대로 '치명적'일 수 있다는 점이다.

백신 차별

2021년에 들어서자 서구 국가들은 백신이 넘쳐나는 상황이 되었다. 사람들은 마치 커피 취향이나 좋아하는 음악 아티스트를 비교하듯, 자신이 부스터샷으로 모더나, 화이자, 아스트라제네카 중 어떤 백신을 맞았는지 이야기하기 시작했다. 틱톡TikTok에서는 "핫한 사람들만 화이자를 맞는다"는 농담이 유행하기도 했다.[60] 일부 서방 국가에서는 백신 접종을 거부하는 사람들에게 무료 접종을 거부할 권리가 있는지, 혹은 그로 인해 처벌을 받아야 하는지를 두고 논쟁이 벌어졌다. 그러나 세계의 다른 많은 지역에서는 사정이 전혀 달랐다.

대부분의 백신 생산은 부유한 국가들에서 이루어졌고, 그 결과

이들 나라의 국민들이 팬데믹 기간 동안 가장 먼저 접종 기회를 얻었다. 2021년 초까지 부유한 국가들은 약 50억 회분의 백신을 제조업체로부터 선구매reservation했는데, 이는 자국 인구 전체를 여러 차례 접종할 수 있을 만큼의 물량이었다.[61] 듀크대학교의 안드레아 테일러Andrea Taylor는 각국의 백신 구매 계약을 추적한 결과, "고소득 국가들이 앞다투어 약국 진열대를 싹쓸이해갔다"고 지적했다.[62]

한편, 저소득 국가에도 백신을 공급하기 위한 다자간 협력 계획으로 '코백스COVAX(코로나19 백신 선매입 공약)' 이니셔티브가 추진되었다. 이 계획은 참여국들이 공동으로 기금을 조성해 제조업체로부터 백신을 구매하고, 이를 저소득 국가에 배포하는 방식이었다.[63] COVAX는 최종적으로 146개국에 약 19억 회분의 백신을 공급, 약 700만 명의 생명을 구한 것으로 평가된다.[64] 그러나 그중 상당수는 팬데믹이 이미 한창 진행된 뒤에야 도착했고, 애초에 COVAX가 세운 저소득국 백신 접종 목표치도 끝내 달성하지 못했다.

2022년 6월 기준, 고소득 국가에서는 국민의 약 70%가 최소 한 차례 백신을 맞았지만, 저소득 국가의 접종률은 20%에도 미치지 못했다.[65] WHO 전 수석과학자 수미야 스와미나탄Soumya Swamina-than은 COVAX를 두고 "서류상으로는 아름다운 아이디어"였지만, 현실에서는 제대로 작동하지 않았다고 평가했다. 다국적 제약사들과 각국 정부가 이를 실질적인 우선순위로 삼지 않았기 때문이

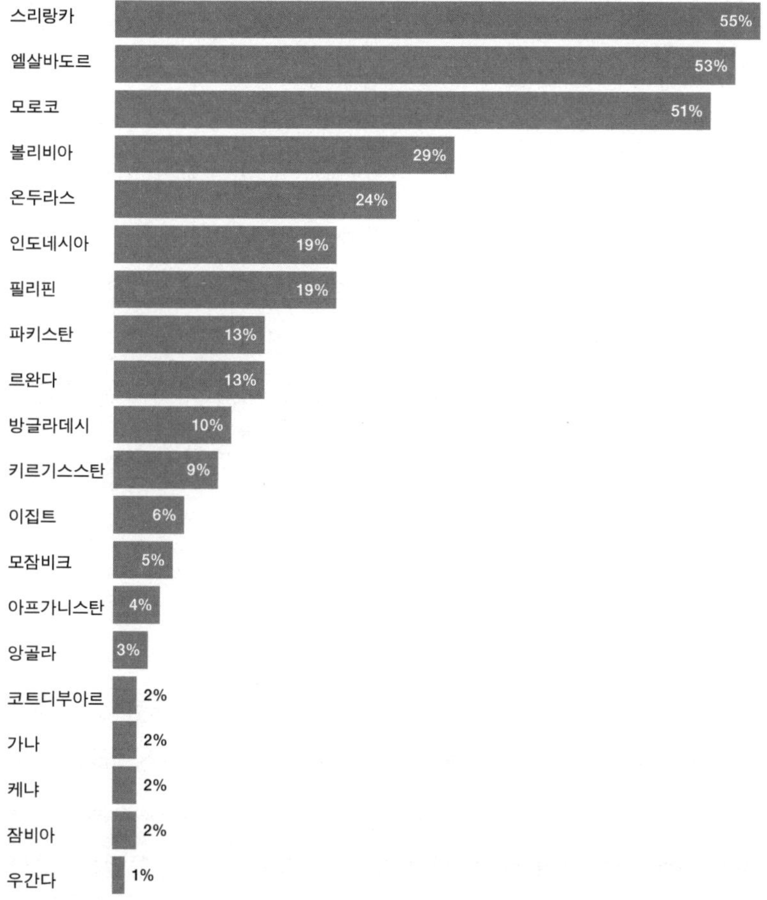

도표: Datawrapper로 작성, 데이터 출처: Gozzi, M., Chinazzi, M., Dean, N.E. ET AL. "코로나19 백신 불평등으로 인한 영향 추정치: 모델링 연구". Nat Commun 14, 3272 (2023). https://doi.org/10.1038/s41467-023-39098-w

라는 것이다.[66] 일부 분석가들의 추산에 따르면, 인도네시아·필리핀이 미국과 대등한 수준의 백신 접종률을 달성했다면 전체 사망자의 약 19%를 막을 수 있었을 것이다. 볼리비아에서는 29%, 엘살바도르에서는 53%, 그리고 스리랑카에서는 코로나19로 인한 사망자의 55%가 생존했을 가능성이 있다고 한다.[67]

　한 분석에 따르면, 백신이 전 세계에 공평하게 분배되었다면 약 67만 명의 생명을 구할 수 있었을 것이라고 한다.[68] 이 수치는 《이코노미스트The Economist》지가 추정한, 전 세계에서 팬데믹으로 인한 초과 사망자 1,900만~3,600만 명을 근거로 도출된 결과다.[69] 이러한 통계를 근거로, WHO 사무총장을 비롯한 여러 인사들은 백신 민족주의의 본질이 결국 일종의 백신 차별일 수밖에 없다고 지적하고 있다.[70]

튀르키예 투하 물자

2020년 4월 22일 새벽, 옥스퍼드 근처의 브라이즈 노턴Brize Norton 공군기지에 짙은 회색의 영국 공군 수송기 아틀라스 A400M 한 대가 착륙했다. 기내에는 튀르키예에서 공수된 수술용 가운 6만 7,000벌이 실려 있었다. 당시 이보다 절실한 물자는 없었다. 영국 보건당국은 보호장비 재고가 며칠치밖에 남지 않았다고 경고했고, 이 장비들은 의료진의 생명을 지키는 마지막 방어선이었다. 수송이 여러 차례 지연되자 영국 공군이 직접 나서 특별 임무를 수행해 물자를 실어 나른 것이었다. 영국의 주요 방송사들은 이 장면을 마치 전쟁터에서 인도주의적 구호품이 투하되는 듯한 극적인 뉴스로 보도했다.[71] 그러나 약 2주 뒤, 실망스러운 진실이 드러났다.

화물에 실려온 가운은 영국 보건안전청HSE의 검사 결과, 거의 모든 제품이 사용 부적합 판정을 받았다.[72] 이에 대해 한 정부 장관은 이렇게 해명했다.

이 가운이 개인보호장비PPE로 충분하다고 판단한 사람도 있었지만, 현지에 도착한 뒤 의료팀이 재점검한 결과 기준에 미달하는 것으로 확인되어 사용하지 않기로 결정했습니다.[73]

이 가운을 공급한 튀르키예 회사는 기업주의 여동생이 불과 4개월 전에 세운 곳으로, 원래는 셔츠와 운동복 바지를 만들던 업체였다. 결국 해당 물품은 창고에 압류되었다.

같은 시기, 영국 정부는 중국으로부터 인공호흡기 250대를 들여왔지만, 이 역시 얼마 지나지 않아 안전기준 미달로 사용불가 판정을 받았다. 정부 회계자료에 따르면, 영국 정부는 팬데믹 기간 동안 급히 조달한 개인보호장비 중 상당수를 폐기 처리해야 했고, 그 총액은 약 150억 파운드에 달했다.[74] 이런 낭비를 전적으로 정부 관료들의 무능 탓으로만 돌리기는 어렵다. 당시 전 세계적으로 보호장비 확보 경쟁이 극도로 치열했고, 가격 폭등 속에서도 "가성비보다 신속한 공급이 우선"이라는 여론의 압력이 컸기 때문이다. '조직범죄 및 부패 보고 프로젝트Organized Crime and Corruption Reporting Project, OCCRP'의 조사에 따르면, 2020년 유럽 각국은 의료용 마스크 한 장을 개당 20센트에서 37유로까지, 천차만별의 가격으로 구매했다.[75] 그러나 튀르키예산 가운 사태는 중요한 교훈을 남겼다. 글로벌 보건 위기에서 생산을 무리하게 국내로 리쇼어링하기보다, 합리적인 수준의 비축량을 확보하는 것이 훨씬 현명한 대응책이라는 점이다.

분석 결과, 2020년 초 많은 국가에서 개인보호장비 비축량은 지나치게 부족했거나, 이미 고갈된 상태였던 것으로 드러났다.[76] 예를 들어 호주는 팬데믹 초기에 마스크 비축량이 900만 장에 불과했는데, 이는 10년 전 4,000만 장에서 대폭 줄어든 수치였다. 미국 역시 수술용 마스크 비축량이 약 3,000만 장에 머물렀다.[77] 반면, 스웨덴보다 더 많은 비축량을 확보한 핀란드는 훨씬 안정적으로 대응할 수 있었다.[78] 국가 차원의 대규모 비축은 위기 시 각국이 입찰 경쟁으로 가격을 끌어올리는 사태를 막는 역할을 한다. 또한 정부가 최신 비축 현황을 꾸준히 관리하는 것만으로도 큰 도움이 된다. 캐나다의 앨버타주는 2008년부터 사전 계획과 디지털 공급망 인프라에 과감히 투자한 덕분에 팬데믹 당시 다른 주보다 훨씬 안정적으로 개인보호장비를 확보하는 성과를 거두었다.[79]

더 나아가, 각국은 데이터를 실시간으로 공유하고, 수출 금지 조치를 취하지 않겠다는 상호 협약을 체결할 수 있다. 한 나라가 수출 금지를 택하면 다른 나라들도 따라야 손해를 보지 않는다고 느끼기 쉽다. 그렇게 되면 가격이 급등하게 되고, 모두 더 어려워진다. 2020년 4월, 독일 바이에른 주지사는 각국이 개인보호장비 확보 경쟁을 벌이는 세계 의료용품 시장을 '서부 개척 시대Wild West'에 비유했다.[80] 유럽·북미·남미·아프리카·아시아 등 지역 단위에서 공동 조달 및 비축 체계를 구축해 놓는다면, 소규모 국가들이 각자 감당해야 할 비용 부담도 줄일 수 있다.

또한 공급망의 초기 단계에서 개인보호장비에 대한 품질검사를 수행할 수 있는 인프라가 구축되어 있었다면, 튀르키예산 가운 사태 같은 문제도 미리 막을 수 있었을 것이다. 명확한 국제 품질 표준이 마련되어 있었다면 더욱 효과적이었을 것이다. 여러 나라가 함께 비축 및 검사 인프라를 구축하는 데에는 상당한 비용이 들겠지만, 리쇼어링 같은 고립 경제학적 해법보다 훨씬 효율적일 것이다.

2019년 전 세계 마스크 판매량은 약 125억 장이었다. 하지만 2020년에는 무려 3,780억 장으로로 폭증했고, 팬데믹이 사실상 종료된 2024년에는 다시 약 23억 장 수준으로 감소했다.[81] 미국에서는 팬데믹 기간에 새로 생긴 마스크 제조업체의 약 70%가 2024년 수요 급감으로 파산한 것으로 보고됐다.[82] 그렇다면 과연 미국이 이 공장들을 유지하기 위해 보조금을 지급하는 것이 나을까, 아니면 비축에 투자하는 것이 더 나을까? OECD는 마스크가 최소

한 10년은 보관 가능하다고 본다. 따라서 상시적으로 대규모 생산 설비를 유지하기보다, 위기 시 민간기업과 정부 간 협약을 통해 개인보호장비 생산라인으로 신속히 전환할 수 있는 체계를 마련하는 편이 더 합리적이다. 이 역시 가능하다면 개별 국가를 넘어선 지역 차원에서 추진하는 것이 바람직하다. 같은 맥락에서, 미국 정부가 추가 백신 생산에 보조금을 지급하는 것이 효율적일까, 아니면 초기 연구·개발R&D에 공공 자금을 더 투자하는 것이 나을까? 리쇼어링은 결국 글로벌 경쟁력이 없는 기업을 양산하고 보호무역주의를 더욱 부추길 위험이 있다.

선진국들은 2020년 초 마스크 생산량을 크게 늘렸지만, 중국의 규모와 속도에는 미치지 못했다. 중국은 2019년 하루 1,000만 장이었던 마스크 생산량을 2020년 2월 말 1억 1,600만 장으로, 3월 말에는 하루 2억 장으로 확대했다. 앞서 4장에서 언급된 자동차 제조사 BYD와 아이폰 조립업체 폭스콘은 공장을 재편해서 마스크를 각각 하루 500만 장과 200만 장 생산할 수 있도록 하였다.[83] 프랑스가 일일 생산량을 세 배로 늘린 동안, 중국은 무려 스무 배를 늘렸고, 2020년 3월에는 수출을 재개했다.

5장에서 다룬 실리콘 칩 부족 사태와 마찬가지로, 마스크 부족 사태 역시 공급 부족이 아니라 수요의 폭발적 증가 때문이었다. 그 와중에도 글로벌 공급망은 놀라울 만큼 빠르게 대응했다. 2020년 전 세계의 무역액은 거의 8% 줄었지만, 의료용품 무역은 오히려 16% 늘었다.[84] 앞서 6장에서 살펴본 것처럼, 유럽과 미국의 백신 개발 성공 역시 국경을 초월한 과학자들의 협력 덕분이었다. 따라서 2023년 4월, 미국 국가안보보좌관 제이크 설리번 등 글로벌 의료 공급망을 비판하는 이들은, 이 공급망이 없었다면 각국이 어떻게 대응했을지를 한번쯤 생각해봐야 한다.[85] 또한 글로벌 공급망이 없었다면, 이미 가계와 정부의 의료비 지출 증가의 주요 원인이 되고 있는 의약품 가격이 지금보다 얼마나 더 비쌌을지도 고려해야 한다.

우리는 팬데믹을 통해 이러한 비용의 단면을 엿볼 수 있었다. 바이러스 유전물질을 검출하는 PCRPolymerase Chain Reaction(중합효소 연쇄반응) 검사는 감염 여부를 확인하는 표준 방식이었는데, 중국은 팬데믹 초기 필요한 화학 시약 생산에서 우위를 확보해 PCR 검사 키트를 대량으로, 그리고 저렴하게 공급할 수 있었다. 중국이 자국 수요 이상으로 많은 키트를 생산하자, 2020년 초 미국과 유럽은 이를 대규모로 수입하기 시작했다.[86] 그러나 미국이 2021년부터 자체 생산에 나서자, 중국산 수입은 급감했고, 유럽도 중국 대신 미국으로 공급선을 돌렸다. 이는 중국 의존도를 줄이려는 의도였지만, 결과적으로는 미국과 유럽의 납세자, 그리고 환자들에게 훨씬 비싼 선택이 되었다고 분석가들은 지적한다. 미국에서 PCR 1회 검사 비용의 중간값은 약 127달러,[87] 영국에서는 75파운드(약 103달러)에 달했다.[88]

중국에서의 검사 비용은 1인당 약 1.50달러에 불과했다.[89] 이러한 큰 격차는 주로 각국 실험실에서 PCR 면봉을 처리하는 데 드

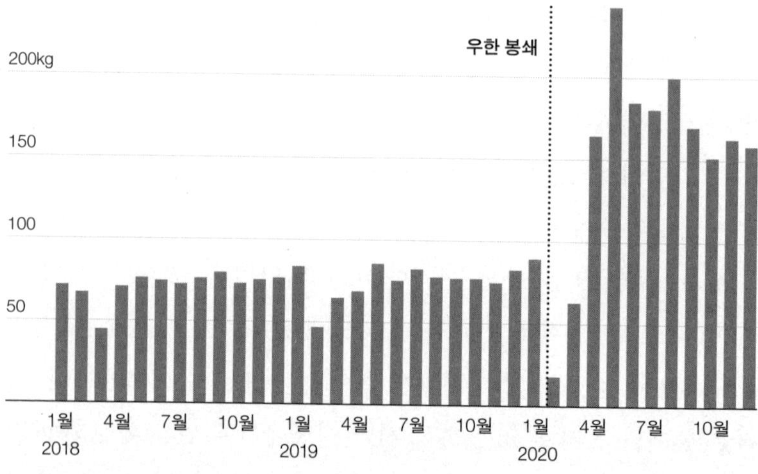

도표: Datawrapper로 작성, 데이터 출처: 피터슨 국제경제연구소(Peterson Institute)

는 비용 차이에서 비롯된 것이지만, 미국의 경우 검사 키트 자체의 생산 단가가 훨씬 더 높았기 때문에 발생한 결과였다.

글로벌 공공재

팬데믹 기간 중 다소 기이한 사건이 2020년 7월에 벌어졌다. 미국, 영국, 캐나다의 정보기관이 공동 성명을 내어, 러시아 해커들이 러시아 정부를 대신해 코로나바이러스 연구 성과를 훔치려 했다는 의혹을 제기한 것이다. 이는 그러한 연구를 글로벌 공공재가 아니라 각국의 국가적 상업 자산으로 간주하고 있음을 보여주는 상징적 사건이었다.[90] 그러나 그들은 전염병이 창궐하는 팬데믹이라는 특수한 상황에서, 이러한 연구 성과를 가능한 한 널리 공유하는 것이 인류 전체의 이익에 부합한다는 점을 고려하지 않은 것 같다.

팬데믹 시기에는 민족주의적 과시 행위에 사로잡힌 정치인들이 넘쳐났다. 2020년 12월, 영국 교육부 장관 개빈 윌리엄슨Gavin Williamson은 영국 의약품 규제 기관이 유럽 각국보다 몇 주 앞서 코로나19 백신 사용을 승인한 이유를 묻는 질문에 이렇게 답했다. "그건 전혀 놀랄 만한 일이 아닙니다. 우리는 그들보다 훨씬 더 나은 나라니까요."[91] 2020년 11월, 우우르 샤힌의 바이오엔테크가 성공적인 백신 임상 결과를 발표했을 때, 독일 보건부 장관 엔스 슈판Jens Spahn은 기자회견에서 이렇게 말했다. "우리가 협상 중인 여러 기업 가운데, 이렇게 탁월한 연구 성과를 처음으로 보여준 곳이 독일 회사이자 독일 연구팀, 독일의 바이오테크 기업이라는 점이 저는 매우 기쁩니다."[92] 하지만 이 백신은 튀르키예계 이민자 샤힌과 미국에 거주하는 헝가리 출신 연구원 커털린 커리코의 연구를 기반으로 만들어졌고, 그리스인 앨버트 불라Albert Bourla가 운영하는 미국 제약사 화이자가 임상시험을 수행했다. 현실적으로 이 백신은 어느 한 나라의 성과가 아니라 글로벌 협력의 산물이었다.

2020년 7월, 도널드 트럼프는 중국이 WHO를 "완전히 장악"했으며, 다른 국가들이 미국만큼 분담금을 내지 않고 있다고 비난하며, 유엔의 보건기구인 WHO 탈퇴를 선언했다.[93] 이런 식으로 중국과 서방 간의 불신이 갈수록 심화되는 상황을 앞에 두고, 과거에는 경쟁하는 강대국들이 협력할 수 있었다거나 미래에는 협력할 수도 있다는 생각은 어쩌면 너무 순진하거나 이상주의적인 태도로 보일 수 있다. 그러나 역사는 지정학적 긴장이 극에 달한 시기에도, 공중보건 위협 앞에서는 국제 협력이 가능했음을 보여준다.

1967년, WHO는 미국 질병통제센터CDC의 전염병 전문가 도널드 헨더슨Donald Henderson을 전 세계 천연두 백신 접종 캠페인의 총책임자로 임명했다. 당시 천연두는 아프리카, 아시아, 남미에서 매년 약 200만 명의 목숨을 앗아가고 있었고, 이미 천연두를 퇴치한 선진국들조차 해외여행으로 인한 재유입 위험에 노출되어 있었다.[94] 하지만 세계적 차원의 근절 캠페인을 위한 연간 예산은 고작 240만 달러에 불과했으며, 이는 백신의 배포·물류 비용은 말할 것도 없고 구입 비용조차 감당하기 어려운 수준이었다. 이에 헨더슨은 1967년 5월 제네바 WHO 회의에서 소련 보건부 차관 드미트리 베네딕토프Dimitri Venediktov에게 접근해 양국 간 협력을 제안했다. 헨더슨은 긴장한 상태였다. 당시는 쿠바 미사일 위기 이후 불과 5년밖에 지나지 않은 시점으로, 냉전이 가장 위험한 상황에 놓여 있던 시기였다. 헨더슨은 자신이 미국인이라는 이유로 소련이 반대할 것을 우려했지만, 베네딕토프의 답변은 뜻밖이었다. "당신에 대해 알아본 결과, 정직하고 훌륭한 과학자이며, 오직 천연두 근절만을 목표로 하고 있다는 확신을 갖게 되었습니다. 우리는 당신에게 전폭적으로 협력하겠습니다."[95] 소련은 이를 자국의 과학·의료 역량을 세계에 과시할 기회로 보고 협력에 동의했다. 그 후 수년간, 미국과 소련은 WHO의 후원 아래 지식·기술·자원을 공동으로 투입했다.

소련에서 생산된 10억 회분의 백신은 미국의 재정 지원으로 아프리카와 아시아 각국에 보급되었다. 1977년, 소말리아의 23세 요리사가 인류 역사상 마지막 자연발생 천연두 환자로 기록되었고,[96] 1980년 WHO는 천연두가 근절되었다고 공식적으로 선언했다. 3,000년 동안 인류를 괴롭혔고, 아마도 그 어떤 병원체보다 많은 생명을 앗아간 이 질병은, 과학의 발전과 초강대국 간의 협력 덕분에 사라졌다. 2010년, 전 WHO 사무총장 그로 할렘 브룬틀란 Gro Harlem Brundtland은 이를 두고 "냉전의 가장 격렬한 시기에 두 초강대국이 조용히 협력한 결과였다"고 회고했다.[97]

오늘날의 고립 경제학이 이러한 결과를 만들어낼 수 있을 것이라고는 상상하기 쉽지 않다. 그렇다면 고립 경제학은 어떤 세상을 만들어낼 것인가?

9장
미래

1980년대 중반, 영국 식민지였던 홍콩에서 중국 광저우로 이동하는 일은 마치 시간여행을 하는 경험과 같았다. 네온사인으로 뒤덮인 고층 빌딩과 일본산 자동차로 붐비는 홍콩의 거리에서 낡은 구룡-광저우 철도를 타고 두 시간 남짓 달리면, 순식간에 자전거로 가득한 회색빛 거리와 마주하게 된다. 그것은 풍요로움에서 결핍으로의 여정이었다. 나의 첫 방문은 1985년이었다.

아버지는 1950년대에 부모님과 함께 중국을 떠나 영국 셰필드Sheffield로 이주해, 북부 잉글랜드의 연립주택에서 성장했다. 그러나 운명의 장난처럼, 지금은 사라진 영국의 대형 엔지니어링 기업 GEC에 근무하며 홍콩으로 파견되었고, 우리 가족도 함께 이주했다. 우리는 이 기회를 이용해 아버지가 중국 광저우에 두고 온 친척들을 만나러 가는 길이었다.

그곳에서 내가 목격한 현실은 어린 나에게 충격적이었다. 아버지 사촌의 가족 여섯 명이 공용 마당을 중앙에 둔 낡고 축축한 다세대 주택의 세 칸짜리 방에서 함께 살고 있었다. 밤이 되어 우리가 호텔로 돌아갈 채비를 하면, 그들은 얇은 매트리스를 꺼내 바닥에 깔고 잠을 청했다. 그곳에는 텔레비전도, 쇼핑몰도, 커피숍도, 패스트푸드 식당도 없었다. 현대식 주방 가전제품 같은 서구 제품을 살 수 있는 유일한 곳은 정부가 운영하는 '우의상점友谊商店, Friendship store'뿐이었으며, 그마저도 외화로만 결제할 수 있었다.

1986년 4월 22일, 우리는 얇은 종이에 쓰인 당숙의 편지 한 통을 받았다. 그 안에는 다음과 같은 요청이 담겨 있었다. "사촌 보시게. 최근 광둥의 중국여행사가 외국 국적의 화교와 그 가족들을 위한 면세점을 열었다네. 그곳에 우리를 데려가서 세탁기를 하나 사줄 수 있을까?" 40년이 지난 지금, 나는 여전히 그 얇은 종이 쪽지를 손에 쥔 채 생각한다. 세계화가 가져온 국제경제의 통합이 그 사이에 중국의 내 친척들의 삶과 대다수 중국인의 생활 수준을 얼마나 극적으로 바꿔놓았는지, 새삼 놀라움을 금할 수 없다.

1990년, 중국의 1인당 국민소득(구매력평가 기준, 물가 상승률 반영)은 1,641달러에 불과했다. 그러나 2023년에는 2만 2,000달러로, 불과 30여 년 만에 13배 이상 증가했다. 1990년 당시 중국인의 평균 소득은 미국의 20분의 1 수준에 지나지 않았지만, 2023년에는 거의 3분의 1 수준까지 올라왔다.[1] 특히 광저우 같은 대도시의 소득 수준은 그보다 훨씬 높다. 이제 우리 친척들은 세탁기나 텔레비전은 물론, 거의 모든 물건을 가까운 쇼핑몰이나 스마트폰 앱을 통해 간편하게 구매할 수 있다. 홍콩에서 광저우까지 이동하는 데 걸리는 시간도 고속철도 개통으로 45분으로 단축되어, 선진국 주요 도시 간 열차 이동과 다를 바 없게 되었다. 광저우엔 이제 고층 빌딩 숲이 빽빽하게 들어섰다.

그래서 나는 오늘날 일부 사람들이 서구가 중국과 경제적으로 통합된 것은 역사상 가장 큰 실수이며, 애초에 일어나지 말았어야 했다고 주장하는 말을 들을 때마다 깊은 충격을 느낀다. 도널드 트럼프 행정부의 초대 미국 무역대표였던 로버트 라이트하이저Robert Lighthizer는 2023년에 "미국이 중국의 비시장적 공산주의 경제를 우리의 민주주의 자유시장 경제를 가진 동맹국들과 동일하게 대우한 것은 중대한 실수였다"라고 썼다.[2] 그러나 중국에 있는 나의 친척들에게 그것은 결코 실수가 아니었다. 그리고 이는 베트남, 대만, 싱가포르, 한국, 방글라데시, 폴란드, 브라질을 비롯해 제2차 세계대전 직후까지만 해도 가난했던 수많은 나라의 사람들에게도 마찬가지다.

따라서 세계화는 내게 매우 개인적인 이슈이기도 하다. 중국에 있는 나의 친척들에게 새로운 기회를 가져다준 사건이었을 뿐만 아니라, 과거에 아버지의 가족이 영국으로 이주하며 얻게 된 기회이기도 했다. 이는 6장에서 언급한 세계적 인구 이동의 거대한 흐름 속 아주 작은 한 조각에 불과하다. 세계화가 없었다면 지금의 나는 존재하지 않았을 것이다. 물론 누군가는 나를 세계화의 특혜를 입은 특권적 '승자'로 보고, 그렇기에 객관적인 시각을 유지할 수 없다고 비판할지도 모른다. 그러나 지금까지 살펴본 바

와 같이, 세계화가 서구 노동자들에게 경제적 고통만을 가져왔다
는 통념은 사실과 다르다. 1970년대 이후 각국의 경제가 점점 더
상호 연결되면서, 부유한 나라들 내부에 상대적인 낙오자와 쇠퇴
한 지역사회가 생겨난 것은 사실이다. 특히 내가 태어나고 자란
영국 북부 지역이 그 대표적 사례였다.

하지만 전반적으로 보면, 세계화로 인한 경제적 이득은 충분히
컸다. 미국, 영국, 프랑스, 독일 같은 선진국 정부들은 그 이익을
활용해 노동자와 지역사회에 보상하고, 새로운 성공의 기회를 제
공할 여력이 있었다. 문제는 세계화가 아니라, 그 보상과 조정이
제대로 이루어지지 않았다는 점이다. 이를 두고 중국, 베트남, 폴
란드, 브라질 같은 신흥국의 책임으로 돌리거나, 거스를 수 없는
세계화의 자연스러운 힘 탓으로 돌리는 것은 설득력이 없다. 훨
씬 더 근본적인 원인은 선진국 내부의 정치적 실패, 즉 충분히 피
할 수 있었던 정책적 무능이었다. 더욱이 도널드 트럼프가 노골
적으로 추구해온 세계화의 역행, 즉 보호무역과 고립주의의 부활
은 이런 피해를 복구하기는커녕 오히려 더 키울 공산이 크다. 우
리가 여기서 알게 된 것은 명확하다. 고립 경제학은 부유한 나라
를 더 번영하게 만드는 것이 아니라 더 가난하게 만들 뿐이며, 국
가의 안보를 강화하기보다 오히려 더 위태롭게 할 뿐이다.

이는 지나치게 낙관적인 판글로스식Panglossian(18세기 프랑스 철
학자 볼테르의 풍자소설 《캉디드》에 나오는 인물 판글로스Pangloss에서
유래한 표현. 판글로스는 좋은 일이든 나쁜 일이든 모두 궁극적으로 좋

은 결과로 이어질 것이라고 주장하는 비이성적 낙관주의자다─옮긴이)
진단이 아니다. 물론 세계화가 만들어낸 세상이 결코 완벽하지는
않다. 실제로 팬데믹과 에너지 위기는 핵심 물자와 부품의 국경
간 공급망이 얼마나 취약한지를 드러냈다. 그러나 이런 취약성을
해결하는 더 나은 방법은 공급망 파악Mapping, 비축Stockpile, 다변
화Diversify 이 세 가지로 요약할 수 있다.

첫째, 기업과 정부는 주요 공급망을 정밀하게 파악해야 한다.
1차 공급업체뿐 아니라 그들의 하위 공급업체까지 포함해 면밀히
분석하고, 스트레스 테스트를 통해 이를 사전 점검해야 한다. 예
를 들어 중동의 호르무즈 해협이 분쟁으로 봉쇄된다면, 대만에서
대규모 지진이 발생한다면, 브라질에서 흉작이 일어난다면, 혹은
또 다른 팬데믹으로 특정 상품의 수요가 폭증한다면 어떤 일이
벌어질지 미리 따져봐야 한다.

둘째, 핵심적인 상품과 부품, 원자재를 비축하는 것이다. 가능
하다면 개별 국가보다는 지역 차원에서 공동 비축하는 편이 바람
직하다. 실제로 2022년 유럽 정부들은 러시아산 천연가스 공급 중
단에 대비해 천연가스를 공동으로 비축했다. 도요타의 사례에서
도 교훈을 얻을 수 있다. 5장에서 보았듯이 도요타는 2011년 일본
대지진 이후 초슬림형 '적시 생산' 모델을 일부 수정해 재고를 늘
리고 공급망 전반의 투명성을 강화한 체제로 전환했다. 이러한
접근 방식은 자급자족이나 보호무역적 관세 경쟁이 아니라, 정부
간 협력과 공공·민간 부문의 협업을 통해서만 가능하다.

셋째, 각국은 생산시설을 무리하게 국내로 회귀시키는 리쇼어링 대신, 더 다양한 국가로부터 공급업체를 발굴하고 투자하는 무역 다변화로 공급망 중단의 위험을 줄일 수 있다. 제1차 세계대전 당시 윈스턴 처칠이 영국 해군의 석유 공급과 관련해 이렇게 말했다고 전해진다. "안전과 확실성은 다양성을 통해서 얻을 수 있으며, 오직 다양성을 통해서만 얻을 수 있다."[3]

이러한 전략을 실행할 여지는 충분하다. 맥킨지 글로벌연구소 McKinsey Global Institute의 분석에 따르면, 전 세계 무역액의 약 40%가 세 나라 이하의 공급에 의존하고 있을 정도로 공급망의 지리적 집중도가 매우 높아서 만약 이 주요 국가들로부터 공급이 차단될 경우 세계경제가 큰 취약성에 노출될 수 있다.[4] 그러나 이 40%에서 대체 가능한 공급국이 거의 없어서 실제로 '위험한 수준'으로 평가되는 부문은 그중 4분의 1(즉 전체의 약 10%)에 불과한 반면 나머지 30%는 더 많은 국가로부터 수입할 수 있음에도 불구하고 소수의 국가에만 의존하고 있는 경우다.

예를 들어 농업 분야를 보자. 3장에서 살펴본 것처럼 브라질과 미국은 전 세계 콩 무역량의 약 90%를 차지하고 있으며, 중국·일본·태국은 전체 콩 수입량의 90%가량을 이 두 나라에서 들여오고 있다. 브라질과 미국이 콩 생산에 압도적으로 유리한 자연환경적 조건을 지니고 있기 때문에 이 두 나라를 제쳐두고 공급 다변화를 할 여지는 현실적으로 크지 않다.

반면 밀의 경우는 사정이 다르다. 전 세계 밀 생산은 콩보다 훨씬 지리적으로 분산되어 있으며, 더 다양한 국가에서 재배되고 있다. 그럼에도 불구하고 일부 국가는 여전히 특정 무역 파트너에 지나치게 의존하고 있다. 이집트는 수입 밀의 약 90%를 러시아와 우크라이나에서 들여오고, 필리핀은 약 80%를 미국과 호주로부터 수입한다. 무역 취약성을 줄이는 가장 현실적이고 간단한 방법은 단일 국가에 대한 의존도를 가능한 한 줄이는 것이다. 이는 리쇼어링을 시도하는 것보다 훨씬 비용이 적게 들고, 잠재적 부작용도 훨씬 적은 방식이다.

거대한 환상

그러나 중국이라는 문제는 여전히 남아 있다. 중국의 공산당 정권은 국내적으로는 훨씬 강압적인 체제로, 대외적으로는 점점 더 위협적인 세력으로 변모했다. 또한 중국 정부는 가계 소비 부진과 과잉 투자에 의존하는 경제 모델에서 벗어나게 하는 데 실패했으며, 그럴 능력도 없어 보인다. 이로 인해서 자국 내 남는 물량을 싼값에 해외로 밀어내게 되고, 서구권은 물론 다른 개발도상국에서도 보호무역주의적 반발이 커질 수밖에 없다.

또다시 이 문제는 나에게 개인적인 이슈이기도 하다. 오늘날 중국에 사는 나의 친척들은 40년 전에는 상상도 못했던 물건들을 살 수 있고, 해외여행도 즐긴다. 그러나 여전히 공산당의 보복을 두려워하지 않고 자유롭게 발언하거나 단체를 만들거나 투표할 자유는 없다. 내가 1980년대에 살던 홍콩은 자유롭고 열린 사고가 지배하던 도시였지만, 1997년 영국이 중국으로 반환하면서 맺은 '일국양제' 협정을 시진핑과 공산당이 파기하면서 홍콩은 권위주의적 통제 아래 놓이게 되었다. 그 결과, 2021년 5월 이후 '영국 재외국민British National Overseas' 자격을 가진 14만 4,000명 이상의 홍콩 시민이 영국 이주를 택했다.[5] 경제적 손실을 감수하고서라도, 그런 정권이 통치하는 거대한 경제 체제로부터 벗어나는 편이 낫다고 생각하는 심정을 이해할 수 있다.

하지만 한 걸음 물러서서 반대로 생각해보자. 만약 마오쩌둥 사망 이후 1979년 중국이 개방되었을 때 서구가 중국과 교역에 나서지 않았다면 어떻게 되었을까? 오늘날 많은 미국 정치인들이 주장하듯, 2001년 미국이 중국의 WTO 가입을 막았다면 지금 세계는 더 안전해졌을까? 물론 2000년 이후 많은 이들의 기대와 달리 중국은 정치적으로 자유화되지 않았고, 특히 2013년 시진핑 집권 이후 공산당은 더욱 노골적인 권위주의로 치달았다.

그렇다고 해서, 1979년이나 2001년에 서구가 지금과 다른 무역 정책을 선택했다면, 이처럼 실망스러운 중국의 경로가 달라졌을까? 중국은 지금보다 덜 위협적인 나라가 되었을까? 아니면 우리는 지금과 똑같은 도전에 직면하되, 단지 더 가난하고 서구에 대해 더 무지하고 더 적대적인 중국을 상대해야 하지 않았을까? 어쩌면 중국은 겉으로 보이는 것보다 더 많은 정치적·사회적 진전을 이뤘을지도 모른다. 2022년 시진핑의 '제로 코로나' 정책을 끝내게 만든 대중 시위는 그 증거 중 하나다. 당시 젊은이들이 '말하고 싶지만 말할 수 없는 모든 것'을 상징하는 빈 종이를 들고 대담하게 거리로 나섰던 장면은 전 세계를 놀라게 했다.[6]

만약 당시에 중국과 교역을 끊었더라면 세상이 더 안전해졌을 거라는 생각은 결코 기정사실이 아니다. UN, IMF, WTO 같은 다자간 기구들이 강대국 간 대립으로 인해 파괴되거나 트럼프 2기 행정부에 의해 의도적으로 해체된 세계가 더 안전할 것이라고 상상하는 것은 터무니없어 보인다. 오히려 오늘날 자유 세계가 중국의 권위주의적 지도자에 맞서 우위를 점하고 있는 것은, 역설적으로 세계화 덕분일지도 모른다.

1910년, 제국주의 영국과 신흥 경쟁국 독일 사이의 군비 경쟁이 절정에 이르렀을 때, 영국의 언론인 노먼 엔젤Norman Angell은 《거대한 환상The Great Illusion》이라는 책을 출간해 큰 반향을 일으켰다. 엔젤의 주장은 그 시대 정치인들의 호전적인 연설과 대중의 맹목적인 애국심에도 불구하고 유럽의 강대국 간의 경제적·금융적 통합 덕분에 전쟁이 일어날 가능성은 낮다는 것이다. 즉, 세계화가 전쟁을 막아주리라는 믿음이었다. 그는 이렇게 물었다. "한 국가가 다른 국가에게 선의를 보이도록 보장해주는 것은 무엇인가?" 그리고 이렇게 답했다. "단지 경제적인 측면뿐 아니라 모든 면에서 얽혀 있는 복잡한 상호 의존성이다. 어느 한 나라가 다른 나라를 부당하게 공격하려 할 때, 상호 의존성으로 인해서 그 행위는 결국 공격자 자신의 이익을 해치는 자해 행위가 되며, 이것이야말로 전쟁을 막는 가장 실질적인 제동 장치가 된다."[7] 그러나 불과 4년 뒤, 유럽의 열강들은 결국 서로에게 총부리를 겨눴고, 제1차 세계대전이 발발했다. 그 결과 수십만 명의 병사들이 프랑스와 벨기에의 서부전선에서 목숨을 잃었다.

무역과 상호 의존이 평화를 보장한다는 믿음은 이제 더 이상 설득력을 지니지 못하는 것으로 여겨진다. 하지만 그러한 견해를 완전히 무시해서는 안 된다. 제2차 세계대전 이후 수십 년간의 경험은 세계화와 '포지티브 섬positive-sum' 방식의 경제적 사고가 주요 강대국들 간의 충돌을 억제하는 데 놀라운 역할을 해왔음을 보여준다.[8] 일부 연구에 따르면, 무역 개방도가 높을수록 소규모 국가들 간의 무력 충돌 가능성이 낮아진다고 한다.[9] 물론 이러한 사례를 과장해서는 안 된다. 상관관계는 분명하지만, 그 사이의 인과관계를 규명하기는 쉽지 않다.

그러나 1930년대의 역사는 탈세계화가 얼마나 위험하게 전쟁을 부추길 수 있는지를 극명하게 보여준다. 1941년 일본이 하와이의 미 해군함대를 기습 공격하기로 한 결정은, 불과 몇 주 전 미국 정부가 일본의 동남아시아 침공에 대응해 미국 내 일본 금융자산을 동결하고 사실상 석유 수출을 금지한 조치에 대해서 발작에 가까운 반응을 행동으로 옮긴 것이었다. 당시 일본이 사용하는 석유의 80%는 미국산이었다. 일본 지휘부는 어느 정도의 비축량을 확보하고 있었지만, 미국의 석유 금수 조치가 지속된다면 군사체계가 마비되는 것은 시간 문제라는 두려움에 휩싸였다. 한 일본 제독은 이렇게 경고했다. "석유 공급이 끊긴다면 전함이든 어떤 함정이든 허수아비에 불과할 것이다."[10] 결국 일본은 석유를 확보하기 위해 네덜란드령 동인도제도(현재의 인도네시아)의 유전 지대를 침공할 시간을 벌고자 진주만을 공격했다. 계획은 화려했 지만, 이는 제국주의적 광기와 '자원 민족주의'가 결합하여 빚어 낸 참혹한 오판이었으며, 결과적으로 미국을 전쟁의 전면에 불러 들였다.

이와 비슷하게, 아돌프 히틀러의 자급자족 정책은 제1차 세계 대전 당시 독일의 경험에서 비롯되었다. 당시 독일의 도시들은 영국 해군의 해상 봉쇄로 인해 극심한 식량난을 겪었고, 이는 독 일의 전쟁 수행 능력을 사실상 마비시켰다. 히틀러는 자급자족의 장애물 중 하나는 식량, 특히 식용 지방에 대한 만성적인 수입 의 존 때문이라고 생각했다. 나치 독일은 식량 자급을 이루기 위해 여러 방안을 모색했다. 그중 하나가 콩을 독일 가정의 주요 단백 질 공급원으로 장려하는 정책이었다. 콩의 현대적 역할은 3장에 서 살펴본 바 있다.

이러한 노력에도 불구하고, 나치는 독일 국민의 만성적인 지방 섭취 부족 문제를 끝내 해결하지 못했다. 바로 이 점이 히틀러가 이른바 '레벤스라움Lebensraum(생존공간)' 확보를 기치로 내걸고 타 국을 침략하게 만든 결정적인 동인이 되었다. 즉, 내부적인 경제 자급이 불가능해지자 타국의 영토와 자원을 탈취해 그 결핍을 메 우려 했던 것이다. 그는 자국민을 먹여 살리기 위해서는 다른 나라의 경작지를 차지할 권리가 있다고 믿었다. 전후 뉘른베르크 재판에서 증거로 채택된 문서들은 나치 정권이 러시아와 우크라이나의 식량을 약탈하고, 그 지역 수천만 명의 주민들을 굶주리게 할 계획을 세웠음을 보여준다. 식량 자급에 대한 나치의 집착은 결과적으로 이웃 국가들과 전 세계에 대한 위협을 심화시켰다. 물론 이러한 설명이 제국주의 일본이나 나치 독일의 잔혹 행위를 정당화하는 것은 결코 아니다. 다만, 이는 1930~1940년대의 악몽 같은 지정학적 현실을 이해하기 위한 중요한 맥락을 제공해준다.

세계경제의 통합이 평화를 보장하는 것은 아니다. 그러나 경제적·정치적으로 분열된 세계는 자원 민족주의의 급격한 확산과 국가 간 군사적 충돌 위험을 불러올 가능성이 높다. 역사는 이러한 현상이 고립 경제학이 낳은 결과임을 보여준다. 따라서 서방 국가들이 중국에 대응하는 더 나은 방법은 아마도 관계를 해체하는 것이 아니라 경제적 상호 연결성을 유지하고 관리하는 것이다. 특히 과잉 생산과 덤핑 문제에 대해서는, 1980년대 일본과 합의했던 것처럼 중국의 이익에 호소해 자발적 수출 규제를 유도해볼 수 있다.

만약 이런 접근이 실패한다면, 서구 국가들은 관세나 수입 금지 조치를 택하기보다는 자본 통제를 도입해 중국이 무역 흑자를 서방 통화에 재투자하는 경로를 차단하는 편이 더 나을 것이다. 이 조치는 분명 심대한 파장을 일으킬 수 있고, 단기적으로 불안정성을 초래할 수도 있다. 그러나 이는 중국 과잉 생산의 근본 원인을 타격하는 방법이 될 것이며, 전후 무역 질서를 무너뜨릴 위험을 감수하는 것보다 훨씬 현명한 대응이다. 시진핑이 보호무역주의의 역풍을 피하고 싶다면 더 이상 지체하지 말고 중국의 경제 모델을 전면적으로 수정해야 한다.

우리 모두가 이 문제에서 자유롭지 못하다는 사실을 인식하는 것이 중요하다. 중국의 소설가 위화余華는 도쿄에서 발생한 어떤 모욕 사건으로 인해 중국 도시에서 일본에 대한 분노가 고조될 때 종종 벌어지는 반일 시위를 풍자한 농담을 들려준다. 어느 날, 격분한 군중이 일본산 자동차를 둘러싸고 부수려는 순간, 누군가가 "이 차는 중국 회사와의 합작으로 현지에서 생산된 거야"라고 말한다. 그러자 군중 속에서 이런 답변이 돌아온다. "그럼 절반만 부수자." 이 농담은 세계화된 경제를 파괴하는 것이 곧 우리 공동의 재산을 파괴하는 일이라는 점을 예리하게 보여준다. 세계화된 경제를 부수는 것은 결국 자기 자신을 해치는 행위다. 그렇다면 이런 자해적 흐름을 되돌릴 만한, 강력한 대항 수단이 존재할까?

무역은 스스로 길을 찾아낸다

4장에서 우리는 1984년 소련과 서독 사이에 건설된 천연가스 파이프라인에 얽힌 비화를 살펴보았다. 그 구상은 간단했다. 소련은 외화를 확보하고 서방의 투자를 받아 파이프라인을 건설하며, 유럽은 그 대가로 저렴한 에너지를 공급받는다는 것이었다. 그러나 로널드 레이건 행정부는 이 계획에 강하게 반대했다. 소련이 이 파이프라인을 '에너지 무기'로 활용할 가능성이 있다는 이유였다. 이 문제는 결국 NATO 내부의 큰 분열을 초래했다. 이로부터 얻을 수 있는 교훈은 지정학적 라이벌들 사이의 에너지 상호 의존은 위험하다는 점이다. 실제로 블라디미르 푸틴이 2022년, 비슷한 파이프라인을 통해 유럽으로 가던 가스 공급을 차단했던 전례를 고려하면 더욱 그러하다. 그러나 또 다른 의미 있는 교훈도 있다. 무역은 물과 같아서, 어떤 틈새로든 스며들어 결국 길을 찾아낸다는 점이다.

소련은 값싼 가스를 가지고 있었고, 서유럽은 그것을 사고 싶어 했다. 결국 냉전의 지정학적 논리도 경제적 실리 앞에서는 무력했다. 이러한 흐름은 현대에도 반복된다. 2022년 우크라이나 침공 이후 서방 국가들이 러시아 정권을 향해 광범위한 무역 제재망을 가동했음에도 불구하고, 러시아는 카자흐스탄과 조지아 같은 인접국을 통해 군사용 산업 부품을 밀반입하며 제재를 비웃듯 우회로를 찾아냈다.[11]

서방 국가들의 대응 역시 이중적이었다. 2022년 12월, G7과 호주는 러시아산 석유에 배럴당 60달러의 가격 상한선을 설정했다. 이는 당시 시장가보다 약 20달러 낮은 가격을 강제하며 압박하는 모양새를 취했지만, 본질적으로는 러시아가 서방에 석유를 계속 판매할 수 있는 공식적인 통로를 열어준 셈이다. 이는 서방 정부들이 자국 내 에너지 위기로 인한 경제적 고통을 감내할 수 있는 임계점이 어디인지를 극명하게 보여주는 대목이다.

조금 더 긍정적인 사례로는, 3장에서 언급했던 2022년 튀르키예의 중재로 러시아와 우크라이나가 맺은 협정을 들 수 있다. 2022년에 러시아의 흑해 봉쇄로 아프리카와 중동 일부 지역에 심각한 기근이 예견되었으나, 이 협정 덕분에 다른 지역에서 절실히 필요로 하던 곡물들이 우크라이나 항구를 통해 반출될 수 있었다.[13] 즉, 두 나라가 전쟁 중이었음에도 무역은 또다시 스스로 생존의 길을 찾아내며 인류의 필요를 채우고 있었다.

도널드 트럼프의 첫 임기 때 사례를 보면, 관세는 종종 무역을 중단시키기보다는 단순히 우회시키는 역할을 한다는 것을 증명해준다. 트럼프 행정부는 2018년에 중국산 태양광 패널에 30%의 관세를 부과했다. 그 후 중국의 태양광 패널 제조업체들은 조립 공정을 말레이시아, 태국, 캄보디아, 베트남 등으로 이전한 뒤 그곳에서 완제품을 미국으로 수출함으로써 사실상 관세를 우회했으며, 2023년에 미 상무부는 이에 대한 증거를 제시했다. 만약 트럼프가 예고한 대로 2기 행정부에서도 급진적인 보호무역주의 정책을 추진한다면, 이러한 적응력이야말로 앞으로 우리가 기대할 수 있는 가장 낙관적인 시나리오일지도 모른다.

이 책을 쓰기 시작했을 때만 해도 나는 글로벌 공급망을 해체해야 한다는 주장에 단순히 회의적인 태도를 가지고 있었다. 그러나 이제는 의약품·반도체·배터리·농업 등 어느 분야를 막론하고 글로벌 공급망 해체를 옹호하는 이들이 있다면, 그들이 이 복잡한 상호 연결망을 충분히 세밀하게 들여다보지 않았을 뿐이라는 확신이 든다. 이토록 광범위하게 얽힌 상호 연결망을 인위적으로 끊어내려 할 때 발생하는 경제적 충격은 이해관계자 모두에게 감당하기 힘든 수준임이 드러날 것이고, 결국 고립 경제학 실험은 도중에 중단될 가능성이 크다. 혹은 1980년대 일본처럼, 중국 기업들도 서방에 직접 공장을 세워 제재를 우회할 수도 있다.

세계가 나아갈 수 있는, 좁지만 현실적인 길이 하나 있다. 선진국들이 산업정책을 강화하면서도 무역의 개방성을 유지하는 것이다. 여기서 말하는 산업정책은 전통적인 철강산업처럼 이미 세계적 공급 과잉에 시달리는 분야를 대상으로 하는 것이 아니라, 첨단 제조업과 혁신적인 청정기술에 집중 투자하는 것을 의미한다. 예를 들어 산업용 탄소 포집·저장 기술CCS이나 재생에너지를 이용한 수소 전기분해 기술 같은 분야에 집중함으로써 국내뿐 아니라 국제적으로도 생산성을 동시에 끌어올리는 방식이다.

산업정책 옹호론자들은 과거 산업정책이 보호무역주의와 너무 쉽게 동일시되어 왔다고 주장하며 강력한 논리를 펼친다. 물론 서툴게 설계된 산업정책은 보호무역주의적 성격을 띨 수 있다. 그러나 그 핵심 목표가 국가의 역량을 확장하고 기술 발전과 포괄적인 성장을 이끌어내는 데 있다면, 이는 개발도상국뿐 아니라 선진국에서도 정당한 정책 수단이라 할 수 있다.[14]

또한 튀르키예계 미국인 경제학자 대니 로드릭Dani Rodrik이

2000년대에 명명한 '초세계화hyper-globalization'에 대한 비판도 타당하다. 당시의 무역 협상은 다국적 기업들의 지적재산권 보호를 과도하게 우대하는 반면, 각국 정부의 국내적·민주적 권한은 훼손하곤 했다.[15] 이러한 기업 중심의 초세계화에서 한 발 물러나는 것은 오히려 긍정적인 변화일 수 있다. 특히 글로벌 무역으로 인해 피해를 입은 개인과 지역사회를 지원하는 보다 포괄적인 프로그램이 병행된다면 더욱 그렇다. WTO가 이를 '재세계화re-globalization'라고 부르는 것도 이런 맥락에서다.

국경 간 무역 조치 측면에서 보면, 이는 공급망의 완전한 해체가 아니라 세계화의 일시 정지 국면을 가져올 가능성이 높다. 이는 1970년대 초반에 닉슨 대통령이 제2차 세계대전 이후 고정되었던 금본위제를 갑작스럽게 철회한 사례와 유사하다. 당시 달러가 금의 가격과 연결되어 있었던 체계를 해체하는 것은 혼란을 낳았지만 결국 감내할 수 있는 수준이었고, 무역 자유화의 추세는 계속 이어졌다. 이 좁은 길을 걷는다면, 이웃을 희생시키는 '근린궁핍화' 정책으로 퇴보하기보다, 동맹국 간 유대 강화와 다른 국가와의 관계를 신중하게 유지하는 방향으로 나아갈 것이다. 또한 낭비적인 국가별 보조금 경쟁이나 관세 장벽 대신, 전기차, 반도체, 핵심 광물 분야에서 뜻이 맞는 국가들끼리 '보조금 클럽'을 형성하는 방식이 더 유용할 것이다. 미국, 유럽, 캐나다, 일본, 한국, 호주, 멕시코 등 동맹국들이 연합해 이러한 협력 체계를 만드는 것이 자연스러운 수순이다.

나아가 미국과 중국이 다른 갈등 요소와 분리하여 개발도상국의 탈탄소화를 위한 기술 이전과 같은 분야에서 부분적 협력을 지속할 수도 있다. 실제로 바이든 행정부 시절 미국의 정책이나 유럽 주요 국가들의 결정들 중 소위 '선의의 영역'에 속하는 정책들이 때때로 고립 경제학으로부터 벗어나 이러한 방향으로 기울어진 '긍정적'인 순간들이 있었다. 물론 도널드 트럼프가 백악관에 복귀한 시점에서 세계가 이러한 좁은 길을 걸어갈 가능성이 높아질 것이라고 기대하는 것은 비현실적인 낙관론일 것이다. 그러나 이는 향후 수십 년간의 정치적·경제적·환경적 압박을 뚫고 나갈 유일하고도 유효한 항로다.

세계화의 미래

지정학적 격변과 무관하게, 세계화는 그 형태를 바꾸며 계속 진화하고 있다. 지난 15년 동안 제조품, 원자재, 농산물 등 물리적 재화의 교역이 전 세계 경제 생산량에서 차지하는 비중은 대체로 정체된 반면, 국경을 넘어 거래되는 서비스 교역의 비중은 꾸준히 증가해왔다. 특히 인사 관리나 데이터 처리와 같은 기업의 백오피스 행정 기능을 해외로 이전하는 오프쇼어링 형태가 두드러졌다. 보호무역주의가 강화되는 와중에도 국경 간 데이터 흐름은 폭발적으로 증가하고 있다.[16] 인도와 방글라데시 같은 국가는 자국민의 영어 구사 능력과 IT 기술력에 기반하여 서방 다국적 기업을

대상으로 '글로벌 역량 센터Global Capability Centre, GCC' 서비스를 수출하며 상당한 성과를 거두었다. 많은 전문가들은 통신 기술의 발전 덕분에 이러한 추세가 앞으로 더욱 가속화될 것이라고 본다. 그리고 이러한 흐름은 기존의 보호무역 수단으로는 막기 어렵다고 지적한다. 상품의 국경 이동에는 관세를 부과하기 쉽지만, 클라우드 서버를 통해 국가 간 데이터를 주고받으며 업무를 처리하는 기업에 세금을 매기기는 일은 어렵기 때문이다.

다른 한편에서는, 고립 경제학의 논리가 이 영역마저 침범할 것이라 보는 이들도 있다. 예를 들어 각국 정부가 데이터를 자국 내 서버에 저장하고 처리하도록 의무화하는 국경 간 기업 데이터 흐름 제한 조치가 그것이다. 중국이 자국 인터넷 사용자를 페이스북과 같은 서양 소셜 미디어 웹사이트로부터 격리하고 서양 언론을 검열하기 위해 구축한 '만리방화벽Great Firewall'은 디지털 세계에서도 국가의 통제력이 결코 무력하지 않음을 보여준다. 만약 사무직 노동자들이 자신의 일자리가 해외로 이전될 위험을 느낀다면, 이들조차 이런 데이터 규제를 지지하며 보호 장벽 강화를 요구할 가능성도 있다. 이미 회계사, 변호사, 의사 등 전문직 종사자들이 온라인으로 다른 나라에 서비스를 제공하는 데 지리적 거리나 통신 기술의 한계는 문제가 되지 않는다.

이들이 겪는 가장 큰 장애물은 해당 국가의 권력층들이 구축한 강력한 규제 장벽이라고 지적하는 사람들도 있다.[17] WTO의 추정에 따르면, 서비스 교역 비용은 국내 서비스 판매에 드는 비용보다 약 5.5배 높은데 이는 상품 수출에 드는 비용(4배)보다도 더 큰 격차를 보인다. 반면 다른 시각에서는, 인공지능 기술의 발전이 선진국과 개발도상국을 막론하고 화이트칼라 인력에 대한 수요를 줄일 가능성이 있다고 본다. 기술이 만들어낼 미래는 언제나 그렇듯 불확실하다.

변화는 우리가 예상하는 것보다 훨씬 빠르게 찾아올 수 있다. 저명한 무역경제학자 리처드 볼드윈Richard Baldwin은 세계화의 다음 단계가 이미 시작되었다고 주장하는 책을 2016년에 출간했다. 그에 의하면 세계화의 다음 단계는 '텔레로보틱스telerobotics(장거리 원격 조종 로봇을 일컫는 신조어 – 옮긴이)'와 '홀로그램 원격 참여holographic telepresence(홀로그램을 이용한 3차원 통신 – 옮긴이)'를 중심으로 전개된다. 예를 들어 그는 마닐라에 앉은 가정부가 오슬로 호텔에 있는 로봇을 조종하여 객실을 청소하고, 페루의 경비원이 미국에 있는 경비 로봇을 조종하며, 독일 기술자가 중국의 장비를 원격 로봇으로 수리하는 미래를 상상했다.[18] 볼드윈은 또한 1930년대식 보호무역주의의 재등장은 "가능성이 낮다"고 단언했다. 하지만 그해 말 도널드 트럼프가 미국 대통령으로 당선되었다. 이 일화가 보여주는 것은, 아무리 통찰력 있는 전문가라도 현실의 전환점을 실시간으로 감지하기란 얼마나 어려운가 하는 점이다.

물론 미래를 정확히 예측할 수는 없지만, 한 가지는 분명하다. 세계경제가 지금보다 훨씬 더 폐쇄적으로 변한다면, 그것은 더 가난하고 더 취약한 세계가 될 것이라는 점이다. 닫힌 경제일수록 예기치 못한 충격이나 공동의 위기에 대응하기가 더 어려워진다. 4장에서 살펴본 것처럼, 앞으로 인류가 맞닥뜨릴 가장 거대한 공동 과제는 탈탄소화이다. 유럽연합은 2026년부터 '탄소국경조정제도CBAM'를 도입할 예정이다. 이는 유럽보다 화석연료 비중이 높은 국가에서 생산된 시멘트, 철, 강철, 알루미늄, 비료 등의 수입품에 부과되는 사실상의 탄소 관세다. 이 조치는 이미 인도 등 여러 국가부터 '녹색 보호무역주의'라는 비판을 받고 있다[19]

그러나 이러한 환경 관세와 도널드 트럼프식 관세 사이에는 결정적인 차이가 있다. 후자는 무역 자체를 축소시키는 것을 목표로 하지만, 전자는 수출국이 배출량을 줄이도록 유도하고, 자국 산업이 불공정 경쟁에 노출되지 않도록 공정한 경쟁 환경을 조성하려는 것이다. 문제는 세계가 고립 경제학 방향으로 급속히 회귀할 경우, 규범 기반의 국제무역 질서와 제도 자체가 무너질 위험이 커진다는 점이다. 그러한 질서와 제도가 있어야 탄소국경조정제도 같은 것도 국제적 보복의 악순환 없이 실행할 수 있다. 결국 '게임 규칙'이 개별 행위자들의 행동만큼이나 중요하다. WTO 사무총장 응고지 오콘조-이웨알라Ngozi Okonjo-Iweala는 이러한 문제의 자연스러운 해법은 전 세계 모든 무역을 포괄하는 국제적 탄소 가격책정 제도라고 주장한다. 현재 WTO가 유엔, OECD, IMF 등과 협력하여 그 구체적 설계 방안을 모색 중이다.[20] 그러나 고립 경제학의 적대적인 분위기 속에서 이러한 노력이 실제로 실행에 옮겨질지는 의문이다.

어쩌면 지금 우리가 맞닥뜨린 가장 근본적인 과제는 정치적 소통의 문제일지도 모른다. 대중의 여론이 자급자족이라는 오래된 본능적 신념으로 기울어진 상황에서 개방된 무역을 옹호하는 일은 점점 더 어려워지고 있기 때문이다. 예를 들어 중국의 과잉 생산이 분명한 문제이지만, 이를 무역 단절로 대응해서는 안 되는 이유를 대중들에게 설명하는 일은 쉽지 않다. 국경 안보를 강화하는 동시에 이민자에 대한 일정 수준의 개방성을 유지해야 하는 이유, 식량을 국내에서 더 많이 재배하기보다 오히려 수입에 의존하는 것이 더 안전할 수 있다는 논리를 설득력 있게 전달하는 것 역시 어려운 일이다. 반면, 고립 경제학을 부추기는 세력들은 단순하고 직관적인 해답을 제시하는 듯 보인다.

그럼에도 불구하고 개방의 장점을 믿는 사람들에게는 여전히 희망의 근거가 있다. 이 책은 1933년, 다자주의가 붕괴하고 세계 경제가 절망과 혼란의 깊은 나락에 빠진 이야기로부터 시작했다. 그러나 바로 다음 해인 1934년, 프랭클린 루스벨트 행정부는 '상호무역협정법RTAA'을 제정했다. 이 법은 대통령에게 다른 나라들과 관세 인하 협정을 체결할 수 있는 권한을 부여했고, 의회와 국내 보호무역 산업 로비 집단의 영향력을 크게 줄였다. 이 새로운 틀은 1945년 이후에 이르러서야 성과를 내기 시작했지만, 전후 세계 자유무역의 커다란 확장을 위한 토대를 마련했다.

2장에서 우리는 '자급자족autarky'이라는 개념의 고대 그리스적

기원을 살펴보았다. 고대 철학자들에게 자급자족은 타인에게 의존하지 않고 스스로 살아가는 삶이 더 도덕적으로 고결하다는 사상에 기반한 것이었다. 그러나 그 시대에도 이에 대한 해석은 단순하지 않았다. 기원전 5세기 아테네의 정치가 페리클레스가 민주주의 도시국가의 자급자족에 대해 말할 때, 그는 고립이 아닌 힘을 강조했다. 그리고 그 힘은 무역에 반영되었다. 그는 펠로폰네소스전쟁에서 전사한 아테네 시민들을 추모하는 유명한 연설에서 이렇게 말했다.

"우리 도시의 위대함 덕분에 전 세계의 산물이 우리에게 흘러들어오고, 우리는 다른 나라의 상품을 마치 우리 것처럼 자유롭게 누린다. 우리 도시는 세계에 열려 있으며, 외국인이 우리를 보고 배우는 것을 결코 막지 않는다. 그것이 설령 적에게 이익이 될 수도 있는 비밀이라 할지라도 외지인이 보고 배우는 것을 막기 위해 그들을 내쫓는 법이 없다."[21]

이 해석에 따르면, 자급자족은 고립이 아닌 공동체에서 비롯되며, 결핍이 아닌 풍요에서 비롯되며, 세계에 대한 폐쇄가 아닌 개방적인 자세에서 비롯되며, 무엇보다 고립 경제학이 아닌 상호 연결에서 비롯된다.

장기간 함께해준 HHB 에이전시의 에이전트 엘리 제임스Elly James에게 깊이 감사드린다. 출판사에 제시할 강력한 아이디어를 끊임없이 독려해주었고, 피칭 과정의 불가피한 난관 속에서도 포기하지 않도록 끝까지 힘이 되어 주었다.

이 프로젝트의 기반이 된 BBC 라디오 4의 〈자급자족의 새로운 시대The New Age of Autarky〉를 이끈 템포 앤드 토커Tempo & Talker의 크레이그 템플턴스미스Craig Templeton-Smith, 그리고 각 에피소드를 정성껏 제작해준 아누크 밀레트Anouk Millet와 맥스 보워Max Bower에게도 감사의 마음을 전한다.

BBC 〈뉴스나이트Newsnight〉의 훌륭한 편집자들과 동료들께도 고마움을 표한다. 이 책의 많은 원고는 〈뉴스나이트〉 취재로 뉴포트에서 스컨소프, 스리랑카에 이르기까지 현장에서 쌓은 보도에서 비롯되었다. 또한 집필에 전념할 수 있도록 충분한 휴가를 허락한 BBC 〈베리파이Verify〉의 린제이 맥코이Lindsay McCoy에게도 감사드린다.

베이직 북스Basic Books의 사라 카로Sarah Caro에게 이 프로젝트를 처음 제안해준 데 대해, 그리고 열정적으로 바통을 이어받아 창의적이면서도 정교한 편집으로 개념을 다듬어준 조 지그몬드Joe Zigmond에게 깊이 감사드린다. 원활한 진행을 챙겨준 시암 핫차우Siam Hatzaw에게도 고마움을 전한다.

원고 일부를 읽고 귀중한 의견을 들려준 존 스프링포드John Springford, 조나단 포르테스Jonathan Portes, 팀 로드Tim Lord, 에드 콘웨이Ed Conway에게 큰 빚을 졌다. 물론, 모든 오류의 책임은 전적으로 내게 있다.

마지막으로, 언제나 곁을 지켜준 아내 해티Hattie에게 깊은 사랑과 감사를 전하며, 이 책을 그녀에게 바친다.

세계화의 황혼 앞에 선 한국을 위한 책

2019년 여름, 일본 정부가 반도체 핵심 소재 세 가지의 수출을 전격 제한했을 때의 충격을 또렷이 기억한다. 불화수소, 포토레지스트, 불화폴리이미드. 대다수에게는 낯선 화학 물질 이름이었지만, 그 단어들은 삼성전자와 SK하이닉스의 생산라인 전체를 멈출 수도 있는 무게를 지니고 있었다. 우리 기업들은 공급선 다변화를 서둘렀고, 정부도 대응에 나섰다. 그때 우리는 한 가지 사실을 절감했다. 세계화는 분명 번영을 주지만, 동시에 예상치 못한 급소를 만들어낸다는 것. 효율을 위해 여러 나라에 걸쳐서 길게 뻗은 공급망은 평시에는 강점이지만, 예상치 못한 충격 앞에서는 취약점으로 바뀔 수 있다. 그리고 그 취약점은 경제만이 아니라 외교·안보·사회적 불안으로까지 번져나갈 수 있다.

이 책을 처음 읽었을 때, 그 기억이 자연스럽게 겹쳐졌다. "세계화가 실패한다면 무슨 일이 벌어지는가, 그리고 각국이 앞다퉈 추구하는 '국가 자급자족'은 과연 약속한 안보와 번영을 가져다줄 수 있는가"라는, 저자가 던지는 핵심 질문은 우리가 지난 몇 년간 체감해온 불안의 정체를 정확히 찌른다. 팬데믹, 전쟁, 인플레이션, 기술 패권 경쟁, 제재와 수출 통제의 확산은 "상호 의존은 위험하다"는 직관을 강화했다. 그러나 이 책은 그 직관을 곧바로 결론으로 받아들이지 말라고 말한다. 불안이 커질수록 단순한 해법이 매력적으로 보이지만, 단순한 해법은 대개 더 큰 대가를 숨기기 때문이다.

벤 추는 지난 10여 년 사이 전 세계를 지배해온 경제 사상의 흐름을 '고립 경제학Exile Economics'이라 명명한다. 이 개념은 세 가지 경향을 하나로 묶는다. 국가 간 상호 의존의 현실을 불편해하고, 다자 협력과 국제 협의체의 가치를 낮추며, 국내 자급자족을 적극적으로 추구하는 흐름이다. 트럼프의 관세 정책, 중국의 '쌍순환', 인도의 '메이크 인 인디아', 유럽의 '전략적 자율성', 그리고 한국의 '공급망 내재화' 담론과 같은 기조들에 대해서 저자는 이들을 같은 시대정신의 다른 얼굴로 읽는다.

중요한 점은, 이것이 단순히 세계화를 뒤로 되감는 '탈세계화'가 아니라는 데 있다. '고립 경제학'을 주창하는 사람들은 세계화보다 더 나은 무언가—안보, 번영, 평화—를 만들겠다는 야심찬 약속을 내건다. 그러나 저자가 책 전반에 걸쳐 보여주듯, 그런 약속들은 생각보다 쉽게 '유혹적인 환상'이 되곤 한다. 자급이라는 말이 주는 안정감은 크지만, 현실은 훨씬 복잡하고 서로 얽혀 있다. 무엇보다 경제는 한 나라의 의지로만 움직이지 않는다. 기술과 자원, 인력과 표준, 금융과 보험, 물류와 데이터가 서로 맞물려 돌아가는 체계이기 때문이다.

이 책의 장점은 논쟁이 아니라 구체성에 있다. 저자는 에너지, 식량(밀·대두), 금속(철강), 첨단 기술(실리콘·태양광), 그리고 사람(이주·이민)이라는 다섯 개의 사물을 들여다보는 렌즈를 통해, 세계가 얼마나 깊고 촘촘하게 연결되어 있는지를 '사례'로 설명한다. 추상적인 통계나 이념 대립이 아니라, 실제로 무엇이 어디에서 막히고 그 파장이 어떻게 번지는지를 따라가며 상호 의존의 실체를 보여준다. 독자는 공급망을 '지도'로 보면 보이지 않던 것들이, 이야기로 보면 선명해지는 경험을 하게 된다. "왜 여기서 막혔는가", "대체 경로는 왜 작동하지 않았는가", "한 나라의 선택이 다른 나라의 가격과 정치에 어떤 파문을 남기는가" 같은 질문들이 자연스럽게 이어진다. 그래서 이 책은 "끊자", "되돌리자", "자급자족하자" 같은 단순한 구호가 현실에서 얼마나 많은 전제와 비용을 요구하는지, 그리고 어떤 경우에는 목표와 반대되는 결과를 낳을 수 있는지 차분히 납득시키는 힘을 가진다.

한국 독자에게 이 책은 특히 가깝게 다가온다. 한국만큼 세계화의 혜택을 극적으로 누리면서, 동시에 취약성을 적나라하게 노출한 나라가 드물기 때문이다. 한국은 수출 없이는 성장하기 어렵고, 수입 없이는 생산하기 어렵다. 에너지는 대부분 해외에서 들여오고, 식량도 상당 부분 수입에 의존한다. 반도체처럼 특정 품목이 버팀목이 되는 구조는 강점이면서도 집중 위험을 키운다.

공급망의 한 고리만 흔들려도 한국 경제가 즉각 타격을 받는 이유다. 2019년 일본의 수출 규제가 '리허설'이었다면, 2022년 러시아의 우크라이나 침공은 에너지와 식량 충격이 동시에 온 '실전'이었다. 그리고 이런 충격은 이제 예외가 아니라, 반복될 가능성이 높은 '새로운 일상'처럼 느껴진다. 기술과 안보가 결합하면서, 경제적 판단이 곧 정치적 판단이 되는 순간들도 더 잦아졌다.

위기가 닥칠수록 "국산화가 답이다", "자급자족이 국가안보다", "대외 의존에서 벗어나야 한다"는 유혹은 강해진다. 그 공포에는 나름의 근거도 있다. 벤 추 역시 출발점에서 이를 인정한다. 그러나 식량, 에너지, 철강, 반도체, 이민이라는 영역을 하나씩 파고들수록 결론은 분명해진다. 자급자족은 많은 경우 허상에 가깝다. 밀 사례만 봐도 그렇다. 특정 국가·지역에 공급이 집중되면 충격이 커지지만, 그렇다고 모든 나라가 '자급자족'으로 문제를 풀 수는 없다. 재생에너지 확대도 마찬가지다. '에너지 독립'이라는 구호가 현실에서는 태양광 패널과 핵심 광물처럼 다른 종류의 의존으로 옮겨갈 수 있다. 반도체 장비의 경우도 단기간 대체가 어려운 핵심 기술이 존재한다.

결국 문제의 핵심은 '해외냐 국내냐'의 이분법이 아니라, 어디에 얼마나 집중돼 있고 대체 경로가 얼마나 준비돼 있느냐, 그리고 위기 시에도 필요한 재화와 기술에 접근할 수 있는 능력이 얼마나 탄탄하냐에 있다. 접근 능력은 단순한 무역 숫자가 아니라 외교적 신뢰, 규범 참여, 기업의 멀티소싱 역량, 금융·결제 인프라, 그리고 사회가 충격을 견디는 제도적 기반까지 포함한다는 점에서 더 넓은 개념이다.

이 책에서 더 무겁게 다가오는 대목은 1930년대의 역사적 유추다. 대공황 이후 보호무역 장벽이 높아지던 시절, 자원과 공급망을 둘러싼 불안이 군사적 팽창의 동인이 되었던 기억은 오늘날과 완전히 무관하지 않다. 경제적 상호 의존이 평화를 보장하지는 않지만, 전쟁의 비용을 높여 억제력으로 작동해온 것도 사실이다. 상호 의존의 그물망이 약해질수록 힘으로 자원을 확보하려는 유혹이 커질 수 있다는 경고는 한반도의 현실을 떠올리게 한다. 한국은 미국과 중국이라는 두 강대국 사이의 단층선 위에 서 있다. 경제적으로는 중국과, 안보적으로는 미국과 긴밀히 엮여 있는 구조에서, 선택은 더 자주, 더 거칠게 요구될 수 있다. 한 번의 결단으로 정리될 문제가 아니라, 매 순간 균형을 다시 맞추며 관리해야 하는 문제다. 그 과정에서 기업과 개인의 삶까지 흔들릴 수 있다는 점이 바로 이 시대의 불편한 진실이다.

그렇다고 저자가 비관에서 멈추는 것은 아니다. 그는 '벽을 쌓기'가 아니라 '비상구를 늘리기'를 처방한다. 공급망을 지도화해 취약점을 파악하고, 전략 비축을 늘리며, 공급처를 다변화하라는 것이다. 한국도 이미 부분적으로는 이러한 길을 걸어왔다. 소재·부품·장비의 대체와 국산화, 특정 원자재의 확보 노력, 기업 차원의 멀티소싱과 재고 전략은 모두 같은 맥락에 있다. 다만 저자가 분명히 강조하는 전제가 있다. 이 처방은 세계화의 틀을 부수는 방식이 아니라, 국제 협력과 규범 속에서 회복력resilience을 키우는 방식이어야 한다는 점이다. 자급자족이 아니라, 다층적이고 다변화된 연결망으로 충격을 흡수하는 능력이 핵심이라는 뜻이다. 벽을 높이 쌓기보다 통로를 유지하되, 예상치 못한 순간에 빠져나갈 출구를 여러 개 만들어두라는 조언은 한국에게 특히 현실적이다. '닫힘'이 아니라 '준비된 연결'이 필요하다는 말로도 바꿔 말할 수 있겠다.

번역 과정에서 원래의 제목인 'Exile Economics'를 어떻게 옮길지는 가장 어려운 고민 중 하나였다. 사전을 찾아보면 '추방' 또는 '망명'이라고 나와 있지만, 추방은 벌을 받는다는 의미를 내포하고 있고 망명은 도피한다는 뜻이어서 모두 피동적인 의미를 가지고 있기 때문에 저자가 말하고자 하는 핵심과는 거리가 있다. 저자의 뜻은 "경제적 연결망으로부터 스스로 고립시키는 선택"이기에 적극적 행위에 가깝다고 보았다. 그래서 '고립 경제학'이라는 표현을 택했다. 한편으로는 불편한 단어이기도 하다. 그러나 지금 세계 곳곳에서의 흐름이 단순한 조정이 아니라, 스스로 연결을 끊는 방향으로 기울고 있다는 점을 생각하면, 그 불편함 자체가 이 책의 문제의식을 가장 잘 드러내는 것 같았다.

이 책이 한국어로 나오는 시점에 전 세계의 경제 현황은 긴박하다. 관세와 보조금, 제재와 수출통제, 공급망 제한과 규범 경쟁이 세계 경제의 일상 언어가 되었고, 한국은 그 소용돌이의 중심부에 서 있다. 정책은 더 자주 '경제의 언어'가 아니라 '안보의 언어'로 설명되고, 기업은 생산성 경쟁만이 아니라 규범과 위험관리 경쟁을 함께 치러야 한다. 그렇기에 자급자족의 환상을 경계하고 더 지혜로운 방식으로 세계와 연결하라는 이 책의 메시지는 한국 독자들에게 특히 절실하게 들릴 것이다. 우리가 만들어야 할 것은 '완벽한 독립'이 아니라, 충격을 흡수할 수 있는 설계와 선택지의 폭이다.

저자 벤 추가 책 서두에서 던진 물음으로 이 후기를 맺고 싶다. '고립 경제학'이 약속하는 세계는 과연 달성 가능한가, 아니면 매혹적인 환상인가. 독자 여러분이 이 책을 덮을 때, 그 답을 단정하기보다 더 깊고 더 날카로운 질문을 품게 된다면, 그것만으로도 이 책은 충분히 제 역할을 다한 것이라 믿는다. 세계화의 황혼이 정말 다가온 것인지, 혹은 우리가 스스로 황혼이 더 빨라지게 만들고 있는 것인지 그 판단은 결국 우리의 선택과 준비에 달려 있다. 이 책이 그 선택을 조금 더 정교하게, 조금 더 현실적으로 만드는 데 도움이 되기를 바란다.

본문의 주

들어가며

1   1930년대 초 대공황 당시, 공화당 소속 허버트 후버 대통령하에서 미국에 거주하던 멕시코인 중 최소 100만 명이 멕시코로 추방된 것으로 추정된다. 그중 절반 이상은 미국 시민권자였다. 다음을 참조하라. Francisco E. Balderrama and Raymond Rodríguez, *Decade of Betrayal: Mexican Repatriation in the 1930s,* revised edition, Albuquerque: University of New Mexico Press, 2006.

2   허버트 후버가 1928년 10월 15일 매사추세츠주 보스턴에서 한 연설의 인용문. https://archive.org/details/newdaycampaignsp0000hoov/page/114

3   허버트 후버 대통령은 1932년 5월 11일, 의회에서 통과된 미국 관세 인하 법안에 대해 위와 같은 말로 거부권을 행사했다. https://www.presidency.ucsb.edu/documents/veto-bill-amend-the-tariff-act-1930

4   1930년 5월 5일, 1,028명의 경제학자들이 허버트 후버 대통령에게 "우리는 보호 관세 인상이 실수라고 확신한다"면서 관세 대폭 인상을 거부할 것을 촉구하는 서한을 보냈다. https://econjwatch.org/file_download/162/2007-09-editorsfetter-char_issue.pdf

5   1932년 1월 19일 프랑스 주재 미국 대사가 국무부 장관에게 보낸 전보에 따르면, "프랑스는 이 정책이 시행된 짧은 기간 동안 프랑스 무역 수지를 개선하는 데 극히 효과적이었기 때문에, 미국과의 경제 전쟁을 감수하더라도 할당량 정책을 포기하지 않을 가능성이 높다"고 밝혔다. https://history.state.gov/ historicaldocuments/frus1932v02/d115

6   1933년 9월 19일 영국 주재 미국 대사는 영국 총리 램지 맥도널드와의 회담 내용을 미국 국무부 장관에게 전보로 보고하며, 맥도널드가 "미국이 협조적 태도를 보이지 않은 것에 대해 개인적 타격을 받아서 한때 거의 절망에 빠졌다"고 언급했다고 전했다. https://history.state.gov/historicaldocuments/frus1933v01/d565

7   이는 민주당 소속 대통령 프랭클린 루스벨트가 재무부 장관 헨리 모건소에게 유럽의 정치가들을 비공개적으로 평가한 말이다. 다음을 참조하라. Diary of Henry Morgenthau Jr, 9 May 1933, Farm Credit Diary, Book 9, https://www.fca.gov/template-fca/about/Morge

nthauFarmCreditDiaryApril1933-Nov1933.pdf

8 국제연맹(유엔의 전신)은 1930년대 초반의 사건을 다음과 같이 묘사했다. 다음을 참조하라. League of Nations' World Economic Survey 1931/32, p.289.

9 1933년 초 국제연맹은 런던에서 열릴 예정인 세계경제회의의 의제를 수립하기 위해 전문가 위원회를 설립했다. 이들이 작성한 문서에서는 회의가 통화 안정화와 무역 장벽 감소를 달성하지 못할 경우 '국가적 자급자족의 이상이 전 세계적으로 채택될 위험이 있으며, 이는 경제 발전의 흐름과 명백히 충돌한다. 이러한 선택은 국제 금융 체제의 기반을 흔들고 생활수준이 하락할 것이며 우리가 알고 있는 사회체제는 거의 생존할 수 없게 될 것이다'라고 경고했다. 다음을 참조하라. League of Nations, 'Monetary and Economic Conference. Draft Annotated Agenda' submitted by the Preparatory Commission of Experts, January 1933, https://deriv.nls.uk/dcn23/1916/8925/191689253.23.pdf

10 '합리적이고 편리하게 가능한 한 모든 물품을 국내에서 생산하라'는 주장은 존 메이너드 케인스가 1933년 6월 《예일 리뷰Yale Review》에 게재된 '국가 자급자족(National Self-Sufficiency)'이라는 논설에서 제기한 것이다. https://jmaynardkeynes.ucc.ie/national-self-sufficiency.html

11 2018년 5월 3일, https://www.ntu.org/library/doclib/Embargoed-Economists-Letter-2018-1.pdf

12 Neville Chamberlain, House of Commons debate, 2 June 1933, *Hansard*, vol. 278, cc. 2243-71, https://api.parliament.uk/historic-hansard/commons/1933/jun/02/world-economic-conference

13 Charles Kindleberger, *The World in Depression 1929–1939*, London: Allen Lane, 1973, p. 292.

14 Arthur W. Lewis, *Economic Survey, 1919–1939*, London: Allen & Unwin, 1949, pp. 200-1.

1장 고립 경제학의 신조

1 FAO/WFP Crop and Food Security Assessment Mission (CFSAM) to the Democratic Socialist Republic of Sri Lanka, World Food Programme, May 2024, https://www.wfp.org/publications/faowfp-crop-and-food-security-assessment-mission-cfsam-democratic-socialist-republic

2 Ben Chu, 'Can Sri Lanka Trade its Way Back to Prosperity?', *BBC News*, 2 February 2023, https://www.bbc.co.uk/news/business-64464220

3 2021년 차 총생산량은 30만 톤이었지만, 2022년에는 25만 톤으로 16% 감소했다. 스리랑카 차 수출 협회의 통계 자료를 참고하라. https://teasrilanka.org/statistics#

4 Global Economic Prospects, World Bank, June 2024, https://www.worldbank.org/en/publication/global-economic-prospects

5 Trump's interview at the Economic Club of Chicago on 15 October 2024, https://www.

bloomberg.com/news/articles/2024-10-15/5-key-takeaways-from-trump-interview-on-tariffs-china-putin-fed

6   Office of the President of Sri Lanka, 22 April 2021, https://www.presidentsoffice.gov.lk/index.php/2021/04/22/importation-of-chemical-fertilizers-will-be-stopped-completely/

7   Arthur Lewis, *Economic Survey 1919–1939*. 또한 다음을 참조하라. Alan de Bromhead, Alan Fernihough, Markus Lampe and Kevin Hjortshøj O'Rourke, 'When Britain Turned Inward: The Impact of Interwar British Protection', *American Economic Review*, 2019, 109 (2): 325–52. DOI: 10.1257/aer.20172020

8   G20 Leaders' Communiqué, G20 Argentina, 1 December 2018, https://cdn.gihub.org/umbraco/media/2568/g20-leaders-communique-12-18-argentina.pdf

9   Joseph E. Stiglitz, *Globalization and its Discontents*, London: Penguin, 2002.

10   D. Acemoglu, D. Autor, D. Dorn, G.H. Hanson, and B. Price, 'Import Competition and the Great U.S. Employment Sag of the 2000s' (NBER Working Paper No. 20395), 2014, National Bureau of Economic Research, https://doi.org/10.3386/w20395

11   'The Inaugural Address', The White House, 20 January 2017, https://trumpwhitehouse.archives.gov/briefings-statements/the-inaugural-address/

12   Gordon Brown, 'The Key Lesson of Brexit Is That Globalization Must Work for All of Britain', *Guardian*, 29 June 2016, https://www.theguardian.com/commentisfree/2016/jun/29/key-lesson-of-brexit-globalization-must-work-for-all-of-britain

13   'Majority of Americans Take a Dim View of Increased Trade with Other Countries', Pew Research Center, 29 July 2024, https://www.pewresearch.org/short-reads/2024/07/29/majority-of-americans-take-a-dim-view-of-increased-trade-with-other-countries/

14   David Steinberg and Yeling Tan, 'Public Responses to Foreign Protectionism. Evidence from the US-China Trade War', 2022 Working Papers 22-10, Peterson Institute for International Economics, https://www.piie.com/publications/working-papers/public-responses-foreign-protectionism-evidence-us-china-trade-war

15   'Sentiment About Globalization Cooler Than Before the Pandemic across the World', *IPSOS*, 19 August 2021, https://www.ipsos.com/en/sentiment-about-globalization-cooler-pandemic-across-world

16   조지 W. 부시, 보잉 공장 방문 연설, 2000년 5월 17일, https://www.washingtonpost.com/wp-srv/world/foreignpolicy/bushchina.html

17   빌 클린턴, 존스홉킨스대학교에서 중국 무역 법안에 대한 연설, 2000년 3월 8일, https://www.iatp.org/sites/default/files/Full_Text_of_Clintons_Speech_on_China_Trade_Bi.htm

18 'Trump Again Raises Idea of Decoupling Economy from China', *Reuters*, 8 September 2020, https://www.reuters.com/article/world/asia-pacific/trump-again-raises-idea-of-decoupling-economy-from-china-idUSKBN25Z08T/

19 'Remarks by National Security Advisor Jake Sullivan on Renewing American Economic Leadership at the Brookings Institution', The White House, 27 April 2023, https://www.whitehouse.gov/briefing-room/speeches-remarks/2023/04/27/remarks-by-national-security-advisor-jake-sullivan-on-renewing-american-economic-leadership-at-the-brookings-institution/

20 2007년 당시 중국에서 두 번째로 강력한 인물인 원자바오 총리는 중국의 성장을 '불안정하고, 불균형하며, 조화롭지 않고, 지속 가능하지 않다'고 표현했다. International Monetary Fund, 'IMF Survey: China's Difficult Rebalancing Act', *IMF Survey Online*, 12 September 2007, https://www.imf.org/en/News/Articles/2015/09/28/04/53/socar0912a

21 'An Emboldened Donald Trump Puts Taiwan and Europe on Edge', *Bloomberg*, 17 July 2024, https://www.bloomberg.com/news/newsletters/2024-07-17/an-emboldened-donald-trump-puts-taiwan-and-europe-on-edge

22 Erica York, 'Trump's Tariff Proposals Would Raise Tariff Rates to Great Depression-Era Levels', Tax Foundation, 1 October 2024, https://taxfoundation.org/blog/trump-mckinley-tariffs-great-depression/

23 Robin Brooks, 'Big Changes Are Coming for Dollar and Emerging Markets', *Financial Times*, 12 November 2024, https://www.ft.com/content/c9617ae5-8b8d-450d-a45f-6e3b539225a9

24 'Information Note on Trade in Intermediate Goods: Second Quarter 2023 WTO Statistics Division, https://www.wto.org/english/res_e/statis_e/miwi_e/info_note_2023q2_e.pdf

25 OECD에 따르면 미국은 2020년에 2.5조 달러의 상품과 서비스를 수입했으며, 이 중 1.2조 달러가 중간재였다. 다음을 참조하라. OECD, Trade in Value Added (TiVA), 2023 edition.

26 International Study Group on Exports and Productivity, 'Exports and Productivity: Comparable Evidence for 14 Countries' (Policy Research Working Paper No. 4418), 2007, The World Bank, https://documents1.worldbank.org/curated/en/974171468143359663/pdf/wps4418.pdf

27 Veljko Fotak, Hye Seung (Grace) Lee, William L. Megginson and Jesus M. Salas, 'The Political Economy of Tariff Exemption Grants', *Journal of Financial and Quantitative Analysis*, 18 April 2023, http://dx.doi.org/10.2139/ssrn.3963039

28 2024년 9월 7일 트럼프는 위스콘신주 모시니 집회에서 다음과 같이 주장했다. "우리는 관세 국가가 될 것입니다. 이에 대한 비용은 여러분이 아닌 다른 국가가 부담하게 될 것

입니다." https://x.com/acyn/status/1832508262316699871?s=46

29   P. Fajgelbaum and A. Khandelwal, 'The Economic Impacts of the US–China Trade War' (NBER Working Paper No. 29315), 2021, National Bureau of Economic Research, https://www.nber.org/papers/w29315

30   Kimberly A. Clausing and Mary E. Lovely, 'Why Trump's Tariff Proposals Would Harm Working Americans', Policy Brief No. 24-1, Washington, DC: Peterson Institute for International Economics, May 2024, https://www.piie.com/sites/default/files/2024-05/pb 24-1.pdf

31   K.G. Abraham and M.S. Kearney, 'Explaining the Decline in the U.S. Employment-to-Population Ratio: A Review of the Evidence' (NBER Working Paper No. 24333), 2018, National Bureau of Economic Research, https://www.nber.org/system/files/working_papers/w24333/w24333.pdf#page=75

32   Lorenzo Caliendo and Fernando Parro, 'Lessons from US–China Trade Relations', *Annual Review of Economics*, 2023, 15: 513–47, https://doi.org/10.1146/annurev-economics-082222-082019

33   US Bureau of Labour Statistics, https://www.bls.gov/charts/job-openings-and-labor-turnover/opening-hire-seps-level.htm

34   Nicholas Bloom, Andre Kurmann, Kyle Handley and Philip Luck, 'The Impact of Chinese Trade on U.S. Employment: The Good, The Bad, and The Apocryphal', 2019 Meeting Papers 1433, Society for Economic Dynamics, https://red-files-public.s3.amazonaws.com/meetpapers/2019/paper_1433.pdf

35   P.D. Fajgelbaum and A.K. Khandelwal, 'Measuring the Unequal Gains from Trade' (NBER Working Paper No. 20331), 2014, National Bureau of Economic Research, https://www.nber.org/papers/w20331

36   'America's Payoff from Engaging with World Markets since 1950 Was Almost $26 Trillion in 2022', Policy Brief, Washington, DC: Peterson Institute for International Economics, 2022, https://www.piie.com/publications/policy-briefs/americas-payoff-engaging-world-markets-1950-was-almost-26-trillion-2022

37   E. Helpman, 'Globalization and Wage Inequality' (Working Paper), 2016, Harvard University, https://scholar.harvard.edu/files/helpman/files/globalization_and_wage_inequality_120216_final_for_wp.pdf

38   Jagdish Bhagwati and T.N. Srinivasan, 'Trade and Poverty in the Poor Countries', *American Economic Review*, 2002, 92 (2): 180–3, DOI. 10.1257/000282802320189212

39   'Could T-shirts Be the Way to Industrialise an African Nation?', *Financial Times*, 29 August

2024, https://www.ft.com/content/92b4f84d-229d-405b-85ec-7869529b7633

40 Richard Baldwin, *The Globotics Upheaval: Globalization, Robotics, and the Future of Work*, London: Weidenfeld & Nicolson, 2019.

41 World Bank Data: Poverty Headcount Ratio at $1.90 a Day, World Bank, accessed 29 August 2024, https://data.worldbank.org/indicator/SI.POV.DDAY?locations=1W&start=1984&view=chart

42 P. Brenton and M. Maliszewska, 'Reshaping Global Value Chains in Light of COVID-19: Implications for Trade and Poverty Reduction in Developing Countries', World Bank, 2022, https://hdl.handle.net/10986/37032

43 Hunger and Food Insecurity, Food and Agriculture Organization of the United Nations, accessed 19 August 2024, https://www.fao.org/hunger/en/

44 International Monetary Fund, 'Geo-economic Fragmentation and the Future of Multilateralism' (Staff Discussion Note No. SDN/23/01), International Monetary Fund, 2023, https://www.imf.org/en/Publications/Staff-Discussion-Notes/Issues/2023/01/11/Geo-Economic-Fragmentation-and-the-Future-of-Multilateralism-527266?cid=bl-com-SDNEA2023001

45 OECD 모델은 무역 연결성 감소가 경쟁과 투자 감소로 인해 생산성 성장에 미치는 동적 효과를 반영하지 않으며, 이는 전체 손실을 증가시킬 것으로 예상된다. C. Arriola et al. (2023), 'Trade and Economic Impact of the COVID-19 Pandemic on the OECD Area', OECD iLibrary, July 2023, https://www.oecd-ilibrary.org/docserver/3e4b7ecf-en.pdf?expires=1724803293&id=id&accname=guest&checksum=278C64062A9470AC1B06163F449B514F

46 'Statement from President Joe Biden on Historic Investment to Ensure Future of Auto Industry Is Made in America', The White House, 11 July 2024, https://www.whitehouse.gov/briefing-room/statements-releases/2024/07/11/statement-from-president-joe-biden-on-historic-investment-to-ensure-future-of-auto-industry-is-made-in-america/

47 'Statement by President von der Leyen on the Inclusion of the Social Climate Fund in the Multiannual Financial Framework', European Commission, 28 August 2024, https://ec.europa.eu/commission/presscorner/detail/en/statement_24_3871; 'A Lift-Off Decade for India. How Modi Plans to Make Country a Global Manufacturing Powerhouse', *Economic Times*, 7 September 2024, https://economictimes.indiatimes.com/news/india/a-lift-off-decade-for-india-how-modi-plans-to-make-country-a-global-manufacturing-powerhouse/articleshow/112974621.cms?from=mdr

48 'What Will Happen If Donald Trump Wins the US Election 2024?', *The Times*, 25 April 2024, https://www.thetimes.com/world/us-world/article/what-will-happen-donald-trump-

president-win-us-election-2024-xvc2qc0bv

49   'Trump Would Not Weaken the Dollar, Says Adviser Scott Bessent', *Financial Times*, 13 October 2024, https://www.ft.com/content/fa08cc45-e6d1-4e19-b49b-047c5a23ca39

50   Rachel Reeves, Mais Lecture, 20 September 2023, https://labour.org.uk/updates/press-releases/rachel-reeves-mais-lecture/

51   Emmanuel Macron, Sorbonne speech, 25 April 2024, https://www.elysee.fr/en/emmanuel-macron/2024/04/24/europe-speech

52   다음을 참조하라. the calculations of Global Trade Alert, https://www.globaltradealert.org/reports/54

53   'Global Trade Expected to Shrink by Nearly 5% in 2023 amid Geopolitical Strains and Shifting Trade', UNCTAD, 6 June 2023, https://unctad.org/news/global-trade-expected-shrink-nearly-5-2023-amid-geopolitical-strains-and-shifting-trade

54   'Chinese Sanctions Hit US Drone Maker Supplying Ukraine', *Financial Times*, 31 October 2024, https://www.ft.com/content/b1104594-5da7-4b9a-b635-e7a80ab68fad

55   다음을 참조하라. Michael Pettis and Matthew Klein, *Trade Wars Are Class Wars: How Rising Inequality Distorts the Global Economy and Threatens International Peace*, New Haven: Yale University Press, 2020.

56   S.D. Cohen, 'The Route to Japan's Voluntary Export Restraints on Automobiles: An Analysis of the U.S. Government's Decision-making Process in 1981' (Working Paper No. 20), School of International Service, American University, https://nsarchive2.gwu.edu/japan/scohenwp.htm

57   Michael Pettis, 'The Case for Capital Controls to Rebalance Trade', Carnegie Endowment for International Peace, 14 February 2024, https://carnegieendowment.org/china-financial-markets/2024/02/can-trade-intervention-lead-to-freer-trade?lang=en

58   E. Boz, C. Casas, G. Georgiadis, G. Gopinath, H. Le Mezo, A. Mehl and T. Nguyen, 'Patterns of Invoicing Currency in Global Trade. New Evidence', *Journal of International Economics*, 2022, 135, 103–20, https://doi.org/10.1016/j.jinteco.2022.103120

59   Adam Tooze, Chartbook 282, Substack, 14 May 2024, https://adamtooze.substack.com/p/chartbook-283-trump-trade-capital

60   Donald J. Trump @realDonaldTrump, "어떤 국가(미국)가 거래하는 거의 모든 국가와 무역에서 수십억 달러를 잃고 있다면, 무역 전쟁은 좋은 것이고 이기기 쉽다. 예를 들어, 특정 국가와 100억 달러의 적자를 기록하고 있는데 그들이 꾀를 부릴 경우 우리가 무역을 중단하면 우리는 크게 이긴다. 이건 쉬운 일이다!", X, 2 March 2018, https://x.com/

realDonaldTrump/status/969525362580484098.

61 Kristalina Georgieva, 'Price of Fragmentation. Global Economy in Shock', *Foreign Affairs*, 10 August 2024, https://www.foreignaffairs.com/world/price-fragmentation-global-economy-shock

62 'WTO Chief Warns of Free-for-All Under Trump's Tariff Hike Plan', *Bloomberg*, 16 April 2024, https://www.bloomberg.com/news/articles/2024-04-16/wto-chief-warns-of-free-for-all-under-trump-s-tariff-hike-plan

2장 고립 경제학의 기원

1 Plutarch, *Lives*, Volume VII, translation by Bernadotte Perrin, Cambridge, Mass. And London. Harvard University Press, 1958, p. 259, https://archive.org/details/liveswithenglish00plutuoft/page/258/mode/2up?q=diogenes

2 '여러 마을로 구성된 파트너십은 최종적으로 도시국가를 형성한다. 이 도시국가는 결국 완전한 자급자족을 그 한계까지 달성했으며, 따라서 좋은 삶을 위해 존재한다. … 자급자족은 목적이며, 가장 주요한 선(善)이다. 따라서 도시국가는 자연스러운 성장이며, 인간은 본성상 정치적 동물이라는 것이 분명하다.': Aristotle, *The Politics*, 1252b and 1.1253a, translated by H. Rackham, 1944, https://www.perseus.tufts.edu/hopper/text?doc=Perseus%3Atext%3A1999.01.0057%3Abook%3D1%3Asection% 3D1252b

3 저자와의 인터뷰, 2022년 9월.

4 Peter Jones, 'How to Be Self-Sufficient', *Spectator*, 21 March 2022, https://www.spectator.co.uk/article/how-to-be-self-sufficient/

5 Thomas Aquinas, *De regno, ad regem Cypri*, Chapter 3, translated by Gerald B. Phelan, https://isidore.co/aquinas/DeRegno.htm

6 Daniel Defoe, *Robinson Crusoe* (orig. 1719), London: Penguin, 2019, Chapter 4.

7 Jean-Jacques Rousseau, *A Discourse on the Origin of Inequality* (orig. 1755), translation by G.D.H. Cole, Kansas: Digireads, 2006.

8 Jean-Jacques Rousseau, 'Considerations on the Government of Poland and on its Proposed Reformation', April 1772, Constitution Society, http://www.constitution.org/jjr/poland.htm, accessed 3 January 2008, https://www.files.ethz.ch/isn/125482/5016_Rousseau_Considerations_on_the_Government_of_Poland.pdf

9 Jean-Jacques Rousseau, 'Constitutional Project for Corsica', 1765, https://www.constitution.org/2-Authors/jjr/corsica.htm?utm_content=cmp-true

10 Thomas Carlyle, *The Works of Thomas Carlyle*, Vol. 4, New York: Charles Scribner's Sons, 1903, p. 272, https://archive.org/details/worksofthomascar29carl/page/272/mode/2up

11 John Hoyt Williams, 'Paraguayan Isolation under Dr. Francia. A Re-evaluation', *Hispanic American Historical Review*, 1 February 1972, vol. 52, no. 1, pp. 102-22.

12 Mario Pastore, 'Trade Contraction and Economic Regression. The Paraguayan Economy under Francia, 1814-1840', 1994, https://mpra.ub.uni-muenchen.de/27353/1/MPRA_paper_27353.pdf

13 Montesquieu, *Spirit of Laws* (orig. 1750), London: J. Nourse, 1752, Book 20, Chapters 1-8, translated by Thomas Nugent, https://press-pubs.uchicago.edu/founders/documents/v1ch4s2.html

14 "상업 정신은 전쟁과 공존할 수 없으며, 결국 모든 국가를 지배하게 된다. … 국가들은－도덕적 동기로부터 정확히 비롯된 것은 아니지만－평화라는 고귀한 목표를 추구하고 전쟁을 방지하도록 강제된다." Immanuel Kant. *Perpetual Peace*, translated by Cambell Smith, George Allen & Unwin Ltd, London, 1917, p. 157, https://oll-resources.s3.us-east-2.amazonaws.com/oll3/store/titles/357/0075_Bk.pdf

15 Isaac Nakhimovsky, *The Closed Commercial State: Perpetual Peace and Commercial Society from Rousseau to Fichte*, Princeton and Oxford. Princeton University Press, 2011, p. 75.

16 같은 책, 83쪽.

17 Theresa May, Conservative Party Conference Speech, 5 October 2016, https://www.independent.co.uk/news/uk/politics/theresa-may-speech-tory-conference-2016-in-full-transcript-a7346171.html

18 "국가의 첫 번째 목적은 국민들에게 국민의 것을 주는 것이다. 먼저 국민이 재산을 이룰 수 있게 하고, 그다음에 국민의 재산을 보호하는 것이다". Nakhimovsky, *The Closed Commercial State*, p. 158.

19 다음을 참조하라. John King Faribank and Merle Goldman, *China: A New History*, Cambridge, Mass. and London: Harvard University Press, 2006, p. 138. 다음 자료 또한 참고하라. David Landes, *The Wealth and Poverty of Nations*, New York And London: W.W. Norton, 1998, p. 94.

20 Edward L. Dreyer, *Zheng He: China and the Oceans in the Early Ming Dynasty, 1405-1433*, New York: Longman, 2006. 다음 자료 또한 참고하라. Louis Levathes, *When China Ruled the Seas*, New York and Oxford: Oxford University Press, 1997.

21 David J. Lu, ed., *Japan: A Documentary History. The Dawn of History to the Late Tokugawa Period*, New York And London: M.E. Sharpe, 1997.

22 Kenichi Ohno, 'Meiji Japan: Progressive Learning of Western Technology', in Arkebe Oqubay and Kenichi Ohno, eds, *How Nations Learn: Technological Learning, Industrial Policy, and Catch-Up*, Oxford: Oxford University Press, 2019; online edn, Oxford Academic,

22 August 2019.

23 E. Backhouse and J.O.P. Bland, *Annals and Memoirs of the Court of Peking*, Boston: Houghton Mifflin, 1914, pp.322-31.

24 Joanna Waley-Cohen, *The Sextants of Beijing*, New York and London: W.W. Norton, 1999.

25 M. Gandhi, Harijan, 10 November 1946, accessed from The Collected Works of Mahatma Gandhi, https://www.mkgandhi.org/cwmg.php

26 M. Gandhi, *Harijan*, 18 July 1946, accessed from The Collected Works of Mahatma Gandhi, https://www.mkgandhi.org/cwmg.php

27 M. Gandhi, *Khadi: Why and How*, Ahmedabad. Navajivan Publishing House, 1959, p. 166, https://www.gandhiashramsevagram.org/voice-of-truth/gandhiji-on-self-sufficiency.php

28 M. Gandhi, *The Collected Works of Mahatma Gandhi,* New Delhi: Government of India, 1971, p. 262.

29 "스와데시는 우리 내면에 깃든 정신으로, 멀리 있는 것을 배제하고 가까운 주변 환경을 활용하며 그 서비스에 전념하는 것을 의미한다." 1916년 2월 14일 마드라스에서 열린 선교 회의에서 발표한 연설. 다음을 참조하라. *Speeches and Writings of M.K. Gandhi*, Madras: G.A. Nateson & Co, 1922, https://www.mkgandhi.org/ebks/speeches&writingsofmg.pdf

30 다음을 참조하라. Jawaharlal Nehru, *The Discovery of India*, Delhi: Oxford University Press, 1994, p. 298.

31 David Clingingsmith and Jeffrey G. Williamson, 'India's Deindustrialization in the 18th and 19th Centuries', Harvard University, August 2005, https://www.tcd.ie/Economics/staff/orourkek/Istanbul/JGWGEHNIndianDeind.pdf

32 일부 역사학자들은 영국이 인도 수입품에 부과한 보호 관세가 영국의 직물 산업화 속도를 늦췄을 가능성을 제기한다. 다음을 참조하라. Indrajit Ray, 'Identifying the Woes of the Cotton Textile Industry in Bengal: Tales of the Nineteenth Century', *Economic History Review*, vol. 62, no. 4, November 2009, pp. 857-92. 또한 다음을 참조하라. 'Tariff Protection of British Cotton 1774-1820s', *Pseudoerasmus*, 19 December 2016, 다음 링크에서 참조 가능. https://pseudoerasmus.com/2016/12/19/calico/

33 다음과 같은 예들을 참조하라. Walter Rodney, *How Europe Underdeveloped Africa*, London: Bogle-L'Ouverture Publications, 1973. 그리고 다음 자료도 참조하라. Frantz Fanon, *Les Damnés de la Terre*, Paris: Éditions Maspero, 1961.

34 Samir Amin, *Delinking: Towards a Polycentric World*, London: Zed Books, 1990.

35 Julius Nyerere, The Arusha Declaration, 5 February 1967.

36 Julius Nyerere, *Freedom and Socialism*, Oxford: Oxford University Press, 1968, p. 319,

https://archive.org/details/freedomsocialism0000nyer/page/n7/mode/2up

37 같은 책, 321쪽.

38 John Maynard Keynes, 'National Self-Sufficiency', *The Yale Review*, vol. 22, no. 4, June 1933, pp. 755–69, https://jmaynardkeynes.ucc.ie/national-self-sufficiency.html

39 Charles Fourier, *The Theory of the Four Movements*, translated by Ian Patterson, Cambridge. Cambridge University Press, 1996, p. 50, https://ia800702.us.archive.org/14/items/TheTheory OfTheFourMovementsByCharlesFourier/The%20Theory%20of%20the%20Four%20 Movements%20by%20Charles%20Fourier.pdf

40 Jonathan Beecher, *Charles Fourier: The Visionary and his World*, Los Angeles: University of California Press, 1986, p. 307.

41 같은 책, 264쪽.

42 같은 책, 287쪽.

43 같은 책, 242쪽.

44 *Handbook of Texas*, La Réunion, https://www.tshaonline.org/handbook/entries/la-reunion

45 Jerry Mander and Edward Goldsmith, eds, *The Case against the Global Economy*, London. Routledge, 2001, p. 13, https://www.taylorfrancis.com/books/edit/10.4324/9781315071787/ case-global-economy-edward-goldsmith-jerry-mander

46 Robert Lefevre, 'Autarchy', *Rampart Journal of Individualist Thought*, vol. 2, no. 2, summer 1966, https://fair-use.org/rampart-journal/1966/06/autarchy.php

47 Robert Lefevre, 'Autarchy', *Rampart Journal of Individualist Thought*, vol. 2, no. 2, summer 1966, https://fair-use.org/rampart-journal/1966/06/autarchy.php

48 Mark Ames, 'Charles Koch's Brain', Not Safe for Work Corporation, 2013, https://archive. org/details/pdfy-qDYkCJZp968ltoLM

49 Free Society Project (FSP), available at: https://www.fsp.org/

50 BBC 인터뷰, 2022년 10월 21일.

51 'The Last Living Kibbutz', *Jerusalem Post*, 21 October 2022, https://www.jpost.com/ magazine/the-last-living-kibbutz-378839

52 *Starter Guide to Intentional Communities*, International Communities, October 2021, available at: https://www.ic.org/wp-content/uploads/2021/10/Starter-Guide-to-Intentional-Communities.pdf

53 Adolf Hitler, *Mein Kampf*, translated by J. Murphy, London: Hurst and Blackett, 1942, Chapter IV, available at: https://gutenberg.net.au/ebooks02/0200601.txt

54 United States Holocaust Memorial Museum (USHMM), 'Lebensraum', *Encyclopedia of the Holocaust*, available at. https://encyclopedia.ushmm.org/content/en/article/lebensraum

55   1936년 9월 12일 아돌프 히틀러의 뉘른베르크 연설. 다음을 참조하라. *The Speeches of Adolf Hitler 1921-1941*, available at: https://identityhunters.files.wordpress.com/2017/07/the-speeches-of-adolf-hitler-1921-1941.pdf

56   소련의 공식 경제 신문 《Za Industrializatsiiu》('산업화를 위해')는 1932년 2월 15일자에서 다음과 같이 논리를 요약했다. '경제적 독립이란 국가 경제의 가장 중요한 분야가 자본주의 세계의 개별 국가들로부터 독립될 수 있을 정도로 국내 원자재와 설비를 확보하는 것을 의미하며, 또한 특정 국가나 국가 그룹이 소련과의 상호 관계에서 독점적 지위를 창출할 수 없는 것을 의미한다.' 다음에서 인용. M.R. Dohan, 'The Economic Origins of Soviet Autarky 1927/28-1934', *Slavic Review*, vol. 35, no. 4, December 1976, pp. 603-35, doi:10.2307/2495654

57   다음을 참조하라. M. Fouquin and J. Hugot, 'Two Centuries of Bilateral Trade and Gravity Data: 1827-2014', 2016, CEPII Working Paper, N°2016-14, via Our World in Data, https://ourworldindata.org/grapher/merchandise-exports-gdp-cepii?time=1922..1960&country=RUS~DE

58   마오쩌둥이 1945년 1월 10일 산시-간쑤-닝샤 국경 지역에서 한 연설. https://www.marxists.org/reference/archive/mao/selected-works/volume-3/mswv3_22.htm

59   Kim Il Sung, 'Talk to Instructors and Senior Officials of the Central Committee of the Workers Party of Korea', 17 December 1956, https://www.marxists.org/archive/kim-il-sung/cw/10.pdf

60   C. Hale, 'Multifunctional Juche. A Study of the Changing Dynamic Between Juche and the State Constitution in North Korea', *Korea Journal*, vol. 42, no. 3, autumn 2002, pp. 283-308, https://www.ekoreajournal.net/issue/view_pop3206.html

61   George Washington, 'First Annual Address to Congress, 8 January 1790', available at the American Presidency Project, https://www.presidency.ucsb.edu/documents/first-annual-address-congress-0

62   다음을 참조하라. Alexander Hamilton, 'Report on the Subject of Manufactures', 5 December 1791, Philadelphia, available at US National Archives, https://founders.archives.gov/documents/Hamilton/01-10-02-0001-0007

63   "보호무역 체제는 문명에서 뒤처진 국가들을 지배적인 국가와 동등한 조건에 두는 유일한 수단으로서 … 국가들의 최종적 연합을 촉진하는 가장 효과적인 수단이며, 따라서 진정한 무역의 자유를 촉진하는 수단이기도 하다": Friedrich List, *The National System of Political Economy*, translated by Sampson Lloyd, London, New York, Bombay and Calcutta. Longmans, Green & Co., 1909, https://oll.libertyfund.org/titles/lloyd-the-national-system-of-

---

political-economy

64 영국 휘그당 역사학자 토마스 베이빙턴 맥컬레이는 1824년에 다음과 같이 냉소적으로 탄식했다. "자유무역은 정부가 국민에게 베풀 수 있는 가장 큰 축복 중 하나지만, 거의 모든 국가에서 인기가 없다." *The Miscellaneous Writings of Lord Macaulay, vol. 1*, London. Longman, Green, Longman, and Roberts, 1860

65 이 시대에 관세가 성장에 도움이 되었는지 방해가 되었는지에 대해 경제학자들 사이에서 활발한 논쟁이 진행 중이다. 다음을 참조하라. D.A. Irwin, 'Interpreting the Tariff-Growth Correlation of the Late Nineteenth Century', National Bureau of Economic Research, 2002, https://www.nber.org/system/files/working_papers/w8739/w8739.pdf. 다음 자료 또한 참조하라. K.H. O'Rourke, 'Tariffs and Growth in the Late 19th Century', *The Economic Journal*, vol. 110, no. 463, April 2000, pp. 456-83.

66 S.H. Zebel, 'Joseph Chamberlain and the Genesis of Tariff Reform', *Journal of British Studies*, vol. 7, no. 1, 1967, pp. 131-57, http://www.jstor.org/stable/175383

67 E.H.H. Green, *The Crisis of Conservatism. The Politics, Economics and Ideology of the British Conservative Party, 1880–1914*, London: Routledge, 1997, p. 3.

68 J. Sullivan, 'Remarks by National Security Advisor Jake Sullivan on Renewing American Economic Leadership at the Brookings Institution', 27 April 2023, https://www.whitehouse.gov/briefing-room/speeches-remarks/2023/04/27/remarks-by-national-security-advisor-jake-sullivan-on-renewing-american-economic-leadership-at-the-brookings-institution/

69 A. Prokop, 'Curtis Yarvin Wants American Democracy Toppled. He Has Some Prominent Republican Fans', *Vox*, 24 October 2022, available at: https://www.vox.com/policy-and-politics/23373795/curtis-yarvin-neoreaction-redpill-moldbug

70 'RIP Globalism, Dead of Coronavirus', *The American Mind*, 1 February 2020, https://americanmind.org/salvo/rip-globalism-dead-of-coronavirus/

71 Richard Potts et al., 'Environmental Dynamics during the Onset of the Middle Stone Age in Eastern Africa', *Science*, vol. 360, 2018, pp. 86-90.

72 다음을 참조하라. Joseph Henrich, *The Secret of our Success*, Princeton And Oxford: Princeton University Press, 2016.

73 A.G. Frank and B.K. Gills, *The World System: Five Hundred Years or Five Thousand?*, London and New York: Routledge, 1993.

3장 식량

1 'Tackling the Global Food Crisis: Impact, Policy Response, and the Role of the IMF', *IMF Notes*, 27

September 2022, https://www.imf.org/en/Publications/IMF-Notes/Issues/2022/09/27/Tackling-the-Global-Food-Crisis-Impact-Policy-Response-and-the-Role-of-the-IMF-523919?cid=bl-com-INSEA2022004

2   'Security Council: 15032nd Meeting (AM)', Press Release, 26 October 2022, https://press.un.org/en/2022/sc15032.doc.htm

3   'Food Is Part of Our National Security, Says Former MI5 Director General', *NFUonline*, 23 March 2023, https://www.nfuonline.com/updates-and-information/food-is-part-of-our-national-security-says-former-mi5-director-general/

4   Emmanuel Macron, Speech at the Sorbonne, 26 April 2024, https://www.elysee.fr/en/emmanuel-macron/2024/04/24/europe-speech

5   FAOSTAT: Food Security, https://www.fao.org/faostat/en/#data/FS

6   Import Dependence Ratio, Food Security Portal, facilitated by IFPRI, https://www.foodsecurityportal.org/node/2505/#_-import-dependence-ratio

7   'Japan's Self-Sufficiency Ratio of Food', Ministry of Agriculture, Forestry and Fisheries of Japan, 2022, https://www.maff.go.jp/j/zyukyu/zikyu_ritu/attach/pdf/panful-12.pdf

8   UK Food Security Index 2024, UK Government, 2024, https://www.gov.uk/government/publications/uk-food-security-index-2024/uk-food-security-index-2024#:~=The%20production%20to%20supply%20ratio,roughly%2040%25%20of%20its%20food

9   Agricultural Production, *Our World In Data*, https://ourworldindata.org/agricultural-production

10   P. Kinnunen, J.H.A. Guillaume, M. Taka et al., 'Local Food Crop Production Can Fulfil Demand for Less Than One-Third of the Population', *Nature Food*, no. 1, 2020, pp. 229–37, https://doi.org/10.1038/s43016-020-0060-7

11   Christopher Bren d'Amour and Weston Anderson, 'International Trade and the Stability of Food Supplies in the Global South', *Environmental Research Letters*, vol. 15, no. 7, 2020, article 074005, https://doi.org/10.1088/1748-9326/ab832f

12   P. D'Odorico, J.A. Carr, F. Laio, L. Ridolfi and S. Vandoni, 'Feeding Humanity through Global Food Trade', *Earth's Future*, 12 August 2014, https://doi.org/10.1002/2014EF000250

13   M. Fader, D. Gerten, M. Krause, W. Lucht and W. Cramer, 'Spatial Decoupling of Agricultural Production and Consumption: Quantifying Dependences of Countries on Food Imports due to Domestic Land and Water Constraints', *Environmental Research Letters*, vol. 8, no. 1, 2013, 014046, https://doi.org/10.1088/1748-9326/8/1/014046

14   OECD, 'Regional Contributions to Food Demand Growth, 2012–21 and 2022–31', 2023, OECD

iLibrary, https://www.oecd-ilibrary.org/agriculture-and-food/regional-contributions-to-food-demand-growth-2012-21-and-2022-31_f10ab8de-en

15   'Why Soyabeans Are the Crop of the Century', Financial Times, 5 June 2017, https://www.ft.com/content/35af007e-49f6-11e7-919a-1e14ce4af89b

16   Brian Lander and Thomas David DuBois, 'A History of Soy in China: From Weedy Bean to Global Commodity', *The Age of the Soybean: An Environmental History of Soy During the Great Acceleration*, edited by Claiton Marcio da Silva and Claudio de Majo, pp. 29–47, White Horse Press, 2022, http://www.jstor.org/stable/j.ctv309h1fx.8

17   Victoria Romanova, 'The Tiny Island of Russian Jews', *Jewish Communities of China*, 19 March 2012, https://www.jewsofchina.org/the-tiny-island-of-russian-jews

18   Ines Prodöhl, *Globalizing the Soybean: Fat, Feed, and Sometimes Food, c. 1900–1950*, Oxford And New York: Routledge, 2023, https://library.oapen.org/bitstream/id/22e39439-1cbe-45e5-8f23-f668c422738a/9781000877342.pdf

19   Soybean Car, The Henry Ford Museum, https://www.thehenryford.org/collections-and-research/digital-resources/popular-topics/soy-bean-car/

20   Carroll W. Pursell, 'The Farm Chemurgic Council and the United States Department of Agriculture, *1935–1939*, *Isis*, vol. 60, no. 3, 1969, pp. 307–17, http://www.jstor.org/stable/229485

21   'Meat Production by Type', *Our World in Data*, https://ourworldindata.org/meat-production

22   Niall Ferguson and Moritz Schularick, '"Chimerica" and the Global Asset Market Boom', *International Finance*, vol. 10, no. 1, December 2007, pp. 1–25, https://doi.org/10.1111/j.1468-2362.2007.00210.x

23   Cassiano Rocha, Ryan Nehring and Sandro Dutra e Silva, 'Soy without Borders: The Transnational Dynamics of Commodity Frontiers In South America (1971-2019)', *Global Environment*, vol. 15, 2022, pp. 423–55, 10.3197/ge.2022.150301

24   Claiton Marcio da Silva and Claudio de Majo, eds, *The Age of the Soybean: An Environmental History of Soy During the Great Acceleration*, Winwick: White Horse Press, 2022, http://www.jstor.org/stable/j.ctv309h1fx

25   UK Food Security Index 2024, UK Government, 2024, https://www.gov.uk/government/publications/uk-food-security-index-2024/uk-food-security-index-2024#:~=The%20production%20to%20supply%20ratio,roughly%2040%25%20of%20its%20food

26   Prodöhl, *Globalizing the Soybean*.

27   'Rapid Response Report: Soy', Mighty Earth, March 2024, https://mightyearth.org/wp-content/uploads/2024/03/Mighty-Earth_Rapid-Response-Report-2_Soy_March2024.pdf

28   Xi Jinping, Speech at the Central Rural Work Conference, 23–24 December 2013, https://www.
      chinastory.cn/ywdbk/english/v1/detail/20190719/10127000000427415635173845802908370_1.
      html

29   Wendy Wu, 'China Food Security: Beijing Doubles Down on Domestic Soybean Push
      amid Self-Sufficiency Drive', *South China Morning Post*, 9 May 2022, https://www.scmp.
      com/economy/china-economy/article/3177051/china-food-security-beijing-doubles-down-
      domestic-soybean

30   'Arable Land (% of Land Area)', World Bank, https://data.worldbank.org/indicator/AG.LND.
      ARBL.ZS?locations=CN-US

31   H. Yao, X. Zuo, D. Zuo, H. Lin, X. Huang and C. Zang, 'Study on Soybean Potential
      Productivity and Food Security in China under the Influence of COVID-19 Outbreak',
      Geoscience Frontiers, 2020, https://doi.org/10.1016/j.geosus.2020.06.002

32   Rishi Sunak, X (formerly Twitter), 10 March 2024, https://x.com/RishiSunak/status/
      1803018993118101771

33   P. D'Odorico, K.F. Davis, L. Rosa, J.A. Carr, D. Chiarelli, J. Dell'Angelo et al., 'The Global
      Food-Energy-Water Nexus', *Reviews of Geophysics*, vol. 56, 2018, pp. 456–531, https://doi.
      org/10.1029/2017RG000591

34   Henry Dimbleby, National Food Strategy, July 2021, https://www.nationalfoodstrategy.
      org/

35   Rishi Sunak, Speech on Net Zero, 20 September 2023, https://www.gov.uk/government/
      speeches/pm-speech-on-net-zero-20-september-2023

36   UK Diet Trends: Stats & Facts, *Finder*, accessed 29 August 2024, https://www.finder.com/
      uk/stats-facts/uk-diet-trends

37   'Land Use for Different Foods', *Our World in Data*, https://ourworldindata.org/grapher/
      land-use-protein-poore

38   Statista Global Consumer Survey, April 2018 to September 2022, https://www.statista.
      com/chart/28584/gcs-vegetarianism-countries-timeline/

39   Food Security Index, Economist Impact, 2024, https://impact.economist.com/sustainability/
      project/food-security-index

40   일본 정부는, 그 판단의 옳고 그름을 떠나 현재의 상황을 매우 다르게 인식하고 있다.
      2022년 러시아의 우크라이나 침공 이후 전 세계 식량 가격이 폭등한 것에 큰 충격을 받
      은 데다, 중국의 대만 침공이 글로벌 공급망에 미칠 연쇄적인 파급 효과를 점점 더 심각
      하게 인식하기 시작했기 때문이다. 이제 일본 정부는 중국 정부와 마찬가지로 밀에서

콩에 이르기까지 모든 품목의 자국 내 생산량을 늘리기 위해 박차를 가하고 있다.

41 'Global Trade Explorer: What Are the Most Important Trade Corridors?', McKinsey & Company, 2022, https://www.mckinsey.com/mgi/our-research/global-trade-explorer-what-are-the-most-important-trade-corridors?sector=06m&toggle=e&year=2022&sub-sector=T6M

42 World Food Programme, 2024, https://www.wfp.org/countries/ukraine#:~=Cash%20assistance%20gives%20people%20the,million%20people%20since%20April%202022

43 'Agricultural Employment (% of Total Employment)', World Bank, https://data.worldbank.org/indicator/SL.AGR.EMPL.ZS?locations=KE-ZM-MU

44 'LDCs and Multilateral Trade: Key Issues and Challenges', World Trade Organization, 3 November 2023, https://www.wto.org/library/events/event_resources/devel_0311202310/ldc_and_multilateral_trade_digital.pdf

45 Xi Jinping, Speech at Central Rural Work Conference, 23-24 December 2013, https://www.chinastory.cn/ywdbk/english/v1/detail/20190719/10127000000042741563517384580290837_1.html

4장 에너지

1 'Uniper Has Received Gazprom's Force Majeure Letter on Gas Supplies', *Reuters*, 18 July 2022, https://www.reuters.com/article/idUSL8N2YZ3VA/

2 'Nord Stream by Numbers', Nord Stream, 28 November 2013, https://www.nord-stream.com/download/file/documents/pdf/en/2013/11/nord-stream-by-the-numbers_177_20131128.pdf

3 Nord Stream, 7 February 2022, https://www.nord-stream.com/press-info/press-releases/the-nord-stream-pipeline-transported-a-volume-of-592-billion-cubic-metres-of-natural-gas-in-2021-522/

4 European Council, 'Where Does the EU's Gas Come From?', Consilium.europa.eu, accessed 31 December 2024, https://www.consilium.europa.eu/en/infographics/eu-gas-supply/

5 'Pipeline Politics between Europe and Russia: A Historical Review from the Cold War to the Post-Cold War', *The Korean Journal of International Studies*, vol. 14, no. 1, pp. 105–29, https://doi.org/10.14731/kjis.2016.4.14.1.105

6 'USSR–Western Europe: Implications of the Siberia-to-Europe Gas Pipeline', CIA report, March 1981, https://www.cia.gov/readingroom/docs/DOC_0000500594.pdf

7 'Europe's Search for Energy amid a War Recalls Reagan's 1980s Battle', *New York Times*, 23 March 2022, https://www.nytimes.com/2022/03/23/climate/europe-russia-gas-reagan.html

8	Wes Vernon, 'The Inside Story of the Soviet Downfall', RenewAmerica, 23 April 2007, https://web.archive.org/web/20110719170642/http://www.renewamerica.com/columns/vernon/070423

9	'The Ghost of Blinken Past', *Foreign Policy*, 3 December 2020, https://foreignpolicy.com/2020/12/03/blinken-secretary-state-alliances-nato-ally-versus-ally/

10	In July 2024 German state prosecutors issued an arrest warrant for a Ukrainian diving instructor in relation to the Nord Stream sabotage but in the summer of 2024 there was still no confirmation of who ordered it. 'German Arrest Warrant over Nord Stream Blast Mystery', *BBC News*, 14 August 2024, https://www.bbc.co.uk/news/articles/cnvyz1472rpo

11	'Don't Heat the Pool, Germans Told as Putin's Gas Crisis Bites', *The Times*, 22 July 2022, https://www.thetimes.com/world/europe/article/don-t-heat-the-pool-germans-told-as-putin-s-gas-crisis-bites-q6dsfd3x8

12	'Gas Crisis Hits Dutch Greenhouses', *Reuters*, 8 September 2022, https://www.reuters.com/world/europe/no-tulips-amsterdam-gas-crisis-hits-dutch-greenhouses-2022-09-07/

13	'REPowerEU: Joint European Action for More Affordable, Secure and Sustainable Energy', European Commission, 8 March 2022, https://ec.europa.eu/commission/presscorner/detail/en/ip_22_1511

14	'Commission Staff Working Document: Implementing the REPowerEU Action Plan', SWD(2022) 230 final, Brussels, 18 May 2022, https://eur-lex.europa.eu/legal-content/EN/TXT/PDF/?uri=CELEX:52022SC0230&from=EN

15	'Statement by President von der Leyen on Energy', European Commission, 7 September 2022, https://ec.europa.eu/commission/presscorner/detail/en/speech_22_5389

16	'Germany Mulls Extending Coal Phaseout to Wean Off Russian Gas', *Bloomberg*, 28 February 2022, https://www.bloomberg.com/news/articles/2022-02-28/germany-mulls-extending-coal-phaseout-to-wean-off-russian-gas

17	'Germany Aims to Get 100% Energy from Renewable Sources by 2035', *Reuters*, 28 February 2022, https://www.reuters.com/business/sustainable-business/germany-aims-get-100-energy-renewable-sources-by-2035-2022-02-28/

18	BBC Newsnight interview, 21 September 2022.

19	Liz Truss, 'Bills Are High and People Are Scared But Trust Me – the Government Is on your Side', *Sun*, 30 October 2022, https://www.thesun.co.uk/news/19972195/liz-truss-bills-government-on-your-side/

20	'UK Labour Party Pledges to Set Up Public Energy Company If Elected,' *Reuters*, 27 September 2022, https://www.reuters.com/world/uk/uk-labour-party-pledges-set-up-public-energy-company-ifelected-2022-09-27/

21   'U.S. Energy Facts: Imports and Exports', EIA, https://www.eia.gov/energyexplained/us-energy-facts/imports-and-exports.php

22   In August 2022 European gas prices peaked at $70 per million British thermal units compared to $8.8 in the US.

23   'Remarks by President Biden on Actions to Strengthen Energy Security and Lower Costs', White House, 19 October 2022, https://www.whitehouse.gov/briefing-room/speeches-remarks/2022/10/19/remarks-by-president-biden-on-actions-to-strengthen-energy-security-and-lower-costs/

24   US Secretary of Energy Jennifer M. Granholm, 24 August 2023, https://www.energy.gov/articles/us-department-energy-projects-strong-growth-us-wind-power-sector

25   'Excerpts from the Science and Technology Section of the Prime Minister's 76th Independence Day Speech', Public Services Agency, 15 August 2022, https://www.psa.gov.in/article/excerpts-science-and-technology-prime-ministers-76th-independence-day-speech/4035

26   'China's Stronger Ability to Ensure Energy, Food Security Injects Confidence to World', *Global Times*, 17 October 2022, https://www.globaltimes.cn/page/202210/1277295.shtml

27   'Full Text of Xi Jinping's Speech at China's 20th Party Congress', *Bloomberg*, 18 October 2022, https://www.bloomberg.com/news/articles/2022-10-18/full-text-of-xi-jinping-s-speech-at-china-20th-party-congress-2022

28   In 2022 crude petroleum made up 6.1 per cent of the value of global trade, refined petroleum 4.6 per cent, petroleum gas 3.5 per cent and coal briquettes 1.2 per cent, according to the Organisation of Economics Complexity, https://oec.world/en/profile/world/wld

29   'Germany Mulls Extending Coal Phaseout to Wean Off Russian Gas', *Bloomberg*, 28 February, 2022, https://www.bloomberg.com/news/articles/2022-02-28/germany-mulls-extending-coal-phaseout-to-wean-off-russian-gas.

30   Kennedy Maize, 'Sunburned: The Solyndra Story', Medium, 2 June 2014, https://medium.com/@kennedymaize/sunburned-18e9d17d238

31   In September 2011 the FBI joined the US Department of Energy's investigation into Solyndra. In 2015 the Department of Justice decided to not pursue criminal prosecution of Solyndra officials.

32   The Department of Energy's Loan Guarantee to Solyndra, Inc. Special Report 11-0078-I, US Department of Energy, Office of Inspector General, 24 August 2015, https://www.

energy.gov/ig/articles/special-report-11-0078-i

33   'Solyndra Tubes Used in Calif. Art Installation', *Associated Press*, 14 September 2012, https://www.youtube.com/watch?v=J-gv54bU1Eo&t=20s&ab_channel=AssociatedPress

34   'How Solar Developed from the Bottom Up in China', University of California Institute on Global Conflict and Cooperation, 14 March 2023, https://ucigcc.org/blog/how-solar-developed-from-the-bottom-up-in-china/

35   Daoyuan Wen, Weijun Gao, Fanyue Qian, Qunyin Gu and Jianxing Ren, 'Development of Solar Photovoltaic Industry and Market in China, Germany, Japan and the United States of America Using Incentive Policies', *Energy Exploration & Exploitation*, vol. 39, 2021, 014459872097925, 10.1177/0144598720979256.

36   'China's Solar Production Costs Fall by 42% in Last Year', Wood Mackenzie, August 2023, https://www.woodmac.com/press-releases/chinas-solar-production-costs-fall-by-42-in-last-year/

37   'Solar Exports from China Increase by a Third', Ember, May 2024, https://ember-climate.org/insights/research/china-solar-exports/

38   'U.S. Solar Panel Makers Seek New Tariffs to Protect Domestic Factories', *Reuters*, 24 April 2024, https://www.reuters.com/business/energy/us-solar-panel-makers-seek-new-tariffs-protect-domestic-factories-2024-04-24/

39   Quillan Robinson, 'The True Cost of Chinese Solar Panels', *Time*, 18 January 2024, https://time.com/6564184/chinese-solar-panels-cost/

40   '22 MW Offshore Wind Turbine in the Works for 2024–25', *Offshore Wind*, 23 October 2023, https://www.offshorewind.biz/2023/10/23/22-mw-offshore-wind-turbine-in-the-works-for-2024-25/

41   'Moment Giant Wind Turbine Blade Carried through Hawick', *BBC News*, 12 December 2023, https://www.bbc.co.uk/news/av/uk-scotland-67696665

42   'China Wind Turbine Exports Surged 60% in 2023', *Caixin Global*, 23 April 2024, https://www.caixinglobal.com/2024-04-23/charts-of-the-day-china-wind-turbine-exports-surged-60-in-2023-102189309.html

43   'Wind Market Share 2024', Enerdata, 22 April 2024, https://www.enerdata.net/publications/executive-briefing/wind-market-share.html

44   'Wind Turbine Technology Evolution Is Diverging Quickly between China and the Rest of the World', Wood Mackenzie, 18 May 2024, https://www.woodmac.com/news/opinion/wind-turbine-technology-evolution-is-diverging-quickly-between-china-and-the-rest-of-

the-world/

45   'Speech by Executive Vice President Vestager on Technology and Politics at the Institute for Advanced Study', 9 April 2024, https://ec.europa.eu/commission/presscorner/detail/en/speech_24_1927

46   'Global Renewables and Energy Efficiency Pledge', COP28 UAE, 2 December 2023, https://www.cop28.com/en/global-renewables-and-energy-efficiency-pledge

47   'Renewables 2023', IEA, 2024, Paris, https://www.iea.org/reports/renewables-2023#

48   'World Energy Outlook 2023 Free Dataset', IEA, Paris, 2023, https://www.iea.org/data-and-statistics/data-product/world-energy-outlook-2023-extended-dataset

49   'Europe Must Rely Less on Chinese Technology, Danish PM Says', *Financial Times*, 2 September 2024, https://www.ft.com/content/fb5d678f-d828-460b-b683-caade2b04fe3

50   'Gina Raimondo and Margrethe Vestager on Future of US–EU Economic Ties', Atlantic Council, streamed live 30 January 2024, https://www.youtube.com/watch?v=-gVloP_MyTY&ab_channel=AtlanticCouncil

51   'Biden Administration Will Investigate National Security Risks Posed by China's Semiconductor Industry', *NBC News*, 28 August 2024, https://www.nbcnews.com/politics/national-security/biden-administration-will-investigate-national-security-risks-posed-ch-rcna141099

52   Chinese state subsidies for electric and hybrid vehicles totalled $57 billion between 2016 and 2022, consultants AlixPartners have estimated.

53   'How Did China Come to Dominate Electric Cars?', *Technology Review*, 21 February 2023, https://www.technologyreview.com/2023/02/21/1068880/how-did-china-dominate-electric-cars-policy/

54   'BYD's Growing Market Share in China's EV Market', EV Markets Reports, 5 August 2024, https://evmarketsreports.com/byds-growing-market-share-in-chinas-ev-market/

55   'EV Price Gap: A Divide in the Global Automotive Industry', JATO Dynamics, May 2024, https://info.jato.com/ev-price-gap-report

56   Office of Sherrod Brown, 11 April 2024, https://www.brown.senate.gov/imo/media/doc/04112024evlettertopresidentbiden1.pdf

57   European Commission, 4 July 2024, https://ec.europa.eu/commission/presscorner/detail/en/ip_24_3630

58   'Canada Hits China-Made Electric Cars with 100% Tariff', *BBC News*, 27 August 2024, https://www.bbc.co.uk/news/articles/cm2n091v4m5o

59   'Türkiye Slaps 40% Extra Tax on EV Imports from China', *Daily Sabah*, 31 August 2023, https://www.dailysabah.com/business/automotive/turkiye-slaps-40-extra-tax-on-ev-imports-from-china

60   'Gov't Announces Progressive Tax for Imported Electric Vehicles in Brazil', *Datamar News*, 2 January 2024, https://www.datamarnews.com/noticias/govt-announces-progressive-tax-for-imported-electric-vehicles-in-brazil/

61   'China–Japan Row Reveals Deep-Seated Differences', *BBC News*, 21 September 2010, https://www.bbc.co.uk/news/world-asia-pacific-11380373

62   'Hybrid Threats: The 2010 Senkaku Crisis', in S. Aday, M. Andža-ns, U. Be-rzin a-Čerenkova, F. Granelli, J. Gravelines, M. Hills, M. Holmstrom, A. Klus, I. Martinez-Sanchez, M. Mattiisen, H. Molder, Y. Morakabati, J. Pamment, A. Sari, V. Sazonov, G. Simons and J. Terra, Hybrid Threats. *A Strategic Communications Perspective*, Riga: NATO Strategic Communications Cen tre of Excellence, 2019, https://stratcomcoe.org/publications/hybrid-threats-the-2010-senkaku-crisis/82

63   'Amid Tension, China Blocks Vital Exports to Japan', *New York Times*, 22 September 2010, https://www.nytimes.com/2010/09/23/business/global/23rare.html?pagewanted=all&_r=0

64   'Critical Minerals Data Explorer', IEA, Paris, 2024, https://www.iea.org/data-and-stati stics/data-tools/critical-minerals-data-explorer

65   'Global Critical Minerals Outlook 2024', IEA, Paris, 2024, https://www.iea.org/reports/global-critical-minerals-outlook-2024

66   'China's Clean Tech Supply Chain', *Technology Review*, 13 September 2023, https://www.technologyreview.com/2023/09/13/1079377/china-clean-tech-supply-chain/#:~=They%20are%20trying%20to%20%5Bhave,times%20but%20it%20would%20survive

67   'The Future of Copper', IHS Markit, 14 July 2022, https://cdn.ihsmarkit.com/www/pdf/0722/The-Future-of-Copper_Full-Report_14 July2022.pdf

68   'Congo Seeks Outside Advice on Imposing Cobalt Export Curbs', *Bloomberg*, 11 April 2024, https://www.bloomberg.com/news/articles/2024-04-11/congo-seeks-outside-advice-on-imposing-cobalt-export-curbs

69   'China to Restrict Exports of Chipmaking Materials as US Mulls New Curbs', *Reuters*, 4 July 2023, https://www.reuters.com/markets/commodities/china-restrict-exports-chipmaking-materials-us-mulls-new-curbs-2023-07-04/

70   'China, World's Top Graphite Producer, Tightens Exports of Key Battery Material', *Reuters*, 20 October 2023, https://www.reuters.com/world/china/china-require-export-permits-some-graphite-

products-dec-1-2023-10-20/

71   Shuang-Liang Liu, Hong-Rui Fan, Xuan Liu, Jianyin Meng, Alan R. Butcher, Lahaye Yann, Kui-Feng Yang and Xiao-Chun Li, 'Global Rare Earth Elements Projects: New Developments and Supply Chains', *Ore Geology Reviews*, vol. 152, article 105428, 2023, https://doi.org/10.1016/j.oregeorev.2023.105428

72   'USAID Graphite Report', Land Links, November 2021, https://www.land-links.org/wp-content/uploads/2021/11/USAID_GM_Graphite.pdf

73   'How Sodium Could Change the Game for Batteries', *Technology Review*, 11 May 2023, https://www.technologyreview.com/2023/05/11/1072865/how-sodium-could-change-the-game-for-batteries/

74   'The Future of Copper', IHS Markit, 14 July 2022, https://cdn.ihsmarkit.com/www/pdf/0722/The-Future-of-Copper_Full-Report_14July2022.pdf

75   'Remarks by Secretary of the Treasury Janet L. Yellen at American Chamber of Commerce Event in Guangzhou, the People's Republic of China', US Department of the Treasury, 5 April 2024, https://home.treasury.gov/news/press-releases/jy2227

76   'China's Solar and EV Battery Overcapacity Risks', *Economist Intelligence Unit*, May 2024, https://www.eiu.com/n/solar-and-ev-battery-overcapacity-are-risks-to-china/

77   2025년 전 세계 리튬이온 배터리 제조 용량의 예상 수요는 1.6테라와트시(TWh)다. 하지만 당시 중국의 예상 생산능력은 약 6테라와트시에 달할 것으로 보인다. "중국은 이미 전 세계가 원하는 만큼의 배터리를 생산하고 있다", *BloombergNEF*, 16 October 2023, https://about.bnef.com/blog/china-already-makes-as-many-batteries-as-the-entire-world-wants/

78   'Chinese Car Executive Calls West's Claim of Overcapacity a "Fake Concept"', *Financial Times*, 14 May 2024, https://www.ft.com/content/436d9af7-f86c-429e-8f94-03067d043ef7

79   Europe and the US's combined solar generating capacity in 2023 was 426 gigawatts compared to 610 gigawatts in China: Online Data Query Tool, International Renewable Energy Agency, https://pxweb.irena.org/pxweb/en/IRENASTAT

80   In 2023 the rest of the world, excluding China, added 130 gigawatts of solar power, according to the International Renewable Energy Agency, https://pxweb.irena.org/pxweb/en/

81   'China Added More Solar Panels in 2023 Than US Did in its Entire History', *Bloomberg*, 26 January 2024, https://www.bloomberg.com/news/articles/2024-01-26/china-added-more-solar-panels-in-2023-than-us-did-in-its-entire-history?srnd=green&sref=Oz9Q3OZU

82   'China's Solar Power Capacity Soared 55% in 2023 and Wind Capacity 21%', *Enerdata*, 29 January

2024, https://www.enerdata.net/publications/daily-energy-news/chinas-solar-power-capacity-soared-55-2023-and-wind-capacity-21.html

83   Based on estimates supplied by Carbon Brief to the author, 2024.

84   Solar PV prices, *Our World in Data*, https://ourworldindata.org/grapher/solar-pv-prices

85   'Why Did Renewables Become So Cheap So Fast?', Our World in Data, https://ourworldindata.org/cheap-renewables-growth

86   EV Price Gap Report, JATO Dynamics, Q4 2023, https://info.jato.com/ev-price-gap-report

87   'Making Solar Panels Is "Horrible" Business. The U.S. Still Wants It', *Bloomberg*, 20 July 2023, https://www.bloomberg.com/news/articles/2023-07-20/making-solar-panels-is-horrible-business-the-us-still-wants-it

88   'UK Fails to Clear Any Offshore Wind in Renewable Energy Auction', *Bloomberg*, 8 September 2023, https://www.bloomberg.com/news/articles/2023-09-08/uk-fails-to-clear-any-offshore-wind-in-renewable-energy-auction

89   'U.S. Offshore Wind Sector "Fundamentally Broken" – BP Exec', *Reuters*, 2 November 2023, https://www.reuters.com/business/energy/bp-low-carbon-boss-calls-us-offshore-wind-industry-fundamentally-broken-2023-11-01/#:~:text=%22Ultimately%2C%20offshore%20wind%20in%20the,permitting%2C%20etc...%22

90   'Germany Installs 17 GW of Renewables in 2023', *Renewables Now*, 8 January 2024, https://renewablesnow.com/news/germany-installs-17-gw-of-renewables-in-2023-845103/

91   'I Went to China And Drove a Dozen Electric Cars. Western Automakers Are Cooked', *InsideEVs*, 15 April 2024, https://insideevs.com/features/719015/china-is-ahead-of-west/

92   Michael Liebreich, 11 May 2024, https://x.com/MLiebreich/status/1789217326098776384

93   국제에너지기구(IEA)는 전 세계가 2050년까지 탄소중립를 달성하는 궤도에 오르기 위해서는 2030년까지 글로벌 태양광 제조 용량이 연간 650기가와트에 도달해야 한다고 밝혔다. 그러나 IEA는 당초 일정보다 훨씬 앞선 2024년 말이면 이미 글로벌 제조 용량이 거의 1,000기가와트에 도달할 것으로 전망하고 있다: 'Renewable Energy Market Update–June 2023', IEA, Paris, 2023, https://www.iea.org/reports/renewable-energy-market-update-june-2023

94   'Renewables 2024', IEA, Paris, 2024, https://www.iea.org/reports/renewables-2024

95   'The State of Clean Technology Manufacturing – November 2023 Update', IEA, Paris, 2023, https://www.iea.org/reports/the-state-of-clean-technology-manufacturing-november-2023-update

96   'Global Wind Report 2024', Global Wind Energy Council (GWEC), April 2024, https://

gwec.net/wp-content/uploads/2024/04/GWR-2024_digital-version_final-1.pdf

97   J.P. Helveston, G. He and M.R. Davidson, 'Quantifying the Cost Savings of Global Solar Photovoltaic Supply Chains', *Nature*, vol. 612, no. 7938, pp. 83–7, 2022, doi: 10.1038/s4158 6-022-05316-6. https://www.jhelvy.com/research/2022-nature/

98   'India to Stick with Plan to Tax Imports of Solar Equipment', *Bloomberg*, 1 February 2022, https://www.bloomberg.com/news/articles/2022-02-01/india-to-stick-with-plan-to-tax-imports-of-solar-equipment

99   'Indian Solar PV Additions Down 28% in 2023 as Utility-Scale Segment Lags', *PV Tech*, 10 January 2024, https://www.pv-tech.org/indian-solar-pv-additions-down-28-in-2023-as-utility-s cale-segment-lags/

100   다음을 참조하라. the Observatory of Economic Complexity, https://oec.world/en/profile/ country/chn

101   'How Margaret Thatcher Brought Nissan to the UK', Motorious blog, 11 March 2019, https://www.motorious.com/articles/highlights/margaret-thatcher-nissan-sunderland/

102   'Top 10: Best-Selling EVs in the UK', *EV Magazine*, 16 August 2024, https://evmagazine. com/top10/top-10-best-selling-evs-in-the-uk

103   'The Contributions of Japanese-Brand Automakers to the United States Economy: Updated Study', Japan Automobile Manufacturers Association, 21 May 2019, https://www.jama.org/ wp-content/uploads/2019/05/prusa-jama-usa-employment-study-2019-2018-data-5-21-19- final.pdf

104   'Europe Taking a Constructive Approach to the Influx of Chinese Electric Vehicles', Peterson Institute for International Economics (PIIE), 23 August 2024, https://www.piie. com/blogs/realtime-economics/2024/europe-taking-constructive-approach-influx-chinese- electric-vehicles

105   'Developing Economies Counter Beijing's Export Boom with Tariffs', *Financial Times*, 11 September 2024, https://www.ft.com/content/1196fab7-3f7e-469c-83df-f0c51361687c

106   'Ford to Build $3.5B LFP Battery Factory Using China Tech', *TechCrunch*, 13 February 2023, https://techcrunch.com/2023/02/13/ford-to-build-3-5b-factory-catl/

107   'To Avoid Hefty Tariffs, China's BYD Eyes U.S. Car Market Via Mexico', *Wall Street Journal*, 16 February 2024, https://www.wsj.com/business/autos/chinese-ev-maker-byd-exploring-mexico- factory-as-entry-to-u-s-market-411360fa

108   'Trump Suggests Tariffs Higher Than 200% on Vehicles from Mexico', *Reuters*, 13 October 2024, https://www.reuters.com/world/us/trump-suggests-tariffs-higher-than-200-vehicles-

mexico-2024-10-13/

109   'Trump Invites Chinese to Build US Auto Plants: Sign of Possible Thaw as GOP Candidate Offers China the Same Deal Reagan Gave Japan in the 1980s', *Asia Times*, 20 March 2024, https://asiatimes.com/2024/03/trump-invites-chinese-to-build-us-auto-plants/

110   'Tesla's Shanghai Plant Delivers 947,000 Vehicles in 2023', *Xinhua News*, 3 January 2024, https://english.news.cn/20240103/ee7a313aa02141358c9f241f0db6034a/c.html#:~:text=SHANGHAI%2C%20Jan.,and%20deliveries%20report%20for%202023

111   'China New Three Export Indices', Capital Economics, https://www.capitaleconomics.com/data-and-charts/china-new-three-export-indices 112. 'Visualization: How Much Do EV Batteries Cost?', *Visual Capitalist*, 12 June 2024, https://www.visualcapitalist.com/visualized-how-much-do-ev-batteries-cost/

113   'Solar Panel Company Stops Production at Its German Factory', *Yahoo Finance*, 29 April 2024, https://finance.yahoo.com/news/solar-panel-company-stops-production-170001868.html

5장 실리콘

1   'How the Global Chip Shortage Might Affect People Who Just Want to Wash their Dogs', *Washington Post*, 2 May 2021, https://www.washingtonpost.com/technology/2021/05/02/chip-semiconductor-shortage-impact/

2   'Ford, Other Auto Makers Cut Output on Chip Shortage', *Wall Street Journal*, 19 October 2021, https://www.wsj.com/articles/ford-other-auto-makers-cut-output-on-chip-shortage-11610280001

3   'How Many Semiconductor Chips Are in a Car', *Polar Semiconductor*, 22 September 2021, https://polarsemi.com/blog/blog-semiconductor-chips-in-a-car/#:~:text=So%2C%20here's%20the%20typical%20rang',That's%20a%20lot!

4   'Shortages Related to Semiconductors to Cost the Auto Industry $210 Billion in Revenues This Year, Says New AlixPartners Forecast', *AlixPartners*, 15 March 2021, https://www.alixpartners.com/newsroom/press-release-shortages-related-to-semiconductors-to-cost-the-auto-industry-210-billion-in-revenues-this-year-says-new-alixpartners-forecast/

5   'Next Victim of Chip Shortage Will Be Your Home Internet Router', *Bloomberg*, 8 April 2021, https://www.bloomberg.com/news/articles/2021-04-08/next-victim-of-chip-shortage-will-be-your-home-internet-router?sref=eeq6exxF

6   'How the Chip Shortage Is Affecting the World', *BBC News*, 22 February 2021, https://

www.bbc.co.uk/news/technology-56433082

7   'Semiconductor Shortage: What You Need to Know', *BBC News*, 7 October 2020, https://www.bbc.co.uk/news/technology-54894801

8   Spencer Hill, 'Goldman Sachs – A Semi-Troubling Shortage', 21 April 2021, https://www.scribd.com/document/506814229/Goldman-Sachs-A-Semi-Troubling-Shortage

9   'The Semiconductor Decade: A Trillion-Dollar Industry', McKinsey & Company, 10 June 2021, https://www.mckinsey.com/industries/semiconductors/our-insights/the-semiconductor-decade-a-trillion-dollar-industry

10   'The Emergence of Smart Bombs', *Air & Space Forces Magazine*, 1 March 2010, https://www.airandspaceforces.com/article/0310bombs/

11   Chris Miller, *Chip War*, London: Simon & Schuster, 2022, pp. 57–61.

12   'Surface-to-Air Missiles Need Chips, Too, Pentagon Tells Congress', *Bloomberg*, 22 July 2022, https://www.bloomberg.com/news/articles/2022-07-22/surface-to-air-missiles-need-chips-too-pentagon-tells-congress. 'The Story of Saint Javelin', *NATO Review*, 22 February 2024, https://www.nato.int/docu/review/articles/2024/02/22/the-story-of-saint-javelin/index.html

13   'Final Report', National Security Commission on Artificial Intelligence, March 2021, https://cybercemetery.unt.edu/nscai/20211005231038mp_/https://www.nscai.gov/wp-content/uploads/2021/03/Full-Report-Digital-1.pdf

14   'Fact Sheet: CHIPS and Science Act Will Lower Costs, Create Jobs, Strengthen Supply Chains, and Counter China', The White House, 9 August 2022, https://www.whitehouse.gov/briefing-room/statements-releases/2022/08/09/fact-sheet-chips-and-science-act-will-lower-costs-create-jobs-strengthen-supply-chains-and-counter-china/

15   Miller, *Chip War*, p. 78.

16   'CHIPS: Driving Innovation in the Semiconductor Industry', Semiconductor Industry Association, 1 October 2022, https://www.semiconductors.org/chips/

17   'Remarks by President Biden on the CHIPS and Science Act', The White House, 4 November 2022, https://www.whitehouse.gov/briefing-room/speeches-remarks/2022/11/04/remarks-by-president-biden-on-the-chips-and-science-act/

18   'Remarks by National Security Advisor Jake Sullivan at the Special Competitive Studies Project Global Emerging Technologies Summit', The White House, 16 September 2022, https://www.whitehouse.gov/briefing-room/speeches-remarks/2022/09/16/remarks-by-national-security-advisor-jake-sullivan-at-the-special-competitive-studies-project-global-emerging-technologies-summit/

19 'Commerce Implements New Export Controls on Advanced Computing and Semiconductor Manufacturing Items to the People's Republic of China (PRC) Bureau of Industry and Security', US Department of Commerce, 7 October 2022, https://www.bis.doc.gov/index. php/documents/about-bis/newsroom/press-releases/3158-2022-10-07-bis-press-release-advanced-computing-and-semiconductor-manufacturing-controls-final/file

20 'Commerce Strengthens Restrictions on Advanced Computing Semiconductors', Bureau of Industry and Security, US Department of Commerce, 17 October 2023, https://www.bis. doc.gov/index.php/documents/about-bis/newsroom/press-releases/3355-2023-10-17-bis-press-release-acs-and-sme-rules-final-js/file#

21 'Statement Regarding Dutch Government's Export Control Regulations Announcement', ASML, 30 June 2023, https://www.asml.com/en/news/press-releases/2023/statement-regarding-export-control-regulations-dutch-government. 'Dutch Export Controls: Semiconductor Technology Regulation', *Official Government Gazette*, 17 August 2023, https://zoek.officielebekendmakingen.nl/stcrt-2023-18212.html

22 'Japan Restricts Chipmaking Equipment Exports to Align with US Curbs', *Reuters*, 31 March 2023, https://www.reuters.com/technology/japan-restrict-chipmaking-equipment-exports-aligning-it-with-us-china-curbs-2023-03-31/

23 'Remarks by National Security Advisor Jake Sullivan on Renewing American Economic Leadership at the Brookings Institution', The White House, 27 April 2023, https://www. whitehouse.gov/briefing-room/speeches-remarks/2023/04/27/remarks-by-national-security-advisor-jake-sullivan-on-renewing-american-economic-leadership-at-the-brookings-institution/

24 'US Urges Allies to Further Squeeze China on Chip Technology', *Bloomberg*, 6 March 2024, https://www.bloomberg.com/news/articles/2024-03-06/us-urges-allies-to-further-squeeze-china-on-chip-technology

25 'US Pushing Netherlands, Japan to Restrict More Chipmaking Equipment to China', *Reuters*, 18 June 2024, https://www.reuters.com/world/us-pushing-netherlands-japan-restrict-more-chipmaking-equipment-china-source-2024-06-18/

26 'Germany in Talks to Limit the Export of Chip Chemicals to China', *Bloomberg*, 27 April 2023, https://www.bloomberg.com/news/articles/2023-04-27/germany-in-talks-to-limit-the-export-of-chip-chemicals-to-china

27 'China's Semiconductor Industry Faces New Challenges', *Yonhap News Agency*, 24 October 2023, https://en.yna.co.kr/view/AEN20231024002800320

28 According to UN Comtrade data, China spent $350 billion importing integrated circuits

in 2023 and $338 billion on importing crude oil, https://comtradeplus.un.org/TradeFlow

29 'Global Semiconductor Sales, Units Shipped Reach All-Time Highs in 2021 as Industry Ramps Up Production Amid Shortage', IC Insights, January 2022, https://www.icinsights.com/files/data/articles/documents/1347.pdf

30 2023년 9월, 7나노미터 공정 칩을 탑재한 화웨이 스마트폰의 등장은 일종의 기술적 돌파구로 여겨졌다. 그러나 이는 가장 진보된 리소그래피 기술을 통해 달성된 것이 아니며, 해당 칩들은 여전히 최첨단 기술 수준과는 어느 정도 격차가 있다. 참조: 'Huawei Mate 60 Pro: A Breakthrough in Semiconductor Technology', *Bloomberg*, 4 September 2023, https://www.bloomberg.com/news/features/2023-09-04/look-inside-huawei-mate-60-pro-phone-powered-by-made-in-china-chip

31 'The Semiconductor Supply Chain', Center for Security and Emerging Technologies, June 2022, https://cset.georgetown.edu/publication/the-semiconductor-supply-chain/

32 'Cabinet Approves Programme for Development of Semiconductors and Display Manufacturing Ecosystem in India', Press Information Bureau, 15 December 2021, https://pib.gov.in/PressReleasePage.aspx?PRID=1781723

33 'Chip Supremacy Gives South Korea More Geopolitical Freedom: Lawmaker', *Korea Herald*, 2 January 2023, https://www.koreaherald.com/view.php?ud=20230102000494

34 EUV Lithography: A European Joint Project', Zeiss, 15 May 2024, https://www.zeiss.com/semiconductor-manufacturing-technology/smt-magazine/euv-lithography-as-an-european-joint-project.html

35 'EUV Chipmaking: How the U.S. Lost Control of Cutting-Edge Semiconductor Tech', *Bloomberg*, 11 April 2024, https://www.bloomberg.com/news/articles/2024-04-11/euv-chipmaking-how-us-lost-control-of-cutting-edge-semiconductor-tech

36 'How Our Suppliers Make Us Strong', Zeiss, 16 March 2022, https://www.zeiss.com/semiconductor-manufacturing-technology/smt-magazine/how-our-suppliers-make-us-strong.html#:~:text=Even%20though%20we%20have%20no,as%20if%20we%20had%20competitors

37 They are Shin-Etsu Chemical, Tokyo Ohka Kogyo, JSR and Fujifilm Electronic Materials. 다음을 보라. 'High Purity Quartz Market Report', *Research in China*, August 2021, http://www.researchinchina.com/Htmls/Report/2021/71712.html

38 These machines are called in-line coaters/developers for extreme ultraviolet lithography. The CEO of Tokyo Electron, Toshiki Kawai, wrote in September 2023 that one of its strengths was 'a 100% share in EUV coater/lithography developers, which are necessary for

semiconductor evolution'. 다음을 참조하라. Tokyo Electron Limited Integrated Report 2023, September 2023, https://www.tel.com/ir/library/ar/f3gfkt000000003v-att/ir2023_all_en.pdf

39   'The Semiconductor Supply Chain Issue Brief', Center for Security and Emerging Technologies, September 2022, https://cset.georgetown.edu/wp-content/uploads/The-Semiconductor-Supply-Chain-Issue-Brief.pdf

40   'Visualizing the Abundance of Elements in the Earth's Crust', World Economic Forum, 14 December 2021, https://www.weforum.org/agenda/2021/12/abundance-elements-earth-crust/

41   'Know the Source: The Polysilicon Supply Chain', *Minespider*, 2 February 2022, https://www.minespider.com/blog/know-the-source-the-polysilicon-supply-chain

42   'The Ultra-Pure, Super-Secret Sand That Makes Your Phone Possible', *Wired*, 7 August 2018, https://www.wired.com/story/book-excerpt-science-of-ultra-pure-silicon/

43   'Rare Form of Quartz Key to Xinjiang's Solar Boom', *South China Morning Post*, 15 October 2021, https://www.scmp.com/news/china/article/3153656/rare-form-quartz-key-xinjiangs-solar-boom-and-almost-all-it-us

44   호주에서 고순도 석영을 채굴하려던 경쟁 프로젝트인 '울트라 하이 퓨리티 쿼츠(Ultra High Purity Quartz)'는 현재 웹사이트 업데이트를 중단한 상태다. 노르웨이의 '노르웨이 크리스탈라이츠(Norwegian Crystallites)'라는 기업 또한 고순도 석영의 공급처로 거론되었으나, 공급량은 상대적으로 미미한 수준이다. https://siliconmountain.wordpress.com/

45   Ed Conway, *Material World*, London: WH Allen, 2022, p. 107.

46   'Solar Panel Recycling: What the Future Holds', *EnergyTrend*, 7 April 2024, https://www.energytrend.com/news/20240407-46330.html

47   Saif M. Khan, Alexander Mann and Dahlia Peterson, 'The Semiconductor Supply Chain: Assessing National Competitiveness', Center for Security and Emerging Technology, January 2021, https://doi.org/10.51593/20190016

48   "반도체는 새로운 석유이며, 미국은 공급망 확보를 위해 수십억 달러를 쏟아붓고 있다. 최근의 공급 부족 사태와 반도체산업을 장악하려는 중국의 야심에 대한 공포는 미국 내 생산을 가속화하려는 광적인 노력으로 이어졌다." *Wall Street Journal*, 14 January 2023, https://www.wsj.com/articles/chips-semiconductors-manufacturing-china-taiwan-11673650917

49   'Strengthening the Global Semiconductor Value Chain', Semiconductor Industry Association, April 2021, https://www.semiconductors.org/wp-content/uploads/2021/05/BCG-x-SIA-Strengthening-the-Global-Semiconductor-Value-Chain-April-2021_1.pdf

50   'The Resilience Myth: Fatal Flaws in the Push to Secure Chip Supply Chains', *Financial Times*, 27

August 2024, https://www.ft.com/content/f76534bf-b501-4cbf-9a46-80be9feb670c

51   'Chips Are the New Oil and America Is Spending Billions to Safeguard its Supply', *Wall Street Journal*, 14 January 2023, https://www.wsj.com/articles/chips-semiconductors-manufacturing-china-taiwan-11673650917

52   'What's Happening with the U.S. Semiconductor Market: Intel CEO Patrick Gelsinger on Why the Chips Act Was So Crucial to the Global Supply Chain', *Wall Street Journal*, 30 October 2022, https://www.wsj.com/articles/intel-gelsinger-u-s-semiconductor-market-116 66989610

53   'Geopolitical Spotlight Shifts to Semiconductors: The New Oil', TS Lombard, May 2023, https://blogs.tslombard.com/geopolitical-spotlight-shifts-to-semiconductors-the-new-oil

54   'Strengthening the Global Semiconductor Value Chain', Semiconductor Industry Association, April 2021, https://www.semiconductors.org/wp-content/uploads/2021/05/BCG-x-SIA-Strengthening-the-Global-Semiconductor-Value-Chain-April-2021_1.pdf

55   TSMC website, https://www.tsmc.com/static/abouttsmcaz/index.htm

56   'Preliminary Terms for Samsung Semiconductor Facility', US Department of Commerce, 24 April 2024, https://www.commerce.gov/news/press-releases/2024/04/biden-harris-administra tion-announces- preliminary-terms-samsung

57   'Semiconductor Ecosystem Overview', Semiconductor Industry Association, 15 July 2023, https://www.semiconductors.org/ecosystem/

58   'Fact Sheet: The Manufacturing Renaissance That Will Drive the Economy of the Future', Joint Economic Committee Democrats, 24 April 2024, https://www.jec.senate.gov/public/ index.cfm/democrats/2024/4/fact-sheet-the-manufacturing-renaissance-that-will-drive-the-economy-of-the-future

59   'Strengthening the Global Semiconductor Value Chain', Boston Consulting Group and Semiconductor Industry Association, April 2021, https://www.semiconductors.org/wp-content/uploads/2021/05/BCG-x-SIA-Strengthening-the-Global-Semiconductor-Value-Chain-April-2021_1.pdf

60   'Vying for Talent: Morris Chang', Brookings Institution, 14 April 2022, https://www.brookings. edu/wp-content/uploads/2022/04/Vying-for-Talent-Morris-Chang-20220414.pdf

61   'National Semiconductor Strategy', UK Government, 30 March 2023, https://www.gov.uk/ government/publications/national-semiconductor-strategy/national-semiconductor-strategy

62   'Vishay Intertechnology Acquires Nexperia's Newport Wafer Fab for $177 Million', Vishay

Intertechnology, 23 August 2023, https://ir.vishay.com/news-releases/news-release-details/vishay-intertechnology-acquires-nexperias-newport-wafer-fab-177.

63 'Why the World Relies On ASML for Machines That Print Chips', *CNBC*, 23 March 2022, https://www.youtube.com/watch?v=iSVHp6CAyQ8

64 Boston Consulting Group (BCG) & Semiconductor Industry Association (SIA), 'Emerging Resilience in the Semiconductor Supply Chain, 2024, https://www.semiconductors.org/wp-content/uploads/2024/05/Report_Emerging-Resilience-in-the-Semiconductor-Supply-Chain.pdf

65 'Trump Attacks Bipartisan Semiconductor Law, a Key Policy Achievement for Biden', *New York Times*, 26 October 2024, https://www.nytimes.com/2024/10/26/us/politics/trump-joe-rogan-chips-science-act.html,

66 'Trump Likely to Uphold CHIPS Act Despite his Campaign Rhetoric, Policy Experts Say', *CNBC*, 7 November 2024, https://www.cnbc.com/2024/11/07/trump-likely-to-uphold-chips-act-despite-his-campaign-rhetoric-experts-say.html

67 'Is the EU Chips Act the Right Approach?', Bruegel, 2 June 2022, https://www.bruegel.org/blog-post/eu-chips-act-right-approach

68 'China's Semiconductor Push Falters as Major Chipmakers Go Bankrupt', Tekedia, 18 June 2024, https://www.tekedia.com/chinas-semiconductor-push-falters-as-major-chipmakers-go-bankrupt/. 'China Is Said to Be Raising Up to \$31.5 Billion to Fuel Chip Vision', *Bloomberg*, 1 March 2018, https://www.bloomberg.com/news/articles/2018-03-01/china-is-said-raising-up-to-31-5-billion-to-fuel-chip-vision

69 'Made in China 2025: Semiconductor Goals', Center for Security and Emerging Technologies, December 2021, https://cset.georgetown.edu/wp-content/uploads/t0432_made_in_china_2025_EN.pdf

70 'Semiconductor Market Report', *IC Insights*, December 2021, https://www.icinsights.com/files/data/articles/documents/1330.pdf

71 'Huawei's Advanced Chip Sparks US Concerns', *Register*, 19 September 2023, https://www.theregister.com/2023/09/19/huaweis_advanced_chip_sparks_us/

72 David von Seggern, 'Measured Energy in Japan Quake', *Physics Today*, vol. 65, no. 7, 1 July 2012, p. 10, https://doi.org/10.1063/PT.3.1619

73 Hirofumi Matsuo, 'Implications of the Tohoku Earthquake for Toyota's Coordination Mechanism: Supply Chain Disruption of Automotive Semiconductors', *International Journal of Production Economics*, vol. 161, 2015, pp. 217–27, https://da.lib.kobe-u.ac.jp/da/kernel/900

03501/90003501.pdf

74   'Auto Makers Retreat from 50 Years of "Just-in-Time" Manufacturing', *Wall Street Journal*, 3 May 2021, https://www.wsj.com/articles/auto-makers-retreat-from-50-years-of-just-in-time-manufacturing-11620051251

75   Taiichi Ohno, *Toyota Production System*, 1st edn, Portland, OR: Productivity Press, 1988.

76   'What Is Just-In-Time?', *Toyota UK Magazine*, accessed 26 September 2024, https://mag.toyota.co.uk/just-in-time/

77   'Toyota, Citing Lessons Learned from 2011 Earthquake, Expects No Major Semiconductor Impact', *Supply Chain Dive*, 14 May 2021, https://www.supplychaindive.com/news/toyota-semiconductor-shortage-earthquake-inventory-ihs-gartner-forecast-2022/600193/

78   'Who Won the Automotive Global Sales Race in 2021?', *Carexpert*, accessed 26 September 2024, https://www.carexpert.com.au/car-news/who-won-the-automotive-global-sales-race-in-2021

79   'Understanding the Global Chip Shortage', British Computer Society, 15 October 2023, https://www.bcs.org/articles-opinion-and-research/understanding-the-global-chip-shortage/

80   'Semiconductor Sales and Production Trends', Semiconductor Industry Association, 15 June 2021, https://www.semiconductors.org/global-semiconductor-sales-units-shipped-reach-all-time-highs-in-2021-as-industry-ramps-up-production-amid-shortage/

81   Tech Insights, data supplied to author in September 2024.

82   'Renesas Semiconductor Overview', Renesas, July 2022, https://www.renesas.com/us/en/node/1498021

83   'How Climate Change Affected Semiconductor Production', *MSCI*, 5 April 2023, https://www.msci.com/www/blog-posts/how-climate-change-affected/02841370014

84   'Texas Freeze Shuts Chip Factories amid Shortages', *BBC News*, 9 March 2021, https://www.bbc.co.uk/news/technology-56114503

6장 사람

1   'Covid-19: Vaccine Rollout Gets Under Way in UK', *BBC News*, 8 December 2020, https://www.bbc.co.uk/news/uk-55227325

2   'Meet the Couple Who Helped Make the Pfizer Vaccine Possible', *New York Times*, 10 November 2020, https://www.nytimes.com/2020/11/10/business/biontech-covid-vaccine.html

3   화이자 웹사이트를 참고하라. https://www.pfizer.com/science/coronavirus/vaccine/working-to-reach-everyone-everywhere

4   'Scientist behind BioNTech/Pfizer Coronavirus Vaccine Says It Can End Pandemic', *Guardian*, 12 November 2020, https://www.theguardian.com/world/2020/nov/12/scientist-behind-biontech-pfizer-coronavirus-vaccine-says-it-can-end-pandemic

5   'Here's to the Immigrant Heroes behind the BioNTech-Pfizer Vaccine', *Bloomberg*, 13 November 2020, https://www.bloomberg.com/view/articles/2020-11-13/here-s-to-the-immigrant-heroes-behind-the-biontech-pfizer-vaccine

6   'Immigrant Ingenuity behind a Vaccine', *Christian Science Monitor*, 17 December 2020, https://www.csmonitor.com/Daily/2020/20201217/Immigrant-ingenuity-behind-a-vaccine

7   'Donald Trump Presidential Campaign Announcement Full Speech', *C-SPAN*, 16 June 2015, https://www.youtube.com/watch?v=qI4Hb3FvD5Y

8   'Donald Trump Urges Ban on Muslims Coming to US', *BBC News*, 8 December 2015, https://www.bbc.co.uk/news/world-us-canada-35035190

9   'Trump Repeats "Poisoning the Blood" Anti-Immigrant Remark', *Reuters*, 16 December 2023, https://www.reuters.com/world/us/trump-repeats-poisoning-blood-anti-immigrant-remark-2023-12-16/

10   'Trump's Poisoning the Blood: Racism and Rhetoric', *Axios*, 30 December 2023, https://www.axios.com/2023/12/30/trump-poisoning-the-blood-racism

11   'What We Know About Unauthorized Immigrants Living in the U.S.', Pew Research Center, 22 July 2024, https://www.pewresearch.org/short-reads/2024/07/22/what-we-know-about-unauthorized-immigrants-living-in-the-us/. 다음 내용 또한 참조하라. M.M. Fazel-Zarandi, J.S. Feinstein and E.H. Kaplan, 'The Number of Undocumented Immigrants in the United States: Estimates Based on Demographic Modelling with Data from 1990 to 2016', *PLoS ONE*, vol. 13, no. 9, 2018, e0201193, https://doi.org/10.1371/journal.pone.0201193

12   'Hungarian Prime Minister Says Migrants Are "Poison" and "Not Needed"', *Guardian*, 27 July 2016, accessed 17 November 2024, https://www.theguardian.com/world/2016/jul/26/hungarian-prime-minister-viktor-orban-praises-donald-trump

13   'Austria Far Right Calls for EU "Remigration" Commissioner', *Euractiv*, 12 June 2024, https://www.euractiv.com/section/migration/news/austria-far-right-calls-for-eu-remigration-commissioner/

14   'Geert Wilders: Who Is He and What Does He Want?', *BBC News*, 23 November 2023,

accessed 17 November 2024, https://www.bbc.co.uk/news/world-europe-67506583

15   International Migration Outlook 2024, OECD Publishing, Paris, 2024, https://doi.org/10.1787/50b0353e-en

16   'Ipsos Global Trends Report 2023', Ipsos, 2023, https://www.ipsos.com/sites/default/files/2023-Ipsos-Global-Trends-Report.pdf

17   'Ipsos Global Trends 2017', Ipsos, 2017, https://www.ipsos.com/sites/default/files/2017-05/global_trends.pdf

18   'What Worries the World', Ipsos, 25 July 2024, https://www.ipsos.com/en-nl/what-worries-world-july-2024

19   'Democracy Perception Index 2024', May 2024, https://www.allianceofdemocracies.org/wp-content/uploads/2024/05/DPI-2024.pdf

20   'Immigration', Gallup, accessed 29 August 2024, https://news.gallup.com/poll/1660/immigration.aspx

21   Immigration tracker, YouGov, September 2024, https://yougov.co.uk/topics/politics/trackers/has-immigration-in-the-past-10-years-been-good-for-britain

22   Laura Fermi, *Atoms in the Family*, Chicago And London: University of Chicago, 1934, p. 120.

23   'Enrico Fermi Saves his Jewish Family from the Holocaust', *Jewish Press*, 10 August 2016, https://www.jewishpress.com/sections/features/features-on-jewish-world/enrico-fermi-saves-his-jewish-family-from-the-holocaust/2016/08/10/.

24   'Enrico Fermi Dies at 53; Pioneer in Atomic Energy', *New York Times*, 29 November 1954, https://www.nytimes.com/1954/11/29/archives/enrico-fermi.html

25   Paul Johnson, 'One Man and his Dogma', Spectator, 8 August 2009, review of *The Storm of War: A New History of the Second World War* by Andrew Roberts, https://www.spectator.co.uk/article/one-man-and-his-dogma/

26   'Immigrants and Nobel Prizes: 1901–2023', National Foundation for American Policy, https://nfap.com/research/immigrants-and-nobel-prizes-1901-2023/

27   'Oral History Interview: Morris Chang', SEMI, 24 August 2007, https://www.semi.org/en/Oral-History-Interview-Morris-Chang

28   'Tech Pioneer Channels Hard Lessons into Silicon Valley Success', *NPR*, 20 February 2012, https://www.npr.org/sections/alltechconsidered/2012/02/20/147162496/tech-pioneer-channels-hard-lessons-into-silicon-valley-success

29   'How Jensen Huang's Nvidia Is Powering the AI Revolution', *New Yorker*, 4 December 2023,

https://www.newyorker.com/magazine/2023/12/04/how-jensen-huangs-nvidia-is-powering-the-ai-revolution

30   'The Geopolitical Gamble of Taiwan's TSMC', *New York Times*, 24 January 2024, https://www.nytimes.com/2024/01/24/opinion/tsmc-taiwan-china.html

31   Pierre Azoulay, Benjamin F. Jones, J. Daniel Kim and Javier Miranda, 'Immigration and Entrepreneurship in the United States', *American Economic Review: Insights*, vol. 4, no. 1, 2022, pp. 71–88.

32   'International Migration Outlook 2024', OECD Publishing, Paris, 2024, https://doi.org/10.1787/50b0353e-en

33   'International Migration Outlook 2011', OECD Publishing, Paris, 2011, https://doi.org/10.1787/migr_outlook-2011-en

34   G. Peri, K.Y. Shih and C. Sparber, 'Foreign STEM Workers and Native Wages and Employment in U.S. Cities', NBER Working Paper No. w20093, National Bureau of Economic Research, 2014, https://www.nber.org/papers/w20093

35   다음을 참조하라. UNESCO Institute for Statistics, https://data.uis.unesco.org/

36   Tom Tugendhat, 'China Links Pose a Threat to Academic Freedom in Britain', *Financial Times*, 19 June 2021, https://www.ft.com/content/f96e158c-a7ce-489d-846a-3445114752dd

37   'UCL Professor Warns Academic Freedom at Risk as Module Removed after Student Complaints', *Sky News*, 20 October 2023, https://news.sky.com/story/ucl-professor-warns-academic-freedom-at-risk-as-module-removed-after-student-complaints-13091493

38   'China', Intelligence and Security Committee of Parliament, July 2023, https://isc.independent.gov.uk/wp-content/uploads/2023/07/ISC-China.pdf

39   'Joint Address by MI5 and FBI Heads', MI5, 6 July 2022, https://www.mi5.gov.uk/joint-address-by-mi5-and-fbi-heads

40   'UK University Crackdown on Chinese Students Harms Country's Tech Ambitions', *Bloomberg*, 1 August 2024, https://www.bloomberg.com/news/articles/2024-08-01/uk-university-crackdown-on-chinese-students-harms-country-s-tech-ambitions

41   'Demand for Study Abroad Rising in China, but Students Considering More Destinations in 2024', ICEF Monitor, February 2024, https://monitor.icef.com/2024/02/demand-for-study-abroad-rising-in-china-but-students-considering-more-destinations-in-2024/

42   'Rubio Warns Florida Universities and State Leadership of Threat of CCP Espionage in Higher Education', US Senator for Florida, 17 March 2022, https://www.rubio.senate.gov/rubio-warns-florida-universities-and-state-leadership-of-threat-of-ccp-espionage-in-higher-

education/

43   Christopher Wray, 'The Threat Posed by the Chinese Government and the Chinese Communist Party to the Economic and National Security of the United States', Federal Bureau of Investigation, 7 July 2022, https://www.fbi.gov/news/speeches/the-threat-posed-by-the-chinese-government-and-the-chinese-communist-party-to-the-economic-and-national-security-of-the-united-states

44   'DoJ China Initiative to Catch Spies Prompts FBI Misconduct, Racism Claims', *Bloomberg*, 14 December 2021, https://www.bloomberg.com/news/features/2021-12-14/doj-china-initiative-to-catch-spies-prompts-fbi-misconduct-racism-claims

45   'Trump's Suspension of Entry of Chinese Students and Researchers with Military-Civil Fusion Links', *Law and Border*, 15 October 2023, https://lawandborder.com/trumps-suspension-of-entry-of-chinese-students-and-researchers-with-military-civil-fusion-links/#:~:text=The%20Biden%20administration%20has%20continued,according%20to%20State%20Department%20statistics

46   'Chinese on Campus', BBC Radio 4, 16 February 2022, produced by Leeanne Coyle and Mark Rickards, a Whistledown Scotland production, https://www.bbc.co.uk/programmes/m0014gbk

47   'Xi's Student Spy Army and How They Can Be Outsmarted', *The Times*, 23 June 2024, https://www.thetimes.com/world/asia/article/xis-student-spy-army-and-how-they-can-be-outsmarted-g3k6txc82

48   'China's Government Threats to Academic Freedom Abroad', Human Rights Watch, 21 March 2019, https://www.hrw.org/news/2019/03/21/china-government-threats-academic-freedom-abroad

49   Amy Gadsden, 'Vying for Talent: Competition for High-Skilled Labor in the U.S. and China', Brookings Institution, 15 September 2022, https://www.brookings.edu/wp-content/uploads/2022/09/Vying-for-Talent-Amy-Gadsden-20220915.pdf

50   Steven Chu, 'Vying for Talent: High-Skilled Immigration in U.S.-China Competition', Brookings Institution, 9 June 2022, https://www.brookings.edu/wp-content/uploads/2022/06/Vying-for-Talent-Steven-Chu-20220609.pdf

51   'British Universities Are in a Global Competition – Government Must Step Up', *Financial Times*, 3 June 2024, https://www.ft.com/content/371122db-c169-4fa3-90a4-ff4c12dc6141

52   'What does the US get wrong about China? With Adam Posen', *Financial Times*, 22 July 2024, https://www.ft.com/content/dbbaaa6d-ed07-4706-8fce-70d202e15d1f

53   'The Chipmakers: U.S. Strengths and Priorities for the High-End Semiconductor Workforce', Center for Security and Emerging Technology, September 2020, https://cset.georgetown.edu/publication/the-chipmakers-u-s-strengths-and-priorities-for-the-high-end-semiconductor-workforce/

54   'Chipping Away: July 2023', Semiconductor Industry Association, July 2023, https://www.semiconductors.org/wp-content/uploads/2023/07/SIA_July2023_ChippingAway_website.pdf

55   National Security STEM Talent Letter to Chuck Schumer, Nancy Pelosi et al., 9 May 2022, https://s3.documentcloud.org/documents/21947011/national-security-stem-talent-letter.pdf

56   'China Is Fast Outpacing U.S. STEM PhD Growth', Center for Security and Emerging Technology, August 2021, https://cset.georgetown.edu/publication/china-is-fast-outpacing-u-s-stem-phd-growth/#:~:text=Since%20the%20mid%2D2000s%2C%20China,future%20competitiveness%20in%20STEM%20fields

57   Includes home-purchase subsidies and typical signing bonuses of 3 to 5 million yuan, or $420,000 to $700,000.

58   C. Cao, J. Baas, C.S. Wagner and K. Jonkers, 'Returning Scientists and the Emergence of China's Science System', *Science and Public Policy*, vol. 47, no. 2, 2020, pp. 172–83, https://doi.org/10.1093/scipol/scz056

59   'AI and Immigrants', National Foundation for American Policy, June 2023, https://nfap.com/wp-content/uploads/2023/06/AI-AND-IMMIGRANTS.NFAP-Policy-Brief.2023.pdf

60   Mariel Larzellere, *The 1980 Cuban Boatlift*, Washington, DC: National Defence University Press, 1988, https://media.defense.gov/2020/Apr/23/2002287258/-1/-1/0/LARZELERE_MARIEL_BOATLIFT.PDF

61   David Card, 'The Impact of the Mariel Boatlift on the Miami Labor Market', October 1990, University of California, Berkeley, https://davidcard.berkeley.edu/papers/mariel-impact.pdf

62   Matthew Yglesias, 'The Mariel Boatlift: What It Tells Us about the Effects of Immigration on Wages', *Vox*, 23 June 2017, https://www.vox.com/the-big-idea/2017/6/23/15855342/immigrants-wages-trump-economics-mariel-boatlift-hispanic-cuban

63   National Academies of Sciences, Engineering, and Medicine, *The Economic and Fiscal Consequences of Immigration*, Washington, DC: The National Academies Press, 2016, https://nap.nationalacademies.org/catalog/23550/the-economic-and-fiscal-consequences-

of-immigration

64   Bank of England, 'The Impact of Immigration on Occupational Wages: Evidence from Britain', Working Paper No. 560, October 2015, https://www.bankofengland.co.uk/-/media/boe/files/working-paper/2015/the-impact-of-immigration-on-occupational-wages-evidence-from-britain.pdf

65   Migration Advisory Committee, 'EEA Migration in the UK: Final Report', September 2018, https://assets.publishing.service.gov.uk/government/uploads/system/uploads/attachment_data/file/741926/Final_EEA_report.PDF

66   Guglielmo Barone and Sauro Mocetti, 'With a Little Help from Abroad: The Effect of Low-Skilled Immigration on the Female Labor Supply', May 2010, https://eml.berkeley.edu/~webfac/card/laborlunch/mocetti.pdf

67   Brian Bell, 'Crime and Immigration', *IZA World of Labor*, vol. 33, 2019, https://doi.org/10.15185/izawol.33.v2

68   Michael Tonry, 'Why Crime Rates Are Falling throughout the Western World', *Crime and Justice*, vol. 43, 2014, pp. 1–63, https://www.journals.uchicago.edu/doi/10.1086/678181

69   Brian Bell, Anna Fasani and Stephen Machin, 'Crime and Immigration', London School of Economics, 2013, https://eprints.lse.ac.uk/59323/1/CEP_Bell_Fasani_Machin_Crime-and-immigration_2013.pdf

70   'World Migration Report 2024', International Organization for Migration, https://worldmigrationreport.iom.int/msite/wmr-2024-interactive/

71   'International Migration Outlook 2024', OECD Publishing, Paris, 2024, https://doi.org/10.1787/50b0353e-en

72   Alberto Alesina, Armando Miano and Stefanie Stantcheva, 'Immigration and Redistribution', National Bureau of Economic Research, Working Paper No. 24733, June 2018, revised March 2022, http://www.nber.org/papers/w24733

73   'Nearly 900 Million Worldwide Wanted to Migrate in 2021', Gallup, 25 January 2022, https://news.gallup.com/poll/468218/nearly-900-million-worldwide-wanted-migrate-2021.aspx

74   Abhijit Banerjee and Esther Duflo, *Good Economics for Hard Times*, London: Allen Lane, 2019.

75   Lant Pritchett and Farah Hani, 'The Economics of International Migrations', for *Oxford Research Encyclopedia of Economics and Finance*, December 2019, https://lantpritchett.org/wp-content/uploads/2019/12/Encyclopedia-economics-of-international-migration_final_

v2.pdf.

76 다음을 참조하라. ODA trends and statistics, OECD, https://www.oecd.org/en/topics/sub-issues/oda-trends-and-statistics.html

77 Michael A. Clemens, 'Economics and Emigration: Trillion-Dollar Bills on the Sidewalk?', *Journal of Economic Perspectives*, vol. 25, no. 3, summer 2011, pp. 83–106, https://doi.org/10.1257/jep.25.3.83

78 'World Migration Report 2024', International Organization for Migration, August 2024, https://worldmigrationreport.iom.int/msite/wmr-2024-interactive/

79 Keith E. Maskus, 'A Benefit-Cost Analysis of Increased International Migration of Skilled Labor in Africa and the World', *Journal of Benefit-Cost Analysis*, vol. 14, no. 2, 2023, pp. 246–69, published online 22 June 2023, https://www.cambridge.org/core/journals/journal-of-benefit-cost-analysis/article/benefitcost-analysis-of-increased-international-migration-of-skilled-labor-in-africa-and-the-world/D11396C36829F0DD3B43B1DE8BED78EC

80 S.O. Becker and T. Fetzer, 'Does Migration Cause Extreme Voting?', Centre for Competitive Advantage in the Global Economy (CAGE) Working Paper No. 306. October 2016, https://warwick.ac.uk/fac/soc/economics/research/centres/cage/manage/publications/306-2016_becker_fetzer.pdf

81 'How Trump Won the 2024 Election–CBS News Exit Poll Results', *CBS News*, last modified 8 November 2024, https://www.cbsnews.com/news/exit-polls-2024-presidential-election/

82 Environics Institute, *Canadian Public Opinion about Immigration and Refugees – Fall 2024*, 17 October 2024, https://www.environicsinstitute.org/projects/project-details/canadian-public-opinion-about-immigration-and-refugees---fall-2024

83 European Parliament, EU Post-electoral Survey 2024, conducted by Verian, 13 June–8 July 2024, survey of 26,349 respondents, with results weighted by population size and national election turnout, accessed 12 November 2024, https://europa.eu/eurobarometer/surveys/detail/3292

84 'World Population Prospects 2022: Summary of Results', United Nations, https://www.un.org/development/desa/pd/sites/www.un.org.development.desa.pd/files/wpp2022_summary_of_results.pdf

85 'Global Trends Report 2023', United Nations High Commissioner for Refugees,' https://www.unhcr.org/global-trends-report-2023

86 'International Migration Outlook 2023', OECD Publishing, Paris, 2023, https://doi.org/10.1787/b0f40584-en

---

87   'Trump Says Foreign College Graduates Should Automatically Get Green Cards', *Reuters*, 20 June 2024, https://www.reuters.com/world/us/trump-says-foreign-college-graduates-should-automatically-get-green-cards-2024-06-20/#:~:text=June%2020%20(Reuters)%20%2D%20Republican,to%20his%20hardline%20immigration%20stance

88   'Turkish Guest Workers Transformed German Society', *Deutsche Welle*, 27 December 2012, https://www.dw.com/en/turkish-guest-workers-transformed-german-society/a-15489210

7장 철강

1   'Andrew Carnegie Net Worth', Celebrity Net Worth, 1 March 2024, https://www.celebritynetworth.com/richest-businessmen/richest-billionaires/andrew-carnegie-net-worth/

2   'Elon Musk Profile', Bloomberg Billionaires Index, accessed 12 November 2024, https://www.bloomberg.com/billionaires/profiles/elon-r-musk/

3   Andrew Carnegie, 'Wealth', *North American Review*, vol. 391, June 1889, https://www1.swarthmore.edu/SocSci/rbannis1/AIH19th/Carnegie.html

4   'Elon Musk's Twitter Revolution: White Supremacy and Nazi Content', *Vice*, 20 August 2023, https://www.vice.com/en/article/n7zm9q/elon-musk-twitter-nazis-white-supremacy

5   'Labor Force and Employment, 1800–1960', National Bureau of Economic Research, January 1966, http://www.nber.org/chapters/c1567

6   'Number of Nvidia Employees (2024)', Exploding Topics, last modified 19 August 2024, https://explodingtopics.com/blog/nvidia-employees

7   'No Inventions, No Innovations: A History of U.S. Steel', Construction Physics substack, 29 December 2023, https://www.construction-physics.com/p/no-inventions-no-innovations-a-history

8   Marvin B. Lieberman and Douglas R. Johnson, 'Comparative productivity of Japanese and U.S. Steel Producers, 1958–1993', *Japan and the World Economy*, Elsevier, vol. 11, no. 1, January 1999, pp. 1–27, https://ideas.repec.org/a/eee/japwor/v11y1999i1p1-27.html

9   'U.S. Steel Explores Options after Rejecting $7.3 Bln Offer from Cleveland-Cliffs', *Reuters*, 14 August 2023, https://www.reuters.com/markets/commodities/us-steel-explore-strategic-alternatives-company-2023-08-13/

10   'Japan's Nippon Steel to Acquire U.S. Steel for $14.9 Billion', *Reuters*, 19 December 2023, https://www.reuters.com/markets/deals/japans-nippon-steel-plans-acquire-us-steel-7-bln-nikkei-2023-12-18/

11   Office of Senator John Fetterman, 15 December 2023, https://www.fetterman.senate.gov/

press-releases/fetterman-blasts-u-s-steel-sale-vows-to-take-all-possible-actions-to-block-acquisition/

12   Office of Senator Marco Rubio, 19 December 2023, https://www.rubio.senate.gov/wp-content/uploads/2023/12/CFIUS_USX_Letter_Vance-2.pdf

13   'Trump Says He Will Absolutely Block Nippon US Steel Deal', *Bloomberg*, 31 January 2024, https://www.bloomberg.com/news/articles/2024-01-31/trump-says-he-will-absolutely-block-nippon-us-steel-deal

14   'Statement from President Biden on US Steel', The White House, 14 March 2024, https://www.whitehouse.gov/briefing-room/statements-releases/2024/03/14/statement-from-president-biden-on-us-steel/

15   Sir Henry Bessemer, *An Autobiography*, London: Macmillan, 1905.

16   'All the Metals We Mined in One Chart', Visual Capitalist, September 2021, https://elements.visualcapitalist.com/wp-content/uploads/2021/09/all-of-the-metals-one-visualization.html

17   'Iron and Steel Technology Roadmap', IEA, Paris, 2020, https://www.iea.org/reports/iron-and-steel-technology-roadmap

18   'World Steel in Figures 2024', World Steel Association, https://worldsteel.org/data/world-steel-in-figures-2024/

19   Around 2.6 billion tonnes of carbon dioxide emissions annually.

20   'Presidential Proclamation Adjusting Imports of Steel into the United States', The White House, 8 March 2018, https://trumpwhitehouse.archives.gov/presidential-actions/presidential-proclamation-adjusting-imports-steel-united-states/

21   Donald Trump, Twitter, 2 March 2018, https://twitter.com/realDonaldTrump/status/969558431802806272?ref_src=twsrc%5Etfw

22   'POSCO Gwangyang Steel Plant', Global Energy Monitor, accessed 4 September 2024, https://www.gem.wiki/POSCO_Gwangyang_steel_plant

23   2020년대 초, 광양제철소의 연간 2,300만 톤 생산능력은 장가항에 위치한 중국 장쑤 사강 그룹(Jiangsu Shagang Group) 산하 제철소의 3,000만 톤 생산능력에 의해 추월당했다. 'Zhangjiagang Hongchang Steel Co Ltd', Global Energy Monitor, accessed 4 September 2024, https://www.gem.wiki/Zhangjiagang_Hongchang_Steel_Co_Ltd#cite_note-6.

24   세계은행에 따르면, 1960년 기준 케냐의 1인당 GDP(2015년 불변 가격 기준)는 793달러였던 반면, 한국은 1,027달러였다. 'GDP per Capita (Constant 2015 US$), World Bank, accessed 4 September 2024, https://data.worldbank.org/indicator/NY.GDP.PCAP.KD?locations=KE-KR

25   Ha-Joon Chang, *23 Things They Don't Tell You about Capitalism*, London: Penguin, 2011, p. 126.

26   Joe Studwell, *How Asia Works*, London: Profile Books, 2014, pp. 94–5.

27   According to the World Bank, Kenya's GDP per capita in constant 2015 US$ in 2023 was $1,813, while South Korea's was $34,121.

28   BBC Newsnight interview, 15 September 2023.

29   'UK Steel Key Statistics Guide, May 2023', https://www.makeuk.org/about/uk-steel/new-uk-steel-key-statistics; 'UK Steel Production at Lowest Level Since the Great Depression', *The Times*, 27 January 2023, https://www.thetimes.co.uk/article/uk-steel-production-at-lowest-level-since-the-great-depression-dqsmfnwgz

30   'British Steel Set to Cut up to 2,000 Jobs in Furnace Closure Plan', *BBC News*, 6 November 2023, https://www.bbc.co.uk/news/business-67332093

31   'Blast Furnace Closure Leaves UK Woefully Underprepared for War', GMB, 24 January 2024, https://www.gmb.org.uk/news/blast-furnace-closure-leaves-uk-woefully-underprepared-for-war

32   'UK Government to Acquire Sheffield Forgemasters International Limited', UK Government, 28 July 2021, https://www.gov.uk/government/news/uk-government-to-acquire-sheffield-forgemasters-international-limited

33   'The Future of the European Steel Industry', McKinsey & Company, accessed 4 September 2024, https://www.mckinsey.com/~/media/mckinsey/industries/metals%20and%20mining/our%20insights/the%20future%20of%20the%20european%20steel%20industry/the-future-of-the-european-steel-industry_vf.pdf

34   'French Workers Vandalise Factory Office over Job Cuts', *France24*, 4 April 2008, https://www.france24.com/en/20080404-french-workers-vandalise-factory-office-over-job-cuts-steel-jobs; 'Thyssenkrupp to Scrap 3000 Steel Jobs as Part of Coronavirus Crisis Package', EURACTIV, 22 June 2020, https://www.euractiv.com/section/economy-jobs/news/thyssenkrupp-to-scrap-3000-steel-jobs-as-part-of-coronovirus-crisis-package/; 'French Steelworkers Blockade Industry', *Guardian*, 5 October 2012, https://www.theguardian.com/business/2012/oct/05/french-steelworkers-blockade-industry; 'Germany's Broken Heartland: The Mighty Mills of the Ruhr Are Running Down', Independent, 9 October 2012, https://www.independent.co.uk/news/business/germany-s-broken-heartland-the-mighty-mills-of-the-ruhr-are-running-down-and-tens-of-thousands-of-steel-jobs-are-being-lost-can-the-foundry-of-the-reich-recast-itself-in-a-new-mould-john-eisenhammer-reports-from-1497650.html

35   Chad P. Bown, 'Trump's Steel and Aluminum Tariffs Are Counterproductive: Here Are 5

More Things You Need to Know', Peterson Institute for International Economics, 7 March 2018, https://www.piie.com/blogs/trade-and-investment-policy-watch/trumps-steel-and-aluminum-tariffs-are-counterproductive-here

36   'U.S. Industrial Production: Iron and Steel Mills', Federal Reserve Economic Data, 2023, https://fred.stlouisfed.org/series/IPN3311A2RSQ#0

37   David H. Autor, David Dorn and Gordon H. Hanson, 'The China Shock: Learning from Labor Market Adjustment to Large Changes in Trade', January 2016, NBER Working Paper No. w21906, available at SSRN: https://ssrn.com/abstract=2721747

38   West Virginia Encyclopedia, accessed 29 August 2024, https://www.wvencyclopedia.org/articles/973

39   'Inside the West Virginia Steel Town Destroyed by NAFTA', *Independent*, 22 March 2018, https://www.independent.co.uk/news/world/americas/us-politics/inside-the-west-virginia-steel-town-destroyed-by-nafta-where-94-of-jobs-have-disappeared-and-donald-trump-is-king-weirton-a738984

40   'Pittsburgh's Population Problem', *Pittsburgh Quarterly*, spring 2023, https://pittsburghquarterly.com/articles/pittsburghs-population-problem/

41   'State of Aging, Disability, and Family Caregiving in Allegheny County', University of Pittsburgh, December 2022, https://ucsur.pitt.edu/files/center/soa/2022/Allegheny_County_State_of_Aging_2022%20Exec_Summary_FINAL.pdf

42   'Steve Bannon Plans New Political Movement', *Hollywood Reporter*, 8 August 2017, https://www.hollywoodreporter.com/news/general-news/steve-bannon-trump-tower-interview-trumps-strategist-plots-new-political-movement-948747/

43   Robert E. Lipsey, 'U.S. Foreign Trade and the Balance of Payments, 1800–1913', in Stanley L. Engerman and Robert E. Gallman, eds, *The Cambridge Economic History of the United States*, Cambridge: Cambridge University Press, 2000, pp. 685–732.

44   David H. Autor, David Dorn, Gordon H. Hanson and Kaveh Majlesi, 'Importing Political Polarization? The Electoral Consequences of Rising Trade Exposure', *American Economic Review*, vol. 110, no. 10, 2020, pp. 3139–83.

45   'Iron and Steel Technology Roadmap', IEA, Paris, 2020, https://www.iea.org/reports/iron-and-steel-technology-roadmap

46   'How Are Roads Changing Lives in Madagascar?', World Bank, 10 February 2023, https://www.worldbank.org/en/results/2023/02/10/how-are-roads-changing-lives-in-madagascar

47   Stefan Pauliuk, Tao Wang and Daniel B. Müller, 'Steel All over the World: Estimating In-

Use Stocks of Iron for 200 Countries', Resources, Conservation and Recycling, vol. 71, 2013, pp. 22–30, https://doi.org/10.1016/j.resconrec.2012.11.008

48 Ed Conway, *Material World: A Substantial Story of our Past and Future*, London: WH Allen, 2023.

49 Ed Conway, 'The Best Datapoint of All Steel', Substack, 3 July 2023, https://edconway.substack.com/p/the-best-datapoint-of-all-steel

50 According to the World Steel Association, seventy-one countries accounted for approximately 98 per cent of total world crude steel production in 2022: 'World Crude Steel Production 2022', World Steel Association, December 2023, https://worldsteel.org/media/press-releases/2024/december-2023-crude-steel-production-and-2023-global-totals/

51 'Latest Developments in Steelmaking Capacity 2024', OECD, 2024, https://one.oecd.org/document/DSTI/SC(2024)3/FINAL/en/pdf

52 'The Future of the European Steel Industry', McKinsey & Company, March 2021, https://www.mckinsey.com/~/media/mckinsey/industries/metals%20and%20mining/our%20insights/the%20future%20of%20the%20european%20steel%20industry/the-future-of-the-european-steel-industry_vf.pdf

53 'Latest Developments in Steelmaking Capacity 2023', OECD, 2023. https://one.oecd.org/document/DSTI/SC(2024)3/FINAL/en/pdf#:~:text=World%20crude%20steelmaking%20capacity%20in,steel%20production%20by%20543%20mmt.

54 'World Steel in Figures 2023', World Steel Association, 2023, https://unesid.org/descargas_files/World-Steel-in-Figures-2023.pdf

55 Kenneth Rogoff and Yuanchen Yang, 'Rethinking China's Growth', Draft for Economic Policy Conference, 19–20 October 2023, https://www.economic-policy.org/wp-content/uploads/2023/10/Rogoff-Yang.pdf

56 'A Comprehensive Assessment of America's Infrastructure', American Society of Civil Engineers, 2021, https://infrastructurereportcard.org/wp-content/uploads/2020/12/2021-IRC-Executive-Summary-1.pdf

57 Marian Moszoro, 'The Direct Employment Impact of Public Investment', IMF Working Papers No. 2021/131, Washington, DC: International Monetary Fund, 6 May 2021, https://www.imf.org/en/Publications/WP/Issues/2021/05/06/The-Direct-Employment-Impact-of-Public-Investment-50251

58 세계철강협회(World Steel Association)에 따르면, 2022년 중국은 10억 1,800만 톤의 철강을 생산했다. 그러나 OECD는 중국의 생산능력을 11억 5,000만 톤으로 추산하고 있는데,

이는 1억 3,200만 톤에 달하는 과잉 설비가 존재함을 의미한다. 한편 세계철강협회가 추산한 2022년 국가별 철강 생산량은 미국 8,100만 톤, 영국 600만 톤, 프랑스 1,200만 톤, 캐나다 1,200만 톤, 네덜란드 600만 톤, 오스트리아 800만 톤으로, 이들 국가의 생산량을 모두 합치면 총 1억 2,500만 톤이 된다. 'Steelmaking Capacity', OECD, 2023, https://stats.oecd.org/Index.aspx?DataSetCode=STI_STEEL_MAKINGCAPACITY

59   For total steel production in EU27 in 2022, 다음을 참조하라. 'European Steel in Figures', Eurofer, 2023, https://www.eurofer.eu/assets/publications/brochures-booklets-and-factsheets/european-steel-in-figures-2023/FINAL_EUROFER_Steel-in-Figures_2023.pdf; for China, India and US steel production in 2022, 다음 자료도 참조하라. 'Total Production of Crude Steel', World Steel Association, https://worldsteel.org/data/annual-production-steel-data/?ind=P1_crude_steel_total_pub/CHN/IND

60   'Steel Trade and Trade Policy Developments (Jan.-Jun. 2023)', OECD, https://one.oecd.org/document/DSTI/SC(2023)15/FINAL/en/pdf

61   Author's calculations based on 'World Steel in Figures 2024', https://worldsteel.org/data/world-steel-in-figures-2024/

62   Gianpiero Mattera, 'Steel Production Capacity and Trade Dynamics', OECD Directorate for Science, Technology and Innovation, 2021, https://web-archive.oecd.org/2021-04-13/584858-steel-production-capacity-and-trade-dynamics.pdf

63   'Fact Sheet: Scrap Use in the Steel Industry', World Steel Association, 2021, https://worldsteel.org/wp-content/uploads/Fact-sheet-on-scrap_2021.pdf

64   'Scrap and Recycling', ArcelorMittal, accessed 4 September 2024, https://corporate.arcelormittal.com/sustainability/by-products-scrap-and-the-circular-economy#:~:text=Scrap%20and%20recycling&text=Nearly%20all%20steel%20is%20recycled,the%20projected%20demand%20for%20steel

65   J. Allwood, C. Dunant, R. Lupton and A. Serrenho, 'Steel Arising: Opportunities for the UK in a Transforming Global Steel Industry', 2019, Apollo–University of Cambridge Repository, https://doi.org/10.17863/CAM.40835

66   'Circular Economy', World Steel Association, accessed 4 September 2024, https://worldsteel.org/circular-economy/

67   'The Circular Economy: A Powerful Force for Climate Mitigation', Sitra, 2018, https://www.sitra.fi/app/uploads/2018/06/the-circular-economy-a-powerful-force-for-climate-mitigation.pdf

68   'World Steel Recycling in Figures 2018–2022', Bureau of International Recycling, 2023,

https://www.bir.org/component/flexicontent/download/996/175/36?method=view

69   'Iron and Steel Technology Roadmap', IEA, Paris, 2020, https://www.iea.org/reports/iron-and-steel-technology-roadmap

70   'Visualizing the Abundance of Elements in the Earth's Crust', Visual Capitalist, 7 December 2021, https://www.visualcapitalist.com/visualizing-the-abundance-of-elements-in-the-earths-crust/

71   'Iron Ore Facts', Natural Resources Canada, https://natural-resources.canada.ca/our-natural-resources/minerals-mining/mining-data-statistics-and-analysis/minerals-metals-facts/iron-ore-facts/20517

72   Allan Collard-Wexler and Jan De Loecker, 'Reallocation and Technology: Evidence from the US Steel Industry', *The American Economic Review*, vol. 105, no. 1, 2015, pp. 131–71, http://www.jstor.org/stable/43497056

73   D. Autor, A. Beck, D. Dorn and G.H. Hanson, 'Help for the Heartland? The Employment and Electoral Effects of the Trump Tariffs in the United States', 2024, NBER Working Paper No. w32082, National Bureau of Economic Research, https://www.nber.org/papers/w32082

74   'Tracking the Economic Impact of the Trump Tariffs', Tax Foundation, 26 June 2024, https://taxfoundation.org/research/all/federal/trump-tariffs-biden-tariffs/

75   Adam Posen, 'America's Zero-Sum Economics Doesn't Add Up', *Foreign Policy*, 24 March 2023, https://foreignpolicy.com/2023/03/24/economy-trade-united-states-china-industry-manufacturing-supply-chains-biden/

76   'Global Blast Furnace Tracker', Global Energy Monitor, June 2023, https://docs.google.com/spreadsheets/d/1hSyy-fVDCK0wvpad2ql2P_GxCzWG7T_-rwkSs1rmBM8/edit#gid=1152851148

77   'Pedal to the Metal 2022', Global Energy Monitor, 2022, https://globalenergymonitor.org/wp-content/uploads/2022/06/GEM_SteelPlants2022.pdf

78   'Brazil Launches China Anti-Dumping Probes After Imports Soar', *Financial Times*, 17 March 2024, https://www.ft.com/content/8703874e-44cb-4197-8dca-c7b555da8aef

79   'Commission Imposes Definitive Safeguard Measures on Imports of Steel Products', European Commission, 1 February 2019, https://ec.europa.eu/commission/presscorner/detail/en/IP_19_821

80   'The Race across Europe to Build Green Steel Plants', *BBC News*, 17 February 2023, https://www.bbc.co.uk/news/business-64538296

81   피츠버그 전체 고용의 37.5%를 보건 의료, 금융, 교육 및 정보 서비스업이 차지하고 있

다: Andrew Schwab, 'The Collapse of Pittsburgh Steel: A Spatial Analysis of the Steel Industry Collapse in Pittsburgh and its Effects', 25 April 2023, https://storymaps.arcgis.com/stories/193c7822ffbf42e1bc3be7a463f69054

82 'Economy at a Glance: Pittsburgh, PA', U.S. Bureau of Labor Statistics, accessed 29 August 2024, https://www.bls.gov/eag/eag.pa_pittsburgh_msa.htm

83 'Rustbelt Renaissance: Pittsburgh Becomes an FDI Standout', *Financial Times*, 10 May 2023, https://www.ft.com/content/2da8f284-59f6-42a6-a154-aa58caf7e4b6

84 'Pittsburgh Ranked 3rd Best City in America to Live', *CBS News*, 26 July 2017, https://www.cbsnews.com/pittsburgh/news/pittburgh-ranked-3rd-best-city-to-live/

8장 의약품

1 'Nurse Fails Hilariously at Making Face Mask from her Giant Bra', *New York Post*, 14 April 2020, https://nypost.com/2020/04/14/nurse-fails-hilariously-at-making-face-mask-from-her-giant-bra/

2 'A Grapefruit a Day Keeps the Coronavirus Away! Desperate Chinese Resort to Using FRUIT and BRAS as Face Masks', *Daily Mail*, 7 December 2020, https://www.dailymail.co.uk/news/article-7947709/A-grapefruit-day-keeps-coronavirus-away-Desperate-Chinese-resort-using-FRUIT-face-masks.html

3 N95 means it filters 95 per cent of particles smaller than 300 nanometres.

4 In 2019 the Chinese government stated it produced 4.2 billion masks, implying production of around 11.5 million per day.

5 'The Face Mask Global Value Chain in the COVID-19 Outbreak: Evidence and Policy Lessons', OECD Policy Responses to Coronavirus (COVID-19), OECD Publishing, Paris, 2020, https://doi.org/10.1787/a4df866d-en. It was not just masks. According to the World Bank, between January and August 2020, sixty-seven countries imposed 152 measures to restrict exports of medical goods more broadly. 다음을 참조하라. Paul Brenton and Maryla Maliszewska, *Reshaping Global Value Chains in Light of COVID-19: Implications for Trade and Poverty Reduction in Developing Countries*, Washington, DC: World Bank, 2022, http://hdl.handle.net/10986/37032

6 'Coronavirus Sparks a "War for Masks" as Accusations Fly', *CNN*, 3 April 2020, https://edition.cnn.com/2020/04/03/europe/coronavirus-masks-war-intl/index.html

7 'Scramble for Virus Supplies Strains Global Solidarity', *Associated Press*, 15 April 2020, https://apnews.com/article/health-ap-top-news-international-news-global-trade-virus-

outbreak-b37eadbf9885767d01270117820f4b37

8   'Burberry Contributes to Fight against COVID-19', Burberry, April 2020, https://www.burberryplc.com/news/corporate/2020/burberry-contributes-to-fight-against-covid-19

9   'Louis Vuitton to Make Free Masks for Frontline Health Workers', *Retail Gazette*, April 2020, https://www.retailgazette.co.uk/blog/2020/04/louis-vuitton-to-make-free-masks-for-frontline-health-workers/

10   'Amid Criticism, Macron Vows to Raise Medical Gear Output to Tackle Coronavirus', *Reuters*, 31 March 2020, https://www.reuters.com/article/idUSKBN21I1PT/

11   Chad P. Bown, 'How COVID-19 Medical Supply Shortages Led to Extraordinary Trade and Industrial Policy', Working Paper 21-12, Peterson Institute for International Economics, 2021, https://www.piie.com/publications/working-papers/2021/how-covid-19-medical-supply-shortages-led-extraordinary-trade-and

12   'United States Invokes Defense Production Act to Limit Exports of Critical U.S. Medical Supplies', Baker McKenzie, April 2020, https://sanctionsnews.bakermckenzie.com/united-states-invokes-defense-production-act-to-limit-exports-of-critical-us-medical-supplies/

13   'Remarks by President Biden at Signing of an Executive Order on Supply Chains', The White House, 24 February 2021, https://www.whitehouse.gov/briefing-room/speeches-remarks/2021/02/24/remarks-by-president-biden-at-signing-of-an-executive-order-on-supply-chains/

14   'Exclusive: AstraZeneca to Supply 31 Million COVID-19 Shots to EU in First Quarter, 60% Cut for EU', *Reuters*, 22 January 2021, https://www.reuters.com/business/healthcare-pharmaceuticals/exclusive-astrazeneca-supply-31-mln-covid-19-shots-eu-first-quarter-60-cut-eu-2021-01-22/

15   'EU Vaccine Export Row: Bloc Backtracks on Controls for NI', *BBC News*, 30 January 2021, https://www.bbc.co.uk/news/uk-55865539

16   'You're Like a Piece of Soap! MEP Blasts AstraZeneca's CEO: How Do You Have No Clue?', YouTube, uploaded by Publicae, 25 February 2021, https://www.youtube.com/watch?v=PQJvJ0HBa4c

17   'Covid Vaccine: Why Did EU Take AstraZeneca to Court?', *BBC News*, 18 June 2021, https://www.bbc.co.uk/news/56483766

18   'Biden Uses Trump's America-First Vaccine Plan to Corner Market', *Bloomberg*, 24 March 2021, https://www.bloomberg.com/news/articles/2021-03-24/biden-uses-trump-s-america-first-vaccine-plan-to-corner-market

19   '15 Million Covid Vaccine Doses Thrown Away in the U.S. since March, New Data Shows', *NBC News*, 1 September 2021, https://www.nbcnews.com/news/us-news/america-has-wasted-least-15-million-covid-vaccine-doses-march-n1278211

20   'How Trump's "America First" Edict Delayed the Global Covid Fight', *Politico*, 1 December 2021, https://www.politico.com/news/2021/12/01/trump-america-first-covid-523604

21   'Fact Sheet: President Biden to Launch a National Biotechnology and Biomanufacturing Initiative', The White House, 12 September 2022, https://www.whitehouse.gov/briefing-room/statements-releases/2022/09/12/fact-sheet-president-biden-to-launch-a-national-biotechnology-and-biomanufacturing-initiative/

22   'Pfizer Expands its Major Manufacturing Network in Kalamazoo, Michigan', Pfizer, 12 October 2021, https://www.pfizercentreone.com/insights-resources/news-updates/pfizer-expands-its-major-manufacturing-network-kalamazoo-michigan

23   'Moderna Announces Expansion of its Manufacturing Technology Center in Massachusetts', Moderna, 11 March 2021, https://investors.modernatx.com/news/news-details/2021/Moderna-Announces-Expansion-of-its-Manufacturing-Technology-Center-in-Massachusetts/default.aspx

24   'BioNTech Provides Update on Vaccine Production Status', BioNTech, 26 March 2021, https://investors.biontech.de/news-releases/news-release-details/biontech-provides-update-vaccine-production-status-marburg

25   'AstraZeneca Plans £650 Million Investment in UK', UK Government, 6 March 2021, https://www.gov.uk/government/news/astrazeneca-plans-650-million-investment-in-uk

26   'Coronavirus Vaccine Makers Are Not Mass-Slaughtering Sharks', *New York Times*, 13 October 2020, https://www.nytimes.com/2020/10/13/science/sharks-vaccines-covid-squalene.html

27   'Why Grandparents Can't Find Vaccines: Scarcity of Niche Biotech Ingredients', *Washington Post*, 18 February 2021, https://www.washingtonpost.com/business/2021/02/18/vaccine-fat-lipids-supply/

28   'Lipids: The Unsung Heroes of the Pfizer and Moderna Vaccine', *Chemical & Engineering News*, 2 February 2021, https://cen.acs.org/business/outsourcing/Lipids-unsung-COVID-19-vaccine/99/web/2021/02

29   'Covid: EU Approves AstraZeneca Vaccine Amid Supply Row', *BBC News*, 29 January 2021, https://www.bbc.co.uk/news/world-europe-55862233

30   'COVID-19 Vaccines: How Important Is the Vial?', *European Pharmaceutical Review*, 8 February 2021, https://www.europeanpharmaceuticalreview.com/article/142130/covid-19-vaccines-how-important-is-the-glass-vial/

31   'Waiving IP Rules Will Not Deliver More COVID Vaccines', International Federation of Pharmaceutical Manufacturers & Associations, 29 April 2021, https://www.ifpma.org/insights/waiving-ip-rules-will-not-deliver-more-covid-vaccines/

32   'Transforming vaccine manufacturing CEPI', accessed 18 September 2024, https://cepi.net/manufacturing-and-supply-chain

33   Simon J. Evenett, Bernard Hoekman, Nadia Rocha and Michele Ruta, 'The COVID-19 Vaccine Production Club: Will Value Chains Temper Nationalism?', Policy Research Working Paper No. 9565, Washington, DC: World Bank, 2021, http://hdl.handle.net/10986/35244

34   'China Threat to Halt U.S. Antibiotics Supply', *The Times*, 11 March 2019, https://www.thetimes.com/article/china-threat-to-halt-us-antibiotics-supply-36tm2v2xp

35   'Annual Report to Congress', U.S.-China Economic and Security Review Commission, 2019, https://www.uscc.gov/annual-report/2019-annual-report-congress

36   Senator Josh Hawley's Office, 24 February 2020, https://www.hawley.senate.gov/senator-hawley-demands-answers-fda-coronavirus-threatens-drug-shortage/

37   'Executive Order Ensuring Essential Medicines, Medical Countermeasures, and Critical Inputs Are Made in the United States', The White House, 6 August 2020, https://trumpwhitehouse.archives.gov/presidential-actions/executive-order-ensuring-essential-medicines-medical-countermeasures-critical-inputs-made-united-states/

38   'Agenda47: President Trump Announces America First Trade Platform for Second Term That Takes Sledgehammer to Globalism', Donald J. Trump, 27 February 2023, https://www.donaldjtrump.com/news/6966e7ae-3dfa-445f-b570-69c6c72a882f

39   'A Strong European API Industry Can Achieve Strategic Autonomy of the EU Health System', Medicines for Europe, November 2022, https://www.medicinesforeurope.com/wp-content/uploads/2022/11/A-Strong-European-API-Industry-Can-Achieve-Strategic-Autonomy-of-the-EU-Health-System-1.pdf

40   'Why You Shouldn't Trust Anyone Who Claims 80 Percent of America's Drugs Come from China', *Reason*, 6 April 2020, https://reason.com/2020/04/06/why-you-shouldnt-trust-anyone-who-claims-80-percent-of-americas-drugs-come-from-china/

41   'The U.S. Is Relying More on China for Pharmaceuticals, and Vice Versa', Atlantic Council, 20 April 2023, https://www.atlanticcouncil.org/blogs/econographics/the-us-is-relying-more-on-china-for-pharmaceuticals-and-vice-versa/

42   'Securing Medical Supply Chains in a Post-Pandemic World', OECD Health Policy Studies,

OECD Publishing, Paris, 2024, https://doi.org/10.1787/119c59d9-en

43 'China API Market Report', Optima Insights, February 2019, https://www.optimainsights.org/reports/69-china-api-market

44 J. Cherian, S. Sarkar, M. Rahi, S. Selvaraj and B. Bhargava, 'India's Road to Independence in Manufacturing Active Pharmaceutical Ingredients: Focus on Essential Medicines', *Economies*, vol. 9, no. 2, article 71, 2021, https://doi.org/10.3390/economies9020071

45 Monica de Bolle, 'Barring Pharmaceutical Imports from China Would Hurt the United States and the World', Peterson Institute for International Economics, 22 February 2024, https://www.piie.com/blogs/realtime-economics/2024/barring-pharmaceutical-imports-china-would-hurt-united-states-and

46 'China's Removal of Imported Drug Tariffs: Implications for Foreign and Domestic Companies', *Pharmaceutical Executive*, 19 June 2018, https://www.pharmexec.com/view/chinas-removal-imported-drug-tariffs-implications-foreign-and-domestic-companies

47 다음을 참조하라. McKinsey's Global Trade Explorer, https://www.mckinsey.com/mgi/our-research/global-trade-explorer-what-are-the-most-important-trade-corridors?sector=09m&eco=wld&toggle=i&year=2022&sub-sector=M78

48 'Barring Pharmaceutical Imports, China Would Hurt the United States and the World', Peterson Institute for International Economics, 22 February 2024, https://www.piie.com/blogs/realtime-economics/2024/barring-pharmaceutical-imports-china-would-hurt-united-states-and

49 K. Callaway Kim, S.D. Rothenberger, M. Tadrous et al., 'Drug Shortages prior to and during the COVID-19 Pandemic', JAMA Network Open, 2024;7(4):e244246, doi:10.1001/jamanetworkopen.2024.4246

50 'Global Supplier India Curbs Drug Exports as Coronavirus Fears Grow', *Reuters*, 3 March 2020, https://www.reuters.com/article/world/global-supplier-india-curbs-drug-exports-as-coronavirus-fears-grow-idUSKBN20Q0ZQ

51 'Global Pharmaceuticals and the COVID-19 Pandemic: Insights and Impacts', European Fine Chemicals Group (EFCG), 11 December 2020, https://efcg.cefic.org/wp-content/uploads/2021/06/20201211_IQVIA-for-EFCG_Executive-summary.pdf

52 'Inside Wuhan: Q&A from China Coronavirus Lockdown', *Channel 4 News*, 23 January 2020, https://www.channel4.com/news/inside-wuhan-qa-from-china-coronavirus-lockdown

53 'China Turbocharges Bid to Discredit Western Vaccines, Spread Virus Conspiracy Theories', *Washington Post*, 20 January 2021, https://www.washingtonpost.com/world/asia_pacific/vaccines-

coronavirus-china-conspiracy-theories/2021/01/20/89bd3d2a-5a2d-11eb-a849-6f9423a75ffd_
story.html

54   X, April 6, 2022, https://x.com/aliceysu/status/1511558828802068481

55   'The US Keeps Offering China its COVID Vaccines. China Keeps Saying No', *Bloomberg*, 6
      January 2023, https://www.bloomberg.com/news/articles/2023-01-06/the-us-keeps-offerin
      g-china-its-covid-vaccines-china-keeps-saying-no

56   H. Xiao, Z. Wang, F. Liu, J.M. Unger, 'Excess All-Cause Mortality in China after Ending
      the Zero COVID Policy', JAMA Network Open, 2023;6(8):e2330877. doi:10.1001/jama
      networkopen.2023.30877

57   'How China's Sinovac Compares with BioNTech's mRNA Vaccine', *Economist*, 19 April
      2022, https://www.economist.com/graphic-detail/2022/04/19/how-chinas-sinovac-compar
      es-with-biontechs-mrna-vaccine

58   'China's COVID Situation Worsened by Lack of Local mRNA Vaccine', *Bloomberg*, 26
      April 2022, https://www.bloomberg.com/news/articles/2022-04-26/china-covid-situation-
      worsened-by-lack-of-local-mrna-vaccine

59   'Moderna Refused China Request to Reveal Vaccine Technology', *Financial Times*, 25 April
      2022, https://www.ft.com/content/a481c129-c5aa-4972-84a8-3a45bb000098

60   'Only Hot People Get the Pfizer Vaccine', TikTok, 12 August 2021, https://www.tiktok.
      com/search?q=only%20hot%20people%20get%20the%20Pfizer&t=1723462925701

61   다음을 참조하라. Duke Global Health Innovation Center's vaccine 'Launch and Scale
      Speedometer', https://launchandscalefaster.org/covid-19/vaccinepurchases

62   'With First Dibs on Vaccines, Rich Countries Have "Cleared the Shelves"', *New York Tim
      es*, 15 December 2020, https://www.nytimes.com/2020/12/15/us/coronavirus-vaccine-dose
      s-reserved.html

63   'COVID-19 Vaccines: The COVAX Initiative', World Health Organization, https://www.
      who.int/initiatives/act-accelerator/covax

64   Oliver J. Watson et al., 'Global Impact of the First Year of COVID-19 Vaccination: A
      Mathematical Modelling Study, *The Lancet Infectious Diseases*, vol. 22, issue 9, September
      2022, pp. 1293–1302.

65   'UN Expert Urges States to End Vaccine Apartheid', Office of the High Commissioner for Human
      Rights, 14 June 2022, https://www.ohchr.org/en/press-releases/2022/06/un-expert-urges-states-end-
      vaccine-apartheid

66   'In Conversation with Soumya Swaminathan, Doctor of Science Honoris Causa', McGill

University, 8 September 2022, https://healthenews.mcgill.ca/in-conversation-with-soumya-swaminathan-doctor-of-science-honoris-causa/

67   N. Gozzi, M. Chinazzi, N.E. Dean et al., 'Estimating the Impact of COVID-19 Vaccine Inequities: A Modeling Study', *Nature Communications*, vol. 14, article 3272, 2023, https://doi.org/10.1038/s41467-023-39098-w

68   Virat Agrawal, Neeraj Sood and Christopher M. Whaley, 'The Impact of the Global COVID-19 Vaccination Campaign on All-Cause Mortality', NBER Working Paper No. 31 812, October 2023, National Bureau of Economic Research, http://www.nber.org/papers/w31812

69   'Coronavirus Excess Deaths Estimates', *Economist*, 12 June 2021, https://www.economist.com/graphic-detail/coronavirus-excess-deaths-estimates

70   'World Has Entered Stage of Vaccine Apartheid, WHO Head Says', *Reuters*, 17 May 2021, https://www.reuters.com/business/healthcare-pharmaceuticals/world-has-entered-stage-vaccine-apartheid-who-head-2021-05-17/

71   'Coronavirus Plane Carrying PPE Arrives from Turkey', *Sky News*, 22 April 2020, https://news.sky.com/video/coronavirus-plane-carrying-ppe-arrives-from-turkey-11976949

72   'Exclusive: Gowns Delayed as PPE Shipment from Turkey Impounded for Failing Inspection', *Telegraph*, 6 May 2020, https://www.telegraph.co.uk/news/2020/05/06/exclusive-gowns-delayed-ppe-shipment-turkey-impounded-failing/

73   'Government Confirms 400,000 Turkish Gowns Are "Useless" for NHS', *Guardian*, 7 May 2020, https://www.theguardian.com/world/2020/may/07/government-confirms-400000-turkish-gowns-are-useless-for-nhs

74   'DHSC Annual Report and Accounts 2021–22', National Audit Office, 26 January 2023, https://www.nao.org.uk/press-releases/dhsc-annual-report-and-accounts-2021-22/

75   'Europe's COVID-19 Spending Spree Unmasked', Organized Crime and Corruption Reporting Project, 21 October 2020, https://www.occrp.org/en/coronavirus/europes-covid-19-spending-spree-unmasked

76   S. Bhaskar, J. Tan, M.L.A.M. Bogers, T. Minssen, H. Badaruddin, S. Israeli-Korn and H. Chesbrough, 'At the Epicenter of COVID-19–the Tragic Failure of the Global Supply Chain for Medical Supplies', Front Public Health, November 2020, 24:8:562882, doi: 10.3389/fpubh.2020.562882, PMID: 33335876, PMCID: PMC7737425.

77   'HHS Clarifies US Has About 1% of Face Masks Needed for Full-Blown Pandemic', *CNBC*, 4 March 2020, https://www.cnbc.com/2020/03/04/hhs-clarifies-us-has-about-1percent-of-

face-masks-needed-for-full-blown-pandemic.html

78   'Finland: Prepper Nation', *New York Times*, 5 April 2020, https://www.nytimes.com/2020/04/05/
      world/europe/coronavirus-finland-masks.html

79   A. Snowdon and A. Wright, 'Digitally Enabled Supply Chain as a Strategic Asset for the
      COVID-19 Response in Alberta', *Healthcare Management Forum*, vol. 35, no. 2, pp. 90–8,
      2022, doi:10.1177/08404704211057525

80   'U.S. Big Bucks Turn Global Face Mask Hunt into Wild West', *Reuters*, 3 April 2020,
      https://www.reuters.com/article/health-coronavirus-masks/u-s-big-bucks-turn-global-face-
      mask-hunt-into-wild-west-idUSL8N2BR410/

81   'Global Face Mask Sales', Statista, 12 January 2020, https://www.statista.com/chart/29100/
      global-face-mask-sales/

82   'The U.S. Invested Millions to Produce Masks at Home. Now Nobody's Buying', *Wall Street
      Journal*, 4 February 2024, https://www.wsj.com/health/healthcare/the-u-s-invested-milli
      ons-to-produce-masks-at-home-now-nobodys-buying-fee1c49f

83   'China Pushes All-Out Production of Face Masks in Virus Fight', *Nikkei Asia*, 19 February
      2020, https://asia.nikkei.com/Spotlight/Coronavirus/China-pushes-all-out-production-of-
      face-masks-in-virus-fight

84   'World Trade Report 2021', World Trade Organization, https://www.wto.org/english/res_
      e/booksp_e/wtr21_e/01_wtr21_e.pdf

85   'Remarks by National Security Advisor Jake Sullivan on Renewing American Economic
      Leadership at the Brookings Institution', The White House, 27 April 2023, https://www.
      whitehouse.gov/briefing-room/speeches-remarks/2023/04/27/remarks-by-national-
      security-advisor-jake-sullivan-on-renewing-american-economic-leadership-at-the-
      brookings-institution/

86   'COVID-19 Originated in China. So Did Diagnostic Tests That Saved Lives', Peterson Institute for
      International Economics, 3 January 2024, https://www.piie.com/blogs/realtime-economics/2024/
      covid-19-originated-china-so-did-diagnostic-tests-saved-lives

87   'How Much Does It Cost to Get a COVID-19 Test? It Depends', Johns Hopkins University,
      https://coronavirus.jhu.edu/from-our-experts/q-and-a-how-much-does-it-cost-to-get-a-
      covid-19-test-it-depends

88   'Covid: Watchdog to Immediately Investigate Covid PCR Test Cost', 12 August 2021,
      https://www.bbc.co.uk/news/uk-58191963

89   Z. Li, F. Liu, J. Cui et al., 'Comprehensive Large-Scale Nucleic Acid-Testing Strategies

Support China's Sustained Containment of COVID-19', *Nature Medicine*, vol. 27, 2021, pp. 740-2, https://doi.org/10.1038/s41591-021-01308-7

90   'Coronavirus: Russian Spies Target Covid-19 Vaccine Research', *BBC News*, 16 July 2020, https://www.bbc.co.uk/news/technology-53429506

91   'Coronavirus: UK Got Vaccine First Because It's "a Better Country," Says Gavin Williamson', *BBC News*, 4 December 2020, https://www.bbc.co.uk/news/uk-politics-55175162

92   'COVID Vaccine Leader Started with Wild Idea in Cancer Research', *Bloomberg*, 10 November 2020, https://www.bloomberg.com/news/articles/2020-11-10/covid-vaccine-leader-started-with-wild-idea-in-cancer-research

93   'Coronavirus: Trump Moves to Pull US Out of World Health Organization', *BBC News*, 7 July 2020, https://www.bbc.co.uk/news/world-us-canada-53327906

94   'Smallpox Eradication Model: Global Cooperation', Center for Strategic and International Studies, 17 May 2023, https://www.csis.org/analysis/smallpox-eradication-model-global-cooperation

95   Erez Manela, 'A Pox on Your Narrative: Writing Disease Control into Cold War History', *Diplomatic History*, vol. 34, issue 2, April 2010, pp. 299-323, https://doi.org/10.1111/j.1467-7709.2009.00850.x

96   'How COVID-19 Vaccination Campaigns Can Learn from Smallpox', Gavi, 10 February 2021, https://www.gavi.org/vaccineswork/how-covid-19-world-can-learn-last-person-get-smallpox

97   'Commemorating the 30th Anniversary of Smallpox Eradication', World Health Organization, 17 May 2010, https://www.who.int/director-general/speeches/detail/commemorating-the-30th-anniversary-of-smallpox-eradication

9장 미래

1   In the US, the EU and the UK, GDP per capita has increased around 1.5 times over that period. 'GDP per Capita, PPP (Current International $), World Bank, https://data.worldbank.org/indicator/NY.GDP.PCAP.PP.CD

2   Robert Lighthizer, *No Trade Is Free: Changing Course, Taking on China, and Helping America's Workers*, New York: Broadside Books, 2023, p. 36.

3   Daniel Yergin, 'Ensuring Energy Security', *Foreign Affairs*, vol. 85, no. 2, March/April 2006, pp. 69-82, accessed 3 September 2024, https://www.foreignaffairs.com/world/ensuring-energy-security

4   'The Complication of Concentration in Global Trade', McKinsey & Company, March 2023,

https://www.mckinsey.com/~/media/mckinsey/mckinsey%20global%20institute/our%20research/the%20complication%20of%20concentration%20in%20global%20trade/the-complication-of-concentration-in-global-trade_vf.pdf

5   'Safe and Legal Humanitarian Routes to the UK', UK Government, March 2024, https://www.gov.uk/government/statistics/immigration-system-statistics-year-ending-march-2024/safe-and-legal-humanitarian-routes-to-the-uk

6   'China's Protests: Blank Paper Becomes the Symbol of Rare Demonstrations', *BBC News*, 28 November 2022, https://www.bbc.co.uk/news/world-asia-china-63778871

7   Norman Angell, *Europe's Optical Illusion*, London: Simpkin, Marshall, Hamilton, Kent, 1909)

8   Q. Huang and Z. Li, 'Trade and Peace: The WTO Case', *China Economic Review*, vol. 83, 102072, 2024, https://doi.org/10.1016/j.chieco.2023.102072

9   J.-W. Lee and J.H. Pyun, 'Does Trade Integration Contribute to Peace?', *Review of Development Economics*, vol. 20, no. 3, 2016, pp. 590–603, https://doi.org/10.1111/rode.12222

10   'Blood and Oil: Why Japan Attacked Pearl Harbor', *Washington Post*, 1 December 1991, https://www.washingtonpost.com/archive/opinions/1991/12/01/blood-and-oil-why-japan-attacked-pearl/1238a2e3-6055-4d73-817d-baf67d3a9db8/

11   'Russia Evading Sanctions Thanks to Shadow Trade Deals', King's College London, 19 September 2023, https://www.kcl.ac.uk/news/russia-evading-sanctions-thanks-to-shadow-trade-deals

12   'G7 Australia Price Cap on Seaborne Russian-Origin Crude Oil', Federal Foreign Office of Germany, 5 December 2022, https://www.auswaertiges-amt.de/en/newsroom/news/g7-australia- price-cap-seaborne-russian-origin-crude-oil/2567026

13   'Black Sea Grain Initiative', United Nations, August 2023, https://www.un.org/en/black-sea-grain-initiative

14   다음을 참조하라. Réka Juhász, Nathan J. Lane and Dani Rodrik, 'The New Economics of Industrial Policy', Working Paper No. 31538, Cambridge, MA: National Bureau of Economic Research, August 2023, https://www.nber.org/papers/w31538

15   다음을 참조하라. Dani Rodrik, *The Globalization Paradox: Democracy and the Future of the World Economy*, Oxford: W.W. Norton, 2011.

16   Between 2010 and 2019, cross-border data flows grew at a 45 per cent annual rate, from around 45 to 1,500 terabits per second: 다음 자료도 참고하라. 'Global Flows: The Ties That Bind in an Interconnected World', McKinsey & Company, July 2021, https://www.mckinsey.com/cap

abilities/strategy-and-corporate-finance/our-insights/global-flows-the-ties-that-bind-in-an-interconnected-world#/

17 'Professional Protectionists', Centre for Economic Policy Research, October 2021, https://www.cepr.net/documents/publications/professional_protectionists.htm

18 다음을 참조하라. Richard Baldwin, *The Great Convergence: Information Technology and the New World Economy*, London: Harvard University Press, 2016, p. 297.

19 'A Green Protectionism Wave', *Deccan Herald*, 10 July 2023, https://www.deccanherald.com/opinion/a-green-protectionism-wave-2813520

20 'Global Carbon Pricing Needed to Avert Trade Friction, Says WTO Chief', *Financial Times*, 16 September 2023, https://www.ft.com/content/b2de8c00-a46b-41e3-ba8b-a1e9e0c8b975

21 'Pericles' Funeral Oration' by Thucydides, translated by Benjamin Jowett, 1881, https://en.wikisource.org/wiki/Pericles%27s_Funeral_Oration_(Jowett)

고립 경제학

고립주의는 세계를 어떻게 무너뜨리는가

초판 1쇄 발행 2026년 4월 20일

지은이 벤 추 옮긴이 고한석
펴낸이 김현종
기획총괄 배소라 출판본부장 안형태
편집 최세정 진용주 김남혁 황정원 김수진 장진경 안선희
디자인 조주희 김연주 마케팅 김예리 신잉걸
방송사업·미래전략본부 정태준 문상철 이주리 백범선 남궁주철 김대준

펴낸곳 (주)메디치미디어
출판등록 2008년 8월 20일 제300-2008-76호
주소 서울특별시 중구 중림로7길 4
전화 02-735-3308 팩스 02-735-3309
이메일 medici@medicimedia.co.kr 홈페이지 medicimedia.co.kr
페이스북 medicimedia 인스타그램 medicimedia
유튜브 medici_media

ISBN 979-11-5706-552-3 (03320)